La saine cuisine par les herbes

Éditeurs :
LES ÉDITIONS LA PRESSE, LTÉE
44, rue Saint-Antoine ouest
Montréal H2Y 1J5

Conception graphique :
JEAN PROVENCHER

Photographie de la couverture :
ROBERT ETCHEVERRY

Illustrations :
DON PAGE

Tous droits réservés :
Copyright © 1983 par Rodale Press, Inc.

Traduction française de *Cooking with the Healthful Herbs*
publiée à la suite d'une entente entre Rodale Press, Inc., Emmaus, PA. U.S.A.
et les Éditions La Presse, Ltée

© Copyright, Ottawa, 1986

Dépôt légal :
BIBLIOTHÈQUE NATIONALE DU QUÉBEC
2e trimestre 1986

ISBN 2-89043-181-9

1 2 3 4 5 6   91 90 89 88 87 86

La saine cuisine par les herbes

JEAN ROGERS

Traduit de l'américain
par Françoise Laurent

la presse

À John et Ivy

Sommaire

Parlons des produits

Pour ne pas me répéter en présentant les recettes, voici quelques conseils et remarques concernant les produits.

- Tous *les fruits et légumes proposés* sont frais. La mise en boîte et la congélation ont tendance à amoindrir leur valeur nutritive. La conservation industrielle ajoute du sel aux légumes et du sucre aux fruits. S'il n'y a pas de produits frais, choisir les aliments congelés plutôt qu'en boîte. Mais attention! Il faut lire les étiquettes avec soin pour éviter les ingrédients indésirables.

- Le *beurre* utilisé est toujours non salé.

- Tous les *oeufs* sont de calibre gros.

- Par *huile* entendre une huile végétale de maïs, de carthame, de tournesol ou de soja. S'il s'agit spécifiquement d'huile d'olive, d'arachide ou de sésame, ce sera précisé.

- L'*huile d'olive* doit être de première qualité pour avoir tout son arôme. Préférer l'huile vierge.

- *Les noix* sont non salées et, sauf avis contraire, non rôties. Si la recette exige qu'elles soient rôties, les préférer rôties à sec car elles comportent moins de calories.

- Le *yaourt* est à faible pourcentage de matières grasses.

- Le *ricotta* provient de lait écrémé.

- Les trois recettes de *mayonnaise de base* présentées varient quant à leur composition et leur contenu calorique. Pour toute recette comportant de la mayonnaise, choisir celle qui convient au régime suivi.

- Par *bouillon,* on entend bouillon de poulet, de boeuf, de veau, de légumes ou de poisson. Ce que la plupart des recettes ne précisent pas parce que l'on n'a pas nécessairement sous la main un choix complet et que l'on utilise ce dont on dispose. En général, pour la volaille, les légumes et autres plats peu corsés, les consommés de poulet, de veau et de légumes sont préférables, alors que le consommé de boeuf va mieux avec les viandes et autres plats riches. Il faut bien sûr réserver au poisson le consommé de poisson, ce qui est en général précisé, quoique l'on puisse y substituer, si besoin est, les bouillons de poulet ou de légumes. Les goûts et les provisions servent de guides.

- Toute *mesure* en tasse ou cuillère fait référence aux portions standards du système impérial et suppose que l'aliment mesuré ne dépasse pas la mesure. Sauf mention contraire, la farine se mesure en plongeant la tasse dans le contenant et en enlevant l'excédent avec le plat d'une lame de couteau.

Chapitre 1

Pour en finir avec le sel et le sucre

J'ai une collection incroyable de livres de cuisine. Vous aussi, sans doute. Et alors comment se fait-il qu'en parcourant les rayons d'une librairie, si petite soit-elle, des dizaines de nouveaux venus nous appellent? Que désirez-vous? Manger français, italien, indonésien, sans sel, sans graisse? Vous n'avez que l'embarras du choix parmi cette alléchante cohorte.

Ces dernières années, les livres de cuisine par les herbes ont proliféré avec une remarquable vitalité. De mon bureau, sur l'étagère, j'en vois une bonne douzaine qui me regardent dans le blanc des yeux, de toutes les grosseurs, de tous les formats, de tous les degrés d'intérêt. Leur seul facteur commun est d'être déjà sur le marché. Alors pourquoi encore un autre? Mais parce que c'est le seul livre de cuisine par les herbes qui vous dise:

- pourquoi le sel est une menace majeure pour la santé et comment vous tirer de ses griffes,
- comment remplacer le sel par les condiments pour aromatiser les aliments,
- pourquoi il faudrait aussi, pour gagner la bataille contre le sel, enrôler le potassium qui est un sel minéral très répandu,
- comment engager l'ail et l'oignon dans la bataille contre le cholestérol.

C'est le seul livre de cuisine par les herbes qui, en outre, vous présente plus de 300 recettes saines et fortifiantes pour éliminer le sel et en finir avec d'autres dangers tels que l'alcool, la farine blanche, le riz blanc, le sucre et la plupart des conserves.

Le dossier du sel

Sans ignorer que le sel est néfaste, vous ignorez sans doute pourquoi. En gros, disons que la plupart des chercheurs qui se sont penchés sur ce problème voient dans l'abus du sel dans l'alimentation la première cause de l'hypertension qui est un problème grave. Il y a pire. Lorsque la diète présente un double excès de sel et de sucre, ce qui est souvent le cas aujourd'hui, la santé est plus menacée. Un désordre n'arrivant pas seul, au sel sont associés des troubles divers, parmi lesquels les migraines et les maladies urinaires.

Une précision s'impose. Le sodium (qui constitue en grande part le chlorure de sodium ou sel de table) est absolument indispensable au corps. Qui présenterait une carence de sodium se plaindrait sans doute régulièrement de faiblesse, de maux de tête, de vertige, de manque de concentration, de perte de la mémoire et d'appétit. Ce genre de carence est bien improbable car la quantité de sel que requiert l'organisme pour assurer son fonctionnement est si faible que la nourriture en fournit plus qu'assez.

Le vrai problème est l'excès de sodium. Le sel, pour la plupart d'entre nous est une drogue, ce qui explique qu'il nous est impossible de ne manger qu'une seule pomme chip. Mais notre goût pour le sel n'est pas spontané et nous a sans doute été inculqué dès notre plus tendre enfance par les «petits pots» de fabrication industrielle qui sont salés pour satisfaire le goût adulte. Par la suite, nous avons vu, famille et amis resaler les aliments servis à table. Le pli a été pris.

Dans la plupart des pays développés, aujourd'hui, la consommation de sel excède de beaucoup les besoins réels de l'organisme. Selon les chiffres du Salt Institute, aux États-Unis, la consommation se situe entre 10 et 12 grammes par personne et par jour, soit environ deux cuillères à thé. Pour donner un ordre de grandeur, c'est environ quatre fois plus qu'il n'est recommandé par les spécialistes, soit de 4 000 à 4 300 milligrammes de sodium par jour.

La salière invisible

En fait, ce n'est pas que l'on manie le sel d'une main trop lourde, car on ne réduirait la consommation journalière de sel que d'un gramme ou deux en s'abstenant de saler les mets à table et à la cuisine. La source de ces 10 à 12 grammes est la nourriture en conserve. Dans la plupart des conserves que vous trouvez dans les épiceries, il y a du sel ajouté. Vous n'avez qu'à lire les étiquettes. Vous allez constater qu'il y a du sel dans les sardines, la moutarde, les soupes, les pains, les olives, les charcuteries, la sauce soja, les en-cas, les gâteaux, les biscuits et la plupart des autres produits sucrés. Et en lisant le mode d'emploi de produits qui n'en contiennent pas beaucoup — nouilles, gruau et riz par exemple — vous remarquerez qu'il est recommandé de les saler à la cuisson. Pas moyen d'y échapper.

Il ne faudrait pas croire que seuls les aliments sont responsables de l'excès de sel. La purification de l'eau pour éliminer des sels minéraux comme le calcium et le magnésium y ajoute une quantité importante de sodium. En moyenne, après cet «adoucissement» une tasse d'eau renferme environ 100 milligrammes de sodium, contre seulement 5 avant l'opération. Et le sel que l'on dépose sur les routes enneigées s'infiltre parfois dans l'eau potable.

Le sel et le coeur

Qu'advient-il de tout ce sel ? Il provoque la rétention d'eau et ce ne serait qu'à demi-mal si cela ne se répercutait que sur la bascule de la salle de bains. Mais engorgeant l'organisme, il fatigue parfois les reins qui jouent un rôle essentiel dans la régulation de la tension artérielle. Ainsi l'excès de sel perturbe les fonctions rénales et provoque une poussée d'hypertension ce qui, nous ne l'ignorons pas, est un problème important.

Pour comprendre, expliquons d'abord ce qu'est la tension artérielle : c'est la force que le sang exerce sur les parois des vaisseaux qui le conduisent. Le médecin la mesure quand il prend la tension. Elle est exprimée par deux chiffres. Le premier et le plus élevé s'appelle la pression systolique. Il évalue la pression existant dans le système artériel au moment même de la systole cardiaque, c'est-à-dire de la contraction du coeur. Le second chiffre est inférieur. Il correspond à la diastole et indique la pression sanguine lorsque le coeur est au repos entre deux battements. Ces deux chiffres sont d'égale importance. La normale se situe au-dessous de 140 / 90. Plus ces chiffres sont bas, mieux cela vaut.

L'hypertension est dangereuse parce que plus la tension est élevée, plus est forte la pression exercée par le sang contre les artères qui, subissant une poussée excessive, risquent de se durcir plus vite et de perdre leur élasticité. Elle peut également provoquer l'éclatement de petits vaisseaux des reins entraînant une défaillance des reins parfois fatale.

L'hypertension peut être aussi responsable de crise cardiaque. En propulsant le sang dans des artères durcies, le muscle cardiaque s'épuise. Comme le dit un médecin, «l'hypertension est l'agent essentiel et le plus dangereux dans la genèse des maladies cardio-vasculaires qui sont la première cause de mortalité aux États-Unis et dans les autres pays industrialisés».

Diverses études récentes ont confirmé le lien entre la consommation de sel, l'hypertension et les maladies de coeur. Ainsi Trefor O. Morgan, un médecin australien de Melbourne, a suivi 48 personnes hypertendues, la moitié gravement, l'autre moitié légèrement. Sur ces 24 dernières, 12 furent mises à un régime hyposodé, 12 continuèrent comme auparavant. Sur les 12 qui avaient diminué la consommation de sel, au bout de deux mois d'observation, 8 présentaient une baisse de tension alors que seules 3 des 12 qui n'avaient pas suivi de régime présentaient une baisse de tension. Enfin sur les 24 gravement atteintes, 12 suivirent un régime pauvre en sel et 12 prirent des médicaments. La tension baissa chez 9 des sujets mis au régime, comme chez ceux qui avaient pris des médicaments ; le médecin en conclut «la diminution de la consommation de sel est une méthode efficace pour abaisser la tension et devrait être la première forme de thérapie prescrite dans les cas d'hypertension légère» (*Medical Journal of Australia,* 17 octobre 1981).

La triste alliance du sel et du sucre

Si le sel est néfaste à nos artères, il y a pire encore : c'est l'union du sel et du sucre. Des chercheurs de l'École de médecine de Louisiana State University ont trouvé que consommer à la fois beaucoup de sucre et beaucoup de sel peut grandement accroître le risque d'hypertension. Ils observèrent la réaction de trois groupes de singes à une forte consommation de sucre et de sel. La diète du premier groupe ne comportait pas de sel. Le second groupe consommait beaucoup de sel, le troisième recevait, à la fois, beaucoup de sel et beaucoup de sucre. Les quantités de sel et de sucre étaient, au dire des chercheurs, élevées soit 3% et 38% des aliments ingérés mais «restaient dans les normes de la consommation humaine».

Ils constatèrent que les singes suivant la diète riche en sel et en sucre présentaient une hypertension plus forte que ceux des deux autres groupes. Ce qui les amena à conclure par cet avertissement... «l'effet synergique[1] du sodium et du sucrose (sucre) dans l'alimentation sur l'induction de l'hypertension chez ces primates a un rapport potentiellement important sur l'hypertension humaine» (*American Journal of Clinical Nutrition,* mars 1980). Ce qui revient à dire que c'était la combinaison du sel et du sucre qui avait provoqué une tension artérielle plus élevée chez les singes.

Les cures possibles de désintoxication

Il ne vous échappe donc plus que le sel — et son complice le sucre — ne vous valent rien. Fort heureusement, il y a diverses manières de chasser ces deux vilaines mouches de votre tartine, si j'ose dire : d'abord changer vos habitudes alimentaires, vous méfier de l'eau potable traitée et utiliser les recettes que ce livre présente. Enfin, éviter le geste automatique de secouer la salière. Perdre le goût des aliments salés n'est pas aussi difficile qu'on pourrait le croire et bien plus facile que de s'arrêter de fumer.

Commencer peu à peu, en utilisant peu de sel à la cuisine. Puis goûter bien les mets avant de prendre la salière. Et si vous l'avez

---

1. NDT : qui relève de l'association de plusieurs fonctions pour l'accomplissement d'une même fonction.

en main, après avoir vérifié que c'est immangeable sans ajouter de sel, un peu de modération ! Au bout de très peu de temps, disons deux semaines peut-être, vous remarquerez qu'il vous faut de moins en moins de sel. C'est le moment de vous défaire totalement de votre accoutumance au sel car vos papilles gustatives commencent à apprécier les saveurs fraîches et naturelles des fruits, des légumes et des viandes non assaisonnées. Vous saurez que vous avez gagné la guerre du sel lorsque au restaurant ou chez les autres vous trouverez soudain la nourriture trop salée pour votre goût.

Mais pour balancer la salière (dans la poubelle, pas au-dessus de votre assiette) les recettes contenues dans ce livre constituent la stratégie majeure. Elles sont rigoureusement sans sel et, grâce aux herbes utilisées pour exalter les saveurs, vous ne regretterez pas du tout ce coquin de sel. Et enfin, d'odorantes quantités d'oignon et d'ail ajoutent leur magie à un bon nombre d'entre elles. Si certaines recettes comportent des produits à haute teneur en sodium, comme le fromage, le lait et le tamari, les quantités utilisées sont bien inférieures à celles qu'indiquent la plupart des livres de recettes et loin de rejoindre les quantités que la salière répandait.

À propos, je vous en prie, n'allez pas croire que le sel marin est un substitut valable au sel de table. Il n'en est rien. Selon les standards du gouvernement, tout le sel qui est autorisé à paraître sur les tables a la même composition, à peu de chose près ; sel de table et sel marin ne sont guère que du chlorure de sodium.

Dans ces recettes, il entre à la fois peu de sel et peu de sucre (ou de miel puisque le sucre raffiné n'y trouve pas place). Les desserts ont une douceur agréable sans être exagérée et beaucoup la doivent surtout aux fruits frais et secs qui ajoutent de la fibre tout en remplaçant le sucre raffiné.

Les méfaits des médicaments contre l'hypertension

Voici ce qui caractérise mes recettes : leur bon goût naturel et leur efficacité contre l'hypertension. De ce second avantage, vous tirerez un nouveau profit : la suppression des médicaments contre l'hypertension. Or bien des gens trouvent plus simple de prendre des drogues pour garder une tension normale que de changer leurs habitudes alimentaires. Mais avant d'adopter cette solution, regarder les choses en face. Les diurétiques sont la médication classique de l'hypertension. Ils tirent des tissus les fluides et le sodium, et contraignent les reins à les déverser dans l'urine, ce qui abaisse la tension comme le ferait une diète hyposodée. L'ennui c'est que la plupart des médicaments peuvent provoquer des effets secondaires, irritation gastro-intestinale, faiblesse, fatigue, nausée, diarrhée, palpitations, troubles de la vision, pour n'évoquer que les principaux. Selon un rapport de l'Institut national du cancer paru en 1980, la réserpine employée contre l'hypertension cause des cancers chez des animaux de laboratoire. Même le *Lancet* qui est un des journaux médicaux les plus prestigieux du monde recommande de restreindre la consommation de sel dans un article du 30 août 1980. «Nous devrions sérieusement envisager la possibilité de recommander une restriction de sel chez les sujets atteints d'hypertension.»

Le potassium, la solution naturelle

L'inconvénient des diurétiques c'est qu'en provoquant l'évacuation du sel excédentaire dans l'organisme, ils risquent d'éliminer le potassium. Le potassium est un sel minéral nécessaire au fonctionnement de beaucoup de muscles, en particulier du coeur. Des recherches récentes visant à cerner son rôle suggèrent qu'il est essentiel dans la bataille contre l'hypertension. Il aide les nerfs à transmettre les messages, assiste les enzymes digestifs, veille à la normalité de la croissance et sert enfin d'électrolyte, c'est-à-dire qu'il transmet les petites charges d'électricité qui assurent le fonctionnement convenable de tous les muscles du corps. C'est alors que les diurétiques posent le problème du potassium qui est en fin de compte lié au sodium.

Ces deux sels minéraux se livrent à une sorte de jeu de bascule. Lorsque le sodium est le plus fort, le potassium est excrété dans l'urine mais si c'est le potassium qui domine, le sodium est évacué et c'est une belle victoire.

«Nous verrions sans doute des changements spectaculaires dans l'évolution de l'hypertension si les gens réduisaient leur consommation journalière de sel à moins de trois grammes et commençaient à ingérer la quantité équivalente de potassium» affirme le docteur Harold Battarbee, professeur adjoint de physiologie à l'École de médecine de Louisiana State University à Shreveport.

Avec un collègue, il poursuivait des recherches pour prouver qu'entre le sel et l'hypertension, il existait un lien hormonal. Ils s'aperçurent que si l'on donnait à des rats une quantité de sel suffisante pour provoquer une forte tension, la quantité de deux hormones présentes dans l'organisme diminuait. Mais si l'on doublait leur consommation de potassium, cela évitait la baisse hormonale et ralentissait de façon significative la montée de la tension. Au bout d'un an, chez les rats qui avaient reçu de fortes rations de sodium, la pression diastolique se tenait entre 150 et 170 alors qu'elle n'était que de 140 en moyenne chez ceux qui avaient reçu des doses supplémentaires de potassium.

Des recherches effectuées au London Hospital Medical College ont montré de même que le potassium est une sorte de bouclier qui protège contre l'hypertension induite par le sodium. Dans l'une de ces expériences, un groupe de 16 sujets légèrement hypertendus et un groupe de sujets normaux ont suivi des diètes différentes. Pendant les 12 premières semaines, ces deux groupes ont poursuivi leur régime habituel augmenté de quelques comprimés de sodium. Pendant la seconde période, leur diète habituelle fut complétée par du potassium et on leur recommanda d'éviter la consommation d'aliments très salés et de ne pas saler les mets tant à la cuisine qu'à table.

Le régime riche en sodium poursuivi pendant les 12 premières semaines produisit une lente montée de tension artérielle chez les deux groupes de sujets. Mais le régime riche en potassium des 12 semaines suivantes eut l'effet contraire : ... «les pressions systolique et diastolique ont baissé rapidement de façon significative chez les hypertendus à l'exception de faibles hausses sans caractère significatif chez les sujets normaux».

Un examen complémentaire qui eut lieu un mois après la fin de l'étude, lorsque les sujets eurent repris leurs habitudes alimentaires, révéla chez les hypertendus les mêmes tensions dangereuses. De là les chercheurs conclurent que le facteur-clef des baisses de tension spectaculaires constatées au cours du régime où une forte consommation de potassium s'alliait à une faible consommation de sodium avait été l'augmentation de potassium, les diètes normales des sujets n'étant que très peu supérieures en sodium à celles des régimes imposés lors de la recherche mais beaucoup plus faibles en potassium (*Lancet*, 10 janvier 1981).

D'autres études prétendent qu'un accroissement du potassium peut être bénéfique à tout le monde. Une étude effectuée en Georgie dans le comté de Evans, au cours des années 60, a montré que, à consommation sensiblement équivalente de sodium, les Noirs qui consommaient moitié moins de potassium que les Blancs avaient une tension beaucoup plus forte. Elle concluait : «la seule explication de la fréquence de l'hypertension chez les Noirs paraît être leur consommation inférieure de potassium due au faible rôle des fruits frais, des salades et des légumes dans leur diète et à leur manière traditionnelle de cuire longuement les viandes et les légumes dont le potassium est rejeté avec l'eau de cuisson» (*Nutrition and Metabolism,* Vol. 24, 1980).

Les pirates du potassium

Les Noirs de Georgie ne sont pas les seuls que devrait inquiéter un régime pauvre en potassium. La mise en boîte et la congélation des aliments entraînent une perte de potassium importante qui risque d'affecter tout grand consommateur de conserves.

Il y a plus grave encore. Ces techniques de conservation renversent le rapport sodium / potassium. Prenons le cas d'une tasse de petits pois crus : elle renferme 458 milligrammes de potassium et tout juste 3 de sodium. Après mise en boîte et ajout de sel, cette même tasse présente une hausse du sodium qui atteint 588 milligrammes alors que le potassium est tombé à 239, soit environ moitié moins. Même chose pour une tasse de fèves de Lima qui crues ne contiennent que 3 milligrammes de sodium contre l'énorme quantité de 1008 milligrammes de potassium. Après la mise en boîte, le potassium diminue de moitié (551 milligrammes) alors que le sodium atteint des sommets avec 585 milligrammes.

De l'avis du docteur Battarbee, « il faut apporter des changements aux méthodes domestiques et industrielles de mise en conserve des aliments ». C'est l'évidence même et on s'y applique. Mais quel serait le rapport idéal sodium / potassium dans un régime sain ? Ce n'est pas si simple.

Le Conseil national de la recherche n'a pas fixé la ration diététique de potassium recommandée, bien que le chiffre de 2 500 milligrammes soit en général évoqué, avec une marge qui va de 2 000 à 6 000 milligrammes par jour. Nous avons vu que l'organisme ne demande que très peu de sodium et si 1 000 milligrammes est un chiffre raisonnable, 500 par jour et même moins sont d'ordinaire estimés comme suffisants. Le docteur Battarbee tout en admettant ne pas connaître le rapport sodium / potassium idéal estime que « le maintenir à un contre un serait bénéfique, quoique diminuer le sodium serait préférable ». Le docteur Philip S. Chen qui est chimiste et écrivain prétend que ce rapport devrait approcher deux contre un.

Quelques aliments riches en potassium

Il y a par bonheur certains aliments qui sont à la fois riches en potassium et pauvres en sodium. Ainsi, une grosse banane renferme 502 milligrammes de potassium et 1 seul de sodium, une tasse de jus d'orange 496 milligrammes de potassium et 2 de sodium. Citons parmi les porteurs de potassium les fèves de Lima, les abricots, les cantaloups, le brocoli, le germe de blé, la mélasse, le poulet, le saumon et le flétan.

Mais les aliments doivent être traités de manière à ne pas perdre leur potassium. Étant soluble dans l'eau, ce sel minéral peut passer en grande quantité dans l'eau de cuisson. Il est donc recommandé de faire cuire les légumes dans aussi peu d'eau que possible et d'utiliser par la suite cette eau de cuisson dans des soupes ou des sauces. La cuisson à la vapeur est préférable.

Elle intervient dans plusieurs recettes présentées dans ce livre qui, n'utilisant que des produits frais, assurent la richesse des mets en potassium.

Le tableau qui suit présente plusieurs des aliments utilisés dans les recettes qui ont un bon rapport sodium / potassium et, par contraste, certaines conserves qui en ont un déplorable.

La colonne la plus importante est la dernière où ce rapport est exprimé par un seul chiffre obtenu en divisant la teneur en sodium par celle en potassium. Beaucoup de chercheurs considèrent que plus ce chiffre est bas, moins le risque qu'a ce produit de faire monter la tension est important. Dès les premiers ingrédients cités, vous pouvez déduire leurs effets potentiels sur la tension. Non salées, les amandes ont l'excellent rapport de 0,005 alors que salées, il est de 0,256, ce qui est loin d'être aussi bien. On arrive à des différences exorbitantes dans certaines folies culinaires, ainsi les pommes n'ont que 0,007 alors que la tarte aux pommes atteint 3,8.

RAPPORT SODIUM/POTASSIUM DE DIVERS ALIMENTS

Aliments	Portion	Sodium milligrammes	Potassium milligrammes	Rapport Sodium/Potassium
Amandes non salées	60 ml (¼ tasse)	1,3	251,3	0,005
Amandes salées, rôties	60 ml (¼ tasse)	77,8	303,5	0,256
Arachides	60 ml (¼ tasse)	1,8	252,3	0,007
Arachides salées, rôties, hachées	60 ml (¼ tasse)	105,5	242,8	0,62
Asperges	125 ml (½ tasse)	0,5	132,5	0,004
Aubergines en dés	125 ml (½ tasse)	1,0	150,0	0,007
Avoine non cuite	125 ml (½ tasse)	1,0	141,0	0,007
Babeurre non salé	250 ml (1 tasse)	122,5	371,0	0,330
Babeurre salé	250 ml (1 tasse)	257,0	371,0	0,693
Banane	1 moyenne	1,0	440,0	0,002
Betteraves	125 ml (½ tasse)	36,5	117,0	0,206
Beurre non salé	8 ml (½ c. à soupe)	0,8	1,8	0,444
Beurre salé	8 ml (½ c. à soupe)	58,6	1,8	32,6
Bleuets	125 ml (½ tasse)	0,5	58,5	0,009
Boeuf haché maigre	85 g (3 onces)	57,0	261,0	0,212
Brocoli cuit	125 ml (½ tasse)	8,0	207,0	0,039
Carotte crue	1 moyenne	34,0	264,0	0,138
Céleri cru	1 tige	50,0	136,0	0,368
Champignons crus émincés	125 ml (½ tasse)	5,5	145,0	0,038
Chou haché cuit	125 ml (½ tasse)	10,0	118,0	0,085
Chou-fleur cuit	125 ml (½ tasse)	5,5	129,0	0,043
Courge d'été en tranches	125 ml (½ tasse)	1,0	127,0	0,008
Crème sure	15 ml (1 c. à soupe)	6,0	17,0	0,353
Cresson haché	60 ml (¼ tasse)	16,3	88,3	0,185
Dinde (chair seulement)	85 g (3 onces)	27,6	116,4	0,237
Farine de maïs	60 ml (¼ tasse)	0,3	86,5	0,003
Farine de blé entier	60 ml (¼ tasse)	1,0	111	0,0009
Fèves blanches	125 ml (½ tasse)	3	314,5	0,01
Fraise	125 ml (½ tasse)	0,5	122,0	0,004
Fromage bleu	56 g (2 onces)	792,0	146,0	5,4
Fromage brie	56 g (2 onces)	356,0	86,0	4,1
Fromage cheddar	56 g (2 onces)	352,0	56,0	6,3
Fromage cottage écrémé	125 ml (½ tasse)	425,0	88,5	4,8
Fromage crème	30 ml (2 c. à soupe)	84,0	34,0	2,5
Fromage parmesan râpé	15 ml (1 c. à soupe)	93,0	5,0	18,6
Fromage ricotta mi-écrémé	125 ml (½ tasse)	155,0	155,0	1,0
Fromage suisse	56 g (2 onces)	148,0	62,0	2,4
Gruau non cuit	125 ml (½ tasse)	1,0	141,0	0,007
Haddock	85 g (3 onces)	294,3	1464,9	0,201
Haricots verts	125 ml (½ tasse)	2,5	94,5	0,026
Lait écrémé	250 ml (1 tasse)	130,0	418,0	0,311
Lait écrémé à 2%	15 ml (1 c. à soupe)	6,0	19,0	0,316
Lait entier	250 ml (1 tasse)	120,0	370,0	0,324
Miel	15 ml (1 c. à soupe)	1,0	11,0	0,091
Moutarde brune	5 ml (1 c. à thé)	65,0	7,0	9,3
Noix d'acajou non salées	60 ml (¼ tasse)	5,3	162,5	0,033
Noix d'acajou salées	60 ml (¼ tasse)	70,0	162,5	0,431
Noix anglaises, hachées	60 ml (¼ tasse)	0,5	135,0	0,004
Oeufs	1 gros	69,0	65,0	1,1
Oignons crus hachés	60 ml (¼ tasse)	4,3	66,8	0,064
Orange	1 moyenne	1,0	272,0	0,004

RAPPORT SODIUM/POTASSIUM DE DIVERS ALIMENTS

Aliments	Portion	Sodium milligrammes	Potassium milligrammes	Rapport Sodium/ Potassium
Persil haché	10 ml (2 c. à thé)	1,3	16,7	**0,078**
Plie	85 g (3 onces)	201,2	498,4	**0,404**
Poire	1 moyenne	3,0	213,0	**0,014**
Pois cuits	125 ml (½ tasse)	1,0	157,0	**0,006**
Poivrons verts crus	1 moyen	10,0	157,0	**0,064**
Pommes	1 moyenne	1,0	152,0	**0,007**
Pommes de terre au four	1 moyenne	6,0	782,0	**0,008**
Poulet	85 g (3 onces)	23,4	66,6	**0,351**
Raisin	60 ml (¼ tasse)	9,8	276,5	**0,035**
Riz brun non cuit	60 ml (¼ tasse)	4,5	107,0	**0,042**
Tarte aux pommes	⅛ de tarte	355,0	94,0	**3,8**
Thon non salé dans le bouillon	85 g (3 onces)	34,7	236,6	**0,147**
Thon salé dans l'huile	85 g (3 onces)	678,9	255,4	**2,7**
Thon salé dans le bouillon	85 g (3 onces)	742,7	236,6	**3,1**
Tomate crue	1 moyenne	4,0	300,0	**0,013**
Veau	85 g (3 onces)	41,0	190,0	**0,216**
Yaourt écrémé	250 ml (1 tasse)	159,0	531,0	**0,299**
Yaourt lait entier	250 ml (1 tasse)	105,0	351,0	**0,299**

Les sources de ces chiffres qui proviennent de:

Catherine F. Adams, *Nutritive Value of American Foods in Common Units,* Agriculture Handbook No. 456 (Washington, D.C.: Agricultural Research Service, U.S. Department of Agriculture, 1975).

Bernice K. Watt and Annabel L. Merrill, *Composition of Foods,* Agriculture Handbook No. 8 (Washington, D.C.: Agricultural Research Service, U.S. Department of Agricultural, 1975).

Consumer and Food Economics Institute, *Composition of Foods: Dairy and Egg Products,* Agriculture Handbook No. 8-1 (Washington, D.C.: Agricultural Research Service, U.S. Department of Agriculture, 1976).

Consumer and Food Economics Institute, *Composition of Foods: Poultry Products,* Agriculture Handbook No. 8-5 (Washington, D.C.: Science and Education Administration, U.S. Department of Agriculture, 1979).

Célébrons l'ail et l'oignon

Ce livre ne vous aidera pas qu'à maintenir une diète pauvre en sel et riche en potassium. Bon nombre d'études ont prouvé que l'ail et l'oignon, deux membres essentiels de la grande famille des aromates, sont des armes efficaces contre les maladies cardiaques, la formation de dangereux caillots de sang et les troubles respiratoires. Nos recettes les emploieront donc sans compter.

Beaucoup de chercheurs attribuent les maladies cardiaques à de hauts niveaux de lipides dans le sang, comme le cholestérol et les triglycérides. Or il est prouvé que l'ail a sur ceux-ci une incidence significative. En comparant les habitudes alimentaires dans sept pays, y compris les États-Unis, on s'est aperçu que les pays qui chérissent l'ail comme l'Italie et la Grèce sont moins touchés par les maladies cardio-vasculaires que ceux où, comme en Grande-Bretagne, en Finlande, en Hollande et aux États-Unis, souvent on ne veut pas en entendre parler (*Lancet*, 19 janvier 1980).

Des études poursuivies en Inde ont également montré les effets immunisants de l'ail. Une comparaison entre les taux de cholestérol et de triglycérides dans le sang de trois groupes de sujets a montré que les plus gros mangeurs d'ail avaient les taux les plus bas. Quant au groupe qui en consommait un peu, il était mieux protégé contre ces graisses que ceux qui s'en abstenaient (*Indian Journal of Medical Research,* mai 1979).

Dans une autre étude, les chercheurs ont opposé les escadrons de l'ail à l'artillerie lourde du cholestérol contenu dans le beurre. Ils ont fait absorber à dix sujets du pain tartiné d'épaisses couches de beurre et constaté une forte élévation du cholestérol. Mais en ajoutant de l'ail aux tartines, il s'avéra que le cholestérol restait à peu près constant. Et si vous redoutez les effluves persistants de l'ail, écouter la bonne nouvelle, l'ail utilisé dans l'expérience gardait toute sa combativité thérapeutique même après une demi-heure de cuisson (*Indian Journal of Nutrition and Dietetics,* avril 1976).

Outre ces succès contre le cholestérol, l'ail contient une substance régulatrice de la coagulation du sang. Son anomalie conduit à la formation de caillots qui peuvent déclencher une crise cardiaque.

Au cours de recherches consacrées aux propriétés anticoagulantes de l'ail, pendant trois mois on a donné de l'ail à des sujets normaux et à des victimes de crises cardiaques. Puis on a procédé à l'étude fibrinolytique, pour mesurer la résistance du sang à la coagulation. Voici les résultats. Les sujets sains présentaient un accroissement de 130%, accroissement que l'on trouvait aussi chez les cardiaques dont la crise remontait à plus d'un an. Mais, ce qu'il y a de plus remarquable, c'est que ceux dont la crise ne remontait qu'à 24 heures avant la consommation d'ail en bénéficiaient eux aussi. La résistance à la coagulation s'était accrue de 95,5% en 20 jours seulement. On comprendra l'importance de ce chiffre si l'on sait que c'est dans les trois semaines qui suivent la première crise qu'il y a un risque important de voir s'en déclencher une seconde (*Artherosclerosis,* octobre 1977).

Les auteurs précisaient que plusieurs médicaments activent le phénomène de fibrinolyse mais qu'ils ne peuvent être pris à long terme à titre préventif alors que l'ail qui ne coûte pas cher n'a pas d'effets secondaires. Ainsi certains médecins prescrivent, par exemple, de l'aspirine pour éviter le blocage des artères par des caillots car elle favorise la fluidité du sang. Beaucoup se sont aperçus que, sans effets secondaires pernicieux, l'ail atteignait le même résultat.

Toujours l'oignon

Pour abaisser les taux élevés de lipides du sang et réduire le risque de thrombose, l'oignon a une efficacité aussi remarquable que l'ail, ce qui explique son usage abondant dans les recettes. Mais avant d'entrer à la cuisine, parlons de quelques autres incidences heureuses que l'oignon a sur la santé. À l'Université de East Texas, les chimistes ont découvert que l'oignon jaune renfermait un agent très actif pour abaisser la tension. En laboratoire, la tension des rats à qui on l'avait injecté baissait de façon spectaculaire (*Science,* avril 1979). Une équipe de l'École de médecine George Washington trouva que l'oignon, de même que l'ail, contenait une substance qui empêchait les hématies de s'agglutiner en prévenant la formation d'une sécrétion chimique qui les rend plus collants. Ces chercheurs ont montré que des produits extraits de l'oignon et de l'ail supprimaient presque tout à fait la production de cet agent coagulant (*Prostaglandins and Medecine,* juin 1979).

Comme l'ail, l'oignon garde ses vertus même après la cuisson. À Londres au Queen Elizabeth College, des chercheurs ont servi à des sujets en bonne santé trois types de petits déjeuners, le premier était pauvre en lipides et en calories, le second, riche en ces mêmes éléments, comportait de la crème, du bacon, des saucisses et du beurre, le troisième était identique au second si ce n'est l'ajout d'oignons frits. Quand après ces repas on procéda à l'analyse de l'agrégation des hématies, on trouva, comme prévu, que la nourriture riche en lipides augmentait la coagulation du sang mais que l'ajout d'oignons à la diète en avait neutralisé les effets (*Lancet,* 8 janvier 1977).

Et nous voilà bien loin des livres de recettes qui paraissaient si invitants dans les rayons. Et beaucoup de lecteurs jettent un oeil de regret sur ce que nous avons perdu en chemin, la saveur salée de la nourriture, la douceur du sucre dans le thé du matin. Le pire serait qu'en échange je n'aie rien de plus appétissant à offrir qu'une basse tension artérielle. Pour effacer cette fâcheuse impression présentons l'affaire différemment. Dans *La saine cuisine par les herbes,* c'est tout le bouquet d'un jardin d'aromates qui, dans sa complexité exotique, remplace les goûts simples du sel et du sucre ; au lieu d'une perte gustative, ce livre apporte toute une riche gamme de saveurs. Et si de plus il est l'artisan d'une belle santé, on est définitivement conquis.

Chapitre 2

Culture et conservation des plantes aromatiques

Il en est des plantes aromatiques comme des tomates ou des courgettes, leur production dépasse les besoins de la consommation et il est heureux que, de même que pour leurs amis les légumes, on ait la possibilité de les conserver pour les savourer l'hiver. Et, bien que certaines méthodes protègent mieux la fraîcheur de leur couleur et de leur arôme, toutes nous permettent de goûter au coeur de l'hiver la récolte estivale.

Voici quelques propos préliminaires. Quelle que soit la méthode de conservation adoptée, il y a certains principes à respecter. Ce que vous désirez conserver ce sont les huiles volatiles aromatiques que contiennent les feuilles. Il restera toujours un peu de ces huiles même si vous maltraitez les herbes mais en soignant un peu la récolte et la conservation, les résultats seront meilleurs.

La meilleure époque pour la cueillette est celle qui précède tout juste la floraison. Dès que les fleurs sont formées, les plantes consacrent toute leur vitalité à la reproduction et à la formation des graines et cessent de se consacrer à renouveler les feuilles tendres qui sont les plus délectables. Pour les récolter, couper 5 ou 6 cm de l'extrémité de chaque tige, ce qui retarde la floraison, favorise la repousse et permet de conserver les feuilles les plus succulentes. Si vous commencez la récolte en début de saison, vous provoquerez trois ou quatre repousses chaque été.

L'autre méthode consiste à détacher les deux tiers supérieurs du rameau. On obtient des tiges plus longues que l'on peut suspendre pour les faire sécher. Mais il faut veiller à laisser au pied au moins un tiers du rameau, faute de quoi la plante s'affaiblirait dangereusement.

Bien que la récolte puisse se poursuivre jusqu'au premier gel, il faut arrêter de dégarnir les plantes persistantes un mois avant l'apparition de la première gelée meurtrière pour qu'elles puissent se préparer à subir les rigueurs d'un long hiver. Bien sûr, il n'en va pas de même pour les annuelles. Récolter tout le plant à la fin de la saison pour ne pas en perdre la moindre feuille.

En général, la plus importante récolte de l'été devrait avoir lieu en août ou au début de septembre. Que vous séchiez les herbes à l'extérieur ou au grenier, ou que vous choisissiez une autre méthode, c'est le meilleur moment car vous profitez de la chaleur.

C'est après le repos nocturne, le matin, que l'arôme des huiles est le plus capiteux. Cueillir les feuilles aux premières heures du jour, après que la rosée a séché mais avant que la chaleur du soleil n'incite les huiles à se cacher. Utiliser des ciseaux de cuisine bien aiguisés pour détacher les tiges et veiller à ne pas froisser les feuilles tendres ; le basilic est particulièrement fragile.

Si les herbes sont couvertes de poussière ou de boue les passer rapidement dans l'eau fraîche. L'eau chaude détruirait certaines huiles essentielles. Enlever les feuilles jaunes ou abîmées. Si vous ne voulez pas suspendre les tiges ou en faire des bouquets garnis, détacher les feuilles. Les moments que vous y consacrerez alors vous éviteront plus tard bien du temps et du travail. Garder les tiges pour les jeter dans la cheminée ou parfumer le barbecue dans la cour.

I Le séchage des herbes

Il y a de multiples méthodes pour sécher les herbes. Si l'arôme des herbes sèches n'égale pas celui des plantes fraîches, certaines méthodes sont pourtant préférables à d'autres. Les feuilles de laurier, la marjolaine, l'origan, le romarin, la sarriette, l'estragon et le thym gardent pratiquement toutes leurs vertus aromatiques. La sauge est un cas limite qui moisit trop souvent ; il est préférable de la congeler, de même d'ailleurs que le basilic, le cerfeuil, la ciboulette, la coriandre, l'aneth, la menthe et le persil.

Pour sécher les herbes, quelle que soit la méthode, ne pas oublier que :

- Les herbes directement exposées à la lumière du soleil perdent de leurs huiles essentielles, et donc de leur arôme. Choisir un endroit ombragé, ou même sombre pour les sécher.

- Sèches, la plupart des herbes se ressemblent. Si vous en faites sécher plus d'une espèce à la fois, mettre des étiquettes aux bouquets avant qu'il soit trop tard pour les reconnaître.

- Les herbes doivent être parfaitement sèches, c'est-à-dire friables, avant d'être rangées, sinon elles risquent de moisir.

- Leur arôme est mieux protégé si on les conserve entières, bien que l'on puisse les passer avant de les mettre en bocaux. N'émietter les feuilles qu'au moment de les utiliser.

- Conserver vos herbes dans des bocaux hermétiques, opaques de préférence, où vous mettrez une étiquette portant le nom de l'herbe et la date du séchage. Se souvenir que les herbes sèches perdent leur pouvoir au bout d'un an.

- Quelques heures après les avoir fermés, vous assurer que vos bocaux ne présentent aucun signe de moisissure, ce qui indiquerait que les herbes n'étaient pas tout à fait refroidies et sèches avant la fermeture. Dans ce cas, ressortir les herbes et continuer le séchage.

- Le séchage concentre l'arôme des herbes d'une façon extraordinaire. Aussi convient-il d'employer le quart ou la moitié de la quantité d'herbe fraîche que vous auriez utilisée, selon l'herbe dont il s'agit et la durée de sa conservation. En mettre peu d'abord et ajuster selon le goût.

Voici quelques-unes des principales méthodes de séchage des herbes.

Bouquets suspendus

Récolter les herbes à longues tiges, par exemple la marjolaine, la menthe, l'origan, le romarin, la sauge et la sarriette. Attacher les rameaux en petits bouquets. Si vous les faites trop gros, l'air ne pourra pas circuler à travers les feuilles et le séchage ne sera pas adéquat. Les suspendre à l'envers à un rayon, une corde ou une poutre dans une pièce sèche et tiède ou encore au grenier. Ne pas les exposer à la lumière directe du soleil. Ne pas les accrocher contre un mur où la circulation de l'air se fait mal.

Laisser sécher ces bouquets pendant une semaine ou deux ou jusqu'à ce que les feuilles soient friables. Détacher les feuilles des tiges avec soin et les placer dans des bocaux.

L'inconvénient de cette méthode est de permettre à la poussière de se déposer sur les herbes, ce que l'on peut éviter en les faisant sécher dans des sacs en papier. Les bouquets préparés, les placer dans un sac et les attacher en serrant le haut du sac. S'assurer qu'ils ont toute la place nécessaire à l'intérieur. Couper le fond du sac ou le percer de chaque côté pour que l'air circule bien. Vérifier l'état de sécheresse au bout de deux semaines.

Les têtes porteuses de graines peuvent être séchées de la même façon. Cueillir les rameaux d'anis, de cari, de coriandre, de cumin, d'aneth et de fenouil avant que les graines soient à maturité, c'est-à-dire juste au moment où leur couleur verte tournera au gris ou au brun. Attacher les tiges avec le haut du sac comme on l'a vu et au lieu d'enlever le fond, percer des trous sur les côtés. Il faut compter deux ou trois semaines pour qu'elles soient sèches.

Séchage sur un plateau

Cette méthode convient aux petites herbes, aux grandes feuilles séparées et aux capsules de graines. En guise de plateau, utiliser du moustiquaire pour fenêtre, des corbeilles plates ou encore un coton à fromage tendu sur un vieux cadre. Étaler les herbes ou les gousses en couche mince. À l'extérieur, les recouvrir de coton à fromage, d'un vieux drap ou d'un autre moustiquaire pour éviter que la poussière ne s'y dépose ou que le vent ne les fasse s'envoler. Poser les plateaux dans un endroit qui permette la libre circulation de l'air. On peut les accrocher entre les montants d'un chevalet ou les disposer entre les bras d'un fauteuil.

Laisser les plateaux à l'extérieur dans un endroit ombragé ou dans une pièce sèche et tiède ou encore au grenier. Ne pas les exposer au soleil. De temps à autre, retourner ou remuer les herbes avec précaution. Attendre une semaine ou le temps nécessaire pour

qu'elles soient tout à fait séchées. Attention : si le séchage a lieu à l'extérieur, les plateaux doivent être rentrés le soir pour éviter que la rosée ne s'y dépose. Les pluies d'été sont aussi à surveiller.

Pour séparer les graines, frotter les capsules doucement entre les paumes. Souffler pour enlever leur enveloppe ou placer un petit ventilateur assez loin des graines. Disposer dans des récipients.

Le séchage au four

Détacher les feuilles des tiges. Les étaler en couche mince sur des plateaux ou sur des feuilles de papier brun percées de trous d'aération. Les laisser plusieurs heures au four réglé au plus bas, à environ 100° F en gardant la porte entrouverte pour permettre à l'humidité de s'échapper. De temps à autre, les secouer doucement pour que le séchage soit uniforme. Les surveiller souvent et les retirer dès qu'elles sont friables. Les laisser refroidir parfaitement avant de les mettre dans les pots.

Le four à micro-ondes

La faible surface de séchage est compensée par la vitesse éclair de l'opération. Veiller à ce que les herbes ne soient pas humides avant de commencer. Disposer plusieurs rameaux ou une poignée de feuilles détachées entre deux feuilles de papier absorbant. Régler le four à la température la plus faible et laisser sécher deux ou trois minutes. Si les herbes ne sont pas friables alors, les remettre au four encore à peu près trente secondes.

L'utilisation de la sécheuse

Si cette méthode ne favorise pas la conservation de l'énergie, elle garde aux plantes leur couleur et leur arôme mieux que d'autres. Détacher les feuilles des tiges puis les disposer, sans trop les remplir, dans des filets de nylon ou encore dans de grands carrés de coton à fromage. Bien les attacher. Faire sécher à température modérée deux heures ou davantage jusqu'à ce que les feuilles soient friables.

II La congélation des herbes

Selon moi, la congélation donne de meilleurs résultats que le séchage. Là également les méthodes varient : les herbes peuvent être congelées entières au hachées, dans de la glace ou seules, prises dans l'huile ou dans le beurre, individuellement ou combinées.

La congélation réussit particulièrement bien à certaines plantes, par exemple le basilic, le cerfeuil, la ciboulette, la coriandre, l'aneth, le fenouil, les feuilles de livèche, la menthe, l'oseille et l'estragon. Les herbes dégelées ayant tendance à se faner et à foncer, on aura intérêt à ne pas les décongeler avant de les utiliser et à les mettre directement dans les soupes, les ragoûts et les sauces qui mijotent ou encore dans la mayonnaise et les sauces à salade. Utiliser la même quantité que s'il s'agissait de plantes fraîches.

Le plus simple est de détacher les feuilles des tiges et de les étaler sans qu'elles se recouvrent sur une tôle à pâtisserie avant de les mettre au congélateur. Dès que la congélation est terminée, les placer dans des sacs ou des récipients pour congélateur. Fermer hermétiquement et étiqueter.

On peut encore hacher les herbes avant de les faire congeler sur des plaques ou directement dans leurs sacs ou leurs récipients.

Pour mesurer plus facilement les herbes, en placer une ou deux cuillères à soupe dans des carrés d'aluminium ou de plastique. Ou encore mettre cette même quantité dans les sections d'un bac à congélation, remplir d'eau et congeler. Quand tout est pris, sortir les cubes et les ranger dans des sacs ou des récipients. Il suffira d'ajouter un ou plusieurs cubes aux mets en train de cuire. Pour les sauces à salade, décongeler les cubes, exprimer l'eau et mêler les aromates à la préparation. Si vous désirez congeler des herbes finement hachées, les passer au mélangeur additionnées d'eau et remplir les bacs à congélation de ce mélange.

On peut également congeler des mélanges que l'on préfère. En congélant les légumes du jardin, vous aimerez sans doute glisser dans le récipient un ou deux brins des herbes appropriées. La sarriette accompagne bien les haricots verts, l'aneth et la menthe relèvent les petits pois et le romarin aromatise le maïs.

Les herbes broyées avec de l'huile ou mêlées au beurre se congèlent aussi. Dans l'huile, les herbes gardent un puissant arôme et sont d'un emploi parfait dans les marinades et les sauces à salade. Cette méthode convient très bien au basilic, au romarin, à la sauge, à l'estragon et au thym. Il suffit de passer au mélangeur 500 ml (deux tasses) de feuilles et 125 ml (une demi-tasse) d'huile. Le persil, 125 ml (une demi-tasse) corsera le goût si on le désire. Congeler dans des bacs à congélation. Il convient d'user avec parcimonie de ces mélanges car ils sont très concentrés.

Les beurres aromatisés aux herbes sont incomparables fondus sur du poisson braisé ou des légumes cuits à la vapeur. Ils s'emploient aussi pour préparer du pain aux herbes, dans les sauces et le riz cuit, dans les omelettes ou les timbales. Ces beurres se font en réduisant en pommade 125 ml (une demi-tasse) de beurre et 125 ml (une demi-tasse) d'herbes hachées. Selon le goût, on peut ajouter une cuillère à thé ou deux de jus de citron pour relever.

Laisser au congélateur jusqu'à ce que ce mélange soit assez ferme pour être manié, le modeler alors selon la forme désirée. On peut aussi mettre le beurre encore maléable dans une poche à douille terminée par une grosse étoile. Déposer les rosettes de beurre sur une plaque couverte de papier ciré ou de papier d'aluminium et congeler. Puis les retirer et les mettre au congélateur dans des sacs ou des contenants. On peut aussi faire de ce beurre des boules de la valeur d'une cuillère à soupe.

Poser rosette ou boulette congelée sur la nourriture chaude. Ou décongeler pour mettre dans des pains ou des gâteaux. Si le beurre est en motte, en détacher de fines lamelles avec un couteau aiguisé. Le beurre aux herbes présente à dessein une haute concentration pour occuper peu de place dans le congélateur. Une petite quantité a un puissant effet et vous pouvez en atténuer la force en le mêlant avec du beurre ordinaire.

Comme on l'a vu à propos des autres méthodes de congélation, les beurres peuvent renfermer soit un seul aromate soit un mélange. Voici quelques suggestions utiles. Les mélanges suivants sont à incorporer à 125 ml (une demi-tasse) de beurre.

- basilic, ciboulette, marjolaine, deux cuillères à soupe de chacun et une de jus de citron ;
- cerfeuil, ciboulette, persil, deux cuillères à soupe de chacun avec deux cuillères à thé d'estragon ;
- basilic, parmesan, trois cuillères à soupe de chacun, avec une de persil et une gousse d'ail hachée ;
- aneth et persil, trois cuillères à soupe de chacun ;
- estragon et persil, trois cuillères à soupe de chacun ;
- ciboulette, persil, estragon, deux cuillères à soupe de chacun et une demi-cuillère à thé de moutarde sèche ;
- cerfeuil, ciboulette, aneth, deux cuillères à soupe de chacun et deux cuillères à thé de jus de citron;
- ciboulette et persil, trois cuillères à soupe de chacun et deux cuillères à thé de romarin ;
- trois cuillères à soupe de persil, une d'estragon et deux cuillères à thé de thym ;
- ciboulette, aneth, estragon, deux cuillères à soupe de chacun ;
- aneth et origan, trois cuillères à soupe de chacun ;
- 125 ml (une demi-tasse) de menthe et une cuillère à soupe de jus de citron ;
- trois cuillères à soupe de sarriette et une cuillère à thé de moutarde sèche.

III Les herbes dans les huiles et les vinaigres

Enfin, les essences des herbes fraîches peuvent se conserver dans les huiles et les vinaigres. Les huiles sont utilisées pour la cuisson à la poêle ; elles entrent dans les marinades aussi bien que dans les sauces à salade. Les vinaigres sont excellents pour les salades et les marinades.

Pour commencer, remplir un bocal d'herbes coupées et le recouvrir avec l'huile choisie. Laisser en attente dans un endroit tiède pendant quelques semaines et alors verser l'huile dans une bouteille propre pour la conserver.

Il y a une autre méthode plus rapide qui consiste à placer le flacon contenant les herbes et l'huile dans une casserole d'eau bouillante et à laisser bouillir doucement pendant 30 minutes ; attendre une semaine avant de transvaser.

Pour faire de l'huile parfumée à l'ail, ajouter deux ou trois gousses écrasées par pinte d'huile (un litre approximativement). L'huile d'olive convient bien. Laisser macérer avant l'utilisation. Si au bout de deux semaines toute l'huile n'a pas été utilisée, enlever l'ail avant de se servir du reste. Même méthode pour l'huile au piment piquant.

Il faut savoir que les huiles de maïs, de soja, de carthame, de tournesol servent de base neutre à toutes les herbes. Certaines à l'arôme violent dominent la plus fruitée des huiles d'olive. L'huile de sésame a une saveur prononcée qui couvrirait sans doute tous les aromates sauf l'ail et le piment rouge. Essayer l'estragon dans une huile d'arachide légère.

Il faut s'assurer que les herbes sont parfaitement sèches avant de faire du vinaigre aux herbes car l'humidité risquerait de le diluer. Le vinaigre étant un acide, pour le faire macérer et le conserver, n'utiliser que des récipients de verre dont le bouchon n'est pas métallique pour éviter qu'une réaction chimique n'intervienne entre le vinaigre et le couvercle. Si celui-ci est métallique, prendre la précaution de ne pas le mettre en contact avec le vinaigre. Après quelques jours de macération, vérifier si les herbes sont bien recouvertes par le liquide. Il ne faut pas oublier que la force du produit dépend de la quantité d'aromates utilisés et du temps de macération. Si ce vinaigre paraît trop corsé, on peut y ajouter du vinaigre nature.

Pratiquement toutes les herbes feront de l'excellent vinaigre, quoique certaines sont utilisées plus que d'autres. La plus utilisée est bien sûr l'estragon qui va avec les sauces à salade, les marinades, la sauce hollandaise et beaucoup de plats français. D'autres herbes apportent au vinaigre leur arôme et leur couleur. Ainsi le basilic violet confère une ravissante teinte bourgogne. Mais pour parfaire l'arôme, le mélanger avec du basilic vert. On obtient un vinaigre délicatement rosé avec les graines d'aneth et les fleurs de ciboulette.

N'importe quel vinaigre peut servir de base : qu'il soit blanc nature, de vin blanc, de vin rouge, de cidre, de riz. Ils sont pratiquement interchangeables bien que quelques-uns conviennent mieux à certaines herbes qu'à d'autres.

Pour faire du vinaigre aromatisé, remplir une jarre d'herbes coupées ou écrasées, tiges et feuilles, et recouvrir de vinaigre, sans qu'il atteigne la fermeture métallique. Fermer la jarre et la laisser une ou deux semaines dans un endroit chaud et ensoleillé. La secouer de temps à autre. Quand la macération est terminée, passer le liquide sur un coton à fromage et le répartir dans des bouteilles. Ajouter un rameau d'herbe fraîche pour décorer et reconnaître le parfum.

Chauffer le vinaigre avant de le verser sur les aromates écourte le temps de préparation mais risque d'en changer la couleur ou de dénaturer leur arôme. Dans ce cas, porter le vinaigre à ébullition, le verser sur les herbes, couvrir et laisser infuser une semaine. Passer comme précédemment.

Pour obtenir du vinaigre à l'ail ou à l'échalote, passer au malaxeur une tasse de vinaigre avec plusieurs gousses d'ail ou échalotes. Placer le mélange au chaud dans un récipient fermé. Attendre deux semaines avant de le transvaser dans une bouteille propre. S'il est trop fort, il peut être dilué avant l'usage. En y laissant macérer pendant dix jours plu-

sieurs piments forts, on obtient un vinaigre très épicé. Secouer chaque jour. Passer et transvaser dans des bouteilles.

IV La culture des herbes aromatiques

Il y a trois catégories d'herbes : les annuelles, les bisannuelles, les vivaces.

Les annuelles ont un cycle vital d'une seule année et doivent être replantées chaque année ; quelques-unes se resèment toutes seules dans le jardin. Parmi les plantes annuelles domestiques les plus connues, citons le basilic, le cerfeuil, la coriandre, l'aneth, la sarriette d'été. D'ordinaire elles se reproduisent facilement par semis. Semer les graines soit directement dans le jardin soit dans des pots à l'intérieur environ six semaines avant la date prévue pour le repiquage. Les semis à l'intérieur permettent d'avancer la date de la récolte. Certaines herbes annuelles — le basilic, par exemple, dont les boutures mises dans l'eau font facilement des racines — vous permettent de composer un jardin intérieur à la fin de l'été.

Les bisannuelles obéissent à un cycle de deux ans. Elles se garnissent de feuilles la première année et ne produisent des fleurs et des graines que la seconde année. Même si vous ne les cultivez que pour récolter leurs graines à la seconde année, pour assurer la continuité des récoltes, il faut les replanter chaque année. Le persil et le carvi sont bisannuelles et se reproduisent d'ordinaire par semis, comme les annuelles.

Les vivaces ont une durée de vie qui s'étend sur de nombreuses années si elles trouvent un milieu favorable. Sauf l'estragon français, elles se reproduisent par les graines et également par bouturage, division des racines ou marcottage.

La ciboulette, la menthe, l'origan, la sauge, l'estragon, le thym et la sarriette d'hiver sont des plantes vivaces résistantes qui repoussent chaque année si elles rencontrent un endroit favorable à leur croissance. En théorie, la marjolaine est vivace mais le froid l'affecte et, dans les climats froids, il faut la replanter chaque année. Le laurier et le romarin sont vivaces mais fragiles et il vaut mieux les mettre en pots et les rentrer en hiver. Au début de l'été, on peut soit mettre les pots sur la véranda soit les enfoncer en terre jusqu'à l'automne.

Les boutures, la division des racines et le marcottage sont les meilleurs moyens de reproduction de ces plantes. Ils sont plus rapides que le semis de graines et l'on est sûr que le produit sera conforme à l'original alors que les graines donnent parfois un hybride décevant au lieu de la plante type souhaitée.

Pour prélever des boutures de plantes telles que la menthe, le romarin, l'estragon, couper un segment de 7,5 cm (3 po) de long à l'extrémité d'une jeune tige avec un couteau aiguisé ou des ciseaux de cuisine. Enlever les feuilles les plus basses en laissant 5 cm (2 po) de tige nue et la recouper en biseau d'un coup sec vers le bas. Enfin, plonger la coupure dans une poudre d'hormones et planter dans un pot de 5 cm (2 po) contenant soit du compost spécial (composé en parties égales de sphaigne broyée, de gros sable et de terreau criblé ou d'humus) ou du sable humide, de la mousse de tourbe ou de la vermiculite. Pour faciliter l'enracinement et créer une atmosphère de serre, coiffer le pot d'un sac en plastique. Éviter d'exposer à la lumière directe du soleil et arroser pour prévenir le dessèchement de la terre. Les racines devraient apparaître au bout d'un mois.

La division de la racine est fort simple. Déterrer un plant bien fourni en rameaux, origan, estragon ou thym, par exemple. Découper une partie des racines avec un couteau aiguisé ou séparer des sections en tirant. Replanter aussitôt les sections.

Le marcottage convient aux plantes dont les tiges flexibles rampent, comme le romarin, la sauge, l'estragon. Il arrive que des tiges s'enracinent spontanément et donnent de nouveaux plants. Il suffit de les y aider en choisissant une tige que l'on courbe vers le sol. À quelque 30 cm (12 po) du bout de ce rameau, la dénuder au-dessous d'un noeud. Enterrer cette section en la maintenant au sol avec un arceau de fer et recouvrir d'un riche humus. Arroser, pailler et, six semaines après, vérifier l'enracinement. Séparer de la plante mère, laver et replanter ailleurs.

Si les herbes poussent à l'état sauvage dans beaucoup de régions du monde et survivent pratiquement dans n'importe quel environnement, elles ont pourtant des préférences quant au sol et à l'ensoleillement. En les respectant, on obtiendra une récolte plus abondante. Le tableau de la page suivante présente les préférences de certaines des plantes les plus souvent cultivées.

En général, les herbes préfèrent un endroit ensoleillé, bien drainé dont le sol renferme du sable et même du gravier. Bien qu'un excès d'engrais tende à réduire dans les feuilles la concentration en huiles volatiles aromatiques, on peut assurer aux herbes un bon départ en mélangeant un peu de compost à l'humus avant de les planter. La plupart des herbes aiment recevoir du soleil au moins cinq heures par jour. Certaines pourtant comme la ciboulette, le cerfeuil, la menthe et l'estragon, se contentent mieux que d'autres d'un ensoleillement partiel.

Pailler les herbes avec du gazon, du foin ou de la paille, pour conserver l'humidité du sol et éviter l'envahissement des mauvaises herbes. À condition de ne pas le répéter trop souvent, nourrir vos plantes avec un fumier léger ou une émulsion d'huile de poisson.

Il faut bien préciser que le tableau ne fournit que des suggestions car on ne peut être exhaustif, quand il s'agit d'une famille aussi prolifique que le clan des aromates. J'ai vu présenter jusqu'à 15 sortes de basilic, 24 de menthe et 20 de romarin dans certains catalogues de pépinières et je suis convaincue que ces chiffres sont dépassés. La taille varie selon la variété et selon l'emplacement. L'origan qui atteint 60 cm (2 pi) dans certains sols dépasse à peine le sol ailleurs. La variété spécifique détermine la couleur de la fleur.

J'ai consacré une colonne aux relations

de compagnonnage qui consistent à suivre les préférences et affinités des plantes dans un jardin pour en favoriser la croissance.

Par une curieuse coïncidence, peut-être pas si curieuse que cela, les amitiés liées au jardin se poursuivent à la cuisine : le basilic aime les tomates, la sarriette les fèves, la ciboulette les carottes. Pour une cueillette rapide à l'heure des repas, on gagne à ne pas éloigner ces compagnons l'un de l'autre. Cer-taines herbes ont la réputation d'écarter ou de détruire les insectes nuisibles du jardin. Quoique rien ne le prouve scientifiquement, beaucoup de jardiniers expérimentés en font un article de foi et mettent en bonne place ces plantes protectrices.

Disons enfin qu'un des premiers impératifs d'un jardin d'aromates est la facilité d'y accéder. Bien en choisir l'emplacement, de préférence près de la porte de la cuisine. Vous

V GUIDE DE LA CULTURE DES HERBES

Nom	Type	Mode	Date de plantation
Ail *Allium sativum*	Vivace	Bulbe	Début du printemps
Aneth *Anethum graveolens*	Annuelle	Graines auto-semis	Toute l'année
Basilic *Ocimum basilicum*	Annuelle	Graines	À l'extérieur : après risques de gelées À l'intérieur : 6 semaines avant les dernières gelées (date probable)
Carvi *Carum carvi*	Annuelle ou bisannuelle	Graines auto-semis	Annuelle : début de l'automne Bisannuelle : début du printemps
Cerfeuil *Anthriscus cerefolium*	Annuelle	Graines auto-semis	Début du printemps ou fin de l'été
Ciboulette *Allium schoenoprasum*	Vivace	Graines, division	À l'intérieur, 6 à 8 semaines avant les dernières gelées (date probable)
Coriandre *Coriandrum sativum*	Annuelle	Graines auto-semis	En terrain tiède après risques de gelées
Estragon *Artemisia dracunculus,* *sativa*	Vivace	Bouture	Bouturer au milieu de l'été
Fenouil *Foeniculum vulgare*	Vivace traiter en annuelle	Graines	Début du printemps
Marjolaine *Origanum majorana*	Vivace fragile traiter en annuelle	Graines	Intérieur, début de mars : transplanter en sol tiède

n'aurez qu'un pas à faire si vous avez besoin de quelque rameau odorant pour rehausser de son arôme vos plats de tous les jours.

VI La culture des herbes à l'intérieur

Vous pouvez sans peine cultiver assez d'herbes pour passer tout l'hiver en respectant les besoins élémentaires des plantes quant à la lumière, l'humidité et le sol. La plupart des plantes annuelles et vivaces acceptent la culture en pots à l'intérieur. J'ai cultivé aussi du basilic, de la ciboulette, de la coriandre, de la marjolaine, de la menthe, de l'origan, du persil, du romarin, de la sauge, de la sarriette et du thym. Ces plantes sont moins productrices qu'à l'extérieur mais l'agrément de cueillir des plantes d'une saveur si fraîche et si riche compense largement cet inconvénient.

Conditions exigées	Compagnonnage recommandé	Taille	Fleur	Partie utilisée
Plein soleil; riche terre humide sablonneuse	Chasse les scarabées; près des pommes de terre, tomates, choux	30-60 cm	Blanche	Bulbe
Plein soleil; sol fertile humide	Près des choux, concombres, oignons, laitues, loin des tomates et carottes	30-90 cm	Jaune	Graines et feuilles
Plein soleil; terre riche; à protéger contre le vent	Protège les tomates des insectes et des maladies; près des asperges, loin de la livèche	30-60 cm	Blanche	Feuilles
Plein soleil; sol normal bien drainé	Plantation dispersée pour alléger le sol	60-90 cm	Blanche	Graines
Plein soleil, ombre partielle; sol riche et humide	Favorise la pousse et la saveur des radis	30-45 cm	Blanche	Feuilles et tiges
Plein soleil; sol riche	Près des carottes mais loin des haricots et des pois	30-45 cm	Lavande	Fleurs et feuilles
Plein soleil; riche humus bien drainé	Empêche le fenouil de monter en graines. Seule et loin du jardin	30-60 cm	Rose	Graines, tiges, feuilles
Soleil modéré; sol riche, fertile bon drainage	Disséminer à travers le jardin	60-90 cm	Vert blanchâtre	Feuilles
Plein soleil; terre riche	Déteste la plupart des plantes. Mettre hors du jardin	60-150 cm	Jaune	Graines, feuilles
Plein soleil; sol sec	Disséminer dans le jardin pour améliorer le goût des légumes	30 cm	Blanche ou rose	Feuilles et bouquets

(suite page 30)

On peut débuter en plantant les graines à l'intérieur bien qu'il soit plus rapide de repiquer des boutures venant du jardin à la fin d'août. On peut aussi mettre en pots des plants entiers pris du jardin et les rentrer mais il faut effectuer diverses manipulations et les résultats ne sont pas tellement satisfaisants. Il faut tailler la motte, élaguer les rameaux et, de plus, mettre les plantes en quarantaine dès leur entrée dans la maison pour éviter une éventuelle invasion d'insectes.

Pour partir un jardin d'herbes, utiliser pour les semis un mélange sans terre grasse placé dans des caissettes plates ou des pots de tourbe individuels. Suivre les instructions qui figurent sur les paquets. Puis humidifier le sol et couvrir les contenants jusqu'à la germination avec un sac en plastique qui évitera l'évaporation et créera une atmosphère de serre. Transplanter les semis lorsqu'ils ont deux paires de vraies feuilles.

Un bon conseil: lorsque vous semez les

GUIDE DE LA CULTURE DES HERBES (suite)

Nom	Type	Mode	Date de plantation
Menthe *Mentha*	Vivace	Graines, bouture division	Bouturer pendant l'été. Planter les mottes divisées au début du printemps
Origan *Origanum vulgare*	Vivace	Graines, bouture, division	Semis intérieur début du printemps. Bouturer en été
Persil *Petroselinum crispum*	Bisannuelle traiter en annuelle	Graines	Début du printemps
Romarin *Rosmarinus officinalis*	Vivace fragile rentrer l'hiver	Graines, bouture, marcottage	Bouturer en août. Mettre en terre après risques de gelées
Sarriette d'été *Satureia hortensis*	Annuelle	Graines	Début du printemps
Sarriette d'hiver *Satureia montana*	Vivace	Graines	Début du printemps
Sauge *Salvia officinalis*	Vivace	Graines, bouture, marcottage	À l'intérieur, 6 à 8 semaines avant les dernières gelées (date probable) ou en avril à l'extérieur
Thym *Thymus vulgaris*	Vivace	Graines, bouture, division	Début du printemps, à l'intérieur

graines, ne pas vous laisser emporter par un trop grand enthousiasme. D'un semis trop dense naîtra une masse informe de plants trop faibles pour être transplantés et trop serrés pour grandir.

En général, la culture des aromates à l'intérieur exige un sol net et meuble capable de garder l'humidité sans s'affaisser en une masse dure, ce qui fait qu'en général la terre du jardin ne convient pas à l'intérieur d'autant qu'elle renferme des racines et des insectes indésirables. Il y a des mélanges que vous pouvez faire vous-même. Essayer par exemple: terre stérile, sable et mousse de tourbe fine, en parties égales. Ou mousse de tourbe fine, vermiculite et perlite, en parties égales. Ou, toujours en parties égales, terre stérile, mousse de tourbe fine et vermiculite. Ces mélanges à semis n'ayant pas la même valeur nutritive que la terre du jardin, il faut les enrichir de temps à autre soit avec un engrais léger soit une faible émulsion d'huile de poisson.

Conditions exigées	Compagnonnage recommandé	Taille	Fleur	Partie utilisée
Endroit ombragé; sol légèrement acide	Planter la menthe poivrée près des choux pour chasser le papillon du chou; menthe poivrée et verte près des radis et des tomates	30-60 cm	Violette, blanche, rose, lavande	Feuilles
Plein soleil; sol bien drainé	Favorable aux plantes rampantes telles que concombres et melons	30-50 cm	Rose, blanche, violet, lilas	Feuilles
Plein soleil mais accepte ombrage; sol moyen	Chasse le parasite de la rose et la mouche des carottes; près des tomates et asperges	25-38 cm	Graine verdâtre	Feuilles, tiges
Plein soleil; sol alcalin bien drainé. Rentrer en hiver ou laisser inactif en cave fraîche	Chasse le papillon du chou, le parasite du haricot et la mouche des carottes. Bon voisinage avec la sauge	60-90 cm	Bleu, blanc ou rose	Feuilles
Plein soleil; sol riche assez sec	Planter avec tomates haricots, oignons; chasse le parasite du haricot et le ver de la tomate	30-45 cm	Rose à violet	Feuilles
Plein soleil; sol léger et sablonneux	Disséminer dans le jardin; chasse tous les insectes	30 cm		Feuilles
Plein soleil; terre sablonneuse	Avec romarin, chou et carottes; éloigner des concombres	30-45 cm	Bleue, violet, rouge	Feuilles
Plein soleil; sol sablonneux	Chasse le papillon blanc du chou et le ver du chou	15-30 cm	Lavande, rose, blanche	Feuilles

Une luminosité convenable est essentielle aux cultures à l'intérieur. La plupart des herbes ont besoin d'au moins cinq heures de plein soleil par jour. Un grand rebord de fenêtre ensoleillé suffit souvent à assurer leur bonheur mais un tube fluorescent vaut mieux encore. Exposer les plantes qui poussent sous les lampes de 14 à 16 heures par jour. Les semis seront placés à environ 7,5 cm (3 po) de la source de lumière. Surélever les petites plantes sur des plates-formes pour les rehausser de façon à ce que petites et grandes profitent bien de la lumière. Il faut savoir que la lumière est plus intense au milieu du tube, plus faible aux extrémités, ce qui vous permettra de répartir les plantes sous le tube selon leurs besoins en luminosité. Les boutures occuperont les extrémités, leurs besoins de lumière étant moindres.

Donner à vos herbes une bouffée d'air frais de temps à autre, surtout pendant les jours doux d'hiver. Mais ne pas les exposer à des courants d'air constants. La température devrait se maintenir entre $-12°$ C et $-5°$ C (50° et 70° F).

Maintenir vos plantes dans une humidité constante. Ne pas les laisser baigner dans l'eau ni se parcheminer. L'air à l'intérieur tendant à devenir très sec, pulvériser fréquemment les feuilles à l'eau tiède. Pour humidifier l'air, laisser des récipients d'eau près des plantes. Ou encore garnir de galets les plateaux qui supportent les pots. Verser de l'eau jusqu'à effleurement. Disposer les pots en veillant à ce que l'eau ne les atteigne pas. L'évaporation entretiendra autour d'eux un air humide.

Quelques insectes peuvent s'en prendre à vos plantes, araignées, cochenilles, teignes, mouches. Contre-attaquer en les éliminant à la main ou en lavant le feuillage à l'eau savonneuse. Remplir une bassine d'eau tiède à laquelle vous ajoutez quelques gouttes d'un détergent léger. Couvrir la terre d'une feuille d'aluminium ou de plastique pour éviter qu'elle ne tombe dans la bassine puis renverser les plantes et plonger les feuilles dans l'eau. Rincer à l'eau pure. Recommencer si c'est nécessaire.

Chapitre 3

Un jardin d'aromates

Soyez au parfum !

Voici une courte présentation de plantes aromatiques et d'épices qui entrent dans les recettes ainsi que quelques suggestions d'emploi.

L'ail

- De la même famille que l'oignon et caractérisé par son arôme puissant, se cultive facilement.
- Partie utilisée : la tête divisée en caïeux ou gousses.
- Dans le commerce s'achète frais, sec ou en poudre.
- S'emploie avec tout, sauf les mets sucrés. Parfume les soupes, les salades, le poisson, la volaille, les plats comportant de la viande et des oeufs, les ragoûts, les sauces et la mayonnaise ; les pains et tous les légumes ; entre dans la vinaigrette.
- Une cuisson lente et prolongée en atténue l'arôme et s'il brunit à la poêle, il prend un goût amer.

L'aneth

- Plante annuelle apparentée au persil qui est originaire des zones méditerranéennes, se cultive facilement.
- Parties employées : ses feuilles vertes et dentelées et les graines brunes séchées.
- Dans le commerce on trouve les feuilles fraîches ou sèches et les graines entières ou moulues.
- Les feuilles s'emploient dans les salades et le saumon ; dans la salade de riz, le riz et le bortsch ; avec le fromage frais, les haricots verts, les carottes, les concombres et les pommes de terre. Les graines aromatisent les sauces à salade, la soupe de poisson, la viande en sauce, le ragoût d'agneau, les mets aux oeufs et pommes de terre ainsi que le chou et les pains.

L'anis

- Une herbe annuelle (*Pimpinella anisum*) qui pousse bien dans les jardins.
- Parties utilisées : pour leur arôme de réglis-

se, les petites graines d'un gris brun ainsi que les feuilles douces.

- Dans le commerce se présente en graines, moulu et en extrait.
- S'emploie dans la salade de chou, les ragoûts épicés, le pain de seigle, les gâteaux secs et la tarte aux pommes.
- L'anis étoilé est le fruit d'un arbuste chinois à feuilles persistantes dont la culture n'est pas possible dans les jardins. Ses grandes graines d'un brun uni s'emploient en infusion et dans la cuisine chinoise.

Le basilic

- Une herbe touffue de la famille de la menthe qui se cultive facilement.
- Partie utilisée : les feuilles.
- Dans le commerce se présente en feuilles, séchées ou émiettées ; parfois fraîches en bouquet.
- S'emploie dans la cuisine méditerranéenne et italienne ; dans la soupe à la tomate, la soupe de légumes, la sauce tomate ; accompagne le poisson, la volaille, le boeuf, le veau ou l'agneau, entre dans les omelettes, les oeufs brouillés ; agrémente les haricots verts, les brocoli, les concombres, les aubergines, les petits pois, les épinards, les tomates et les courgettes.
- Pour le conserver il est préférable de le mélanger à de l'huile et de le placer dans le réfrigérateur ou le congélateur. On peut aussi congeler les feuilles entières dans des sacs de plastique.

La cannelle

- Provient d'un arbre à feuilles persistantes et lustrées qui croît au Sri Lanka (Cinnamomum zeylanicum).
- Partie utilisée : la face interne de l'écorce qui est arrachée de l'arbre puis roulée et séchée.
- Dans le commerce se trouve en bâtons ou en poudre.
- S'emploie dans les curries, dans le couscous, le poulet, l'agneau, le boeuf haché, dans les ragoûts, les plats de viande et les salades de fruits ; avec les carottes, l'aubergine, les oignons, les épinards, le potiron, les tomates, les pommes, les bleuets et les poires, de même que dans la compote de fruits, le gâteau de riz, la tarte aux pommes, les gâteaux, le gâteau aux fruits confits et le pain aux noix.

La cardamome

- Provient d'une plante vivace de la famille du gingembre, originaire de l'Inde.
- Partie utilisée : les petites gousses vertes ou blanches qui renferment des graines foncées d'un brun rouge.
- Dans le commerce, on trouve les gousses entières ou moulues et encore les graines en poudre ; certains marchés offrent parfois une autre variété dont les gousses d'un brun foncé sont plus grandes.
- S'emploie dans les plats au curry, avec le poisson et la volaille, dans les marinades de viande et les boulettes suédoises, dans le punch ; avec le chou, le potiron, les patates douces ; les pommes, les melons doux (honeydew), les pêches, les framboises, les fraises ; également en pâtisserie, dans les gâteaux et les crèmes.
- Pour protéger leur arôme, conserver les graines entières de préférence ; 10 graines correspondent environ à une demi-cuillère à thé de poudre ; la mention « cardamome moulue décortiquée » indique que les graines ont été séparées des gousses avant la mouture.

Le carvi

- Plante bisannuelle qui croît en Europe et en Asie, peut se cultiver au jardin.
- Partie utilisée : les graines brun foncé en forme d'arc.
- Dans le commerce se présentent entières, parfois en poudre.
- S'emploie dans la soupe aux choux et avec le chou ; saupoudrer la salade de concombres ; entre dans les plats corsés, le goulasch, les boulettes de viande, le pain de seigle et les gratins au fromage ; les haricots verts, les carottes, les pommes de terre et les bet-

teraves rouges, aromatise la tarte aux pommes, les biscuits et les gâteaux.

Le poivre de Cayenne

- Provient des petits poivrons rouges piquants.
- Partie utilisée : le fruit entier.
- Dans le commerce se présente en poudre.
- S'emploie sans excès dans les soupes, les ragoûts, la salade, les curries, les plats et sauces mexicains, les oeufs et divers légumes.

La graine de céleri

- Provient d'un céleri sauvage appelé ache.
- Partie utilisée : les petites graines brunes qui ont une saveur prononcée.
- Dans le commerce se présentent entières ou en poudre.
- S'emploie modérément dans les soupes, les ragoûts, les plats au curry, la farce pour volailles, le poisson, les plats de viande ; et encore avec les oeufs, les pains et les légumes.

Le cerfeuil

- Une plante annuelle dont les feuilles dentelées ressemblent à celles du persil ; se cultive facilement.
- Parties utilisées : les feuilles et les tiges qui ont un parfum et un arôme délicieusement anisés.
- Dans le commerce se présente sec.
- S'emploie comme garniture et dans la soupe aux pommes de terre, la soupe veloutée aux épinards, dans les salades de poulet et oeuf, dans les sauces à salade et la mayonnaise ; avec le poisson, les coquillages et le poulet ; dans les sauces pour le poisson, les gratins au fromage ; avec la laitue, les pommes de terre, les betteraves rouges et les tomates, dans un mélange de fines herbes.
- La chaleur détruisant sa saveur délicate, ne l'ajouter aux plats chauds qu'à la dernière minute.

La ciboulette

- De la même famille que l'oignon ; se cultive facilement.
- Parties utilisées : les minces tiges tubulaires d'un vert foncé et les fleurs d'un ton lavande.
- Dans le commerce est présentée sèche et congelée ; parfois en pots.
- S'emploie avec tous les aliments à l'exception des mets sucrés ; dans la soupe à la crème et la vichyssoise ; avec le poisson, le poulet et l'agneau ; dans les salades et les sauces au fromage ; également avec les fromages, les oeufs, les carottes, le maïs, les haricots verts, les champignons, les petits pois, les betteraves rouges, la courge d'été et les tomates.
- Les fleurs font une garniture ravissante présentées entières ou en pétales.
- Pour la conserver, il est préférable de la congeler entière ou hachée.

Les clous de girofle

- Proviennent d'un arbre à feuilles persistantes (*Syzygium aromaticum*) originaire des îles Moluques.
- Partie utilisée : les fleurs en boutons qui, séchées, prennent l'apparence de petits escargots marron.
- Dans le commerce se présentent entiers ou en poudre.
- S'emploie dans la soupe à l'oignon, les carries, la sauce chili, la sauce tomate et les marinades ; avec la viande épicée, les plats de viande et de poisson, le poulet rôti, dans les boissons aromatisées ; avec les haricots verts, les betteraves rouges, le potiron ; s'utilise encore dans les puddings, les confitures, la compote de pommes, le pain d'épice et les gâteaux, les poires au sirop, les fruits à l'étuvée et les pains aux noix.

La coriandre

- Une herbe annuelle qui se cultive facilement.
- Parties employées : les feuilles et les tiges fraîches ou les graines sèches.
- Dans le commerce on trouve les graines séchées ou moulues ; les marchés la proposent parfois en feuilles, fraîches ou sèches.
- S'emploie en grains dans le curry, dans les marinades aromatisées ; avec les lentilles,

les fèves de Lima, les pois et croquettes de pommes de terre ; dans les gâteaux secs, les pains, l'agneau en sauce, et encore dans le gâteau aux carottes et les tartes. S'emploie en feuilles dans la cuisine chinoise, mexicaine, indienne et marocaine ; dans les plats de viande, de riz et de lentilles ; avec les courgettes et le poulet de même que dans les salades.

- Ne pas employer indifféremment les grains ou la coriandre fraîche car leur arôme est différent.

Le cresson

- Plante vivace de la famille de la moutarde, originaire du nord des États-Unis ; se cultive près des eaux fraîches à cours lent ou dans des bacs dont l'eau est changée fréquemment.
- Parties employées : les feuilles et les tiges.
- Dans le commerce est proposé frais.
- S'emploie généreusement dans les salades de poulet, de haricots, de pommes de terre, de chou, dans le jus de tomate, les soupes, les oeufs, avec le fromage frais et dans le beurre aux herbes.

Le cumin

- Plante annuelle de la famille du persil cultivée déjà dans l'Égypte pharaonique ; sa culture est possible dans les régions qui ont quatre mois chauds.
- Partie employée : les graines brunes allongées qui succèdent aux fleurs blanches ou rouges et mûrissent en automne.
- Dans le commerce sont présentées entières ou en poudre.
- S'emploie dans la cuisine mexicaine, orientale, indienne et moyen-orientale ; dans les curries, les ragoûts, le chili, les préparations de viande et légumes épicées ; avec les haricots verts et le chou ; les oeufs à la diable et les pains ; et encore avec le fromage.

L'échalote

- Petite plante gainée de brun de la famille de l'oignon dont l'arôme se situe entre celui de l'ail et celui de l'oignon ; peut être cultivée chez soi mais demande 100 jours pour arriver à maturité.

- Partie employée : le bulbe.
- Dans le commerce se vend fraîche ou congelée.
- Convient dans tous les plats à l'exception des mets sucrés. Agrémente les salades, les sauces à salade, les omelettes, les crêpes et tous les légumes.

L'estragon

- Plante vivace originaire de Russie qui se cultive facilement. L'estragon français, le favori, se reproduit par boutures.
- Partie employée : les feuilles.
- Dans le commerce sont présentées entières, émiettées ou en poudre.
- S'emploie dans les fines herbes, la béarnaise, les sauces à salade, la sauce tartare, la mayonnaise ; accompagne le poulet, le poisson, les coquillages, le veau, la dinde ; entre dans les omelettes, les oeufs à la diable ; le fromage cottage ; les asperges, les champignons, les petits pois, les pommes de terre au four, les betteraves rouges, les épinards et les tomates.

Le fenouil

- Bulbe vivace facile à cultiver. Le fenouil de Florence et le fenouil doux sont deux variétés répandues.
- Parties utilisées : les graines et les feuilles de fenouil doux ; dans le fenouil de Florence, les tiges d'aspect comestible.
- Dans le commerce, les graines de fenouil doux se vendent entières ou en poudre ; le fenouil de Florence est présenté frais.
- Le fenouil doux s'emploie avec le poisson ; dans les boulettes de viande épicées ; avec les oeufs, le chou, les betteraves, la courge et les pommes ; également dans les farces et les pains. Le fenouil de Florence s'utilise comme un légume ; il se sert cru comme le céleri, braisé, gratiné au four ou en potage velouté à la crème.

Le gingembre

- Provient d'une plante vivace (*Zingiber officinale*) originaire de l'Asie du Sud-Est.
- Partie utilisée : la racine.

- Dans le commerce se présente frais et séché; sous cette forme il est en poudre.
- S'emploie frais dans la cuisine orientale et hindoue et avec le poisson, le poulet, les viandes et les légumes. En poudre convient aux viandes en sauce, à la volaille, aux carottes, aux betteraves rouges, à la courge et aux patates douces; parfume encore les pains, les gâteaux, les biscuits secs, les puddings, les sauces pour salade de fruits et les divers fruits étuvés.

Le laurier

- Provient d'un arbre originaire de la région méditerranéenne (Laurus nobilis). Se cultive à l'extérieur toute l'année dans les climats tempérés mais, durant les mois froids dans les régions nordiques, doit être mis en pot et placé à l'intérieur.
- Partie utilisée: les feuilles.
- Dans le commerce se présentent sèches entières.
- S'emploie avec parcimonie, sa forte saveur risquant d'être envahissante. Entre dans le bouquet garni, les soupes de poisson, le jus de tomate et les bouillons, le court-bouillon de poisson, les plats de poisson épicés. S'utilise pour le poulet rôti, le rôti de boeuf et le ragoût de boeuf.
- Les feuilles peuvent être utilisées fraîches bien que, légèrement séchées, leur arôme soit plus prononcé.

La livèche

- Plante vivace qui a un goût prononcé de céleri; poussant à l'état sauvage dans les régions méditerranéennes, elle se cultive facilement.
- Parties utilisées: les tiges, les feuilles, les graines.
- Difficile à trouver dans le commerce, à cultiver soi-même de préférence.
- Ses feuilles et ses tiges s'emploient avec modération dans les soupes, les salades, les salades de pommes de terre, les ragoûts et les farces pour remplacer le céleri; les tiges braisées sont un légume. Les graines s'emploient dans la salade de poulet, le pâté de viande, les pains et le beurre aromatisé aux herbes.

Le macis

- Provient d'un arbre à feuilles persistantes (Myristica fragans) originaire des îles Moluques qui produit la muscade.
- Partie utilisée: l'enveloppe rouge qui couvre la noix de muscade.
- Dans le commerce est vendu en poudre, parfois en lamelles.
- S'emploie dans la préparation du poulet et du poisson, dans les boulettes de viande et les terrines de viande; avec le veau, les plats au fromage, les brocoli, les choux de Bruxelles, le chou, la purée de maïs et de fèves et les légumes jaunes; dans les rôtis et les crèmes de même qu'avec les abricots, les cerises et les pêches étuvées.

La marjolaine

- Délicate plante vivace, de la famille de la menthe, cousine de l'origan; se cultive facilement.
- Parties employées: les feuilles, les noeuds ou les bourgeons de fleurs.
- Dans le commerce, les branches sont offertes séchées, les feuilles émiettées ou en poudre.
- S'emploie dans la soupe au poulet, à l'oignon, le jus de tomate, les recettes de poisson, la bouillabaisse et chaudrée de poisson, la salade de poulet, le boeuf en ragoût, les hamburgers, la terrine de viande, la salade chili; avec le fromage frais dans les omelettes et les oeufs brouillés; aromatise le chou, les carottes, l'aubergine, les haricots blancs, les champignons, les petits pois, les épinards et les tomates ainsi que les fruits cuits.

La menthe

- Fait partie d'une nombreuse famille de plantes vivaces qui comporte la menthe poivrée et la menthe verte.
- Partie utilisée: les feuilles.
- Dans le commerce est offerte en bottes fraîches ou sèches ou en feuilles émiettées ou moulues.
- S'emploie dans les salades de fruits et de légumes; la soupe au concombre, accompa-

gne le poisson, le boeuf, le veau et l'agneau, les haricots verts, les carottes, le concombre, l'aubergine, les petits pois, les pommes de terre et les épinards, les sauces au yaourt et les desserts.

La moutarde

- Plante annuelle qui pousse à l'état sauvage à peu près partout dans le monde et peut être cultivée facilement.
- Partie utilisée : les graines. La moutarde noire produit des graines d'un brun rougeâtre foncé de saveur très forte ; la moutarde blanche a des graines jaune soufre d'un goût moins prononcé.
- Dans le commerce les graines se vendent entières, moulues et en moutarde préparée.
- S'emploie pour les patates, dans les sauces à salade et la salade de pommes de terre ; avec le poisson à la crème, les diverses recettes d'oeufs, les oeufs à la diable, les haricots en casserole, le fromage et les *chutneys,* avec les marinades de haricots verts et de chou-fleur.

La muscade

- Provient d'un arbre tropical à feuilles persistantes (*Myristica fragans*) originaire des îles Moluques.
- Partie utilisée : la graine ovale d'un brun grisâtre.
- Dans le commerce les graines se trouvent entières ou moulues.
- S'emploie dans les poissons en sauce, les boulettes suédoises ; avec les haricots verts, les carottes, le chou-fleur, le maïs, les oignons, les épinards et la courge ; en croquettes de pommes de terre ; dans les tartes aux pommes, aux cerises et aux poires ; également dans les crèmes, la tarte au potiron, les gâteaux, les biscuits secs et le pain aux noix.

L'oignon

- Appartient à une grande famille de plantes faciles à cultiver. On peut choisir entre les oignons jaunes, blancs ou rouges.

- Parties utilisées : le bulbe et parfois les queues vertes.
- Dans le commerce, présenté frais, déshydraté, congelé ou en poudre.
- S'emploie dans tous les plats à l'exception des entremets. Entre dans la composition des soupes, des ragoûts, des salades et diverses recettes d'oeufs. Accompagne le poisson, la volaille, la viande et tous les légumes.

L'origan

- Plante vivace très proche de la marjolaine. Se cultive facilement.
- Partie utilisée : les feuilles.
- Dans le commerce est présenté en tiges séchées, en feuilles ou en poudre.
- S'emploie dans les soupes de légumes, les sauces tomate, les pâtes alimentaires ; la pizza, la salade de pommes de terre, les sauces à salade et les salades vertes ; dans les omelettes, le chili ; aussi avec les brocoli, le chou, les champignons, les oignons, les petits pois et les pommes de terre.

L'oseille

- Plante vivace appréciée pour sa saveur acidulée ; culture facile.
- Partie employée : les feuilles.
- Dans le commerce, difficile à trouver. Mieux vaut la cultiver.
- S'emploie dans la cuisine française, la soupe à l'oseille, aux pommes de terre et à la crème ; avec le poisson, les fruits de mer et le poulet ; en salades et omelettes pour suppléer aux épinards ou les aromatiser ; également avec les tomates.

Le paprika

- Variété de piment (*Capsicum annuum*) dont la culture est très répandue ; la variété hongroise a la saveur la plus corsée ; les variétés espagnole et américaine ont la couleur rouge la plus éclatante.
- Partie utilisée : le fruit entier.
- Dans le commerce se vend en poudre.
- S'emploie dans la cuisine hongroise, les

sauces, en particulier celles à salade ; dans le poulet et le veau au paprika, le boeuf stroganoff et la goulasch.

- Garder au réfrigérateur pour préserver l'arôme.

Le pavot

- La graine de pavot provient d'une espèce particulière (*Papaver somniferum*).
- Partie utilisée : les minuscules graines bleu ardoise qui se forment après que les gousses qui les renferment aient séché et perdu leurs propriétés narcotiques.
- Dans le commerce se vendent entières.
- S'emploie avec les nouilles, les oeufs, le fromage ; dans les sauces à salade, la salade de choux, les oeufs à la diable ; les salades de fruits et de légumes, les pains et petits pains ; avec les petits pois, le rutabaga, les navets ; dans les gâteaux et en pâtisserie.
- Chauffer ou écraser les graines pour libérer les huiles essentielles et permettre à leur plein arôme de noisette de s'exhaler.

Le persil

- Plante bisannuelle déjà connue des Grecs et des Latins dans l'antiquité ; se cultive facilement. Les deux principales variétés sont le persil frisé et le persil italien, à feuilles plates dont la saveur est plus prononcée.
- Parties utilisées : les feuilles et les tiges qui ont plus de goût.
- Dans le commerce se trouve frais ou sec.
- S'emploie dans tous les plats, à l'exception des préparations sucrées. Entre dans le bouquet garni, les fines herbes, la viande, la volaille et tous les légumes.
- La congélation est la meilleure forme de conservation domestique.

Le poivre

- Provient d'une plante grimpante vivace *(Piper nigrum)* originaire de l'Inde. Certaines variétés ont des baies noires, d'autres, blanches ou vertes. Le poivre rose que proposent les boutiques spécialisées proviennent

du poivrier brésilien ; cet arbre n'est pas apparenté au *Piper nigrum.*

- Partie utilisée : la baie séchée.
- Dans le commerce le poivre noir et blanc se vend en grains, concassé, en mouture fine ou grosse ; le poivre vert est séché ou conservé dans la saumure ou le vinaigre.
- S'emploie partout sauf dans les desserts. *Remarque* : selon des recherches en cours, le poivre serait légèrement carcinogène, ce qui signifie qu'allié à certaines autres substances plus puissantes il pourrait provoquer le cancer. Dans le doute, j'ai évité d'ajouter du poivre aux recettes, sauf lorsqu'il s'agit de plats ethniques où il est indispensable et dans les mélanges aromatiques.

Le raifort

- Plante vivace qui s'apparente à la moutarde. Semble être originaire de Hongrie.
- Partie utilisée : la racine.
- Dans le commerce se vend fraîche et entière ou préparée ; on la vend parfois en granules séchés.
- S'emploie dans les sauces moutarde et cocktail ; dans les sauces accompagnant le poisson, le rosbif et les légumes verts. On l'utilise dans les vinaigrettes, les sandwiches et les betteraves rouges.

Le romarin

- Un petit arbrisseau touffu toujours vert de la famille de la menthe, originaire des zones méditerranéennes ; se cultive à l'extérieur dans les régions tempérées mais, dans les climats du Nord, doit être à l'intérieur pendant les mois froids.
- Partie utilisée : les feuilles fines comme des aiguilles.
- Dans le commerce, vendu en feuilles entières sèches.
- S'emploie dans la soupe au poulet, aux pois, les ragoûts, les farces pour poisson et volaille ; avec la volaille, les rôtis et l'agneau ; dans les marinades ; avec les

omelettes et les oeufs brouillés, les oeufs à la diable ; avec les haricots verts, les brocoli, le chou-fleur, les carottes, les petits pois, les épinards et les courgettes ; entre dans les trempettes de crème sûre, les coupes de fruits et les pains.

Le safran

- Vient du crocus mauve (*Crocus sativus*) originaire de la région méditerranéenne et de l'Asie ; le meilleur vient d'Espagne.
- Partie utilisée : les stigmates secs d'un jaune orange de la fleur du crocus.
- Dans le commerce on trouve les stigmates soit en poudre soit entiers, ils ont deux centimètres et demi (1 po) de long et sont d'un rouge brun. Entiers, leur arôme est supérieur.
- S'emploie dans la bouillabaisse, la paella, les curries ; avec la volaille et les produits de la mer ; dans les ragoûts et les crèmes de légumes ; avec le riz et les pommes de terre ; dans les oeufs brouillés ; de même que dans les *buns* et les fromages à tartiner.
- Une des épices les plus chères du monde qu'il convient d'employer avec parcimonie car son arôme domine facilement.

La sarriette

- Comporte deux variétés et deux plantes différentes qui se cultivent facilement : la sarriette d'été qui est annuelle et la sarriette d'hiver qui est vivace ; on préfère en général la première dont la saveur est plus délicate.
- Partie utilisée : les feuilles.
- Dans le commerce, les feuilles sèches sont présentées entières ou en poudre.
- S'emploie dans le jus de tomate, la bouillabaisse ; avec le poisson, le crabe, les viandes, les terrines de viande, les boulettes et les volailles en sauce ; dans le riz et la salade de pommes de terre ; avec les oeufs, en particulier à la diable, également avec le chou, le chou-fleur, les haricots verts, les lentilles, les haricots blancs, les petits pois,

les betteraves rouges, la courge d'été et les oignons.

La sauge

- Un arbrisseau touffu vivace, originaire des régions du nord de la Méditerranée ; se cultive facilement.
- Partie employée : les feuilles.
- Dans le commerce, les feuilles séchées sont présentées entières, émiettées, en poudre.
- S'emploie dans la farce et l'assaisonnement de la volaille, les chaudrées de poisson ; avec le poisson, le veau, l'agneau et le rôti de boeuf, dans les fromages à tartiner, la salade de poulet, la vinaigrette, le pain de blé et les omelettes ; avec le fromage fermier frais, les carottes, le maïs, les aubergines, les haricots blancs, les oignons, la courge et les tomates.

Les graines de sésame

- La graine de sésame provient d'une plante tropicale annuelle (*Sesamum indicum*) ; dans les régions du Sud, pousse facilement.
- Partie utilisée : les petites graines d'un blanc crémeux.
- Dans le commerce sont offertes entières, grillées ou non ; on en fait aussi une pâte, le tahini et de l'huile de sésame.
- S'emploient dans les casseroles, les soupes et les salades ; accompagnent le poisson, la volaille, les viandes et les oeufs ; parsèment les crackers, les pains gros et petits et les gâteaux. Le tahini entre dans la pâtisserie, l'humus et les plats du Moyen-Orient. La cuisine chinoise utilise l'huile de sésame.
- La riche saveur de noisette s'accentue en les chauffant ou en les passant au four.

Le thym

- Plante touffue, vivace à croissance lente, originaire de la région méditerranéenne ; se cultive facilement.
- Partie utilisée : les feuilles.
- Dans le commerce se vend sec, entier ou en poudre.
- S'emploie dans le bouquet garni, les soupes

de poisson, le jus de tomate, et la farce pour volaille ; avec le poulet rôti, la terrine de viande, de saumon, de flétan ; les sauces et préparations qui accompagnent les fruits de mer, avec les oeufs, les fromages, en particulier le fromage frais ; dans les mélanges d'herbes ; avec les haricots verts, les carottes, le céleri, les champignons, les oignons, les tomates, les betteraves rouges, la courge, les tomates et les courgettes et dans le pain.

La toute-épice

- Provient d'un arbre tropical à feuilles persistantes (*Pimenta dioica*).
- Partie utilisée : les baies sèches d'un brun rouge qui réunissent le parfum de la cannelle, des clous de girofle et de la muscade.
- Dans le commerce, vendues entières ou en poudre.
- S'emploie dans les sauces tomate, le court-bouillon de poisson, les boulettes de viande épicées, et aussi dans les tartes au potiron et au *mincemeat.*

Le turmeric (curcuma)

- Provient d'une plante tropicale de la famille du gingembre originaire d'Indonésie et de l'Inde du Sud.
- Partie employée : la racine.
- Dans le commerce se vend en poudre.
- Sa couleur jaune vif et son faible prix le font utiliser comme substitut du safran. Rehausse les curries, les salades, les sauces et la moutarde ; les fruits de mer, le poisson, la volaille et la viande ; entre dans les recettes de riz et d'oeufs.

La vanille

- Provient d'une orchidée grimpante (*Vanilla planifolia*) originaire du Mexique.
- Partie employée : la longue gousse sèche qui contient la graine.
- Dans le commerce se trouve en gousses ou en extrait.
- S'emploie dans les desserts ; avec les fruits, et dans les crèmes, les puddings, les confitures, les compotes, les tartes, les biscuits et les gâteaux.

Qu'est-ce qui se marie bien avec le chou ?

Ou les carottes, ou le poisson, ou encore les pommes de terre ? Quelles herbes s'accordent avec...? Ces questions suivent en général le traditionnel « Qu'est-ce qu'il y a pour dîner ? » Si en vérité la plupart des herbes rehaussent la plupart des aliments, il y a pourtant des mariages d'amour. À la page 42, un tableau présente les herbes qui mettent en valeur 28 aliments ordinaires. L'oignon et le persil n'ont pas toujours été mentionnés du fait qu'ils améliorent tout ce que l'on mange sauf les mets sucrés. Il va sans dire que si ce tableau n'a pas la prétention d'être le dernier mot sur la question il peut servir de point de départ à une recherche personnelle des mariages heureux avec les plantes.

Mélanges aromatiques

À partir de la page 44 on vous présentera une série de mélanges aromatiques que l'on peut préparer d'avance pour les avoir immédiatement sous la main à la cuisine. Certains sont d'usage général et s'emploient dans bien des soupes, des ragoûts, des recettes d'oeufs, le fromage frais, etc., alors que d'autres sont liés à certains mets de façon plus précise.

C'est à dessein que les quantités proposées sont petites pour pouvoir tenir dans des flacons à épices vides ou dans les salières. Quant aux herbes qui seront mesurées à la cuillère au moment de la cuisson, il vaut mieux se contenter de les mélanger puis de les conserver dans des bocaux bien fermés pour ne les pulvériser qu'au moment de l'utilisation.

Moudre au moulin à épices ou piler dans un mortier les mélanges qui paraîtront à table et les mettre dans des salières. Après emploi, couvrir le couvercle percé d'un papier ciré et mettre au réfrigérateur pour préserver tout l'arôme.

Les poudres de curry et de chili seront de préférence rangées au réfrigérateur car leur arôme est volatil.

MARIAGES HEUREUX ET ALLIANCES TRADITIONNELLES

Agneau

ail
aneth
basilic
cannelle
coriandre
cumin
curry
estragon
gingembre
laurier
menthe
oignon
persil
romarin
thym

Aubergine

ail
basilic
cannelle
marjolaine
oignon
origan
persil
sarriette
thym

Boeuf

ail
basilic
chili
cumin
estragon
gingembre
laurier
marjolaine
oignon
persil
romarin
sarriette
sauge
thym

Brocoli

ail
aneth
basilic
muscade
origan

Carotte

aneth
basilic
cannelle
cerfeuil

ciboulette
clous de girofle
cumin
gingembre
marjolaine
menthe
persil
sarriette

Champignon

coriandre
estragon
marjolaine
origan
thym

Chou

aneth
basilic
carvi
marjolaine
poivre de Cayenne
sarriette

Chou-fleur

ail
aneth
basilic
cumin
estragon
marjolaine
persil
romarin
sarriette

Courge

aneth
basilic
cannelle
clous de girofle
marjolaine
muscade
romarin
sarriette
toute-épice

Dinde

ail
basilic
estragon
marjolaine
oignon
romarin
safran
sarriette

sauge
thym

Épinard

basilic
ciboulette
muscade
romarin
toute-épice

Farce

ail
marjolaine
oignon
persil
romarin
sauge
thym

Fève

ail
cumin
oignon
persil
sarriette
sauge
thym

Fromage

ail
aneth
basilic
cerfeuil
ciboulette
coriandre
curry
estragon
marjolaine
persil
sauge
thym

Fromage frais

aneth
basilic
cannelle
ciboulette
curry
paprika
thym

Fruit

anis
cannelle

gingembre
macis
menthe
muscade
romarin

Gâteau

anis
cannelle
cardamome
clous de girofle
fenouil
gingembre
muscade
toute-épice

Haricot vert

aneth
basilic
clous de girofle
marjolaine
menthe
sarriette
thym

Oeuf

aneth
basilic
cerfeuil
ciboulette
coriandre
curry
estragon
fenouil
marjolaine
origan
paprika
persil
romarin
sarriette
sauge
thym

Pain

ail
anis
aneth
basilic
carvi
cannelle
cardamome
coriandre
cumin
oignon
origan
pavot (graines)

MARIAGES HEUREUX ET
ALLIANCES TRADITIONNELLES

PAIN (suite)

persil
romarin
sauge
sésame (graines)
thym

Panais

aneth
basilic
curry
marjolaine
persil
thym

Poisson

ail
aneth
basilic
ciboulette
curry
estragon
gingembre
marjolaine
origan
persil
sarriette
sauge
thym

Pomme de terre

aneth
carvi
ciboulette
estragon
marjolaine
origan
paprika
persil
romarin
thym

Poulet

ail
aneth
basilic
cannelle
curry
gingembre
laurier
macis
marjolaine
muscade
oignon
paprika
persil
romarin
safran

sarriette
sauge
thym
toute-épice

Salade

ail
aneth
basilic
cerfeuil
ciboulette
coriandre
estragon
marjolaine
menthe
origan
persil
romarin
thym

Soupe

ail
aneth
basilic
ciboulette
laurier
marjolaine
oignon

persil
romarin
sarriette
sauge
thym

Tomate

ail
basilic
ciboulette
estragon
laurier
origan
persil
romarin
sarriette
thym

Veau

basilic
cerfeuil
laurier
marjolaine
oignon
persil
romarin
sarriette
thym

Mélanges aromatiques

Mélange tout-usage I

15 ml (1 c. à soupe) de persil sec
7 ml (1½ c. à thé) de flocons de céleri
15 ml (1 c. à soupe) de graines de sésame rôties
2 ml (½ c. à thé) de poudre d'oignon
2 ml (½ c. à thé) de paprika
2 ml (½ c. à thé) de thym sec
2 ml (½ c. à thé) de marjolaine sèche
1 ml (¼ c. à thé) de poudre d'ail
½ ml (⅛ c. à thé) de poivre de Cayenne

Donne environ 45 ml (3 c. à soupe).

Mélange tout-usage II

5 ml (1 c. à thé) de basilic sec
5 ml (1 c. à thé) d'estragon sec
5 ml (1 c. à thé) de flocons de céleri
5 ml (1 c. à thé) de cerfeuil
5 ml (1 c. à thé) de ciboulette sèche
5 ml (1 c. à thé) de marjolaine sèche
5 ml (1 c. à thé) de persil sec
1 ml (¼ c. à thé) de sarriette sèche
1 ml (¼ c. à thé) de thym sec

Donne environ 38 ml (2½ c. à soupe).

Mélange tout-usage III

15 ml (1 c. à soupe) de basilic sec
10 ml (2 c. à thé) de graines de céleri
10 ml (2 c. à thé) de sarriette sèche
5 ml (1 c. à thé) de thym sec
5 ml (1 c. à thé) de marjolaine sèche

Donne environ 45 ml (3 c. à soupe).

Mélange tout-usage IV

10 ml (2 c. à thé) de basilic sec
10 ml (2 c. à thé) de marjolaine sèche
10 ml (2 c. à thé) de paprika
10 ml (2 c. à thé) de thym sec
5 ml (1 c. à thé) de poudre de gingembre

3 ml (½ c. à thé) de zeste de citron râpé fin
2 ml (¼ c. à thé) de moutarde sèche
1 ml (⅛ c. à thé) de sauge sèche
1 ml (⅛ c. à thé) de poivre de Cayenne

Donne environ 45 ml (3 c. à soupe).

Mélange pour soupe

5 ml (1 c. à thé) de basilic sec
5 ml (1 c. à thé) de graines de céleri
5 ml (1 c. à thé) de cerfeuil sec
5 ml (1 c. à thé) de marjolaine sec
5 ml (1 c. à thé) de persil sec
5 ml (1 c. à thé) de thym sec
3 ml (½ c. à thé) de thym au citron
3 ml (½ c. à thé) de sauge sèche
3 ml (½ c. à thé) de romarin sec

Donne environ 38 ml (2½ c. à soupe).

Mélange pour oeufs

15 ml (1 c. à soupe) de persil sec
5 ml (1 c. à thé) de basilic sec
5 ml (1 c. à thé) de cerfeuil sec
5 ml (1 c. à thé) de ciboulette sèche
5 ml (1 c. à thé) de marjolaine sèche
5 ml (1 c. à thé) d'estragon sec

Donne environ 45 ml (3 c. à soupe).

Mélange pour boeuf

10 ml (2 c. à thé) de persil sec
10 ml (2 c. à thé) de poudre d'ail
10 ml (2 c. à thé) de poudre d'oignon
10 ml (2 c. à thé) de poivre noir moulu

Donne environ 45 ml (3 c. à soupe).

Mélange pour poisson I

10 ml (2 c. à thé) de poudre d'oignon
10 ml (2 c. à thé) de basilic sec
10 ml (2 c. à thé) de poivre noir moulu

Donne environ 30 ml (2 c. à soupe).

Mélange pour poisson II

5	ml	(1 c. à thé) de basilic sec
5	ml	(1 c. à thé) de cerfeuil sec
5	ml	(1 c. à thé) de marjolaine sèche
5	ml	(1 c. à thé) de persil sec
5	ml	(1 c. à thé) d'estragon sec

Donne environ 30 ml (2 c. à soupe).

Mélange pour poisson III

10	ml	(2 c. à thé) de ciboulette sèche
10	ml	(2 c. à thé) de graines de céleri
10	ml	(2 c. à thé) d'aneth sec

Donne environ 30 ml (2 c. à soupe).

Mélange pour volaille I

10	ml	(2 c. à thé) de cerfeuil sec
10	ml	(2 c. à thé) de poudre d'ail
10	ml	(2 c. à thé) d'estragon sec

Donne environ 30 ml (2 c. à soupe).

Mélange pour volaille II

5	ml	(1 c. à thé) de basilic sec
5	ml	(1 c. à thé) de cerfeuil sec
5	ml	(1 c. à thé) de marjolaine sèche
5	ml	(1 c. à thé) de persil sec
2	ml	(¼ c. à thé) de thym sec

Donne environ 23 ml (1½ c. à soupe).

Mélange pour agneau

10	ml	(2 c. à thé) de persil sec
10	ml	(2 c. à thé) de romarin sec
10	ml	(2 c. à thé) de thym sec

Donne environ 30 ml (2 c. à soupe).

Mélange pour légumes

5	ml	(1 c. à thé) de basilic sec
5	ml	(1 c. à thé) de cerfeuil sec
5	ml	(1 c. à thé) de ciboulette sèche
5	ml	(1 c. à thé) de marjolaine sèche
5	ml	(1 c. à thé) de persil sec
2	ml	(¼ c. à thé) de sarriette sèche

2	ml	(¼ c. à thé) de thym sec

Donne environ 30 ml (2 c. à soupe).

Assaisonnement de la volaille

18	ml	(3 ½ c. à thé) de poivre blanc moulu
8	ml	(1 ½ c. à thé) de sauge sèche
5	ml	(1 c. à thé) de thym sec
5	ml	(1 c. à thé) de marjolaine sèche
5	ml	(1 c. à thé) de sarriette sèche
5	ml	(1 c. à thé) de gingembre en poudre
3	ml	(½ c. à thé) de toute-épice moulue
3	ml	(½ c. à thé) de muscade râpée

Donne environ 45 ml (3 c. à soupe).

Poudre de chili

Dans le commerce, plusieurs poudres de chili sont salées, voici une recette sans sel.

5		poivrons piquants secs, de 5 à 6 cm de long (2 à 3 po)
10	ml	(2 c. à thé) de graines de cumin
5	ml	(1 c. à thé) d'origan sec
5	ml	(1 c. à thé) de paprika
3	ml	(½ c. à thé) de poudre d'ail

Moudre ces ingrédients dans un moulin à épices pour obtenir une mouture très fine.
Donne environ 60 ml ou 50 g (¼ de tasse).

Poudre de curry

La poudre de curry paraît être une invention de l'Ouest. En Inde, à la cuisine, chacun fait soi-même son mélange aromatique dont aucun ne porte le nom de poudre de curry. Bien qu'il y en ait de toutes sortes, la recette présentée ici respecte la composition des curries que l'on trouve dans le commerce. Si vous achetez votre curry, chercher celui qui porte la mention «Madras» car c'est souvent le plus parfumé.

CONSEIL : *Les épices qui entrent dans le curry exhalent tout leur parfum quand on les chauffe. Faire toujours revenir la poudre de curry dans un peu de beurre avant de l'ajouter au plat. Cette précaution prend toute son importance si la cuisson n'est pas poursuivie après que le curry a été ajouté.*

18	ml	(3½ c. à thé) de coriandre moulu
13	ml	(2½ c. à thé) de curcuma moulu
5	ml	(1 c. à thé) de graines de cumin
5	ml	(1 c. à thé) de graines de fenugrec
3	ml	(½ c. à thé) de grains de poivre blanc ou poivre blanc moulu
3	ml	(½ c. à thé) de moutarde sèche
3	ml	(½ c. à thé) de toute-épice moulue
2	ml	(¼ c. à thé) de flocons de poivrons rouges
2	ml	(¼ c. à thé) de gingembre en poudre

Mélanger ces ingrédients et les moudre fin dans un moulin à épices.

Donne environ 45 ml (3 c. à soupe).

Garam Masalla

Beaucoup de gens en Inde l'emploient au lieu du curry. Le Garam Masalla compte presque autant de recettes que de familles. Il ne faut donc pas voir dans la recette qui suit la formule unique.

15	ml	(1 c. à soupe) de grains de coriandre
15	ml	(1 c. à soupe) de poivre noir en grains
15	ml	(1 c. à soupe) de graines de cumin
3	ml	(½ c. à thé) de curcuma
1		petit poivron piquant
2	ml	(¼ c. à thé) de gingembre en poudre
2		clous de girofle entiers
1		baie de toute-épice

Dans le moulin à épices moudre finement ces ingrédents. Conserver dans un flacon hermétique.

Donne environ 60 ml ou 50 g (¼ de tasse).

Épices pour potiron

20	ml	(4 c. à thé) de cannelle en poudre
10	ml	(2 c. à thé) de gingembre en poudre
10	ml	(2 c. à thé) de muscade râpée
5	ml	(1 c. à thé) de toute-épice en poudre
5	ml	(1 c. à thé) de clous de girofle en poudre

Donne environ 45 ml (3 c. à soupe).

Quatre-épices

Ce mélange français classique s'emploie pour aromatiser les viandes, les légumes, les soupes et les sauces.

30	ml	(2 c. à soupe) de clous de girofle en poudre
30	ml	(2 c. à soupe) de muscade râpée
30	ml	(2 c. à soupe) de gingembre en poudre
30	ml	(2 c. à soupe) de poivre blanc moulu

Donne 125 ml ou 100 g (½ tasse).

Pot-pourri de trucs pratiques et de conseils

Dans l'armoire

- Disposer les bocaux d'aromates par ordre alphabétique pour les trouver facilement.

- Les herbes séchées garderont leur arôme une année entière si elles sont dans des pots hermétiquement fermés et placés dans un endroit frais, sec et sombre.

- Ne pas les conserver au-dessus ou près du fourneau car chaleur et humidité précipitent leur déclin.

- Mettre la date d'achat sur les bocaux et les remplacer au bout d'une année. Si elles vieillissent, en utiliser plus que les quantités suggérées dans une recette.
- Ne pas secouer directement les flacons à bouchon perforé au-dessus d'une marmite chaude, l'humidité pénétrant dans le bocal fait coller et moisir les herbes.
- Placer les flacons de paprika, de poivre, de poivre de Cayenne, de poudre de chili ou de curry une fois ouverts dans le réfrigérateur pour protéger leur arôme et leur couleur.

Les conseils

- Lors de la cueillette des herbes détacher un jeune rameau entier plutôt que les feuilles seules d'autant qu'il porte les feuilles les plus tendres et que cela encourage la repousse.
- Ne laver les herbes que si elles ont l'air sales. Enlever soigneusement les insectes.
- Bien éponger les herbes avec du papier absorbant ou un linge de cuisine avant de les hacher.
- Si les tiges sont ligneuses, les enlever avant de hacher les feuilles.
- Éliminer les feuilles jaunes ou brunes.

Au travail

- Pour que les herbes sèches donnent tout leur arôme, les pilonner au mortier juste avant l'usage.
- Ou bien utiliser un moulin à café ou à épices qui sera uniquement réservé à la mouture des herbes et des aromates.
- Pour faire sortir les huiles volatiles, rouler les herbes sèches entre les paumes.
- Moudre le romarin sec dans un moulin à poivre.

À propos

- Ne jamais cuire le cerfeuil frais car la chaleur est funeste à son arôme délicat. L'ajouter au moment de servir.
- Même précaution pour la ciboulette.
- Pour améliorer la saveur d'un poulet, glisser à l'intérieur un bouquet de coriandre frais avant de l'enfourner.
- Ou encore une feuille de laurier, quelques brindilles de thym ou des rondelles de citron pour imprégner les chairs sans excès.
- Les têtes fleuries des plants de marjolaine sont plus parfumées que les feuilles. Les cueillir en bourgeons serrés avant la floraison.
- Récolter les feuilles de marjolaine avant l'éclosion des fleurs.
- À bon compte, les pétales de souci donnent aux mets la même couleur que le safran.
- Si la cuisson d'un plat est terminée après l'ajout des graines de pavot, avant de le servir, le mettre 15 minutes au four à 180°C (350°F) pour que leur arôme se dégage.
- Pour conserver l'oseille fraîche durant l'hiver, couper les feuilles en lanières et les faire revenir au beurre juste assez pour qu'elles perdent leur fraîcheur. Congeler dans des bocaux hermétiques.
- Ajouter de la sarriette à la cuisson du chou et son odeur sera moins envahissant et son goût amélioré.

Bouquet garni

On appelle bouquet garni une petite botte d'herbes composée le plus souvent de persil, de thym et de laurier que l'on ajoute aux soupes, aux ragoûts, aux viandes braisées pour les aromatiser. S'enlève avant de servir.

- Pour le retirer sans peine, enfermer les épices dans un coton à fromage propre, surtout s'il s'agit d'herbes sèches.
- On peut aussi les placer dans une boule à thé.
- Ou les attacher avec de la ficelle de cuisine ou de la soie dentaire non cirée.
- Ou encore les lier serrées entre deux tiges de céleri pour les retirer sans peine et donner un arôme supplémentaire.
- S'il s'agit d'une grande marmite de bouillon ou de soupe, attacher la ficelle du bouquet à son anse pour le sortir aisément.
- Ajouter au bouquet garni les queues de poireau qui restent après les avoir pliées en deux et séchées.

L'ail

- Pour faciliter l'épluchage, l'aplatir avec la partie plate de la lame d'un couperet ou d'un grand couteau de cuisine, ce qui détache la pelure.
- Ou rincer d'abord à l'eau chaude.
- Deux minutes de cuisson à l'eau bouillante détachent la pelure et atténuent l'odeur.
- Enfiler les gousses d'ail sur un cure-dent avant de les mettre dans la casserole pour les sortir ensuite sans difficulté.

Le gingembre

- Préparer une jarre pour conserver la racine de gingembre : peler la racine, la placer dans un bocal, la recouvrir de xérès, puis fermer hermétiquement. Conservation indéfinie même à température ambiante sans que ni son arôme ni l'alcool du xérès ne soient dénaturés.

Sujet brûlant

- Mettre des gants de caoutchouc pour manipuler les poivrons piquants car ils brûlent si la peau présente des lésions. Éviter de se toucher ou de se frotter les yeux.
- Enlever les graines et les membranes intérieures éteint un peu l'ardeur des poivrons piquants.

La magie du citron

Les citrons ne sont pas des herbes mais ils ont comme elles un effet magique sur la nourriture sans sel. Si un plat paraît terne, quelques gouttes de jus de citron suffisent souvent à le relever.

- Pour extraire tout le jus d'un citron, le laisser tiédir à température ambiante ou le laisser 10 à 15 minutes dans l'eau chaude avant de le presser.
- Avant de le couper, le faire rouler sous la paume sur une surface dure en appuyant fort pour en extraire le jus.
- Pour n'utiliser que quelques gouttes, faire un trou à une extrémité et exprimer la quantité voulue.
- Placer au réfrigérateur sans envelopper le citron entamé ; au lieu de favoriser sa conservation, l'emballage tend à le faire pourrir.

Le persil

- Les queues du persil sont plus aromatiques que les feuilles.
- En cas d'utilisation des feuilles seules, garder les tiges pour le bouillon.

L'oignon et sa famille

- Pour récolter la ciboulette, la couper au ras du sol pour favoriser la repousse.
- Pour ne pas pleurer en coupant les oignons, les réfrigérer auparavant.
- Les éplucher ou les couper sous un jet d'eau froide qui entraînera l'agent irritant.
- Mettre en marche le ventilateur de la hotte pour éloigner les odeurs de l'oignon.
- Pour obtenir une petite quantité de jus d'oignon, en presser un morceau dans le presse-ail.
- Ajouter des pelures d'oignon pour colorer le bouillon.

Formule secrète

- Pour parfumer un poisson à la vapeur, le couvrir d'herbes durant sa cuisson en préférant l'aneth, les tiges d'estragon et les feuilles de laurier.

Séjour au réfrigérateur

- Placer les tiges d'herbes fraîches renversées dans un verre contenant 1,5 cm d'eau (½ po). Enfermer le tout dans un sac de plastique pour conserver l'humidité. Enlever le sac tous les deux ou trois jours pour enlever l'excès d'eau et éviter aux feuilles de pourrir.
- Mélanger les herbes fraîches avec de l'huile d'olive ou autre et placer dans une jarre à large goulot. Verser environ 1,5 cm (½ po) d'huile par-dessus et fermer hermétiquement. Retirer à mesure les quantités voulues en veillant à ce que la jarre soit propre et nette au-dessus du niveau de l'huile pour

éviter la moisissure. Bien recouvrir les herbes d'huile.

En bon ordre dans le congélateur

- Hacher les herbes fraîches, disposer dans de petits sacs à congélation, bien fermer et laisser congeler jusqu'à utilisation.
- Couper la ciboulette et la congeler pour l'hiver.
- Le cerfeuil, l'estragon et les feuilles de coriandre supportent fort bien la congélation et ont plus d'arôme que secs.
- Voici la composition des fines herbes à congeler pour l'hiver : trois portions de ciboulette, une d'estragon haché et une de cerfeuil haché. Avant l'usage ajouter au mélange trois portions de persil haché. Les herbes ne devant pas bouillir, les ajouter aux plats chauds au moment de servir.
- Congeler les émulsions d'herbes et d'huile. Gratter le sommet du bloc avec un couteau pour détacher la quantité souhaitée.
- Réduire en pommade en parties égales les herbes hachées et le beurre amolli, en faire une motte et congeler. Pour utiliser, en détacher des pellicules avec un couteau aiguisé. Ce mélange fait merveille juste fondu sur le poisson grillé et les légumes à la vapeur.
- Ou rouler le beurre aux herbes en boulettes de la grosseur d'une cuillère à soupe, les congeler sur un plateau, les disposer ensuite dans un récipient ou un sac pour congélateur en attendant de les utiliser.

Une bouffée d'air embaumé

- Durant l'été, conserver les tiges ligneuses des aromates pour les jeter l'hiver dans la cheminée et passer des soirées parfumées.
- Quand les herbes ont trop vieilli pour aromatiser la cuisine, les placer dans un pot près de la cheminée. En jeter sur le feu une poignée de temps à autre.
- Sans oublier les clous de girofle, la muscade et la cannelle.
- Ni les écorces d'orange séchées.
- Parfumer l'air en laissant bouillir dans l'eau une demi ou une cuillère à soupe de clous de girofle.
- Ou encore des écorces d'orange.

Chapitre 4

Les entrées

Champignons marinés

Délectables seuls ou ajoutés à une salade. Le reste de la marinade peut être versé sur de la viande ou utilisé en guise de sauce à salade.

125	ml	(½ tasse) de fines rondelles d'oignon
45	ml	(3 c. à soupe) d'huile d'olive
2		gousses d'ail émincées
180	ml	(¾ tasse) de bouillon
30	ml	(2 c. à soupe) de jus de citron
1		feuille de laurier
15	ml	(1 c. à soupe) de thym haché ou
5	ml	(1 c. à thé) de thym sec
8	ml	(1½ c. à thé) de marjolaine hachée ou
3	ml	(½ c. à thé) de marjolaine sèche
3	ml	(½ c. à thé) de poudre de coriandre
250	g	(½ livre) de champignons
15	ml	(1 c. à soupe) de persil haché
5	ml	(1 c. à thé) de moutarde de Dijon

Dans une casserole de deux litres (8 tasses) faire suer les oignons dans l'huile d'olive, environ 10 minutes à petit feu. Incorporer l'ail, le bouillon, le jus de citron, la feuille de laurier.

Attacher dans un coton à fromage le thym, la marjolaine, la coriandre et mettre dans la casserole.

Amener vivement à ébullition, régler le feu et laisser mijoter 5 minutes à petits bouillons.

Si les champignons ont moins de 2,5 cm (1 po) de diamètre, les laisser entiers. Sinon les couper en deux ou en quatre, les mettre dans la casserole. Laisser mijoter 5 minutes.

Débarrasser à l'écumoire sur un plat de service peu profond. Parsemer de persil.

Porter le liquide de nouveau à ébullition. Réduire jusqu'à un volume de 60 à 85 ml (¼ à ⅓ de tasse). Enlever le laurier et les épices. Incorporer la moutarde.

Verser cette sauce sur les champignons en agitant pour bien les napper. Refroidir une heure avant de servir.

Donne environ 500 ml (2 tasses).

Choux au poulet et à l'origan

Au sortir du four, ces choux sont farcis de poulet parfumé à l'origan. Ajouter à volonté du fromage à la pâte.

CONSEIL : *Pour obtenir sur-le-champ une poche à douilles, emplir un sac en plastique avec la pâte et couper un coin à la dimension souhaitée. À la fin, jeter le sac, cela permet d'échapper à la corvée de nettoyage.*

250	ml	(1 tasse) de bouillon
115	g	(½ tasse) de beurre
250	ml	(1 tasse) de farine de blé entier tamisée
4		oeufs
45	ml	(3 c. à soupe) d'échalotes émincées
30	ml	(2 c. à soupe) d'origan haché ou
10	ml	(2 c. à thé) d'origan sec
250	ml	(1 tasse) de poulet cuit finement haché

Dans une casserole moyenne, amener le bouillon et le beurre à ébullition. Retirer du feu. Verser d'un seul coup toute la farine dans la casserole. Mélanger vigoureusement avec une cuillère en bois. Remettre au feu et cuire environ 30 secondes en tournant énergiquement jusqu'à ce que tous les ingrédients étant bien mélangés, la pâte se détache des côtés de la casserole. Retirer du feu.

Ajouter les oeufs, un par un, en s'assurant que chacun est bien incorporé avant de passer au suivant.

Mélanger l'échalote, l'origan et le poulet.

À l'aide de deux cuillères ou d'une poche à douilles munie d'une douille unie ou cannelée, déposer des noix de pâte sur des plaques préalablement graissées, en les espaçant d'environ 2,5 cm (1 po).

Préchauffer le four à 230° C (450°F). Cuire les plaques une après l'autre en les plaçant au milieu du four.

Mettre une fournée à cuire et baisser aussitôt la température à 180° C (350° F). Laisser au four de 25 à 30 minutes jusqu'à ce que les choux soient dorés et cuits en profondeur. Le milieu doit rester moelleux.

Avant de passer au plateau suivant, remonter la température à 230° C (450° F) et procéder comme précédemment.

Servir aussitôt. On peut préparer les choux d'avance et les réchauffer 10 minutes environ à 150° C (300° F).

Donne 3 douzaines de choux.

Pavés de riz de gala

S'il en reste, ils sont aussi bons froids que réchauffés.

30	ml	(2 c. à soupe) de beurre
15	ml	(1 c. à soupe) d'huile d'olive
375	ml	(1½ tasse) d'oignons finement hachés
125	ml	(½ tasse) de poivrons rouges finement hachés
500	ml	(2 tasses) de riz brun à grain long (voir les instructions de cuisson page 226)
165	ml	(⅔ tasse) de parmesan râpé
60	ml	(¼ tasse) de persil haché
30	ml	(2 c. à soupe) de basilic haché ou
10	ml	(2 c. à thé) de basilic sec
4		oeufs légèrement battus
30	ml	(2 c. à soupe) de parmesan râpé

Chauffer le beurre et l'huile dans une grande sauteuse à feu moyen jusqu'à disparition de l'écume. Ajouter les oignons, les poivrons rouges.

Faire amollir les légumes en remuant fréquemment pour que les oignons ne brunissent pas.

Dans un grand bol, incorporer légèrement le riz, 150 g ou 165 ml (⅔ de tasse) de parmesan, le persil, le basilic en brassant jusqu'à ce que les grains de riz soient enrobés de fromage. Verser les oignons et les poivrons et incorporer les oeufs.

Huiler ou beurrer un plat à four de 17 sur 27 cm (7 sur 11 po). Y verser le mélange en égalisant le dessus. Parsemer avec les 2 c. à soupe de parmesan.

Laisser au four à 180° C (350° F) pendant 40 minutes jusqu'à ce que le tout soit pris et bien doré. Laisser refroidir dans le plat 10 minutes avant de couper en pavés de 5 cm (2 po).

Servir tiède.

Donne 24 pavés.

Champignons farcis

Succulentes petites bouchées à offrir à une réception ou en entrée. J'ai présenté ces petites têtes chaudes soit à température ambiante soit froides. Les champignons sont pauvres en calories et en calcium, riches en potassium et vitamines de groupe B.

250	g	(½ livre) de champignons moyens (environ 3,5 cm de diamètre) 1½ po
15	ml	(1 c. à soupe) d'huile d'olive
15	ml	(1 c. à soupe) de beurre
85	ml	(⅓ tasse) d'oignons émincés
30	ml	(2 c. à soupe) de poudre d'amandes
15	ml	(1 c. à soupe) de persil haché
8	ml	(1½ c. à thé) d'estragon haché ou
½		(½ c. à thé) d'estragon sec
60	ml	(¼ tasse) de chapelure de blé entier
45	ml	(3 c. à soupe) de parmesan râpé
30	ml	(2 c. à soupe) de crème sûre ou de crème cottage (voir Index)
5	ml	(1 c. à thé) de jus de citron

Détacher soigneusement les pieds des champignons. Les émincer et laisser en attente.

Disposer les chapeaux renversés dans un plat à four beurré. Laisser en attente.

Dans une grande poêle, chauffer l'huile et le beurre jusqu'à formation d'écume. Verser les champignons émincés, les oignons et la poudre d'amandes. Laisser à feu moyen brassant souvent jusqu'à ce que les oignons deviennent fondants et que le jus rendu par les champignons soit évaporé, environ 5 minutes. Incorporer le persil, l'estragon, la chapelure, le parmesan, la crème sûre ou la crème cottage et le jus de citron.

Remplir les têtes de cette préparation. Passer au four à 190° C (375° F) et laisser 15 à 20 minutes jusqu'à ce que les champignons soient à point.

Donne environ 14 têtes.

Kebabs de boeuf au basilic

Ces exquises petites brochettes peuvent être préparées d'avance et grillées juste avant une réception. Choisir de très grandes feuilles de basilic pour entourer la viande et bien fixer la queue dans la brochette. Si l'on manque de grosses feuilles, en prendre deux par boulette en veillant à les maintenir en place.

450	g	(1 livre) de boeuf haché maigre
1		oeuf
60	ml	(¼ tasse) de chapelure de blé entier
60	ml	(¼ tasse) d'oignons émincés
15	ml	(1 c. à soupe) de basilic haché ou
5	ml	(1 c. à thé) de basilic sec
15	ml	(1 c. à soupe) de sauce tamari
40		très grandes feuilles de basilic

Passer le boeuf, l'oeuf, la chapelure, l'oignon, le basilic et le tamari dans un batteur ou un mixer puissant pour bien mélanger les éléments.

Former de petits doigts d'environ 3 cm (un peu plus d'un pouce) de long et 1 cm (½ po) d'épaisseur et enrouler chacun dans une belle feuille de basilic. En embrochant veiller à bien fixer les feuilles.

Placer les brochettes sur un gril huilé au-dessus d'une lèchefrite à 10 cm (4 po) de la source de chaleur. Faire griller 3 à 4 minutes avant de les retourner. Continuer la cuisson encore 3 à 4 minutes.

Donne 40 kebabs.

Tomates bijoux

36		tomates cerises
250	ml	(1 tasse) de sauce pesto (voir Index)

Enlever le haut des tomates et avec une petite cuillère les épépiner.

Les renverser sur du papier absorbant pour éliminer le jus.

À la petite cuillère, les remplir d'environ 5 ml (1 c. à thé) de sauce pesto.

Donne 36 bijoux.

Les oeufs durs

Pas question comme on le croit trop souvent de les faire bouillir à gros bouillons. Ils doivent doucement mijoter jusqu'à ce que le blanc se coagule et que le jaune s'affermisse. Bouillis brutalement, les jaunes sont cernés de noir.

Pour une parfaite cuisson, on présente beaucoup de recettes. Voici ma préférée. Dans une grande casserole amener 10 cm (4 po) d'eau à ébullition. Y déposer doucement les oeufs à l'aide d'une cuillère. Régler la chaleur de façon à ce que l'eau frissonne, couvrir et laisser cuire 15 minutes. Verser l'eau, casser doucement les oeufs en deux ou trois points avec le dos d'une cuillère et les plonger dans l'eau froide. Quand ils sont tièdes au toucher, casser le reste de la coquille que l'on enlèvera sous l'eau courante froide.

Certains livres de cuisine conseillent d'éviter de faire passer les oeufs directement du réfrigérateur à la casserole prétendant qu'ils vont se casser au contact de l'eau bouillante. Cela ne m'est guère arrivé et pourtant je ne les sors pas à l'avance. Selon la formule de Julia Child : «Il n'y a qu'un oeuf cassé pour craquer.» Ce qui veut dire que l'eau chaude achèvera de casser les coquilles qui présentent déjà d'imperceptibles fêlures. Si un oeuf est sain, l'eau bouillante ne l'inquiète pas.

Si on ne veut pas courir de risques, sortir les oeufs du réfrigérateur au moins une demi-heure avant l'utilisation. Ou encore, piquer le gros bout avec une aiguille pour que l'air enfermé à l'intérieur puisse s'échapper. Si malgré ce luxe de précautions l'oeuf se casse à l'ébullition, ajouter quelques gouttes de vinaigre à l'eau pour panser la blessure.

Oeufs farcis aux épinards

Recette facilitée par l'utilisation d'un mixer.

250	g	(½ livre) de feuilles d'épinards
8		oeufs durs
85	g	(⅓ tasse) de fromage à la crème manié
15	ml	(1 c. à soupe) d'aneth haché ou
5	ml	(1 c. à thé) d'aneth sec
30	ml	(2 c. à soupe) de ciboulette hachée
1		soupçon de muscade râpée
60	ml	(¼ tasse) de mayonnaise simple (voir Index)

Bien laver les épinards à grande eau. Faire cuire les feuilles mouillées dans une casserole sans ajouter d'eau jusqu'à ce qu'elles soient tendres. Verser dans une passoire et laisser refroidir. Quand on peut les travailler, presser pour faire sortir le reste d'eau et hacher très fin, soit à la main, soit à l'aide d'un mixer.

Couper les oeufs en deux dans le sens de la longueur.

Retirer soigneusement les jaunes, laisser les blancs en attente.

Passer au mixer les épinards, les jaunes, le fromage à la crème, l'aneth, la ciboulette, la muscade et la mayonnaise.

Faire de fréquents arrêts pour dégager les parois de la jatte.

Arrêter l'appareil, sans trop insister, lorsque le mélange est parsemé de vert.

Verser dans une poche à douille cannelée et remplir chacun des blancs.

Utiliser ce qui reste pour garnir des tomates cerises évidées ou des coeurs de céleri.

Donne 16 oeufs farcis.

Oeufs aux fines herbes

Étant donné leur richesse en protéines, les oeufs sont un choix idéal pour les réceptions. L'estragon et le cerfeuil frais améliorent cette variante de l'oeuf à la diable au délicat goût anisé.

8		oeufs durs
30	ml	(2 c. à soupe) de persil haché
30	ml	(2 c. à soupe) de ciboulette hachée
30	ml	(2 c. à soupe) de cerfeuil haché ou
10	ml	(2 c. à thé) de cerfeuil sec
5	ml	(1 c. à thé) d'estragon haché ou
3	ml	(½ c. à thé) d'estragon sec
5	ml	(1 c. à thé) de moutarde de Dijon
125	ml	(½ tasse) de mayonnaise ordinaire (voir Index)
		brins d'estragon et de cerfeuil pour garnir

Couper les oeufs en deux dans le sens de la longueur.

Enlever les jaunes et les écraser avec le persil, la ciboulette, le cerfeuil, l'estragon, la moutarde en ajoutant à mesure assez de mayonnaise pour assouplir le mélange.

À l'aide d'une cuillère ou d'une poche garnie d'une douille cannelée, remplir les blancs.

Garnir chacun d'un brin de cerfeuil ou d'estragon.

Donne 16 oeufs farcis.

Oeufs à la diable pesto

8		oeufs durs
2		gousses d'ail
45	ml	(3 c. à soupe) de basilic haché ou
15	ml	(1 c. à soupe) de basilic sec
30	ml	(2 c. à soupe) de pignons ou de noix
30	ml	(2 c. à soupe) de parmesan râpé
30	ml	(2 c. à soupe) de persil haché
125	ml	(½ tasse) de mayonnaise simple (voir Index)
		quelques petites feuilles de basilic pour garnir

Couper les oeufs en deux dans le sens de la longueur.

Enlever les jaunes et mettre les blancs en attente.

Couper et écraser l'ail.

Pilonner au mortier l'ail, le basilic, les noix, le parmesan et le persil.

Écraser parfaitement les oeufs à la fourchette. Y incorporer le mélange préparé et la mayonnaise. Si l'appareil est trop épais, l'éclaircir avec un peu de lait ou de yaourt.

À l'aide d'une cuillère ou d'une poche munie d'une douille cannelée, remplir les blancs et garnir avec les petites feuilles de basilic.

Donne 16 oeufs farcis.

Oeufs au cresson

L'importante quantité de cresson utilisé ici ajoute aux oeufs du calcium et de la vitamine K alors que le persil y introduit des vitamines A et C.

8		oeufs durs
250	ml	(1 tasse) de cresson haché fin
125	ml	(½ tasse) de persil haché
2		échalotes émincées
3	ml	(½ c. à thé) de moutarde de Dijon
75	ml	(5 c. à soupe) de mayonnaise simple (voir Index)
		brins de cresson pour garnir

Couper les oeufs en deux dans le sens de la longueur. Enlever les jaunes, les écraser et les mélanger avec le cresson, le persil, l'échalote, la moutarde et assez de mayonnaise pour que la préparation soit souple. À l'aide d'une cuillère ou d'une poche munie d'une douille cannelée, remplir les blancs.

Garnir chacun d'un brin de cresson.

Donne 16 oeufs farcis.

Oeufs au curry

8		oeufs durs
10	ml	(2 c. à thé) de poudre de curry (voir Index)
10	ml	(2 c. à thé) de beurre
10	ml	(2 c. à thé) de ciboulette hachée
15	ml	(1 c. à soupe) de parmesan râpé
125	ml	(½ tasse) de mayonnaise simple (voir Index)
5	ml	(1 c. à thé) de moutarde de Dijon brins de persil ou d'aneth pour garnir

Couper les oeufs en deux dans le sens de la longueur.

Enlever les jaunes et mettre les blancs en attente.

Bien écraser les jaunes à la fourchette.

Dans une petite casserole, passer le curry au beurre 2 minutes pour exalter son parfum. Puis mélanger le curry, la ciboulette, le fromage, la mayonnaise et la moutarde. Éclaircir avec du lait si le mélange est trop épais.

À la cuillère ou avec une poche garnie d'une douille cannelée, remplir les blancs.

Garnir de persil ou de brins d'aneth.

Donne 16 oeufs farcis.

Trempette acidulée à l'estragon

115	g	(4 oz) de fromage à la crème ramolli
125	ml	(½ tasse) de crème sûre ou de crème cottage (voir Index)
30	ml	(2 c. à soupe) de jus de citron
3	ml	(½ c. à thé) de graines de fenouil broyées
30	ml	(2 c. à soupe) d'estragon haché ou
10	ml	(2 c. à thé) d'estragon sec

Écraser ensemble le fromage à la crème, la crème sûre ou la crème cottage et le jus de citron puis le fenouil et l'estragon.

Réfrigérer une heure au moins avant de servir pour que les arômes se fondent.

Donne environ 325 ml (1⅓ tasse).

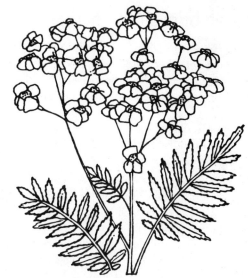

L'Achillée

Dans la Chine ancienne, les tiges d'achillée servaient à prédire l'avenir. Son nom ancien de mille-feuille du chevalier faisait allusion au pouvoir qu'on lui attribuait de guérir les blessures. Aux dires des herboristes, en tisane, cette plante est tonique et apéritive, elle facilite la digestion et provoque la sudation en cas de rhume et de fièvre.

Brie en brioche aux herbes

Laisser reposer après la sortie du four pour éviter que le fromage ne coule.

1 pâte à brioche aux herbes (voir Index)
3 rondelles de brie de 115 g (4 oz) chacune
1 jaune d'oeuf battu avec de l'eau (1 c. à thé) (pour dorer la pâte)

Faire la pâte à brioche et la laisser lever. L'aplatir et la diviser en trois. Au couteau sur une surface farinée, former un cercle de 0,5 cm d'épaisseur (¼ po). Si la pâte est trop souple, la laisser une heure au réfrigérateur.

Mettre une rondelle de brie au centre de chaque cercle de pâte. Le replier soigneusement pour contenir le fromage. Détacher le surplus de pâte et pincer les bords pour les fixer. Veiller à ne pas tirer sur la pâte qui, amincie, risquerait de lâcher à la cuisson.

Mettre ces chaussons sur une plaque, fermetures en bas. Badigeonner de jaune d'oeuf.

Laisser dorer de 20 à 25 minutes au four chauffé à 200° C (400° F). Avant de couper, refroidir à température ambiante.

Tailler en pointes étroites.

Donne 3 brioches.

Pain poivré au fromage

250	ml	(1 tasse) de farine à pâtisserie de blé entier
5	ml	(1 c. à thé) de levure en poudre (voir Index)
125	ml	(½ tasse) de fromage suisse râpé
5	ml	(1 c. à thé) de poivre de Cayenne
60	ml	(¼ tasse) de beurre fondu
60	ml	(¼ tasse) de babeurre
3		oeufs
15	ml	(1 c. à soupe) de moutarde de Dijon
30	ml	(2 c. à soupe) d'aneth haché ou
15	ml	(1 c. à soupe) d'aneth sec
30	ml	(1 c. à soupe) de persil haché
1		oignon émincé
3		gousses d'ail émincées
½		poivron vert émincé
½		poivron rouge émincé

Beurrer trois petits moules à pain d'environ 15 cm sur 9 (6 po sur 3½) ou les graisser avec un mélange en parties égales d'huile et de lécithine liquide. Les fariner.

Tamiser ensemble dans un grand bol la farine et la levure. Incorporer le fromage et le poivre de Cayenne.

Dans un autre, mélanger le beurre et le babeurre, bien battre. Ajouter séparément les oeufs enfin verser la moutarde, l'aneth et le persil.

Ajouter la farine aux ingrédients liquides et brasser l'ensemble. Ajouter l'ail, l'oignon et les poivrons et continuer à brasser. Arrêter lorsque toute la farine est mouillée et incorporée, sans battre à l'excès.

Distribuer à la louche dans les moules en égalisant la surface à la spatule.

Cuire au four 50 minutes à 190° C (375° F).

Donne trois petits pains.

Brie aux herbes

Ces petites rondelles de brie farcies d'herbes et de pacanes sont agréables pour les réceptions et délicieuses tartinées sur des crackers de blé entier.

Les faire d'avance et les laisser tiédir à température ambiante pour amollir le beurre et donner au fromage tout son arôme.

Tout autre fromage à croûte blanche du genre camembert, délice des neiges ou secret des moines fera l'affaire.

Si vous avez en réserve dans le congélateur un beurre aux herbes, vous marquez un point, surtout au coeur de l'hiver quand les herbes fraîches sont difficiles à trouver.

1		rondelle de brie de 115 g (4 oz)
30	ml	(2 c. à soupe) de beurre ramolli
30	ml	(2 c. à soupe) de ciboulette hachée
30	ml	(2 c. à soupe) de persil haché
30	ml	(2 c. à soupe) de pacanes concassées

Couper le brie en deux horizontalement. Dans un bol pétrir le beurre, la ciboulette, le persil et les pacanes. Étaler ce mélange sur une moitié du fromage. Recouvrir de l'autre moitié pour former un sandwich. Raffermir au réfrigérateur.

Tiédir à température ambiante avant de servir.

Couper en petits morceaux, présenter sur des crackers de blé entier.

Farcit 1 brie.

Variante

1		brie de 115 g (4 oz)
30	ml	(2 c. à soupe) de beurre ramolli
30	ml	(2 c. à soupe) de basilic haché ou
10	ml	(2 c. à thé) de basilic sec
30	ml	(2 c. à soupe) de pignons rôtis concassés
3	ml	(½ c. à thé) de jus de citron

Hummus

Trempette favorite du Moyen-Orient. À servir avec du pain pita tiède ou des légumes croquants.

625	ml	(2½ tasses) de pois chiches cuits (environ 250 ml (1 tasse) secs)
4		gousses d'ail émincées
125	ml	(½ tasse) de tahini, c'est-à-dire de pâte de graines de sésame
60 à		
85	ml	(¼ à ⅓ tasse) de bouillon ou d'eau
90	ml	(6 c. à soupe) de jus de citron
30	ml	(2 c. à soupe) d'huile d'olive
5	ml	(1 c. à thé) de feuilles de coriandre hachées
		paprika

Passer au mélangeur les pois chiches, l'ail, le tahini, 60 ml (¼ tasse) d'eau ou de bouillon, le jus de citron, l'huile d'olive et les feuilles de coriandre. Laisser tourner jusqu'à ce que le mélange soit lisse sans être tout à fait homogène. Si nécessaire, ajouter du bouillon ou de l'eau. L'hummus doit avoir la consistance d'une mayonnaise bien prise.

Présenter sur un ravier. Parsemer de paprika.

Donne environ 625 ml (2 tasses ½).

Yaourts aux herbes

Ces yaourts aux herbes faciles à faire en s'y prenant la veille ont de multiples emplois. Leur principal avantage est leur plus faible teneur en matières grasses que le beurre, la crème sûre, la mayonnaise et le fromage à la crème qu'ils peuvent remplacer dans bien des cas. Voici certains de leurs emplois :

- Les tartiner sur du pain pour remplacer le beurre.
- Les présenter aux réceptions sur des crackers de blé entier.
- Y tremper des crudités, carottes, branches de céleri, bouquets de brocoli.
- Les incorporer dans des pommes de terre au four en guise de crème sûre.
- En garnir avec une poche munie d'une douille cannelée les tomates cerises évidées, les coeurs de céleri, les pois gourmands ouverts et les têtes de champigons servis en hors-d'oeuvre.
- Les utiliser dans les oeufs à la diable pour remplacer la mayonnaise ou le fromage à la crème.

Variantes

I

2		gousses d'ail non épluchées
15	ml	(1 c. à soupe) d'aneth haché ou
5	ml	(1 c. à thé) d'aneth sec
15	ml	(1 c. à soupe) de sarriette hachée ou
5	ml	(1 c. à thé) de sarriette sèche
250	ml	(1 tasse) de yaourt

II

2		gousses d'ail non épluchées
15	ml	(1 c. à soupe) d'estragon haché ou
5	ml	(1 c. à thé) d'estragon sec
10	ml	(2 c. à thé) de cerfeuil haché ou
5	ml	(1 c. à thé) de cerfeuil sec
250	ml	(1 tasse) de yaourt

III

2		gousses d'ail non épluchées
5	ml	(1 c. à thé) de romarin haché ou
2	ml	(¼ c. à thé) de romarin sec pilé
15	ml	(1 c. à soupe) de thym haché ou
5	ml	(1 c. à thé) de thym sec
15	ml	(1 c. à soupe) de persil haché
250	ml	(1 tasse) de yaourt

IV

2		gousses d'ail non pelées
15	ml	(1 c. à soupe) d'aneth haché ou
5	ml	(1 c. à thé) d'aneth sec
15	ml	(1 c. à soupe) de persil haché
15	ml	(1 c. à soupe) de ciboulette hachée
250	ml	(1 tasse) de yaourt

V

1		gousse d'ail non pelée
15	ml	(1 c. à soupe) de thym haché ou
5	ml	(1 c. à thé) de thym sec
5		feuilles de basilic hachées ou
3	ml	(½ c. à thé) de basilic sec
250	ml	(1 tasse) de yaourt

Faire bouillir l'ail 2 minutes ce qui détachera les pelures et atténuera l'arôme. Le réduire en pâte.

Mélanger ail, herbes et yaourt et verser dans une passoire garnie d'un coton à fromage et placée au-dessus d'un bol. Laisser égoutter toute la nuit au réfrigérateur.

Donne 125 ml (½ tasse).

Trempette au curry - cerfeuil

Crémeuse et savoureuse. Servir avec des crackers de blé entier ou des crudités.

5	ml	(1 c. à thé) de poudre de curry (voir Index)
5	ml	(1 c. à thé) de beurre
125	ml	(½ tasse) de yaourt
125	ml	(½ tasse) de crème sûre ou de crème cottage (voir Index)
10	ml	(2 c. à thé) de jus de citron
15	ml	(1 c. à soupe) de persil haché
15	ml	(1 c. à soupe) de ciboulette hachée
15	ml	(1 c. à soupe) de cerfeuil haché ou
5	ml	(1 c. à thé) de cerfeuil sec

Passer la poudre de curry au beurre 2 minutes dans une petite casserole pour faire sortir son arôme. Battre dans un bol la poudre de curry, le yaourt, la crème sûre, ou la crème cottage, le jus de citron, le persil, la ciboulette et le cerfeuil. Réfrigérer.

Donne 250 ml (1 tasse).

Canapés de beurre aux radis

Une utilisation amusante des petits radis à saveur poivrée.

20		petits radis rouges
125	ml	(½ tasse) de beurre ramolli
30	ml	(2 c. à soupe) de persil haché
10	ml	(2 c. à thé) de ciboulette hachée
10	ml	(2 c. à thé) de jus de citron
5	ml	(1 c. à thé) de moutarde de Dijon crackers de blé entier ou fines tranches de pain complet

Hacher les radis (avec un mixer équipé d'une râpe) et exprimer le jus.

Battre le beurre, le persil, la ciboulette, le jus de citron et la moutarde. Incorporer les radis.

Tartiner légèrement sur des crackers de blé entier ou sur de fines tranches de pain complet présentées en petits triangles ou en carrés.

Donne environ 250 ml (1 tasse).

L'ail

À travers le monde, tous les pays ont vanté ses vertus thérapeutiques et son efficacité contre le mal. La médecine par les herbes attribuait des propriétés digestives à cette plante aux puissants effluves. La médecine moderne lui reconnaît elle aussi le pouvoir de régulariser la circulation sanguine et d'abaisser la tension artérielle. Considérée par les herboristes comme antiseptique, ils l'utilisent dans le traitement des blessures, et des infections intestinales de même que dans la prévention des rhumes et des bronchites.

Bûche au fromage bleu

Le fromage bleu s'émiette facilement à l'aide de deux fourchettes. Si vous en avez acheté plus que nécessaire, le conserver au réfrigérateur. Pour en détacher plus tard des morceaux, le gratter avec un couteau à découper.

115 g	(4 oz) de cheddar râpé
115 g	(4 oz) de fromage à la crème ramolli
58 g	(2 oz) de fromage bleu émietté
45 ml	(3 c. à soupe) de poudre d'amandes ou de graines de sésame entières rôties
5 ml	(1 c. à thé) de basilic haché ou
2 ml	(¼ c. à thé) de basilic sec
1	pincée de poivre de Cayenne amandes concassées ou graines de sésame entières rôties.

Dans un batteur ou un mixer puissant réduire en crème le cheddar, le fromage à la crème, le fromage bleu, les amandes ou les graines de sésame, le basilic et le poivre de Cayenne versés ensemble.

S'humecter les mains et donner à l'appareil la forme d'une bûche de 25 cm (10 po) de long sur 2,5 cm (1 po) de diamètre. La rouler dans les amandes concassées ou les graines de sésame.

Donne 1 bûche.

Poires au bleu

L'âpre arôme du fromage fait un agréable contraste avec la douceur des poires. On peut utiliser des poires fondantes ou fermes, que je préfère d'ailleurs, pour les marier au fromage. Ne pas oublier d'empêcher les poires évidées de noircir en pressant du jus de citron à l'intérieur. Je trouve plus commode de les farcir à la main.

115 g	(4 oz) de fromage à la crème
58 g	(2 oz) de fromage bleu
15 ml	(1 c. à soupe) de persil haché
15 ml	(1 c. à soupe) de ciboulette hachée
8	grosses poires
	jus de citron

Mêler parfaitement dans un bol le fromage à la crème, le fromage bleu, le persil et la ciboulette.

Évider les poires par la queue en se servant d'une cuillère à melon. Verser du jus de citron dans le trou pour leur éviter de noircir.

À la cuillère à thé ou avec les doigts faire pénétrer la préparation dans chaque poire puis l'envelopper dans une feuille de plastique. Réfrigérer 2 heures au moins.

Servir en moitiés ou en quarts.

Donne 16 à 32 portions.

Cocktail V7

1 l	(4 tasses) de jus de tomate (voir page 64)
30 ml	(2 c. à soupe) de jus de citron
2	tiges de céleri en dés
5 ml	(1 c. à thé) de persil haché
15 ml	(1 c. à soupe) d'oignon émincé
30 ml	(2 c. à soupe) de poivron vert émincé
2 ml	(¼ de c. à thé) de graines de céleri broyées

Régler le mixer à grande vitesse, passer 1 tasse de jus de tomate, le jus de citron, le céleri, le persil, l'oignon, le poivron et les graines de céleri. Ajouter le reste du jus et poursuivre jusqu'à ce que le mélange soit homogène.

Réfrigérer avant de le servir.

Donne 1,25 l (5 tasses) environ.

Bûche de cheddar au thym

Exquis! Servir en tranches minces avec des crackers de blé entier, des légumes croquants ou des rondelles de pomme. Comme la recette le suggère, vous pouvez allonger cette préparation et en remplir avec une poche à douilles des têtes de champignons ou des tomates cerises.

CONSEIL : *Si vous râpez le fromage avec une râpe à main, passer un peu d'huile sur la lame. Cela facilitera le nettoyage.*

250	g	(½ livre) de cheddar râpé fin
125	ml	(½ tasse) de pacanes en poudre
30	ml	(2 c. à soupe) de beurre ramolli
15	ml	(1 c. à soupe) de feuilles de thym ou
5	ml	(1 c. à thé) de thym sec
1		pincée de poivre de Cayenne
45 à 60	ml	(3 à 4 c. à soupe) de lait pacanes en poudre

Au mixer, réduire en pâte le fromage, les pacanes, le beurre, le thym et le poivre de Cayenne. Ajouter assez de lait pour qu'elle soit assez épaisse.

Avec la préparation, façonner une bûche de 2,5 cm (1 po) de diamètre. La rouler sur la poudre de pacanes. Si le fromage est trop mou, le mettre dans un bol au réfrigérateur pendant 20 minutes ou assez longtemps pour qu'il soit maniable. Façonner alors la bûche.

Servir à température ambiante.

Cette pâte peut être employée différemment si on ajoute quelques cuillerées à soupe de lait pour l'amollir. À l'aide de deux cuillères ou d'une poche à douilles garnie d'une douille cannelée moyenne, garnir des têtes de champignons ou des tomates cerises évidées.

Donne 1 bûche.

L'aneth odorant

À l'époque pharaonique, les Égyptiens mettaient de l'aneth dans les tombes pour nourrir les morts dans l'au-delà. Son nom, rattaché à un vieux verbe scandinave qui veut dire bercer, évoque ses propriétés sédatives. Les pionniers américains qui en mâchaient les graines pour tromper l'ennui des longs sermons dominicaux les appelaient « graines du culte ». Les herboristes proposent l'infusion d'aneth pour faciliter la digestion et soulager les coliques des nourrissons ainsi que pour stimuler la lactation chez les mères. Les herbiers traditionnels lui attribuaient le pouvoir d'arrêter le hoquet.

Baba Ghannouj

Encore un grand favori du Moyen-Orient. Il est fait à base d'aubergine dont on dit qu'elle fait baisser le cholestérol. Pauvre en calories, en sodium et en lipides, elle est par contre riche en potassium.

1		grosse aubergine
2		gousses d'ail écrasées en pâte
30	ml	(2 c. à soupe) de tahini (pâte de graines de sésame)
30	ml	(2 c. à soupe) de jus de citron
125	ml	(½ tasse) de chapelure de blé entier
30	ml	(2 c. à soupe) d'huile d'olive
		poivre de Cayenne

Percer l'aubergine en divers endroits avec une fourchette. Mettre sur une plaque à environ 15 cm (6 po) du gril et laisser jusqu'à ce qu'elle soit entièrement noire. Laisser refroidir.

Enlever la peau. Couper la pulpe en morceaux. Passer à la moulinette ou dans un tamis pour enlever les graines puis mettre dans le mélangeur. Ajouter l'ail, le tahini, le jus de citron et la chapelure. En laissant le mélangeur en marche, ajouter l'huile d'olive en filet.

Réfrigérer avant de servir. Saupoudrer de poivre de Cayenne.

Donne environ 500 ml (2 tasses).

Jus de tomate

Il est parfois difficile de trouver dans le commerce du jus de tomate non salé. Mais par bonheur, il est facile de le faire chez soi. La tomate est une bonne source de potassium, de vitamines C et de pectine. Il y a intérêt à le faire quand la saison de la tomate bat son plein et à le congeler pour l'hiver.

CONSEIL : *En congeler une partie dans des cubes à glace. Les glaçons conservés dans des sacs à congélation feront merveille dans les soupes, les ragoûts, les sauces et les jus.*

2	l	(8 tasses) de tomates en quartiers
125	ml	(½ tasse) d'oignons émincés
125	ml	(½ tasse) de persil haché
2		tiges de céleri en dés
1		feuille de laurier
1		gousse d'ail émincée
250	ml	(1 tasse) de bouillon

Rassembler les tomates, l'oignon, le persil, le céleri, le laurier, l'ail et le bouillon dans une grande marmite. Couvrir et porter à ébullition. Baisser le feu et laisser mijoter jusqu'à ce que les tomates amollies aient rendu leur jus, soit environ 30 à 40 minutes.

Passer au tamis en pressant pour extraire tout le jus. Jeter la pulpe.

Refroidir. Remuer avant de servir.

Donne environ 1,25 l (5 tasses).

Succulentes rencontres du troisième type

Hérissé de pointes multicolores, ce chef-d'oeuvre baroque me rappelle toujours le vaisseau mère de Rencontres de troisième type. *Tous les fruits de saison conviennent.*

1 cantaloup entier
des boules de cantaloup
supplémentaires
fraises entières
raisins sans pépins
cerises dénoyautées
morceaux d'ananas
feuilles de menthe

Détacher le tiers supérieur du cantaloup et réserver à un autre usage. Évider et épépiner.

Déposer le cantaloup sur un plateau, la partie coupée vers le bas.

Prendre des brochettes de bois d'environ 20 cm de long (7 po) et enfiler dessus fruits et feuilles de menthe. Ces feuilles peuvent être enroulées autour des fruits avant qu'ils soient embrochés.

Piquer les brochettes dans le melon au gré de votre fantaisie.

Donne une décoration de table comestible.

Chapitre 5

Les bouillons et les soupes

Un bon bouillon est la base de soupes for-tifiantes, de ragoûts et de sauces. Il parfume les marinades et relève les légumes qui y cui-sent légèrement alors qu'un bouillon insipide n'offre qu'une base médiocre qui peut vouer à l'échec vos espoirs de réussite.

Outre l'agrément de sa riche saveur, un bon bouillon est bénéfique à la santé. Il est pauvre en calories, en sodium et en lipides, s'il est bien écumé. Il a emprunté aux viandes, aux os et aux légumes les vitamines et les sels minéraux qu'ils contenaient.

Voici quelques règles à ne pas oublier.

- Mettre toujours les ingrédients à l'eau froi-de. L'eau chaude en les saisissant bloque les jus savoureux, ce qui est le contraire de votre objectif.
- Les os, ceux de veau en particulier, renfer-ment de la gélatine, donnent du corps au bouillon qui sera meilleur si les os ont été fendus ou sciés en petits morceaux, par le boucher. La gélatine sera libérée.
- Ne pas jeter les restes de légumes et d'os des divers plats. Les conserver au réfrigéra-teur jusqu'à ce qu'il y en ait assez pour composer un bouillon.
- Couper les légumes en gros tronçons pour qu'ils restent entiers et ne troublent pas le bouillon.
- Mettre dans la marmite des pelures d'oi-gnon pour donner au bouillon une chaude couleur foncée.
- Pour obtenir une plus belle couleur, brunir au four les légumes et les os avant de les mettre dans la marmite.
- Pour libérer le précieux calcium des os et des légumes, ajouter au bouillon un agent acide : tomates, vinaigre, jus de citron — même un demi-citron — feront l'affaire.
- Pour enlever sans peine les petites épices et les herbes sèches, les enfermer dans un co-ton à fromage pour les empêcher de flotter à leur guise à la surface. Ou encore dans une boule à thé.
- Pour la même raison, ficeler les herbes fraî-ches en botte ou en bouquet garni.

- Laisser mijoter plusieurs heures à petit feu pour que le bouillon se charge au maximum d'arômes et de nutriments. Les bouillons de poisson font exception, et ils se font en général en moins d'une heure.
- Ne pas laisser bouillir à gros bouillons dès le début car le bouillon serait trouble.
- Quand le bouillon a suffisamment mijoté, passer sur plusieurs couches de coton à fromage ou sur un linge de cuisine pour retenir les os, les légumes et le dépôt. Ne pas utiliser les filtres à café qui retiendraient aussi la gélatine.
- Pour ne pas agiter le dépôt qui est au fond, verser à la louche le bouillon dans la passoire.
- Le goûter soigneusement. S'il a peu de goût, le faire réduire dans une marmite propre. Ne pas oublier qu'il vaut mieux avoir 4 l (16 tasses) de bouillon corsé que 6 l (24 tasses) de consommé insipide.
- Avant de congeler le bouillon, le refroidir rapidement pour prévenir la contamination bactériologique. Placer la marmite dans un évier plein d'eau glacée et l'agiter. Pour qu'il n'aigrisse pas, ne pas le recouvrir avant qu'il soit refroidi.
- Pour l'utiliser sans attendre, le dégraisser à ce moment. Le meilleur moyen est d'utiliser une saucière spéciale munie en bas d'un bec qui permet de verser le bouillon alors que la graisse flotte en haut. Arrêter de verser lorqu'on parvient à la couche de graisse.
- Il est possible aussi de prélever la graisse à la cuillère ou à la louche. Ce qu'il en reste peut être enlevé par des feuilles de papier absorbant posées à la surface du liquide.
- Ou encore y jeter des cubes de glace sur lesquels la graisse se coagulera ; mais il faut les enlever avant qu'ils fondent.
- Lorsqu'on a le temps, le mieux est de laisser le bouillon refroidi passer la nuit au réfrigérateur. La graisse solidifiée sur le dessus sera facile à enlever le lendemain.
- Le bouillon se conserve plusieurs jours au réfrigérateur.
- Pour le conserver plus longtemps, le congeler par litre (4 tasses) ou demi-litre (2 tasses). Mettre une étiquette portant la date. Le bouillon congelé se garde environ un an.
- Penser à en congeler une partie dans des cubes à glace. Lorsqu'ils sont pris, vider les cubes dans des contenants ou des sacs à congélation. Ils serviront lorsque quelques cuillerées seulement de bouillon sont nécessaires.
- Avant la consommation, faire bouillir à grands bouillons mais ce n'est pas nécessaire si les cubes sont ajoutés à des mets en train de cuire.
- Pour avoir un bouillon tout à fait simple, voici comment le clarifier. S'assurer qu'il a été parfaitement dégraissé. Battre ensemble deux blancs d'oeuf et une tasse de bouillon et porter le reste du bouillon à ébullition dans une marmite propre. Jeter 250 ou 500 ml (une ou deux tasses) de liquide chaud dans la préparation. Puis la verser dans la marmite. Mettre à feu vif. Dès l'ébullition, régler le feu et laisser mijoter 5 à 10 minutes sans agiter la masse d'oeuf qui remonte. Passer doucement le bouillon dans un bol couvert d'un coton à fromage ou d'un linge sans laisser en contact avec le bouillon. Laisser le bouillon s'égoutter pendant 5 minutes ; ne pas tordre le linge au-dessus du bouillon. Il devrait être tout à fait limpide et débarrassé de tout dépôt.

Bouillon de poulet

1		petite courge jaune (courgeron)
2		carottes
4		tiges de céleri feuillues
2		gros oignons
1		poireau
½		bouquet de persil
½		citron en rondelles
2 à 3	kg	(5 à 6 livres) de poulet, viande et os
½		tête d'ail grossièrement hachée
2		feuilles de laurier
4		clous de girofle entiers
3 ou 4		grandes brindilles de thym ou
5	ml	(1 c. à thé) de thym séché
3 ou 4		grands rameaux d'estragon ou
5	ml	(1 c. à thé) d'estragon sec
3 ou 4		tiges d'origan ou
5	ml	(1 c. à thé) d'origan sec
2		grandes branches de romarin ou
3	ml	(½ c. à thé) de romarin sec
2		grandes tiges de sauge ou
2	ml	(¼ c. à thé) de sauge sèche
5	l	(20 tasses) d'eau froide
60	ml	(¼ tasse) de vinaigre

Épépiner la courge. Couper sa chair en gros morceaux de même que les carottes, le céleri, les oignons et le poireau. Mettre les légumes dans une grande marmite, ou les diviser en deux petites casseroles. Ajouter le persil, le citron, le poulet.

Attacher dans un grand morceau de coton à fromage l'ail, le laurier, les clous de girofle, le thym, l'estragon, l'origan, le romarin et la sauge. Ajouter à la marmite.

Verser l'eau et le vinaigre. Le liquide devant couvrir les ingrédients, en ajouter s'il en manque.

Amener à ébullition. Couvrir partiellement et laisser frémir environ 2 heures ou jusqu'à ce que la chair soit tout à fait tendre. Retirer le poulet de la marmite, détacher la viande et la réserver à un usage ultérieur. Séparer les os et les remettre dans la casserole. À couvercle entrouvert, laisser encore mijoter de 3 à 4 heures.

Passer le bouillon. Goûter et, si besoin est, mettre à feu moyen pour le réduire et concentrer son arôme.

Donne environ 4 l (16 tasses).

Bouillon de poisson

1,4	kg	(3 livres) de poisson, arêtes, têtes et queues
1		branche de céleri tranchée
1		carotte coupée
1		oignon coupé
½		bouquet de persil
½		citron en rondelles
4		clous de girofle concassés
1		feuille de laurier
4		gousses d'ail hachées grossièrement
3 à 4		tiges d'aneth ou
3	ml	(½ c. à thé) d'aneth sec
3 à 4		brindilles de thym ou
8	ml	(1½ c. à thé) de thym sec
1,25 à 1,50	l	(5 à 6 tasses) d'eau froide

Dans une grande marmite mettre tous les ingrédients, poisson, céleri, carottes, oignon, persil, citron, clous de girofle, ail, laurier, aneth et thym. Couvrir d'eau.

Porter à ébullition. Laisser mijoter environ 45 minutes à couvercle entrouvert. Passer.

Donne 1,5 litre (6 tasses).

Bouillon de veau

15	ml	(1 c. à soupe) d'huile
2,2	kg	(5 livres) d'os de veau garnis de viande
3		poireaux en tronçons
2		carottes coupées
3		tiges de céleri coupées
½		bouquet de persil
30	ml	(2 c. à soupe) de pâte de tomates
1		grosse tête d'ail non épluchée coupée grossièrement
2		feuilles de laurier
3 à 4		belles brindilles de thym ou
5	ml	(1 c. à thé) de thym sec
450 à		(1 à 2 livres) de poulet, avec os
900	g	(facultatif)
3 à 4	l	d'eau froide (12 à 16 tasses)

Graisser un grand plat à four avec 15 ml (1 c. à soupe) d'huile et y disposer les os de veau. Dans un four chauffé à 200 °C (400 °F) laisser les os prendre couleur en les tournant de temps à autre pendant environ 50 minutes.

Les mettre dans une grande marmite. Ajouter poireaux, carottes, céleri, persil et pâte de tomates. Attacher l'ail, le laurier et le thym dans un carré de coton à fromage et l'ajouter. Mettre le poulet par-dessus pour le retirer avec plus de facilité.

Déglacer le plat à four avec un peu d'eau en grattant les parties brunes et ajouter dans la marmite. Couvrir les ingrédients d'eau froide.

Amener à ébullition et enlever toute l'écume qui monte à la surface. À couvercle entrouvert, laisser mijoter 5 heures. Enlever le poulet après 1½ heure. Détacher la chair et la réserver à un usage ultérieur. Remettre les os dans le bouillon.

Passer le bouillon dans un grand récipient. Remettre sur le feu jusqu'à ce que le bouillon concentré ait un riche arôme.

Donne 2,5 à 3 l (10 à 12 tasses).

Bouillon de boeuf

1,3	kg	(3 livres) de jarret de boeuf ou autre morceau à ragoût
2,2	kg	(5 livres) d'os de boeuf (ou boeuf et veau mélangés)
3		oignons coupés en 4
3		carottes en morceaux
3		tiges de céleri coupées
2		racines de persil hachées (facultatif)
1		gros poireau coupé
1		poignée de persil
1		grosse tête d'ail coupée grossièrement
2		feuilles de laurier
4		clous de girofle entiers
3 à 4		brins de thym ou
10	ml	(2 c. à thé) de thym sec
3 à 4		brins de marjolaine ou
10	ml	(2 c. à thé) de marjolaine sèche
1 à 2		brins de romarin ou
5	ml	(1 c. à thé) de romarin sec
1		morceau de zeste de citron
30	ml	(2 c. à soupe) de pâte de tomates (facultatif)
30	ml	(2 c. à soupe) de jus de citron ou de vinaigre
6	l	(24 tasses) d'eau froide

Huiler un ou deux grands plats à four. Y disposer la viande, les os, les oignons, les carottes, le céleri, le persil et les poireaux.

Laisser au four chauffé à 200 °C (400 °F) 40 à 50 minutes jusqu'à ce que la viande et les os aient pris couleur.

Dans un grand carré de coton à fromage, attacher le persil, l'ail, le laurier, les clous de girofle, le thym, la marjolaine, le romarin et le zeste.

Mettre les os et les légumes dans une grande marmite et en dernier lieu la viande pour la retirer facilement. Ajouter les épices, la pâte de tomates, le jus de citron ou le vinaigre et l'eau. Déglacer le plat à four avec de l'eau en grattant les parties brunes et verser dans la marmite.

Porter lentement à ébullition et écumer tout ce qui monte à la surface. À couvercle entrouvert, laisser bouillotter pendant 6 heures ou plus. On peut enlever la viande au bout de 4 heures. Remettre les os.

Passer le bouillon dans un grand récipient. Goûter. Si le bouillon est fade, remettre au feu pour concentrer son arôme.

Donne de 4 à 4,5 l (16 à 18 tasses).

L'anis

L'anis a été l'aromate favori des civilisations de l'antiquité en particulier dans le bassin de la Méditerranée et au Moyen-Orient. Les Romains terminaient leurs plantureux repas par des gâteaux à l'anis pour aider la digestion.

Selon un herboriste, la tisane d'anis est efficace contre les toux, les rhumes, les migraines et la dyspepsie. Les nourrices l'utilisent pour favoriser la lactation. Pendant longtemps l'anis infusé dans du lait tiède et pris au coucher a eu la réputation d'être une boisson sédative.

Soupe au boeuf et à l'orge

225	g	(½ livre) de boeuf en cubes de 1,5 cm (⅜ po)
		farine de blé entier
30	ml	(2 c. à soupe) d'huile
500	ml	(2 tasses) d'oignons émincés
125	ml	(½ tasse) de céleri finement tranché
125	ml	(½ tasse) de carottes en rondelles fines
1		feuille de laurier
8	ml	(1½ c. à thé) de thym haché ou
3	ml	(½ c. à thé) de thym sec
45	ml	(3 c. à soupe) d'orge cru
15	ml	(1 c. à soupe) de sauce tamari
1	l	(4 tasses) de bouillon
		jus d'un demi-citron

Rouler les cubes de boeuf dans la farine. Chauffer l'huile dans une grande casserole. À chaleur moyenne, faire prendre couleur aux cubes de boeuf. Ajouter les oignons, les faire fondre pendant 5 minutes en brassant souvent pour qu'ils n'attachent pas.

Ajouter le céleri, les carottes, le laurier, le thym, l'orge, le tamari, le bouillon et le jus de citron. Couvrir et laisser mijoter à petit feu environ 1½ heure, ou jusqu'à ce que le boeuf et l'orge soient à point.

Avant de servir, enlever le laurier.

Donne 4 à 6 portions.

Chaudrée de poisson à l'aneth

1		gros oignon émincé
3		gousses d'ail émincées
30	ml	(2 c. à soupe) de beurre
750	ml	(3 tasses) de bouillon de poisson (voir page 69)
2		pommes de terre en petits dés
225	g	(½ livre) de filets de morue ou d'aiglefin
375	ml	(1½ tasse) de pois
60	ml	(¼ tasse) d'aneth haché ou
10	ml	(2 c. à thé) d'aneth sec
60	ml	(¼ tasse) de persil haché
85	ml	(⅓ tasse) de crème sûre ou de crème cottage (voir Index)

Dans une grande casserole, faire revenir lentement dans le beurre l'oignon et l'ail jusqu'à ce qu'ils soient fondants. Ajouter le bouillon et les pommes de terre. Couvrir et cuire jusqu'à ce qu'elles soient à point. Réduire en crème au mixer une tasse de bouillon et de légumes et verser dans la casserole.

Couper le poisson en cubes de 2,5 cm (1 po). L'ajouter à la soupe avec les pois, l'aneth et le persil. Cuire le poisson environ 5 minutes. Retirer du feu et incorporer doucement la crème sûre ou la crème cottage.

Donne 4 portions.

Chaudrée de poulet au maïs

250	ml	(1 tasse) d'oignons finement émincés
8	ml	(1½ c. à thé) de thym haché ou
3	ml	(½ c. à thé) de thym sec
15	ml	(1 c. à soupe) de beurre
1	l	(4 tasses) de bouillon
500	ml	(2 tasses) de maïs
500	ml	(2 tasses) de poulet cuit haché

Dans une petite poêle, faire attendrir au beurre le thym et les oignons sans laisser prendre couleur.

Verser dans une grande casserole le bouillon, le maïs et le poulet. Laisser au feu jusqu'à ce que le maïs soit cuit et le poulet bien chaud. Incorporer les oignons.

Donne 4 à 6 portions.

Soupe aux champignons

225	g	(½ livre) de champignons
500	ml	(2 tasses) de bouillon
1		oignon émincé
1		gousse d'ail écrasée
1		bouquet garni (1 feuille de laurier, 1 grande brindille de thym ou 3 ml (½ c. à thé) de thym sec, 4 brins de persil attachés dans du coton à fromage)
250	ml	(1 tasse) de purée de pommes de terre
30	ml	(2 c. à soupe) de beurre
15	ml	(1 c. à soupe) de jus de citron
5	ml	(1 c. à thé) de feuilles de thym ou
2	ml	(¼ c. à thé) de thym sec
60	ml	(¼ tasse) de persil haché
125	ml	(½ tasse) de lait écrémé à 2% ou entier

Enlever le pied des champignons et les hacher grossièrement. Couper les têtes en fines lamelles et réserver.

Dans une casserole mettre les pieds des champignons, le bouillon, l'oignon, l'ail et le bouquet garni. Couvrir et laisser mijoter ½ heure environ. Passer le bouillon en exprimant bien le jus des légumes.

Battre jusqu'à consistance crémeuse 125 ml (½ tasse) de bouillon dans la purée de pommes de terre.

Dans une poêle, cuire les champignons en lamelles dans le beurre avec le citron, à feu moyen, jusqu'à attendrissement et évaporation du jus rendu. Éviter de laisser attacher en brassant souvent.

Ajouter les champignons au bouillon en même temps que la purée, le thym, le persil et le lait. Bien chauffer sans laisser bouillir.

Donne 4 portions.

Soupe provençale aux haricots

C'est au cours de l'école de cuisine de Roger Vergé que j'ai appris cette recette classique. Son secret : faire séparément la soupe et la sauce à l'ail et ne les marier qu'au moment de servir.

La soupe

125	ml	(½ tasse) de haricots secs (Soissons ou rognon) trempés une nuit
875	ml	(3½ tasse) d'eau
1		bouquet garni (1 feuille de laurier, quelques brins de thym et de persil attachés entre deux tiges de céleri)
30	ml	(2 c. à soupe) d'huile d'olive
1		gros oignon émincé
1		carotte en dés
1		tige de céleri en dés
1		poireau coupé fin
1		petite courgette en dés
1		tomate épépinée et coupée
1	l	(4 tasses) de bouillon
1		pomme de terre coupée en dés

La sauce

3	gousses d'ail émincées
15	grandes feuilles de basilic
1	tomate épépinée coupée en morceaux
125 ml	(½ tasse) de parmesan râpé
30 ml	(2 c. à soupe) d'huile d'olive

Pour *faire la soupe,* cuire les haricots dans l'eau avec le bouquet garni, environ 1 heure. Réserver.

Dans une grande casserole, chauffer l'huile à feu moyen. Ajouter oignon, carottes, céleri, poireau, courgette, tomate et bouillon. Laisser mijoter 20 minutes. Ajouter les pommes de terre et laisser bouilloter jusqu'à ce que tous les légumes soient à point.

Passer les haricots cuits et les ajouter à la soupe. Chauffer pour fondre les saveurs.

Pour *faire la sauce,* passer au batteur ou au mixer l'ail, le basilic, la tomate, le parmesan jusqu'à consistance onctueuse. Ralentir la vitesse et ajouter l'huile doucement. Présenter le mélange en saucière.

Les convives mélangeront eux-mêmes une cuillère à soupe de cette sauce dans la soupe chaude.

Donne 4 portions

Soupe aux pois et aux pommes de terre

450 g	(1 livre) de poireaux
15 ml	(1 c. à soupe) de beurre
450 g	(1 livre) de pommes de terre coupées en fines rondelles
750 ml	(3 tasses) de bouillon
30 ml	(2 c. à soupe) de jus de citron
250 ml	(1 tasse) de pois
1	oeuf
125 ml	(½ tasse) de lait
15 ml	(1 c. à soupe) de persil haché
15 ml	(1 c. à soupe) d'aneth haché
30 ml	(2 c. à soupe) de ciboulette hachée

Enlever les extrémités vertes des poireaux qui entreront par la suite dans des bouquets garnis. Couper les racines. Fendre chaque poireau en longueur et le laver à grande eau pour enlever la boue entre les feuilles. Hacher finement.

Mettre les poireaux et le beurre dans une marmite. Couvrir et laisser à feu doux 20 minutes pour que les poireaux soient fondants.

Ajouter les pommes de terre, le bouillon et le jus de citron. Couvrir et laisser cuire jusqu'à ce que les pommes de terre soient à point. Ajouter les pois et les laisser cuire doucement sans excès.

Passer au mélangeur par portions jusqu'au velouté souhaité. Battre le lait et l'oeuf dans une tasse et, l'appareil étant toujours en marche, verser ce mélange dans une des portions. L'incorporer au reste de la soupe veloutée.

Parsemer de persil, d'aneth et de ciboulette.

Donne 4 portions.

Bisque de courge

La courge et la carotte enrichissent cette soupe en vitamine A.

CONSEIL : *Si vous utilisez une moulinette pour mettre les légumes en purée, inutile d'éplucher la courge, la pomme et la pomme de terre, l'appareil s'en chargera.*

Si vous utilisez un mixer, la purée sera plus épaisse et demandera sans doute plus de lait.

1	petite courge jaune (courgeron)
1	poireau
1	pomme
1	petite pomme de terre
1	oignon émincé
1	carotte tranchée
1	branche de céleri en dés
2	gousses d'ail
15 ml	(1 c. à soupe) d'origan haché ou
5 ml	(1 c. à thé) d'origan sec
10 ml	(2 c. à thé) de romarin haché ou
3 ml	(½ c. à thé) de romarin broyé sec
60 ml	(¼ tasse) de persil haché
750 ml	(3 tasses) de bouillon
125 ml	(½ tasse) de lait
	feuilles d'origan pour garnir

Peler la courge et l'épépiner.

Laver à fond le poireau pour enlever la terre entre les feuilles.

Couper en gros morceaux la courge, le poireau, la pomme et la pomme de terre. Mettre ces ingrédients dans une grande marmite en même temps que l'oignon, la carotte, le céleri, l'ail, l'origan, le romarin, le persil et le bouillon.

Couvrir et laisser à feu moyen jusqu'à cuisson des légumes, 40 minutes ou plus.

Réduire en purée au mixer. Verser le lait et en ajouter si la bisque est trop épaisse.

Garnir avec les feuilles d'origan.

Donne de 4 à 6 portions.

L'aspérule odorante

L'aspérule odorante ou hépatique étoilée, familièrement appelée grateron, porte un nom dérivé d'une racine française qui désigne la roue pour évoquer la disposition en rayons de roue de ses feuilles. En infusion, elle est sensée guérir la migraine et détendre les nerfs. En compresses, les feuilles écrasées favoriseraient la cicatrisation des plaies.

La soupe à l'oignon

675	g	(1½ livre) d'oignons finement émincés
15	ml	(1 c. à soupe) de beurre
30	ml	(2 c. à soupe) d'huile
2	ml	(¼ de c. à thé) de miel
1	l	(4 tasses) de bouillon
4		tranches de pain complet
22	ml	(1½ c. à soupe) d'huile d'olive
1		gousse d'ail émincée
60	ml	(¼ tasse) de persil haché
60	ml	(¼ tasse) de parmesan râpé

Dans une marmite mélanger les oignons, le beurre, l'huile et le miel. Couvrir et laisser à feu doux 30 minutes ou jusqu'à ce que les oignons soient fondants.

Découvrir et faire brunir les oignons à feu moyen, en brassant souvent pour qu'ils n'attachent pas.

Ajouter le bouillon, couvrir à moitié et laisser mijoter pendant 30 minutes.

Pendant ce temps, préparer les croûtons. Couper les tranches de pain en deux, placer au four à 140 ° C (275 °F) sur une plaque pendant 15 minutes. Mélanger l'huile d'olive et l'ail dans une tasse. Badigeonner les croutons cuits de ce mélange et les retourner. Laisser au four encore 15 minutes et repasser de l'huile.

Pour servir la soupe, remplir les bols à la louche, parsemer de persil et faire flotter un ou deux croûtons. Couvrir de parmesan.

Donne 4 portions.

Soupe aux choux et à la tomate

Soupe paysanne fortifiante, riche en fibres et en vitamine C.

500	ml	(2 tasses) d'oignons finement émincés
1		gousse d'ail émincée
30	ml	(2 c. à soupe) de beurre
450	g	(1 livre) de chou haché fin
500	ml	(2 tasses) de jus de tomate (voir Index)

500	ml	(2 tasses) de bouillon
30	ml	(2 c. à soupe) de basilic haché ou
10	ml	(2 c. à thé) de basilic sec
125	ml	(½ tasse) de yaourt ou de crème sure
60	ml	(¼ tasse) de parmesan râpé

Dans un grand récipient, à feu moyen, faire suer lentement dans le beurre les oignons et l'ail pendant 10 minutes. Ajouter le chou et le faire revenir encore 5 à 10 minutes.

Ajouter le jus de tomate, le bouillon, le basilic. Laisser cuire 15 minutes.

Se sert en bol avec un chapeau de yaourt ou de crème sure parsemé de parmesan.

Donne 4 ou 5 portions.

La soupe au persil d'Ella

La recette de cette soupe aussi délicieuse que facile à faire vient de Ella Padus à Allentown, Pennsylvanie. Le persil y apporte les vitamines A et C et les pommes de terre, les fibres, le fer et le potassium. Voici une soupe pauvre en sodium.

2		pommes de terre moyennes en cubes
500	ml	(2 tasses) de bouillon
2		gros oignons finement émincés
30	ml	(2 c. à soupe) de beurre
60	ml	(¼ tasse) de persil haché

Dans une casserole moyenne, cuire à point les pommes de terre dans le bouillon, environ 20 minutes.

Dans une sauteuse sur feu bas, faire revenir les oignons dans le beurre jusqu'à ce qu'ils soient fondants.

Ajouter les oignons et le persil aux pommes de terre. Réduire en purée, tout ou en partie, selon les goûts.

Donne 4 portions.

Velouté au cresson

Une soupe française superbe au printemps ou au début de l'été.

500	ml	(2 tasses) de cresson haché remplies sans excès
15	ml	(1 c. à soupe) de beurre
30	ml	(2 c. à soupe) de persil haché
30	ml	(2 c. à soupe) de basilic haché ou
5	ml	(1 c. à thé) de basilic sec
500	ml	(2 tasses) de bouillon
180	ml	(¾ tasse) d'oignons émincés
125	ml	(½ tasse) de pommes de terre en petits dés
2		jaunes d'oeufs
125	ml	(½ tasse) de crème 35%

Dans une casserole moyenne, fondre le beurre et faire revenir le cresson, à couvert, sur feu doux pendant 10 minutes. Brasser souvent. Ajouter le persil et le basilic. Mettre en attente.

Dans une autre casserole, mettre le bouillon, l'oignon et la pomme de terre. Couvrir et laisser mijoter jusqu'à ce que la pomme de terre soit à point. Passer environ 20 secondes au mixer jusqu'à ce que le mélange soit en crème sans être tout à fait homogène. Reverser dans la casserole.

Battre les oeufs et la crème dans un bol. Bien mélanger avec une demi-tasse de bouillon chaud puis verser dans le reste du bouillon chaud en battant bien. Laisser encore quelques minutes à feu très bas en brassant constamment. Ne pas trop chauffer pour empêcher la soupe de cailler.

Incorporer le cresson. Servir aussitôt.

Si la soupe doit être réchauffée, la mettre sur feu très bas pour éviter qu'elle caille.

Donne 4 portions.

Crème de carottes

450	g	(1 livre) de carottes en dés
1		grosse pomme de terre en dés
1		gros oignon en dés
1		branche de céleri en dés
3		gousses d'ail émincées
5	ml	(1 c. à thé) de curry (voir Index)
750	ml	(3 tasses) de bouillon
60	ml	(¼ tasse) de persil haché
15	ml	(1 c. à soupe) de feuilles de thym ou
5	ml	(1 c. à thé) de thym sec
15	ml	(1 c. à soupe) de cerfeuil haché ou
5	ml	(1 c. à thé) de cerfeuil sec
250	ml	(1 tasse) de crème à 35% ou de lait brins de cerfeuil pour garnir

Cuire les carottes, la pomme de terre, l'oignon, le céleri, l'ail et le curry dans le bouillon jusqu'à ce que les légumes soient à point. Incorporer le persil, le thym et le cerfeuil. Laisser reposer 5 minutes pour que les arômes se fondent.

Passer au mixer en ajoutant la crème ou le lait jusqu'à consistance veloutée ; les petites taches vertes des herbes doivent paraître. Ajouter du lait si la soupe est trop épaisse.

Garnir de brins de cerfeuil.

Donne 4 portions.

Velouté de pommes au curry

*Voici une soupe originale qui allie la dou-
ceur de la pomme à l'âpreté du curry.*

15	ml	(1 c. à soupe) de beurre
8	ml	(1½ c. à thé) de poudre de curry (voir Index)
2		oignons moyens en dés
2		grosses pommes à tarte (Granny Smith par exemple)
1		petite pomme de terre coupée en dés
500	ml	(2 tasses) de bouillon
250	ml	(1 tasse) de crème à 35%

Dans une casserole moyenne, chauffer le
beurre jusqu'à ce qu'il écume. Incorporer le
curry et les oignons. Faire revenir à feu doux
jusqu'à ce que les oignons soient fondants.

Peler les pommes si l'on veut, les couper
en quartiers. Les mettre dans la casserole
avec la pomme de terre et le bouillon.

Couvrir et laisser mijoter jusqu'à ce que
les pommes et la pomme de terre soient à
point.

Passer à la moulinette ou au mixer jusqu'à consistance assez homogène mais sans
excès. Cette soupe doit avoir un peu de corps.

Ajouter la crème. Après l'ajout de la crème, si la soupe doit être réchauffée, la mettre
à feu très doux pour éviter qu'elle ne caille.

Donne 4 portions.

Soupe glacée aux concombres

*Aussi facile à faire que délicieusement ra-
fraîchissante par temps chaud. L'agréable saveur de la menthe relève les concombres.*

2		concombres moyens
250	ml	(1 tasse) de babeurre
60	ml	(¼ tasse) de persil haché
30	ml	(2 c. à soupe) de ciboulette hachée
8	ml	(1½ c. à thé) d'aneth haché ou
3	ml	(½ c. à thé) d'aneth sec
6		feuilles de menthe ou
2	ml	(¼ c. à thé) de menthe sèche
2	ml	(¼ c. à thé) d'estragon haché ou une pincée d'estragon sec
10	ml	(2 c. à thé) de jus de citron
375	ml	(1½ tasse) de yaourt

Si les concombres ont été cirés, les éplucher. Les ouvrir en deux dans le sens de la
longueur, les épépiner et les couper en morceaux.

Mettre les concombres, le babeurre, le
persil, la ciboulette, l'aneth, la menthe, l'estragon et le jus de citron dans le mélangeur.

Faire tourner à grande vitesse 10 à 15 secondes pour hacher fin les ingrédients.

Verser dans un bol et y battre le yaourt.

Réfrigérer avant de servir.

Donne 4 portions.

Soupe glacée aux pêches

Héritage de la Scandinavie, cette soupe est un sorbet délicat entre les plats. Elle s'emploie aussi comme coulis sur les desserts.

4		grosses pêches
375	ml	(1½ tasse) d'eau
30	ml	(2 c. à soupe) de miel
1		bâton de cannelle
3		clous de girofle entiers
10	ml	(2 c. à thé) de fécule
60	ml	(¼ tasse) d'eau
125	ml	(½ tasse) de yaourt ou de crème sure

Enlever les noyaux des pêches. Mettre les pêches et 375 ml (1½ tasse) d'eau au mixer, arrêter quand la texture est lisse.

Verser cette purée dans une grande casserole. Ajouter le miel, la cannelle et les clous de girofle. Amener à ébullition et laisser mijoter 10 minutes en brassant souvent. Enlever la cannelle et les clous de girofle.

Délayer la fécule dans 60 ml (¼ tasse) d'eau et verser dans la casserole. Cuire encore une minute ou deux.

Réfrigérer la soupe. Incorporer le yaourt ou la crème sure avant de servir.

Donne 4 portions.

Le basilic

Le nom de basilic vient du mot grec qui signifie royal. Jadis seul le roi pouvait le couper. Cet aromate avait la réputation d'être une plante dangereuse et assez puissante pour attirer les scorpions et faire sortir le venin des morsures. La phytothérapie y voit un remède contre les troubles digestifs, les crampes d'estomac, les vomissements et la constipation. Elle recommande un massage sur le front avec de l'huile de basilic pour soulager la migraine.

Chapitre 6
Les salades

Les conseils

- Pour préserver les éléments nutritifs, éviter de peler les fruits et légumes qui composent les salades. Les frotter sous l'eau courante froide avec une brosse à légumes. Après quoi, bien les sécher.
- Ne laisser tremper ni les salades ni les légumes, surtout s'ils ont été tranchés. Les nutriments solubles dans l'eau seraient rejetés avec l'eau de lavage.
- Les sauces adhérant mieux aux salades sèches il faut les essorer dans un panier métallique ou une essoreuse à salade.
- Si vous avez le temps, étaler les feuilles l'une contre l'autre sur un linge de cuisine propre. Recouvrir toute la surface d'une feuille de papier absorbant ou d'un autre linge. Rouler le tout en boudin comme pour faire le gâteau roulé et le glisser dans un sac de plastique durant quelques heures au réfrigérateur. L'excès d'humidité sera absorbé par les linges et les feuilles resteront croquantes. En procédant ainsi, les légumes verts conserveront leur fraîcheur.
- Pour des raisons diététiques, à la pâle laitue iceberg préférer les espèces à feuilles plus foncées, romaine, chicorée, scarole, épinards et kale. Si les convives trouvent leur texture trop dure, les servir hachées en fines lanières.
- Ajouter pour varier des tiges de céleri, de betterave, des queues de carottes, de navet, de cardons, du chou chinois, du chou vert ou rouge. Des feuilles de violettes ou de capucines relèveront le goût.
- Essayer d'ajouter du cresson et du persil pour leur remarquable richesse en vitamine A, calcium et potassium.
- Pour leur éviter de noircir, asperger de jus d'orange ou d'ananas: pommes, avocats, bananes, pêches ou poires coupés en tranches.
- N'ajouter les rondelles de concombre ou de tomate qu'au moment de servir pour éviter que le jus qu'ils renferment ne dilue la sauce et ne fane les feuilles de salade.
- Si des fruits ou légumes très denses entrent

dans la composition, ne réunir les divers éléments qu'à la dernière minute pour que les verdures fragiles ne soient pas écrasées.

- Si la salade doit être préparée à l'avance, mettre les éléments lourds au fond et verser la sauce si l'on veut. Recouvrir enfin de verdure qui, ne baignant pas dans la sauce, gardera sa fraîcheur. Mélanger le tout au moment de servir.

- Ne pas oublier que la verdure sera flétrie si l'on verse la sauce dessus d'avance. Ne tourner la salade qu'au dernier moment.

- La verdure sera raffermie si, avant de servir, on la laisse 5 minutes au congélateur.

- Pour apporter une légère saveur d'ail si la sauce n'en contient pas, frotter l'intérieur du saladier d'une gousse d'ail entamée. Ou frotter d'ail un croûton de pain et le remuer en même temps que la salade. L'enlever au moment de servir.

- Pour enrichir les salades en protéines et nutriments, ajouter des graines et des germes. À elles seules, les graines sont de bonnes sources de sels minéraux et leurs germes augmentent leur teneur en vitamines A, B, C, E et K. On peut ajouter aux salades ou aux sauces des graines de sésame, de tournesol, de courge, de carvi et de pavot. Celles qui se prêtent à la germination sont celles de luzerne, de fèves mung, de blé, de radis, de lentilles et de tournesol.

- Pour faire germer des graines il suffit d'avoir un grand bac, du coton à fromage et un élastique. Et bien sûr des graines! Mettre dans le récipient 1 cuillère à soupe de graines fines ou quelques cuillères à thé de grosses. Recouvrir d'eau et laisser en attente toute une nuit. Le lendemain, vider l'eau, rincer les graines et les égoutter. Couvrir de coton à fromage et le maintenir en place avec l'élastique. Secouer le bac avec énergie pour enlever l'excès d'eau des graines et le poser appuyé sur un côté sur le comptoir de la cuisine. Continuer à rincer et égoutter les graines jusqu'à ce que les germes aient atteint la taille convenable, soit 5 cm (2 po) pour les petites graines

comme la luzerne, 1 cm de haut (½ po) pour les grosses. Mettre les germes récoltés au réfrigérateur dans un bocal tapissé de papier absorbant et pourvu d'un couvercle de plastique. Conservation: quatre à cinq jours.

Salade de poivrons

2		gros poivrons verts
2		gros poivrons rouges
2		oranges navel (facultatif)
2		grosses échalotes émincées
45	ml	(3 c. à soupe) de persil haché
15	ml	(1 c. à soupe) d'estragon haché
10	ml	(2 c. à thé) de moutarde de Dijon
30	ml	(2 c. à soupe) de vinaigre à l'estragon ou de vinaigre de vin blanc
45	ml	(3 c. à soupe) d'huile d'olive

Couper les poivrons en lanières de 1 cm de large (½ po). Peler les oranges, les diviser en tranches et enlever les peaux qui les entourent.

Mettre les poivrons et les oranges dans un grand saladier. Parsemer d'échalotes, de persil et d'estragon.

Dans un petit récipient, battre en crème la moutarde, le vinaigre et l'huile qui sera versée en filet.

Mettre la sauce dans le saladier et remuer légèrement à l'aide de deux fourchettes.

Refroidir avant de servir.

Donne 4 portions.

Salade de poulet à l'orientale

Voici un plat très riche en protéines qui convient pour un repas léger. La sauce suffit juste à napper les ingrédients sans masquer leur saveur.

CONSEIL: *Faute de châtaignes d'eau, de fines rondelles de radis les remplaceront.*

500	ml	(2 tasses) de poulet cuit coupé en morceaux
500	ml	(2 tasses) de champignons en lamelles
250	ml	(1 tasse) de germes de fèves mung
125	ml	(½ tasse) d'échalotes finement hachées
125	ml	(½ tasse) de châtaignes d'eau en rondelles
125	ml	(½ tasse) de bouquets de brocoli légèrement étuvés (facultatif)
2		gousses d'ail hachées et écrasées
5 à 10	ml	(1 à 2 c. à thé) de gingembre râpé
20	ml	(4 c. à thé) de sauce tamari
30	ml	(2 c. à soupe) d'huile de sésame ou d'huile
60	ml	(4 c. à soupe) d'huile d'olive laitue Bibb ou salade romaine coupée

Faire légèrement revenir le poulet, les champignons, les germes, l'échalote, les châtaignes et les brocoli dans une poêle de 30 cm sur 22 (13 po sur 9).

Dans un petit récipient battre ensemble l'ail, le gingembre, le tamari, l'huile de sésame et d'olive.

Asperger le poulet de cette sauce et faites sauter pour napper. Couvrir et laisser mariner au moins 30 minutes à température ambiante. Brasser de temps à autre pour que tous les ingrédients s'en imprègnent.

Verser sur la salade verte.

Donne 4 portions.

Salade de poulet au curry

Un mélange savoureux de poulet et de fruits, pauvre en sodium et riche en protéines.

750	ml	(3 tasses) de poulet cuit coupé en morceaux
125	ml	(½ tasse) de céleri haché
60	ml	(¼ tasse) d'échalotes hachées
60	ml	(¼ tasse) de persil haché
60	ml	(¼ tasse) de noix d'acajou rôties concassées
250	ml	(1 tasse) de raisins sans pépins ouverts en deux
125	ml	(½ tasse) de mayonnaise simple (voir page 94)
45	ml	(3 c. à soupe) de yaourt
22	ml	(1½ c. à soupe) d'aneth haché ou
5	ml	(1 c. à thé) d'aneth sec
15	ml	(1 c. à soupe) de beurre
10	ml	(2 c. à thé) de poudre de curry (voir Index)
		feuilles d'épinards

Dans un grand saladier, brasser le poulet, le céleri, l'échalote, le persil, les noix et les raisins.

Dans un petit récipient mélanger la mayonnaise, le yaourt et l'aneth.

À feu moyen, faire fondre le beurre dans une petite casserole. Incorporer le curry et faire revenir 1 minute pour développer son arôme. Mettre dans la mayonnaise préparée.

Verser cette sauce sur le poulet dans le saladier et brasser.

Présenter sur des feuilles d'épinards fraîches.

Donne 4 portions.

Salade d'avocats

3   avocats à point
        sauce à l'ail et au parmesan (voir page 94)
        salade Boston

Enlever les noyaux des avocats et retirer la pulpe à l'aide d'une cuillère à melon, ou les peler et couper la pulpe en morceaux.

Napper avec la sauce et brasser.

Servir sur de la laitue Boston.

Donne 4 portions.

Salade de carottes à la mode africaine

J'ai trouvé cette recette au cours de cuisine marocaine que faisait Paula Wolfert à New York. Les carottes à peine cuites assaisonnées de cumin et de cannelle prennent un mystérieux arôme.

450 g	(1 livre) de carottes
2	gousses d'ail non épluchées
1	échalote émincée
30 ml	(2 c. à soupe) d'aneth ou
10 ml	(2 c. à thé) d'aneth sec
30 ml	(2 c. à soupe) de persil haché
30 ml	(2 c. à soupe) de jus de citron
15 ml	(1 c. à soupe) d'huile d'olive
3 ml	(½ c. à thé) de graines de cumin écrasées
2 ml	(¼ c. à thé) de paprika
1	pincée de poudre de cannelle
1	pincée de poivre de Cayenne

Ouvrir les carottes en deux dans le sens de la longueur, en quatre si elles sont très grosses. Chez celles-ci enlever au couteau à éplucher la partie ligneuse qui est amère.

Mettre 2,5 cm (1 po) d'eau dans une grande casserole. Porter à ébullition et ajouter l'ail. Placer dedans une marguerite après y avoir disposé les carottes en veillant à ce que l'eau ne les atteigne pas. Bien couvrir et laisser étuver 5 minutes ou jusqu'à ce que les ca-

rottes soient attendries sans excès. Les couper en tronçons d'1 cm (½ po) et les mettre dans un grand saladier. Ajouter l'échalote, l'aneth et le persil.

Enlever l'ail de l'eau de cuisson, le peler, l'écraser en purée. Dans un petit bol, le mélanger avec le jus de citron, l'huile, le cumin, le paprika, la cannelle et le poivre de Cayenne. Verser sur les carottes chaudes.

Mettre au réfrigérateur et laisser mariner jusqu'à refroidissement.

Donne 4 portions.

Asperges vinaigrette

450 g	(1 livre) de pointes d'asperges parées
1	gousse d'ail émincée
15 ml	(1 c. à soupe) de ciboulette hachée
10 ml	(2 c. à thé) d'estragon haché ou
5 ml	(1 c. à thé) d'estragon sec
5 ml	(1 c. à thé) de romarin haché ou
2 ml	(¼ c. à thé) de flocons de romarin sec
30 ml	(2 c. à soupe) d'huile d'olive
15 ml	(1 c. à soupe) de jus de citron
15 ml	(1 c. à soupe) de vinaigre à l'estragon ou de vinaigre de vin blanc

Mettre une hauteur de 2,5 cm (1 po) d'eau dans une grande casserole. Porter à ébullition. Disposer les asperges dans un panier à étuver et déposer dans la casserole en veillant à ce que l'eau n'arrive pas en contact avec le panier. Bien couvrir et laisser cuire 5 à 7 minutes ou jusqu'à ce que les asperges soient à point.

Mélanger l'ail, la ciboulette, l'estragon, le romarin, l'huile, le jus de citron et le vinaigre.

Mettre en une seule couche les asperges dans un plat à asperges. Verser la sauce, couvrir et laisser mariner 30 minutes au réfrigérateur en retournant les asperges de temps à autre.

Donne 4 portions.

Salade de chou-fleur mariné

Plat vite fait et délicat, pauvre en lipides et en sodium. Il comporte juste assez de sauce pour napper le chou-fleur, d'où économie de calories.

2		gousses d'ail non épluchées
30	ml	(2 c. à soupe) d'huile d'olive
15	ml	(1 c. à soupe) de vinaigre au thym ou de vinaigre blanc
15	ml	(1 c. à soupe) de jus de citron
30	ml	(2 c. à soupe) d'aneth haché ou
10	ml	(2 c. à thé) d'aneth sec
30	ml	(2 c. à soupe) de persil haché
5	ml	(1 c. à thé) de feuilles de thym ou
2	ml	(¼ c. à thé) de thym sec
1		chou-fleur
2		oignons rouges en rondelles

Faire bouillir l'ail 2 minutes pour dégager les pelures. Peler et couper.

Passer ensemble au mixer l'ail, l'huile, le vinaigre, le jus de citron, l'aneth, le persil et le thym.

Faire tourner jusqu'à texture fine.

Faire bouillir 2,5 cm d'eau (1 po) dans une casserole moyenne. Séparer le chou-fleur en bouquets, les disposer dans un panier à étuver dans la casserole, sans que l'eau l'effleure. Bien couvrir et étuver 5 minutes. Disposer les rondelles d'oignon sur le chou-fleur et étuver encore 2 minutes ou sans excès jusqu'à ce que le chou-fleur soit à point et les oignons encore fermes.

Étaler les légumes sur un plat en une couche unique. Verser la sauce sur les légumes chauds en les retournant pour les napper.

Laisser mariner plusieurs heures au réfrigérateur en retournant parfois.

Donne 4 portions.

La bourrache

Selon la tradition, la bourrache est un tonique assez puissant pour rétablir le dynamisme et la santé. Les recherches modernes confirment qu'elle stimule la sécrétion d'adrénaline des glandes surrénales. Étant donné sa richesse en potassium, en calcium et en sels minéraux, la phytothérapie lui attribue le pouvoir d'activer les fonctions rénales et de purifier le sang. Elle prescrit la tisane de bourrache contre la fièvre, la toux et la bronchite et les compresses de feuilles pour cicatriser les inflammations.

Salade d'oranges

4		oranges navel
30	ml	(2 c. à soupe) de persil haché
15	ml	(1 c. à soupe) de ciboulette hachée
30	ml	(2 c. à soupe) d'huile d'olive
30	ml	(2 c. à soupe) de jus d'orange
10	ml	(2 c. à thé) de moutarde de Dijon
		laitue Bibb ou Boston

Peler et diviser les oranges en tranches. Enlever toutes les peaux. Mettre dans un saladier moyen. Parsemer de persil et de ciboulette.

Dans un petit récipient, battre ensemble l'huile, le jus d'orange et la moutarde et verser sur les oranges. Bien brasser et laisser mariner plusieurs heures au réfrigérateur.

Présenter sur les feuilles tendres de laitue Bibb ou Boston.

Donne 4 portions.

Salade de fruits arrosée de sauce au miel et au gingembre

180	ml	(¾ tasse) de yaourt
15	ml	(1 c. à soupe) de miel
5	ml	(1 c. à thé) de jus de citron
2	ml	(¼ c. à thé) d'extrait de vanille (voir Index)
2	ml	(¼ c. à thé) de poudre de gingembre
250	ml	(1 tasse) de bleuets
250	ml	(1 tasse) de raisins sans pépins
250	ml	(1 tasse) de cantaloup en boules ou en quartiers
250	ml	(1 tasse) de fraises

Dans un petit récipient, battre le yaourt, le miel, le jus de citron, le gingembre et la vanille. Réfrigérer.

Dans un grand compotier, mélanger les bleuets, le raisin, le melon et les fraises. Au moment de servir arroser de sauce pour napper légèrement les fruits.

Donne 4 portions.

Salade de tomates au yaourt

Ce plat ressemble à celui que Julie Sahni prépare dans ses cours de cuisine hindoue. Certaines boutiques spécialisées offrent des graines de moutarde noire. Au contact d'une poêle chaude, elles sautent et se répandent. Préparer un couvercle pour couvrir la poêle aussitôt que vous aurez versé les graines. Bien sûr, ce plat est le plus savoureux au moment où les tomates sont en pleine maturité.

4		grosses tomates
1		poivron vert piquant
15	ml	(1 c. à soupe) d'huile d'olive
5	ml	(1 c. à thé) de graines de moutarde noire
60	ml	(¼ tasse) de yaourt
30	ml	(2 c. à soupe) de crème sure ou de crème cottage (voir page 96)

Évider les tomates. Les couper en deux horizontalement et presser chaque moitié pour exprimer le jus et les graines restantes. Les couper en tronçons et les mettre dans un saladier.

Épépiner le poivron et le hacher fin. Laisser en attente. Dans une petite poêle, chauffer l'huile sans la laisser fumer. Tenir d'une main les graines de moutarde, de l'autre le couvercle. Jeter vivement les graines dans l'huile chaude et aussitôt poser le couvercle sur la poêle. La secouer doucement sur le feu jusqu'à ce que les graines arrêtent de sauter.

Ajouter le poivron et laisser 10 secondes sur le feu. Verser poivron et graines dans le saladier contenant les tomates.

Mélanger le yaourt et la crème sure ou la crème cottage et incorporer légèrement le mélange aux tomates sans trop brasser.

Servir aussitôt.

Donne 4 portions.

Julienne en salade

2		carottes
2		petites courgettes
1		poivron rouge
2		échalotes finement hachées
30	ml	(2 c. à soupe) de persil haché
30	ml	(2 c. à soupe) de cerfeuil haché ou
10	ml	(2 c. à thé) de flocons de cerfeuil
5	ml	(1 c. à thé) d'estragon haché ou
2	ml	(¼ c. à thé) d'estragon sec
125	ml	(½ tasse) de mayonnaise simple (voir page 94)
30	ml	(2 c. à soupe) de yaourt
10	ml	(2 c. à thé) de vinaigre à l'estragon ou de vinaigre de vin blanc
5	ml	(1 c. à thé) de moutarde de Dijon

Couper les carottes, les courgettes et le poivron en julienne, c'est-à-dire en bâtonnets de 1 cm d'épaisseur et 5 de long (½ po sur 2). Les mélanger dans un grand saladier avec l'échalote, le persil, le cerfeuil et l'estragon.

Dans un petit récipient amalgamer la mayonnaise, le yaourt, le vinaigre et la moutarde.

Verser sur les légumes que l'on mélangera délicatement à l'aide de deux fourchettes.

Donne 4 portions.

Salade de bulgur aux abricots

250	ml	(1 tasse) de bouillon
250	ml	(1 tasse) de bulgur non cuit
250	ml	(1 tasse) de pois cuits
30	ml	(2 c. à soupe) d'échalotes hachées
60	ml	(¼ tasse) de menthe hachée ou
30	ml	(2 c. à soupe) de menthe sèche
30	ml	(2 c. à soupe) de persil haché
16		abricots coupés en gros quartiers
5	ml	(1 c. à thé) de coriandre en poudre
60	ml	(¼ tasse) d'huile d'olive
60	ml	(¼ tasse) de bouillon
30	ml	(2 c. à soupe) de jus de citron

Dans une petite casserole faire bouillir 1 tasse de bouillon. Y jeter le bulgur. Couvrir et enlever du feu. Laisser en attente 20 minutes ou jusqu'à ce que tout le liquide ait été absorbé. Aérer légèrement le bulgur avec deux fourchettes.

Dans un grand saladier, mêler les pois, l'échalote, la menthe et le persil. Incorporer le bulgur et les abricots.

Mélanger la coriandre, l'huile d'olive, 60 ml (¼ tasse) de bouillon et le jus de citron. Jeter sur le saladier de bulgur et brasser.

Donne 4 portions.

Navets marinés

Une manière originale de présenter les navets.

450	g	(1 livre) de navets
8	ml	(1½ c. à thé) de vinaigre de vin blanc
8	ml	(1½ c. à thé) de jus de citron
5	ml	(1 c. à thé) de moutarde de Dijon
30	ml	(2 c. à soupe) d'huile d'olive
15	ml	(1 c. à soupe) de ciboulette hachée
15	ml	(1 c. à soupe) d'aneth haché ou
5	ml	(1 c. à thé) d'aneth sec
15	ml	(1 c. à soupe) de persil haché

Peler les navets et les couper en bâtonnets d'environ 1 cm (½ po).

Dans une grande casserole, porter à ébullition 2,5 cm d'eau (1 po). Disposer les navets dans le panier à étuver et le mettre dans la casserole en veillant à ce que l'eau ne les effleure pas. Couvrir et laisser à la vapeur 10 minutes ou jusqu'à ce que les légumes soient à point. Les vider dans un grand saladier.

Dans un petit récipient, battre le vinaigre, le jus de citron et la moutarde. Ajouter l'huile en la versant en filet. Lorsqu'elle est bien incorporée, mêler la ciboulette, l'aneth et le persil.

Verser la sauce sur les navets chauds et mélanger à l'aide de deux fourchettes. Réfrigérer avant de servir.

Donne 4 portions.

Salade de poivrons et tomates

2		poivrons évidés, épépinés et coupés
375	ml	(1½ tasse) de tomates épépinées, coupées
30	ml	(2 c. à soupe) de persil haché
2		échalotes émincées
30	ml	(2 c. à soupe) d'huile d'olive
10	ml	(2 c. à thé) de thym haché ou
3	ml	(½ c. à thé) de thym sec
5	ml	(1 c. à thé) de moutarde de Dijon
5	ml	(1 c. à thé) de vinaigre au basilic ou de vinaigre de vin blanc
2	ml	(¼ c. à thé) de poudre de cumin

Mettre les poivrons et les tomates dans un grand saladier. Y jeter le persil et les échalotes.

Dans un petit récipient, mélanger l'huile, le thym, la moutarde, le vinaigre et le cumin. Verser dans le saladier. Bien mélanger et réfrigérer.

Donne 4 portions.

Haricots verts à la marjolaine

450	g	(1 livre) de haricots verts
45	ml	(3 c. à soupe) d'huile d'olive ou d'huile
20	ml	(4 c. à thé) de vinaigre à la marjolaine ou de vinaigre de vin blanc
8	ml	(1½ c. à thé) de marjolaine hachée ou
3	ml	(½ c. à thé) de marjolaine sèche
2		échalotes émincées

Mettre 2,5 cm (1 po) d'eau dans une grande casserole et amener à ébullition. Étuver les haricots en veillant à ce que le panier ne touche pas l'eau. Laisser cuire 5 minutes à couvercle bien fermé ou jusqu'à ce qu'ils soient à point. Ne pas trop cuire.

Placer sur une seule couche les haricots dans un plat dont le bord n'excède pas 2,5 cm (1 po) de haut.

Battre ensemble l'huile, le vinaigre, la marjolaine, l'échalote, verser sur les haricots en les remuant pour bien les napper.

Couvrir, réfrigérer et laisser mariner au moins 1 heure. Retourner de temps à autre.

Donne 4 portions.

La cannelle

La cannelle a toujours été une épice de grande valeur. Dans l'antiquité pharaonique, les Égyptiens l'utilisaient comme plante médicinale et s'en servaient pour embaumer les morts. Et c'est dans leur recherche de meilleures routes vers les sources de cannelle et d'autres épices que des explorateurs comme Christophe Colomb découvrirent de nouveaux mondes. La médecine par les plantes la prescrit pour les maux d'estomac et les rhumes. Elle lui reconnaît un pouvoir antiseptique en gargarisme. Certains la prétendent efficace contre les maux féminins, en particulier les nausées de la grossesse.

Salade de riz à l'orange

500	ml	(2 tasses) de bouillon
165	ml	(⅔ tasse) de riz brun à grain long non cuit
2		oranges
60	ml	(¼ tasse) d'échalotes hachées
60	ml	(¼ tasse) de pacanes concassées
30	ml	(2 c. à soupe) de persil haché
30	ml	(2 c. à soupe) d'aneth haché ou
10	ml	(2 c. à thé) d'aneth sec
15	ml	(1 c. à soupe) de ciboulette hachée
60	ml	(¼ tasse) d'huile d'olive
45	ml	(3 c. à soupe) de jus d'orange
15	ml	(1 c. à soupe) de vinaigre à l'estragon ou de vinaigre de vin blanc

Verser le bouillon et le riz dans une casserole. Couvrir et laisser cuire jusqu'à ce que le riz soit à point et tout le liquide absorbé, environ 50 minutes.

Peler les oranges et les séparer en quartiers en enlevant soigneusement les membranes qui les renferment. Les couper grossièrement. Dans un grand saladier, mélanger les oranges, l'échalote, les noix, le persil, l'aneth, la ciboulette, l'huile, le jus d'orange et le vinaigre.

Décoller le riz à l'aide de deux fourchettes et ajouter dans le saladier. Bien brasser l'ensemble.

Donne 4 portions.

Salade de gala au riz

750	ml	(3 tasses) de bouillon
250	ml	(1 tasse) de riz brun non cuit
2		carottes en rondelles fines
2		échalotes émincées
1		branche de céleri hachée
½		poivron rouge haché
½		poivron vert haché
85	ml	(⅓ tasse) d'amandes grillées concassées
30	ml	(2 c. à soupe) de persil haché
10	ml	(2 c. à thé) d'origan haché ou
5	ml	(1 c. à thé) d'origan sec
5	ml	(1 c. à thé) d'estragon haché ou
3	ml	(½ c. à thé) d'estragon sec
5	ml	(1 c. à thé) de sauge hachée ou
3	ml	(½ c. à thé) de sauge sèche
180	ml	(¾ tasse) de mayonnaise simple (voir page 94)

Faire bouillir le bouillon dans une casserole moyenne et verser le riz en pluie. Couvrir et laisser cuire à feu moyen jusqu'à ce que le riz soit à point et que tout le liquide soit absorbé, environ 50 minutes. Décoller le riz à l'aide de deux fourchettes.

Verser dans un grand saladier. Y mêler les carottes, l'échalote, le céleri, les poivrons, les amandes, le persil, l'origan, l'estragon, la sauge et la mayonnaise.

Servir tiède ou à température ambiante.

Donne 4 portions.

Salade de riz confetti

Cette salade froide a du corps et convient fort bien aux jours d'été ; le riz chaud absorbe mieux la sauce et sert de base à une salade particulièrement savoureuse.

500	ml	(2 tasses) de riz brun cuit et chaud
60	ml	(¼ tasse) de carottes hachées
60	ml	(¼ tasse) de céleri haché
60	ml	(¼ tasse) de poivrons hachés
30	ml	(2 c. à soupe) de persil haché
30	ml	(2 c. à soupe) d'échalotes émincées
30	ml	(2 c. à soupe) de graines de tournesol
30	ml	(2 c. à soupe) de ciboulette hachée
15	ml	(1 c. à soupe) d'aneth haché ou
5	ml	(1 c. à thé) d'aneth sec
5	ml	(1 c. à thé) d'estragon haché ou
2	ml	(¼ c. à thé) d'estragon sec
3	ml	(½ c. à thé) de romarin haché ou
1		pincée de flocons de romarin
5	ml	(1 c. à thé) de moutarde de Dijon
5	ml	(1 c. à thé) de sauce tamari
30	ml	(2 c. à soupe) de vinaigre à l'estragon ou de vinaigre de vin blanc
60	ml	(¼ tasse) d'huile d'olive

À l'aide de deux fourchettes, dans un grand saladier, remuer le riz, les carottes, le céleri, les poivrons, le persil, l'échalote, les graines de tournesol, la ciboulette, l'aneth, l'estragon, le romarin.

Dans un petit récipient, mélanger la moutarde, le tamari et le vinaigre. Incorporer l'huile en filet en continuant à battre jusqu'à formation d'une masse crémeuse.

Verser la sauce sur le riz et brasser pour le napper. Réfrigérer avant de servir.

Donne 4 portions.

La capucine

La capucine est une plante délicieuse à saveur poivrée originaire d'Amérique du Sud. Ses feuilles ont, croit-on, des propriétés décongestives en cas de rhume. En infusion, elle serait dépurative et antiseptique en usage externe.

Salade de thon et de coquillettes

375	ml	(1½ tasse) de petites coquilles de blé entier non cuites
375	ml	(1½ tasse) de pâtes de blé entier en forme de boucles non cuites
370	g	(13 oz) de thon conservé dans l'eau, drainé et paré
125	ml	(½ tasse) de poivrons rouges en dés
1		branche de céleri coupée fin
2		échalotes hachées
30	ml	(2 c. à soupe) de persil haché
30	ml	(2 c. à soupe) d'aneth haché ou
10	ml	(2 c. à thé) d'aneth sec
125 à		
180	ml	(½ à ¾ tasse) de mayonnaise simple (voir page 94)
60	ml	(4 c. à soupe) de vinaigre à l'estragon ou de vinaigre de vin blanc
10	ml	(2 c. à thé) de moutarde de Dijon

Dans un grand récipient d'eau bouillante, jeter les pâtes. Cuire à point, de 8 à 10 minutes environ. Égoutter et verser dans un grand saladier.

Brasser ensemble les pâtes, le thon, le poivron, le céleri, l'échalote, le persil et l'aneth.

Mélanger dans un petit récipient la mayonnaise, le vinaigre et la moutarde. Verser sur les pâtes. Ajouter de la mayonnaise si nécessaire.

Les pâtes doivent être bien nappées.

Se sert tiède ou à température ambiante.

Donne 4 portions.

Le tabbouleh

Une salade classique au Moyen-Orient. Elle ajoute les fibres, le zinc, les vitamines du groupe B à la vitamine C du bulgur.

250	ml	(1 tasse) de bouillon
250	ml	(1 tasse) de bulgur non cuit
85	ml	(⅓ tasse) d'échalotes hachées
85	ml	(⅓ tasse) de menthe hachée
85	ml	(⅓ tasse) de persil hachée
2		tomates pelées, épépinées en quartiers
60	ml	(¼ tasse) de jus de citron
45	ml	(3 c. à soupe) d'huile d'olive
15	ml	(1 c. à soupe) de sauce tamari

Dans une petite casserole, amener le bouillon à ébullition et y jeter le bulgur. Couvrir et retirer du feu. Laisser reposer jusqu'à absorption du liquide, environ 20 minutes.

Aérer le bulgur à l'aide de deux fourchettes. Y mêler doucement l'échalote, la menthe et le persil. Puis ajouter les tomates.

Battre ensemble le jus de citron, l'huile d'olive et le tamari et verser en pluie sur le bulgur. Brasser avec précaution à l'aide de deux fourchettes pour napper.

Laisser mariner au moins 1 heure avant de servir.

Donne 4 portions.

Sauce à l'ail et au gingembre

S'emploie pour les salades vertes et les plats orientaux.

125	ml	(½ tasse) d'huile
30	ml	(2 c. à soupe) de jus de citron
15	ml	(1 c. à soupe) de sauce tamari
15	ml	(1 c. à soupe) de beurre d'arachides ou de tahini (pâte de graines de sésame)
5	ml	(1 c. à thé) de racine de gingembre râpée
1		gousse d'ail émincée

Dans le bol du mixer verser l'huile, le jus de citron, le tamari et le beurre d'arachides ou le tahini. Faire tourner 10 secondes réglé à moyenne vitesse.

L'appareil étant en marche, ajouter le gingembre et l'ail. Laisser encore tourner 20 secondes, ou jusqu'à ce que l'ail et le gingembre soient parfaitement incorporés.

Donne 180 ml (¾ tasse).

Salade de saumon et avocats

Superbe salade à haute teneur en protéines. N'utiliser que des avocats bien mûrs.

250	ml	(1 tasse) de saumon poché émietté
15	ml	(1 c. à soupe) de ciboulette hachée
2		oeufs durs
125	ml	(½ tasse) de mayonnaise simple (voir page 94)
30	ml	(2 c. à soupe) de yaourt
15	ml	(1 c. à soupe) d'aneth haché ou
5	ml	(1 c. à thé) d'aneth sec
2		avocats
		jus de citron
		laitue Bibb
		germes de luzerne

Dans un petit bol mélanger le saumon et la ciboulette.

Couper les oeufs en deux. Réserver 1 jaune.

Hacher fin le reste des oeufs et l'ajouter au saumon.

Passer à la moulinette le jaune restant et laisser en attente.

Dans une tasse, mélanger la mayonnaise, le yaourt et l'aneth.

Éplucher les avocats et les couper dans le sens de la longueur en morceaux de 1,5 cm (½ po). Asperger de jus de citron pour qu'ils ne noircissent pas.

Disposer la laitue et les germes sur un grand ravier; mettre les tranches d'avocat sur la laitue et par-dessus le saumon. Garnir le saumon de cuillerées de mayonnaise. Saupoudrer de jaune d'oeuf moulu.

Donne 4 portions.

Sauce veloutée à l'estragon

5	ml	(1 c. à thé) de moutarde de Dijon
30	ml	(2 c. à soupe) de mayonnaise simple (voir page 94)
30	ml	(2 c. à soupe) de vinaigre à l'estragon ou de vinaigre de vin blanc
30	ml	(2 c. à soupe) d'huile
30	ml	(2 c. à soupe) d'huile d'olive
15	ml	(1 c. à soupe) d'estragon haché ou
5	ml	(1 c. à thé) d'estragon sec
15	ml	(1 c. à soupe) de persil haché

Dans un petit bol, battre la mayonnaise avec la moutarde. Continuer à battre en ajoutant d'abord le vinaigre puis l'huile et l'huile d'olive en filet jusqu'à formation d'une émulsion lisse. Incorporer l'estragon et le persil.

Donne environ 125 ml (½ tasse).

Sauce crémeuse bleue

Le yaourt apporte à cette sauce un goût un peu âpre, sa faible teneur en lipides et en calories. Le fromage bleu s'écrase à l'aide de deux fourchettes.

30	ml	(2 c. à soupe) de fromage bleu écrasé et ramolli
15	ml	(1 c. à soupe) de persil haché
15	ml	(1 c. à soupe) de ciboulette hachée
5	ml	(1 c. à thé) de jus de citron
125	ml	(½ tasse) de mayonnaise simple (voir page 94)
125	ml	(½ tasse) de yaourt

Dans un bol, battre à la fourchette le fromage bleu, le persil, la ciboulette et le jus de citron jusqu'à consistance pâteuse. Y incorporer peu à peu la mayonnaise pour faire une sauce crémeuse. Ajouter le yaourt.

Donne 250 ml (1 tasse).

Sauce cottage au basilic

125	ml	(½ tasse) de fromage cottage
60	ml	(¼ tasse) de lait
60	ml	(4 c. à soupe) de vinaigre au basilic ou de vinaigre de vin blanc
15	ml	(1 c. à soupe) de basilic haché ou

5 ml	(1 c. à thé) de basilic sec
5 ml	(1 c. à thé) d'origan haché
	ou
2 ml	(¼ c. à thé) d'origan sec
1	gousse d'ail émincée
60 ml	(¼ tasse) d'huile d'olive
	yaourt ou lait (facultatif)

Passer au batteur ou au mixer le fromage cottage, 60 ml (¼ tasse) de lait et le vinaigre jusqu'à consistance lisse. Ajouter le basilic, l'origan et l'ail. L'appareil étant en marche, verser l'huile en mince filet.

La sauce obtenue sera épaisse. Pour l'éclaircir ajouter du yaourt ou du lait, à volonté.

Donne 250 ml (1 tasse).

Mayonnaise simple à l'huile

Voici la recette de la mayonnaise classique obtenue en battant de l'huile avec un oeuf. Elle est très riche en graisse et en calories, même si, pour être juste, on remarque qu'elle est pauvre en sodium et, relativement, en cholestérol par cuillère. Cependant, si vous désirez abaisser la quantité de graisse et le nombre de calories, essayer les mayonnaises simples à la ricotta et au tofu dont les recettes suivent. Elles ressemblent à s'y méprendre à la mayonnaise classique et, quant au goût, du diable si on les distingue.

1	oeuf
15 ml	(1 c. à soupe) de vinaigre à l'estragon ou de vinaigre de vin blanc
5 ml	(1 c. à thé) de moutarde de Dijon
1	gousse d'ail émincée
85 ml	(⅓ tasse) d'huile d'olive
165 ml	(⅔ tasse) d'huile

Passer au mélangeur l'oeuf, le vinaigre, la moutarde et l'ail. Faire tourner 15 secondes.

L'appareil restant en marche, ajouter l'huile d'olive, très lentement je précise.

Mettre assez de l'huile qui reste pour obtenir une émulsion épaisse.

Donne environ 250 ml (1 tasse).

Mayonnaise simple au ricotta

Celle-ci comporte environ le tiers des calories et le quart de la graisse d'une mayonnaise à l'huile. Cependant le produit laitier augmente légèrement le cholestérol. Elle a les usages habituels d'une mayonnaise. Je trouve que le ricotta partiellement écrémé donne le meilleur résultat.

1	oeuf
30 ml	(2 c. à soupe) de jus de citron ou de vinaigre à l'estragon
30 ml	(2 c. à soupe) d'huile
5 ml	(1 c. à thé) de moutarde de Dijon
1	gousse d'ail émincée
25 ml	(1 tasse) de ricotta partiellement écrémé

Mettre l'oeuf, le jus de citron ou le vinaigre, l'huile, la moutarde et l'ail dans un mélangeur. Faire tourner à très grande vitesse pendant 10 secondes.

Ajouter le ricotta et battre à grande vitesse jusqu'à consistance homogène en arrêtant souvent pour faire descendre en le râclant ce qui reste collé aux parois du bol.

Donne environ 375 ml (1½ tasse).

Sauce à l'ail et au parmesan

15 ml	(1 c. à soupe) de vinaigre à l'origan ou de vinaigre de vin blanc
15 ml	(1 c. à soupe) de jus de citron
1	gousse d'ail émincée
8 ml	(1½ c. à thé) d'origan haché ou
3 ml	(½ c. à thé) d'origan sec
90 ml	(6 c. à soupe) d'huile d'olive
45 ml	(3 c. à soupe) de parmesan râpé

Dans un petit récipient, battre au fouet à main le vinaigre, le jus de citron, l'ail et l'origan. Incorporer doucement l'huile pour obtenir une sauce crémeuse. Y ajouter le parmesan.

Donne environ 180 ml (¾ tasse).

Mayonnaise simple au tofu

Le tofu est un dérivé du soja remarquable par sa pauvreté en calories et en lipides et sa richesse en protéines. Presque dépourvu de goût, il adopte facilement le goût de mayonnaise qu'apportent l'ail et la moutarde. Comparée à la mayonnaise normale à base d'huile, celle-ci ne représente qu'un quart des calories et un cinquième des lipides. Un oeuf étant utilisé, le cholestérol est le même.

1		oeuf
3	ml	(2 c. à soupe) de jus de citron ou de vinaigre à l'estragon
30	ml	(2 c. à soupe) d'huile
5	ml	(1 c. à thé) de moutarde de Dijon
1		gousse d'ail émincée
225	g	(8 oz) de tofu écrasé à la fourchette

Mettre dans le batteur l'oeuf, le jus de citron ou le vinaigre, l'huile, la moutarde et l'ail. Faire tourner 10 secondes à haute vitesse.

Ajouter le tofu et continuer jusqu'à consistance lisse en s'arrêtant souvent pour gratter les parois du récipient.

Donne 375 ml (1½ tasse).

La cardamome

La cardamome nous vient de l'Est. À cause de sa puissante saveur sucrée, les Grecs l'employaient pour aromatiser le vin et faire des parfums. Surtout utilisée comme épice aujourd'hui, elle a gardé la réputation de faciliter la digestion et elle entre dans la composition de remèdes en phytothérapie.

La crème cottage

Ni son goût ni son aspect ne permettent de la distinguer de la crème sure qu'elle remplace. Elle présente la moitié moins de calories; et n'a que le cinquième de ses lipides, un tiers de son cholestérol. Mais attention! À moins d'utiliser du fromage cottage à faible teneur en sodium elle renfermera plus de sodium que la crème sure.

  30 ml   (2 c. à soupe) de lait
  15 ml   (1 c. à soupe) de jus de citron
250 ml   (1 tasse) de fromage cottage

Mettre le lait et le jus de citron dans le bol du batteur. Ajouter le fromage cottage. Faire tourner l'appareil à vitesse maximum en s'arrêtant souvent pour racler les parois. S'arrêter quand le mélange est homogène.

Donne 250 ml (1 tasse).

Chapitre 7

Les pains et les beurres

Quelques notions élémentaires

La confection du pain ne relève pas des sciences exactes. C'est là l'essentiel de ce que j'ai à vous en dire. Il ne faut pas prendre ces recettes pour des tables de loi, elles ne vous apportent, au mieux, que des indications approximatives quant à la quantité de farine nécessaire et la durée pendant laquelle la pâte doit lever et cuire. Bien des facteurs — humidité, température ambiante, altitude, qualité de la farine — risquent d'infirmer les estimations que proposent les recettes. D'ailleurs ceux qui réussissent le mieux le pain sont ceux qui par expérience connaissent les quantités à utiliser et le temps nécessaire pour faire lever et cuire la pâte.

Pour tout cet ordre d'aliments cuits au four, utiliser toujours de la farine de blé complet qui est la meilleure pour la santé. Elle contient le son riche en fibres et le germe chargé des vitamines du grain de blé. Ces matières essentielles disparaissent lorsque le blé entier est bluté pour ne conserver que l'intérieur riche en amidon et pauvre en nutriments. La présentation est améliorée aux dépens de la santé et bien que les grandes minoteries prétendent qu'elles « enrichissent » la farine blanche, elles se bornent, de fait, à réintroduire quelques-uns des nutriments qui avaient été éliminés.

Il est plus facile de faire du pain avec de la farine blanche qu'avec de la farine de blé complet qui est plus lourde et ne se prête pas aussi bien à réaliser une pâte légère. Cette pâte est plus collante lorsqu'on la pétrit et plus difficile à démouler après cuisson. Mais on n'en est que plus fier de sortir du four de beaux pains de blé entier qui sont plus nourrissants. Voici quelques règles à ne pas oublier pour bien réussir.

La farine normale de blé entier provient du blé dur. Il contient du gluten et c'est cette substance qui donne au pain levé son élasticité. La farine pâtissière de blé entier provient, elle, du blé tendre de printemps qui, plus pauvre en gluten, convient mieux aux tartes, aux pâtisseries et aux petits pains délicats. Parfois, les recettes proposent de mélanger les deux pour que la pâte soit à la fois légère et souple. Le son et le germe de blé que renferment les farines de blé entier donnent aux produits cuits au four une couleur brun doré et une texture consistante.

Mettre la farine de blé entier dans des récipients qui la protègent de l'humidité et la conserver dans un endroit frais et sec, au réfrigérateur ou au congélateur de préférence. Aérer la farine avant de l'utiliser. Si la recette demande de la tamiser, ne pas oublier de remettre dans le mélange ou la pâte le son resté au fond du tamis.

La plupart des pains lèvent sous l'action de la levure. La levure est un organisme vivant, en fait elle se compose de plusieurs micro-organismes. Sous l'action de la chaleur et de l'humidité, elle dégage de l'oxyde de carbone. C'est une réaction qui fait lever le pain. Dans le commerce, on trouve la levure sous forme de granules secs ou en tablettes. Placée dans un endroit approprié, on peut garder la levure sèche très longtemps. Je l'achète dans une boutique de produits naturels en paquets de 115 g (4 onces). Lorsqu'un paquet est entamé, je mets ce qui reste au réfrigérateur dans un bol hermétiquement fermé où elle se conserve pendant plus d'un an sans problème. Il est plus avantageux de l'acheter en grandes quantités qu'en petits sachets. Il faut se souvenir que le sachet équivaut à une cuillère à soupe de levure en vrac.

J'emploie rarement la levure en tablettes car elle est plus difficile à conserver. C'est la raison pour laquelle la levure sèche figure dans toutes les recettes de ce livre. Mais si vous préférez utiliser les tablettes, se rappeler qu'une tablette, soit 20 g ou 2/3 oz, correspond à 15 ml (1 c. à soupe) de levure sèche.

Nous avons vu que la chaleur et l'humidité activent la levure. Les basses températures ralentissent son activité et la chaleur excessive l'anéantit. Pour vérifier son activité ou la déclencher, la dissoudre dans un liquide tiède, 38° C à 50° C (100 à 120° F) et la nourrir avec un peu de miel. Si elle est encore vivante, au bout de quelques minutes elle se met à bouillonner.

Avant de commencer une pâte, veiller à ce que tous les ingrédients soient à température ambiante. Si la farine a séjourné au réfrigérateur, on gagnera du temps en la passant environ 20 minutes au four chauffé à 120° C (250° F). La remuer de temps à autre. Tiédir tous les liquides et s'assurer que les oeufs ou autres ingrédients soient à une température convenable. Si certains sont froids, l'activité de la levure en sera retardée, et la pâte mettra plus de temps à lever.

Dans toutes les recettes, il s'agit d'abord de rendre le gluten actif et de faire de la pâte une masse que l'on puisse pétrir. En la pétrissant, on distribue uniformément à travers la pâte les bulles de gaz formées par la levure et on permet au gluten d'atteindre son maximum d'élasticité. Chacun a sa méthode mais la plupart ne sont que des variantes de celle-ci : étaler la pâte en l'amenant vers soi et, en la pressant du bas de la paume, la diriger dans l'autre sens ; puis replier un pan de la pâte et répéter l'opération à un autre endroit.

La pâte de blé entier demande au moins dix minutes d'un vigoureux pétrissage pour travailler le gluten et répartir les bulles. Si la pâte colle, nettoyer la table de pétrissage, la fariner légèrement et continuer. Si la pâte s'attache aux doigts, les enfariner ou les huiler légèrement. Mais ne pas abuser de la farine. Les pains les plus légers renferment juste assez de farine pour sécher la pâte et l'empêcher de coller. La pâte est assez pétrie lorsque sa texture est lisse et satinée et qu'elle est élastique quand on appuie dessus.

La pâte à pain n'est pas nécessairement pétrie à la main. Un mixer puissant muni d'un crochet sera efficace et évitera bien de la fatigue. Cependant, même si l'on a une machine on peut préférer la pétrir à la main une minute ou deux pour vérifier sa consistance.

Placer la pâte pétrie dans un récipient propre et légèrement huilé pour qu'elle lève. Pour qu'elle reste humide, tourner la pâte dans le récipient afin qu'elle s'enduise d'huile. Couvrir avec un linge mouillé et placer dans un endroit humide, tiède, 27° à 30° C (80 à 85)° F, à l'abri des courants d'air. Si la cuisine ne présente pas ces conditions, la mettre sur la cuisinière à gaz près du bec pilote, ou dans le four préchauffé à la température la plus faible. On peut placer un bol d'eau près de la pâte en train de lever pour augmenter le degré d'humidité.

Règle générale, la pâte doit lever jusqu'à ce qu'elle ait doublé de volume, quelle que soit la durée nécessaire. Il y a une bonne méthode pour savoir si elle est assez levée: enfoncer deux doigts dedans et les retirer. Si les marques ne se comblent pas, recommencer à écraser et à pétrir la pâte un moment avant de la modeler en pains.

La plupart des recettes recommandent de laisser lever deux fois, une fois dans le bol, une autre dans le moule car la texture du pain sera d'autant plus fine qu'elle aura levé un plus grand nombre de fois.

La pâte de blé entier a tendance à s'attacher au moule à la cuisson. Il faut donc graisser abondamment soit avec du beurre soit avec un mélange d'huile et de lécithine liquide. J'en prépare d'avance en mettant 30 ml (2 c. à soupe) de chaque et je m'en sers pour tous les moules. Après avoir été battu à la fourchette, le mélange reste stable. Comme la lécithine est poisseuse, pour étaler le mélange sans m'en mettre sur les mains, je le répands à l'aide de papier ciré froissé. Il faut signaler que l'huile à elle seule ne suffit pas à empêcher le pain de blé complet d'attacher au moule.

En remplissant le moule, ne pas oublier que la pâte va continuer à lever encore au four. Il ne faut donc pas trop le remplir. Si la recette le précise, placer les moules garnis dans un endroit tiède jusqu'à ce que la pâte ait doublé de volume.

En les enfournant, les disposer au milieu du four pour permettre à l'air de circuler. Si vous savez que votre four présente des points de plus forte chaleur, changer les moules de place pour que la couleur soit uniforme. Un pain est cuit quand sa croûte est dorée et qu'il sonne creux si on le frappe de la main. Pour s'en assurer, on peut retourner le pain sur le dessous d'un plat ou un linge. Passer une brochette presque jusqu'à la croûte et la retirer.

Si elle est nette, le pain est à point. Si elle est enduite de pâte humide, il faut remettre le pain à cuire quelques minutes de plus et le surveiller. Si le dessus brunit trop, le couvrir d'une feuille d'aluminium.

Laisser le pain refroidir avant de le couper.

Les pains vite faits

Les pains vite faits sont enfournés dès que la pâte est faite, sans la laisser lever. La levure et le bicarbonate de soude sont les levains les plus fréquemment employés, ce qui pose un problème. Dans le commerce, la plupart contiennent des sels d'aluminium éventuellement nuisibles. S'adresser aux boutiques de produits naturels pour en trouver qui ne contiennent pas de sels d'aluminium ou la faire soi-même et l'utiliser comme celles que l'on trouve dans le commerce.

Levure

30 ml (2 c. à soupe) de crème de tartre
30 ml (2 c. à soupe) d'arrow-root
5 ml (1 c. à thé) de bicarbonate de soude

Mélanger la crème de tartre, l'arrow-root et le bicarbonate jusqu'à ce que l'ensemble soit de texture unie. S'il se forme des grumeaux, tamiser l'ensemble. Fermer hermétiquement, conserver dans un endroit frais et sec.

Donne environ 60 ml (¼ tasse).

Si la recette demande du bicarbonate de soude seul, en mélangeant la pâte, il faut y introduire un acide pour provoquer la réaction. Le résultat sera atteint avec de la cassonade, du babeurre, du yaourt, de la crème sure ou du jus d'orange.

Pain à l'aneth et à l'ail

Il semblerait que six gousses d'ail, ce soit beaucoup pour un seul pain. Détrompez-vous, c'est juste ce qu'il en faut. Quant au fromage cottage il apporte un supplément de calcium, des protéines, sans parler d'un goût relevé et délicieux.

60	ml	(¼ tasse) d'eau tiède
20	ml	(4 c. à thé) de levure
5	ml	(1 c. à thé) de miel
6		gousses d'ail émincées
250	ml	(1 tasse) de fromage cottage ramolli jusqu'à consistance onctueuse
30	ml	(2 c. à soupe) de beurre tiède
45	ml	(3 c. à soupe) d'aneth haché ou
15	ml	(1 c. à soupe) d'aneth sec
1		oeuf
625	à	
750	ml	(2½ à 3 tasses) de farine de blé entier
1		oeuf battu avec 5 ml (1 c. à thé) de lait pour dorer

Dans une tasse, mélanger l'eau, la levure et le miel. Mettre de côté 10 minutes pour vérifier la levure qui doit bouillonner.

Dans un grand bol, réunir l'ail, le fromage cottage, le beurre, l'aneth et l'oeuf. Battre jusqu'à ce que le mélange soit homogène. Ajouter la levure préparée.

Introduire 250 ml (1 tasse) de farine et battre. Ajouter, par 125 ml (½ tasse) le reste de la farine, sans arrêter de battre jusqu'à obtention d'une pâte prête à pétrir.

Verser sur une surface farinée et pétrir environ 15 minutes ou jusqu'à ce que la masse soit lisse et élastique. N'ajouter que la farine nécessaire pour empêcher la pâte de coller.

La mettre dans un récipient légèrement graissé en la tournant en tous sens pour qu'elle soit huilée entièrement. Couvrir, laisser monter dans un endroit tiède jusqu'à ce qu'elle double de volume, soit de 45 minutes à une heure.

La rompre*, la repétrir brièvement, former un pain. Beurrer un moule de 22,5 cm sur 12,5 (9 sur 5 po) ou l'enduire du mélange à parties égales d'huile et de lécithine liquide et y placer le pain. Laisser doubler de volume de 30 à 45 minutes. Badigeonner le pain avec l'oeuf légèrement battu.

Laisser au four chauffé à 180° C (350° F) 40 à 45 minutes ou jusqu'à ce que la croûte soit brune et que le pain émette un son creux si on le frappe de la main. Si nécessaire, enlever du moule et remettre 5 minutes au four pour brunir le fond.

Donne 1 pain.

Et voilà l'Italien!

Jus de tomate et herbes italiennes donnent à ce pain pauvre en sodium un air de pizza.

165	ml	(⅔ tasse) d'eau tiède
60	ml	(4 c. à soupe) de levure
15	ml	(1 c. à soupe) de miel
250	ml	(1 tasse) de jus de tomate (voir Index)
15	ml	(1 c. à soupe) d'origan haché ou
5	ml	(1 c. à thé) d'origan sec
15	ml	1 c. à soupe) de basilic haché ou
5	ml	(1 c. à thé) de basilic sec
10	ml	(2 c. à thé) de feuille de thym ou
3	ml	(½ c. à thé) de thym sec
10	ml	(2 c. à thé) de sarriette hachée ou
3	ml	(½ c. à thé) de sarriette sèche
250	ml	(1 tasse) d'eau tiède
1,7	l	(6 à 7 tasses) de farine de blé entier
1		oeuf battu avec 15 ml (1 c. à soupe) de lait (pour dorer)

Dans une tasse, mélanger 165 ml (⅔ tasse) d'eau, la levure et le miel. Mettre de côté 10 minutes pour vérifier la levure qui doit bouillonner.

Tiédir le jus de tomate.

---

* En langage de boulangerie, rompre la pâte veut dire l'écraser pour en faire sortir l'air.

Dans un grand récipient, bien mélanger la levure préparée, le jus de tomate, l'origan, le basilic, le thym, la sarriette et 250 ml (1 tasse) d'eau. Ajouter la farine (tasse par tasse) jusqu'à obtention d'une masse prête à pétrir.

Pétrir jusqu'à ce que la pâte soit lisse et élastique, environ 15 minutes. N'ajouter que la farine nécessaire pour empêcher la pâte de coller.

La mettre dans un récipient graissé en la tournant en tout sens pour qu'elle soit huilée partout. Couvrir, mettre dans un endroit tiède et laisser gonfler jusqu'à ce qu'elle double de volume, soit de 45 à 60 minutes.

L'écraser et la diviser en deux. Rouler chaque moitié pour former un rectangle de 27 cm sur 23 (11 sur 9 po). Puis replier chaque rectangle dans le sens de la largeur et aplatir tout autour pour fermer.

Beurrer 2 moules à pain de 23 cm sur 12 (8½ po sur 4½) ou graisser le mélange d'huile et de lécithine liquide en parties égales.

Mettre la pâte dans les moules, la partie fermée en bas. Couvrir et laisser lever jusqu'à ce que le volume ait doublé, soit de 40 à 45 minutes.

Badigeonner le pain avec l'oeuf légèrement battu.

Cuire au four chauffé à 190° C (375° F) pendant 40 minutes ou jusqu'à ce que la croûte soit brune et que le pain émette un son creux si on le frappe de la main.

Donne 2 pains.

Pain aux graines d'aneth

Les graines d'aneth qui craquent sous la dent sont un des agréments de ce pain facile à faire.

60	ml	(¼ tasse) d'eau tiède
15	ml	(1 c. à soupe) de levure
15	ml	(1 c. à soupe) de miel
250	ml	(1 tasse) de lait tiède
1	ml	(⅛ c. à thé) de bicarbonate de soude
30	ml	(2 c. à soupe) de graines d'aneth
625	ml	(2½ tasses) de farine de blé entier
1		oeuf battu avec 5 ml (1 c. à thé) d'eau, pour dorer les graines d'aneth servant à la garniture.

Mélanger l'eau, la levure et le miel dans une tasse. Laisser en attente dix minutes pour éprouver la levure qui doit bouillonner.

Verser dans un grand récipient et ajouter le lait, le bicarbornate, les graines d'aneth et 250 ml (1 tasse) de farine. Bien mélanger le tout. Bien incorporer par 125 ml (½ tasse) la farine qui reste. La pâte est collante. Ne pas la pétrir cependant.

Beurrer un moule à pain de 23 cm sur 12 cm (8½ po sur 4½) ou le graisser avec le mélange à parties égales d'huile et de lécithine liquide. Verser dans le moule.

Couvrir et laisser lever environ 45 minutes dans un endroit tiède jusqu'à ce que le volume ait doublé.

Badigeonner le pain avec l'oeuf légèrement battu. Parsemer de graines d'aneth. Laisser au four chauffé à 200° C (400° F) 25 minutes.

Est meilleur chaud. Peut être réchauffé.

Donne 1 pain.

Pain au persil

Le gros bouquet de persil ajoute une fameuse dose de vitamine A.

125	ml	(½ tasse) d'eau tiède
15	ml	(1 c. à soupe) de levure
5	ml	(1 c. à thé) de miel
125	ml	(½ tasse) de crème sure ou de yaourt
1		oeuf
250	ml	(1 tasse) de persil haché
2		gousses d'ail émincées
500	à	
625	ml	(2 à 2½ tasses) de farine de blé entier

Dans une tasse, mélanger l'eau, la levure et le miel. Laisser en attente 10 minutes pour vérifier la levure qui doit bouillonner.

Mélanger la crème sure ou le yaourt, l'oeuf, le persil et l'ail en une pâte molle, prête à pétrir. Mélanger à 1 tasse de farine. Verser sur une surface farinée. Pétrir de 10 à 15 minutes environ pour obtenir une pâte lisse et élastique. N'ajouter graduellement que la farine nécessaire pour empêcher la pâte de coller.

La mettre dans un récipient huilé. Couvrir et laisser lever environ 30 à 60 minutes dans un endroit tiède jusqu'à ce que le volume ait doublé. L'écraser et former à la main un rectangle d'environ 20 cm de large (8 po) et enrouler comme pour le gâteau roulé. Serrer bien les bords pour les sceller. Beurrer un moule à pain de 23 cm sur 12 (8½ po sur 4½) ou le graisser avec un mélange d'huile et de lécithine liquide, en parties égales. Placer dans le moule, la partie fermée vers le bas.

Couvrir et laisser lever jusqu'à ce que le volume ait doublé, soit de 30 à 45 minutes environ.

Mettre au four chauffé à 190° C (375° F) de 40 à 45 minutes ou jusqu'à ce que le dessus soit doré et que le pain émette un son creux si on le frappe avec la main.

Donne 1 pain.

Pain à la sauge

Ce pain de blé entier est une réplique du pain italien traditionnel que j'ai vu Judith Olney présenter à ses cours de cuisine à Pinehurst, Caroline du Nord. Je vous conseille vivement de vérifier que la sauge sèche n'a pas un goût de moisi avant de l'employer. Les châtaignes ne sont pas indispensables mais elles apportent toute la richesse de leur saveur.

60	ml	(¼ tasse) d'eau tiède
10	ml	(2 c. à thé) de levure
30	ml	(2 c. à soupe) de miel
60	ml	(¼ tasse) de bouillon tiède
30	ml	(2 c. à soupe) d'huile d'olive
125	ml	(½ tasse) de sauge hachée
2	ml	(¼ c. à thé) de graines de céleri écrasées
250	ml	(1 tasse) de châtaignes cuites et hachées (facultatif)
60	ml	(¼ tasse) de parmesan râpé
750	à	
875	ml	(3 à 3½ tasses) de farine de blé entier
1		oeuf battu avec 5 ml (1 c. à thé) d'eau (pour dorer)
1		brindille de sauge (pour garnir)

Dans une tasse, mélanger l'eau, la levure et le miel. Laisser 10 minutes en attente pour éprouver la levure qui doit bouillonner.

Dans un grand récipient, bien mélanger la levure préparée, le bouillon, l'huile, la sauge, les graines de céleri, les châtaignes, le parmesan et 250 ml (1 tasse) de farine.

Ajouter la farine par demi-tasse, jusqu'à obtention d'une pâte lisse, prête à pétrir.

Verser sur une surface farinée et pétrir pour obtenir une pâte lisse et élastique, environ 15 minutes. N'ajouter graduellement que la farine nécessaire pour empêcher la pâte de coller.

La mettre dans un récipient huilé en la tournant en tous sens pour qu'elle soit huilée partout. Couvrir et laisser doubler de volume, environ 1 heure.

La rompre et beurrer une tôle ou un moule à pizza de 30 cm (12 po) ou graisser avec un mélange à parties égales d'huile et de lécithine liquide. Au rouleau ou à la main, étaler la pâte pour former sur la tôle un cercle de 30 cm (12 po). À la surface de la pâte, faites quelques ouvertures dispersées.

Badigeonner avec l'oeuf légèrement battu. Piquer la brindille de sauge au milieu.

Laisser lever à découvert dans un endroit tiède jusqu'à ce qu'elle ait doublé de volume, environ 30 minutes.

Cuire au four chauffé à 180° C (350° F) pendant 35 minutes, ou jusqu'à ce que le pain soit doré et émette un son creux si on le frappe des doigts.

Donne 1 pain rond.

Le carvi

Depuis la préhistoire, le carvi figure parmi les ingrédients usuels. Il était réputé pour ses pouvoirs magiques contre le Malin et son efficacité dans les philtres d'amour. En herboristerie, on utilise ses graines pour favoriser la digestion et soulager l'entéralgie. On suggère d'utiliser le carvi pour faciliter la menstruation et favoriser la lactation. Mâcher ses graines purifie l'haleine.

Pain roulé aux champignons

La pâte

125	ml	(½ tasse) d'eau tiède
30	ml	(2 c. à soupe) de levure
15	ml	(1 c. à soupe) de miel
375	ml	(1½ tasse) de babeurre tiède
250	ml	(1 tasse) d'eau tiède
1,5 à		
1,7	l	(6 à 7 tasses) de farine de blé entier

La farce

30	ml	(2 c. à soupe) de beurre
125	ml	(½ tasse) d'échalotes émincées
225	ml	(½ livre) de champignons coupés en fines lamelles
125	ml	(½ tasse) de crème sure ou de crème cottage (voir Index)
30	ml	(2 c. à soupe) de fenouil émincé ou
10	ml	(2 c. à thé) de fenouil sec
60	ml	(¼ tasse) de parmesan râpé
60	ml	(¼ tasse) de persil haché
1		oeuf battu avec 5 ml (1 c. à thé) d'eau (pour dorer)

Confection de la pâte

Dans une tasse, mélanger 125 ml (½ tasse) d'eau tiède, la levure et le miel. Laisser 10 minutes en attente pour éprouver la levure qui doit bouillonner.

Dans un grand bol (le mixer peut faciliter la tâche), mélanger la levure préparée, le babeurre tiède et 250 ml (1 tasse) d'eau tiède. Y ajouter peu à peu assez de farine pour que la pâte soit prête à pétrir.

Pétrir sur une surface farinée ou à la machine de 10 à 15 minutes, ou jusqu'à ce que la pâte soit lisse et élastique. N'ajouter que la farine nécessaire pour empêcher la pâte de coller.

La mettre dans un récipient huilé en la tournant en tous sens pour qu'elle soit huilée partout. Couvrir et mettre à lever dans un endroit tiède jusqu'à ce qu'elle ait doublé de volume, de 30 à 60 minutes.

Pendant ce temps, préparer la farce.

Préparation de la farce

Dans une grande sauteuse, chauffer le beurre jusqu'à ce qu'il écume. Ajouter les échalotes et les champignons et les faire revenir jusqu'à ce qu'ils soient fondants. Laisser au feu quelques minutes encore en brassant sans arrêt, pour que tout le jus rendu par les champignons soit évaporé.

Laisser les champignons refroidir un peu et incorporer la crème sure ou la crème cottage, le fenouil, le parmesan et le persil. Laisser en attente jusqu'à ce que la pâte ait fini de lever.

Quand elle a doublé de volume, la rompre, la diviser en deux. Sur une surface farinée, rouler chaque moitié en un rectangle d'environ 25 cm sur 38 (10 po sur 15).

Étaler la farce aux champignons sur chaque portion en laissant une lisière de pâte vide d'environ 2,5 cm (1 po) tout autour.

Enrouler chacune dans le sens de la largeur, soit 25 cm (10 po) pour former une bûche et bien serrer les bords. Placer, la fermeture en bas, dans 2 moules à pain bien beurrés de 22 cm sur 12 (9 po sur 5).

Couvrir et laisser gonfler dans un endroit tiède jusqu'à ce que le volume ait doublé, soit environ 30 à 45 min. Badigeonner le pain avec l'oeuf légèrement battu.

Laisser au four chauffé à 190° C (375° F) pendant environ 40 minutes ou jusqu'à ce que le dessus des pains soit doré et qu'ils émettent un son creux si on les frappe avec les doigts.

Donne 2 pains.

Pain au romarin

Facile à faire car il ne se pétrit pas.

125	ml	(½ tasse) d'eau tiède
15	ml	(1 c. à soupe) de levure sèche
15	ml	(1 c. à soupe) de miel
125	ml	(½ tasse) d'eau tiède
1		oeuf
30	ml	(2 c. à soupe) de miel
30	ml	(2 c. à soupe) d'huile
500	ml	(2 tasses) de farine de blé entier
250	ml	(1 tasse) de carottes hachées ou finement râpées
250	ml	(1 tasse) d'oignons émincés
125	ml	(½ tasse) de céleri émincé
30	ml	(2 c. à soupe) de persil haché
10	ml	(2 c. à thé) de romarin haché ou
5	ml	(1 c. à thé) de romarin sec broyé
375	ml	(1½ tasse) de farine de blé entier
5	ml	(1 c. à thé) d'huile

Dans un bol mélanger 125 ml (½ tasse) d'eau tiède, la levure et 15 ml (1 cuillère à soupe) de miel. Laisser en attente pour vérifier la levure qui doit bouillonner.

Dans un grand bol (un mixer rend la tâche plus aisée) incorporer 125 ml (½ tasse) d'eau tiède, l'oeuf, 30 ml (2 c. à soupe) de miel, 30 ml (2 c. à soupe) d'huile et 500 ml (2 tasses) de farine. Y ajouter la levure. Battre jusqu'à ce que le mélange soit homogène. Continuer à battre 3 minutes.

Ajouter les carottes, l'oignon, le céleri, le persil, le romarin et 375 ml (1½ tasse) de farine et mélanger à la main si nécessaire mais sans pétrir. La pâte sera collante.

Beurrer un plat ou le graisser avec le mélange à parties égales d'huile et de lécithine liquide. Y mettre la pâte et huiler le dessus au pinceau avec 5 ml (1 c. à thé) d'huile.

Couvrir et mettre dans un endroit tiède jusqu'à ce que son volume ait doublé, environ 1 heure à 1½ heure.

Laisser au four chauffé à 180° C (350° F) pendant 60 minutes. Si le dessus noircit à la cuisson, le couvrir d'un ample papier d'aluminium.

Donne 1 pain.

Pain pesto

Faites ce pain au milieu de l'été quand au jardin le basilic frais abonde.

La pâte

125	ml	(½ tasse) d'eau tiède
15	ml	(1 c. à soupe) de levure
15	ml	(1 c. à soupe) de miel
125	ml	(½ tasse) d'eau tiède
60	ml	(¼ tasse) d'huile d'olive
1		oeuf
250	ml	(1 tasse) de flocons d'avoine
625 à		
750	ml	(2½ à 3 tasses) de farine de blé entier

La farce

125	ml	(½ tasse) serrée de feuilles de basilic
30	ml	(2 c. à soupe) de feuilles de persil
60	ml	(¼ tasse) de parmesan râpé
60	ml	(¼ tasse) de pignons
30	ml	(2 c. à soupe) d'huile d'olive
2		gousses d'ail émincées
1		oeuf battu avec 5 ml (1 c. à thé) d'eau, pour glacer

Préparation de la pâte

Dans un bol, mélanger 125 ml (½ tasse) d'eau, la levure et le miel. Laisser en attente pour vérifier la levure qui doit bouillonner. Verser dans un grand récipient.

Incorporer 125 ml (½ tasse) d'eau, l'huile, l'oeuf et l'avoine. Ajouter la farine par 125 ml (½ tasse) jusqu'à ce que la pâte soit prête à pétrir.

Verser sur une surface légèrement farinée et pétrir de 10 à 15 minutes ou jusqu'à obtention d'une pâte lisse et élastique. N'ajouter que la farine nécessaire pour empêcher la pâte de coller.

Mettre dans un récipient huilé en la tournant en tous sens pour qu'elle soit huilée entièrement. Couvrir et mettre à lever dans un endroit tiède jusqu'à ce qu'elle ait doublé de volume, soit 1 heure environ.

Pendant que la pâte lève, préparer la farce.

Préparation de la farce

Au batteur ou dans un mixer mélanger le basilic, le persil, le parmesan, les pignons et l'ail. Hacher finement. Incorporer l'huile et laisser l'appareil en marche jusqu'à formation d'une épaisse pâte lisse. La mettre en attente.

Quand la pâte a gonflé, la rompre et la rouler sur une surface légèrement farinée en forme de rectangle de 33 cm sur 22 (13 po sur 9).

À l'aide d'une spatule métallique flexible, étaler la farce de façon uniforme sur le rectangle de pâte en laissant vide une lisière de 2,5 cm (1 po) tout autour. Rouler en commençant par la largeur, sceller les bords en appuyant dessus et les retourner dessous.

Beurrer un moule à pain de 22 cm sur 11 cm (8½ po sur 4½ po) ou le graisser avec le mélange à parties égales d'huile et de lécithine liquide. Y mettre la pâte, les bords retournés contre le fond. Couvrir et laisser lever dans un endroit tiède jusqu'à ce qu'elle ait doublé de volume, environ 45 minutes.

Badigeonner le dessus avec l'oeuf battu.

Mettre au four chauffé à 190°C (375°F) et laisser 40 minutes, jusqu'à ce que le pain soit doré et rende un son creux si on le frappe de la main.

Donne 1 pain.

Brioche aromatisée

Le beurre rend cette pâte particulièrement soyeuse sous la main et, cuit, le pain présentera une texture ferme et un peu sèche.

125	ml	(½ tasse) d'eau tiède
15	ml	(1 c. à soupe) de levure
10	ml	(2 c. à thé) de miel
3		oeufs
60	ml	(¼ tasse) de beurre fondu
2		gousses d'ail émincées
30	ml	(2 c. à soupe) de basilic haché ou
5	ml	(1 c. à thé) de basilic en flocons
85	ml	(⅓ tasse) de persil haché
85	ml	(⅓ tasse) d'aneth haché ou
30	ml	(2 c. à soupe) d'aneth sec
750	ml	
à 1	l	(3 à 4 tasses) de farine pâtissière de blé entier
1		jaune d'oeuf battu avec 15 ml (1 c. à soupe) d'eau (pour dorer)

Dans un bol, mélanger l'eau, la levure et le miel et laisser en attente 10 minutes pour vérifier la levure qui doit bouillonner.

Amalgamer les oeufs, le beurre, l'ail, le basilic et le persil, l'aneth et 250 ml (une tasse) de farine et bien mélanger. Incorporer peu à peu assez de farine pour obtenir une pâte molle prête à pétrir. La verser sur une surface farinée et pétrir jusqu'à consistance souple et élastique. Si nécessaire, ajouter de la farine mais s'en tenir au strict nécessaire.

Poser dans un récipient graissé en retournant la pâte pour qu'elle soit graissée en tous sens. Couvrir et laisser lever dans un endroit tiède pendant 2½ heures ou jusqu'à ce que son volume ait doublé. Puis l'aplatir.

La pâte donnera 1 brioche de 2 l (8 tasses), 2 de 1 l (4 tasses) ou 4 de 2 tasses. Diviser la pâte en conséquence et réserver ⅓ de chaque morceau pour en faire le chapeau.

Mettre le gros morceau de pâte dans un moule à brioche bien beurré ou un moule rond et creux. Tailler au couteau un X d'environ 2,5 cm (1 po) de profondeur à sa partie supérieure. Façonner la petite partie réservée en forme de larme et enfoncer sa pointe dans le X. Couvrir. Laisser lever jusqu'à ce que le volume ait doublé, environ 1 heure.

Appliquer le glaçage à l'oeuf et enfourner. Voici selon la grosseur les temps des cuisson.

2 l (8 tasses) = 5 minutes au four à 220°C (425°F), puis 40 à 45 minutes à 190°C (375°F) ou jusqu'à ce que le chapeau soit bien brun et que la brioche émette un son creux si on la frappe de la main.

1 l (4 tasses) = 5 minutes à 220°C (425°F) et de 30 à 35 minutes à 190°C (375°F).

(2 tasses) = 5 minutes à 220°C (425°F) puis à 190°C (375°F) de 20 à 25 minutes.

Donne 1 brioche de 2 l (8 tasses)
ou 2 brioches de 1 l (4 tasses)
ou 4 brioches de format 2 tasses.

Buns au babeurre et au basilic

60	ml	(¼ tasse) d'eau tiède
15	ml	(1 c. à soupe) de levure
15	ml	(1 c. à soupe) de miel
125	ml	(½ tasse) de babeurre tiède
3		gousses d'ail émincées
22	ml	(1½ c. à soupe) de basilic haché ou
10	ml	(2 c. à thé) de basilic sec
15	ml	(1 c. à soupe) de romarin ou
8	ml	(1½ c. à thé) de romarin sec broyé
15	ml	(1 c. à soupe) de graines de sésame
1		oeuf
125	ml	(½ tasse) de parmesan râpé
500 à 625	ml	(2 à 2½ tasses) de farine de blé entier
1		oeuf battu avec 5 ml (1 c. à thé) d'eau (pour dorer)
15	ml	(1 c. à soupe) de graines de sésame pour la garniture

Dans une tasse, mélanger l'eau, la levure et le miel et mettre de côté pour vérifier la levure qui doit bouillonner.

Dans un grand récipient, verser la levure préparée, le babeurre, l'ail, le basilic, le romarin, 15 ml (1 c. à soupe) de graines de sésame et 1 oeuf. Battre pour bien mélanger.

Incorporer le parmesan et 250 ml (1 tasse) de farine à la spatule en bois puis ajouter assez de farine pour obtenir une pâte prête à pétrir.

Verser la pâte sur une surface légèrement farinée et pétrir pour la rendre lisse et élastique, environ 10 minutes. Si la pâte est un peu collante, n'ajouter que la farine nécessaire pour qu'elle n'attache plus.

La façonner en boule, la placer dans un bol huilé et la retourner en tous sens pour qu'elle soit huilée de toute part. Couvrir et laisser lever dans un endroit tiède jusqu'à ce qu'elle ait doublé de volume, de 30 à 60 minutes.

Rompre la pâte et la mettre sur une surface légèrement farinée. La pétrir brièvement et en faire une bûche d'environ 30 cm (12 po) de long. La détailler en 12 tronçons égaux et rouler chacun en une petite boule.

Beurrer, huiler ou graisser un moule de 22 cm (9 po) avec un mélange à parties égales d'huile et de lécithine liquide. Au centre du moule, disposer 4 boules en carré et les autres autour. Il n'est pas nécessaire qu'elles se touchent. Couvrir légèrement et laisser lever dans un endroit tiède jusqu'à ce qu'elles aient doublé de volume, de 30 à 60 minutes.

Badigeonner avec l'oeuf battu et parsemer de graines de sésame. Mettre environ 25 minutes au four chauffé à 180° C (350° F) ou jusqu'à ce qu'elles soient dorées et rendent un son creux si on les frappe de la main.

Les démouler et les réenfourner 5 minutes pour que leur fond soit croustillant.

À servir chaud ou réchauffé.

Donne 1 douzaine de buns.

Pâte levée riche

Le beurre que renferme cette pâte la rend extrêmement maniable. Les proportions de cette recette donnent deux pains, l'un qui sera rempli avec la farce aux abricots qui est présentée ensuite et l'autre avec les pruneaux aromatisés à la cardamome que nous allons voir ensuite. Ils sont également savoureux au petit déjeuner.

60	ml	(¼ tasse) d'eau tiède
20	ml	(4 c. à thé) de levure
45	ml	(3 c. à soupe) de miel
3		oeufs
125	ml	(½ tasse) de beurre fondu
125	ml	(½ tasse) de yaourt
2	ml	(¼ c. à thé) d'extrait d'amandes (facultatif)
5	ml	(1 c. à thé) d'extrait de vanille (voir Index)
250	ml	(1 tasse) de farine pâtissière de blé entier
500 à 625	ml	(2 à 2½ tasses) de farine de blé entier
		garniture aux abricots (voir page 109)
		garniture aux pruneaux (voir page 109)
1		oeuf battu avec 5 ml (1 c. à thé) de lait pour dorer

Dans un bol, mélanger l'eau, la levure et le miel. Laisser en attente pour vérifier la levure qui doit bouillonner.

Verser dans un grand récipient. Incorporer les oeufs, le beurre, le yaourt, l'extrait d'amandes et de vanille en les battant bien. Ajouter la farine pâtissière. Ajouter peu à peu la farine nécessaire pour que la pâte soit prête à pétrir.

Mettre la pâte sur une surface farinée. La pétrir environ 10 minutes jusqu'à ce qu'elle soit souple et élastique. Ne pas lui ajouter plus de farine qu'il n'est nécessaire pour l'empêcher de coller.

La façonner en boule et la placer dans un récipient huilé. La tourner pour la huiler de tous côtés. Couvrir et laisser lever dans un endroit tiède jusqu'à ce qu'elle ait doublé de volume, environ 1 heure.

Rompre la pâte et la couper en deux. Elle est prête pour être garnie.

Sur une surface légèrement farinée, étaler au rouleau chaque moitié pour former un rectangle de 22 cm sur 45 (9 po sur 18) de manière à avoir en face de soi la largeur du rectangle. Étaler la garniture, à l'abricot ou aux pruneaux, sur les ⅔ de la longueur en laissant une lisière de 2,5 cm (1 po) tout autour.

Rabattre le tiers non garni comme pour fermer une enveloppe, le tiers du bas couvrant la moitié de la garniture, et le tiers supérieur abaissé couvrant l'autre moitié.

Appuyer sur les bords comme pour coller une lettre.

Poser avec soin chacun sur une plaque à gâteaux, légèrement beurrée. Faire au couteau 7 entailles dans la pâte en commençant à une extrémité de la largeur de 22 cm (9 po) et en continuant à couper jusqu'au bord opposé. Séparer ces lanières légèrement mais les laisser adhérer au bord qui a été plié.

Couvrir légèrement et laisser lever jusqu'à ce que le volume ait doublé, environ 1 heure.

Badigeonner chaque pain avec l'oeuf battu. Laisser de 25 à 30 minutes au four chauffé à 180° C (350° F) ou jusqu'à couleur dorée.

Laisser refroidir sur une grille.

Donne 2 pains garnis.

Garniture aux abricots

125 ml (½ tasse) d'abricots secs
250 ml (1 tasse) d'eau
30 ml (2 c. à soupe) de miel
60 ml (¼ tasse) de germes de blé
60 ml (¼ tasse) de pacanes ou de noix concassées
3 ml (½ c. à thé) de poudre de cannelle
zeste râpé d'une orange

Dans une petite casserole, amener à ébullition les abricots et l'eau et laisser mijoter à couvert environ 10 minutes. Vider l'eau et passer les abricots dans un tamis ou les réduire en purée à la moulinette ou au mixer.

Amalgamer le miel, le germe de blé, les noix, la cannelle et le zeste d'orange.

Garniture aux pruneaux

180 ml (¾ tasse) de pruneaux sans noyaux
180 ml (¾ tasse) d'eau
60 ml (¼ tasse) de raisins secs
15 ml (1 c. à soupe) de miel
3 ml (½ c. à thé) de cardamome moulue
1 ml (⅛ c. à thé) de muscade râpée
zeste d'un citron râpé

Dans une petite casserole, amener à ébullition les pruneaux et l'eau, couvrir et laisser mijoter environ 10 minutes. Vider l'eau et passer les pruneaux dans un tamis ou les réduire en purée à la moulinette ou au mixer.

Y amalgamer les raisins secs, le miel, la cardamome, la muscade et le zeste de citron.

Biscuits au babeurre

430	ml	(1¾ tasse) de farine pâtissière tamisée
10	ml	(2 c. à thé) de levure (voir page 99)
2	ml	(¼ c. à thé) de bicarbonate de soude
60	ml	(¼ tasse) de beurre froid
15	ml	(1 c. à soupe) d'estragon haché ou
8	ml	(1 c. à thé) d'estragon sec
60	ml	(¼ tasse) d'aneth haché ou
30	ml	(2 c. à soupe) d'aneth sec
165 à 180	ml	(⅔ à ¾ tasse) de babeurre
1		oeuf battu avec 5 ml (1 c. à thé) d'eau pour dorer

Tamiser à nouveau la farine pâtissière en ajoutant la levure et le bicarbonate.

À l'aide de deux couteaux ou d'un mélangeur à pâte, couper le beurre et l'incorporer à la farine pour obtenir une pâte granuleuse. Y ajouter l'estragon et l'aneth.

En battant à la fourchette, ajouter assez de babeurre pour rendre la pâte souple et prête à pétrir. La verser sur une surface à peine farinée et la pétrir légèrement environ 20 fois pour qu'elle soit homogène. Ne pas trop la manier.

La rouler jusqu'à ce qu'elle ait 1,2 cm (½ po) d'épaisseur et la découper en cercles de 5 cm (2 po) avec une forme à biscuits.

Placer sur une tôle non graissée. Badigeonner avec l'oeuf battu. Laisser cuire au four chauffé à 220° C (425° F) environ 15 minutes jusqu'à ce que les biscuits soient gonflés, croustillants et légèrement bruns.

Servir aussitôt.

Donne environ 15 biscuits.

Mini-biscuits à la coriandre

Veiller à ne pas trop cuire ces délicieuses friandises à la coriandre.

500	ml	(2 tasses) de farine pâtissière de blé entier
15	ml	(1 c. à soupe) de levure (voir page 99)
10	ml	(2 c. à thé) de coriandre moulue
30	ml	(2 c. à soupe) de graines de sésame
30	ml	(2 c. à soupe) de parmesan râpé
30	ml	(2 c. à soupe) de ciboulette hachée
60	ml	(¼ tasse) de beurre froid
250	ml	(1 tasse) de lait
1		oeuf battu avec 5 ml (1 c. à thé) de lait pour dorer
		graines de sésame pour garnir

Dans un grand bol mélanger la farine, la levure, la coriandre, les graines de sésame, le parmesan et la ciboulette. Puis couper le beurre à l'aide d'un mélangeur à pâte ou de deux couteaux de manière à former une pâte grossière.

À la fourchette, introduire le lait en battant jusqu'à obtention d'une pâte souple qui se décolle du bol.

La verser sur une surface légèrement farinée et, après s'être fariné les mains, former une bûche d'environ 3,5 cm d'épaisseur (1½ po).

La couper en morceaux de 2 cm environ (¾ po). Disposer les biscuits à plat sur une tôle légèrement graissée en les espaçant d'environ 2,5 cm (1 po).

Badigeonner avec l'oeuf battu, parsemer de graines de sésame et cuire au four chauffé à 190° C (375° F) pendant 20 minutes ou jusqu'à ce que les biscuits soient gonflés et légèrement bruns. Servir chaud.

Donne 14 ou 16 biscuits.

Muffins de maïs à la sauge et à l'aneth

Ces muffins peuvent être prêts en un rien de temps. Si dans un bocal hermétique vous mélangez à l'avance les ingrédients secs, il suffit d'ajouter la liste des autres ingrédients et les conseils de cuisson pour créer votre mélange à muffins personnel et original.

165	ml	(⅔ tasse) de farine pâtissière de blé entier tamisée
165	ml	(⅔ tasse) de farine de maïs
10	ml	(2 c. à thé) de levure (voir page 99)
5	ml	(1 c. à thé) de bicarbonate de soude
30	ml	(2 c. à soupe) de beurre fondu
165	ml	(⅔ tasse) de babeurre
45	ml	(3 c. à soupe) de miel
2		oeufs
30	ml	(2 c. à soupe) de sauge hachée ou
10	ml	(2 c. à thé) de sauge en flocons
30	ml	(2 c. à soupe) d'aneth haché ou
5	ml	(1 c. à thé) d'aneth sec

Beurrer 12 moules à muffins ou les graisser avec le mélange en parties égales d'huile et de lécithine liquide. Laisser en attente.

Verser dans la farine de blé complet la farine de maïs, la levure et le bicarbonate. Tamiser.

Dans un autre récipient, battre au fouet le beurre, le babeurre, le miel et les oeufs jusqu'à consistance homogène. Incorporer la sauge et l'aneth.

Puis ajouter les ingrédients liquides aux ingrédients secs en battant juste assez pour que la farine soit imprégnée. Éviter de battre à l'excès.

À la cuillère, remplir au ⅔ les moules en attente avec cette préparation.

Mettre au four réglé à 180° C (350° F) pendant 10 minutes, ou jusqu'à ce que les muffins soient gonflés et dorés.

Donne 1 douzaine de muffins.

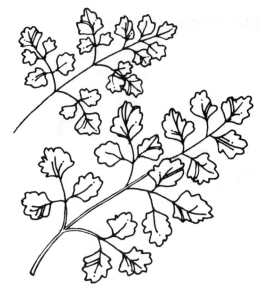

Le cerfeuil

Le cerfeuil est une des plus anciennes plantes aromatiques connues en Europe et joue un rôle essentiel dans la cuisine française. Figurant parmi les fines herbes classiques, il entre dans beaucoup de plats. Les Romains utilisaient le vinaigre au cerfeuil contre le hoquet. La médecine par les herbes lui attribue des valeurs dépuratives et stomachiques et le recommande pour favoriser la transpiration au cours des rhumes et des accès de fièvre et pour abaisser la tension artérielle. En lotion, appliqué sur le visage, il est sensé éclaircir le teint.

Petits pains au thym

La purée de pommes de terre qu'ils renferment donne à ces petits pains une remarquable légèreté. Pour ne pas les alourdir, ne pétrir la pâte que le strict nécessaire pour qu'elle reste souple.

Vous pouvez les façonner en feuille de trèfle ou vous pouvez transformer un peu la recette en coupant les rouleaux de pâte en 12 morceaux que vous disposerez par 2 dans des moules à muffins.

60	ml	(¼ tasse) d'eau tiède
15	ml	(1 c. à soupe) de levure
30	ml	(2 c. à soupe) de miel
125	ml	(½ tasse) de pommes de terre en purée
125	ml	(½ tasse) de babeurre
45	ml	(3 c. à soupe) de beurre
45	ml	(3 c. à soupe) de thym haché ou
15	ml	(1 c. à soupe) de thym sec
1		oeuf
750	ml	
à 1	l	(3 à 4 tasses) de farine de blé entier
1		oeuf battu avec 5 ml (1 c. à thé) de lait pour dorer

Dans une tasse, mélanger l'eau, la levure et le miel. Laisser en attente pour vérifier la levure qui doit bouillonner.

Dans une petite casserole, mélanger les pommes de terre, le babeurre, le beurre et le thym. Faire tiédir. Verser dans un grand bol et ajouter la levure en attente et un oeuf. Ajouter 250 ml (1 tasse) de farine et bien battre. Ajouter une autre tasse (250 ml) de farine, en deux fois. Ajouter la quantité de farine strictement nécessaire pour obtenir une pâte souple prête à pétrir.

Pétrir jusqu'à ce qu'elle soit homogène et élastique.

Verser dans un récipient huilé en la tournant en tous sens pour qu'elle soit huilée tout autour. Laisser lever jusqu'à ce qu'elle ait doublé de volume, environ 1 heure.

Rompre la pâte et l'étaler sur une surface à peine farinée. La diviser en trois et à la main façonner 3 minces rouleaux. Couper chacun en 18 rondelles et les rouler en boule lisse.

Beurrer des moules à muffins. Mettre 3 petites boules par moule. Laisser lever jusqu'à ce qu'elles aient doublé de volume et rempli les moules. Les badigeonner avec l'oeuf battu.

Laisser au four chauffé à 200° C (400° F) pendant 12 à 15 minutes ou jusqu'à ce que les petits pains soient un peu bruns. Servir tiède.

Donne 18 petits pains.

Pain au miel et aux raisins secs

125	ml	(½ tasse) d'eau tiède
30	ml	(2 c. à soupe) de levure
15	ml	(1 c. à soupe) de miel
125	ml	(½ tasse) d'eau chaude
60	ml	(¼ tasse) d'huile
1		oeuf
45	ml	(3 c. à soupe) de miel
250	ml	(1 tasse) de flocons d'avoine
250	ml	(1 tasse) de farine pâtissière de blé entier
10	ml	(2 c. à thé) de poudre de cannelle
2	ml	(¼ c. à thé) de poudre de cardamome
375	à	
500	ml	(1½ à 2 tasses) de farine de blé entier
125	ml	(½ tasse) de raisins secs sans pépins
1		oeuf battu avec 5 ml (1 c. à thé) d'eau pour glacer

Dans une tasse, mélanger 125 ml (½ tasse) d'eau tiède, la levure et 5 ml (1 c. à thé) de miel. Laisser en attente pour vérifier la levure qui doit bouillonner.

Dans un grand récipient, incorporer 125 ml (½ tasse) d'eau, l'huile, l'oeuf, 45 ml (3 c. à soupe) de miel, l'avoine, la farine pâtissière, la cannelle et la cardamome. Y mélanger la levure préparée.

Battre 2 minutes en versant assez de farine pour obtenir une pâte souple, prête à pétrir. Verser sur une surface farinée et pétrir 10 minutes ou jusqu'à ce que la pâte soit homogène et élastique. N'ajouter que la farine strictement nécessaire pour qu'elle ne colle pas.

Verser la pâte dans un récipient huilé. La tourner en tous sens pour qu'elle soit huilée tout autour. Couvrir et laisser lever dans un endroit chaud jusqu'à ce qu'elle ait doublé de volume, environ 1½ heure.

Aplatir la pâte. La disposer sur une surface légèrement farinée et pétrir pour incorporer les raisins secs de façon uniforme, environ 5 minutes.

Façonner un pain et déposer dans un moule à pain de 22 cm sur 11 cm (8½ po sur 4½ po) préalablement beurré ou graissé avec un mélange en parties égales d'huile et de lécithine liquide.

Laisser doubler de volume, environ 30 à 60 minutes.

Badigeonner avec l'oeuf battu.

Laisser au four chauffé à 180° C (350° F) de 30 à 45 minutes jusqu'à ce que la croûte soit dorée et que le pain émette un son creux si on le frappe de la main.

Donne 1 pain.

Couronne à la cardamome

C'est au sortir du four que l'arôme sucré de ce pain chaud est le plus subtil. Il reste savoureux même réchauffé.

La pâte

60	ml	(¼ tasse) d'eau tiède
15	ml	(1 c. à soupe) de levure
60	ml	(¼ tasse) de lait
60	ml	(¼ tasse) de beurre
60	ml	(¼ tasse) de miel
5	ml	(1 c. à thé) de graines de cardamome écrasées
1		jaune d'oeuf

125	ml	(½ tasse) de farine pâtissière de blé entier
250	à	
500	ml	(1 à 2 tasses) de farine de blé entier

La garniture

30	ml	(2 c. à soupe) de jus d'orange
30	ml	(2 c. à soupe) de miel
85	ml	(⅓ tasse) de lait
2	ml	(¼ c. à thé) d'extrait d'amandes
2	ml	(¼ c. à thé) d'extrait de vanille (voir Index)
125	ml	(½ tasse) d'amandes
1		blanc d'oeuf battu avec 15 ml (1 c. à soupe) d'eau pour dorer
60	ml	(¼ tasse) de raisins de Corinthe
60	ml	(¼ tasse) de raisins secs dorés hachés

Fabrication de la pâte

Dans une tasse, mélanger l'eau et la levure. Laisser en attente pour éprouver la levure qui doit bouillonner.

Dans une petite casserole, chauffer le lait, le beurre et le miel jusqu'à ce que le beurre fonde. Laisser refroidir et quand cette préparation est tiède, y verser la levure.

Mettre dans un grand récipient. Incorporer la cardamome, le jaune d'oeuf et la farine pâtissière. Par 125 ml (½ tasse) à la fois, ajouter la farine de blé entier jusqu'à obtention d'une pâte souple prête à pétrir.

Verser sur une surface légèrement farinée et pétrir jusqu'à consistance homogène, environ 10 minutes. Puis placer dans un récipient huilé en tournant la pâte en tous sens pour la huiler. Couvrir et laisser lever dans un endroit tiède jusqu'à ce qu'elle ait doublé de volume, environ 1½ heure.

Préparation de la garniture

Passer dans un batteur ou un mixer le jus d'orange, le miel, le lait, l'extrait d'amandes, la vanille et la moitié des amandes en laissant tourner l'appareil jusqu'à ce que le mélange soit assez homogène. Verser le reste des amandes et continuer jusqu'à formation d'une pâte. Laisser en attente.

Montage

Quand la pâte est levée, l'aplatir et la pétrir quelques instants. Sur une surface légèrement farinée, rouler la pâte pour former un rectangle de 50 cm sur 33 environ (20 po sur 13) en veillant à ce que l'épaisseur soit uniforme.

Badigeonner la surface avec le blanc d'oeuf battu et étaler la garniture en laissant vide une lisière de 1 cm de tous les côtés. Parsemer de raisins secs et de raisins de Corinthe.

Rouler la pâte dans le sens de la longueur comme pour le gâteau roulé. Déposer sur une plaque à pâtisserie beurrée, les raccords en bas. Former une couronne, rabattre les extrémités l'une sur l'autre et les sceller en appuyant dessus.

Avec un couteau ou des ciseaux, entailler la pâte à 2,5 cm (1 po) d'intervalle jusqu'à 1 cm (½ po) du centre de la couronne, en retroussant chaque segment pour rendre la garniture visible.

Couvrir légèrement et laisser lever dans un endroit tiède jusqu'à ce que le volume ait doublé environ 1 heure.

Badigeonner la couronne avec le mélange à dorer et cuire au four à 180° C (350° F) environ 30 minutes ou jusqu'à ce qu'elle soit dorée et qu'elle rende un son creux quand on la frappe de la main. Si le dessus a tendance à brunir trop vite, couvrir avec une feuille d'aluminium sans serrer.

Mettre à refroidir avec précaution sur une grille.

Donne 1 couronne.

Pain de zucchini* au cheddar

La meilleure des choses à faire avec une envahissante récolte de zucchini, c'est ce pain moelleux au bon goût de cheddar.

560	ml	(2¼ tasses) de farine pâtissière de blé entier
10	ml	(2 c. à thé) de levure (voir page 99)
5	ml	(1 c. à thé) de bicarbonate de soude
15	ml	(1 c. à soupe) de basilic haché ou
5	ml	(1 c. à thé) de basilic sec
15	ml	(1 c. à soupe) de thym haché ou
5	ml	(1 c. à thé) de thym sec
250	ml	(1 tasse) d'oignons émincés
30	ml	(2 c. à soupe) de beurre
250	ml	(1 tasse) de lait
3		oeufs
250	ml	(1 tasse) de zucchini hachés
250	ml	(1 tasse) de cheddar râpé

Tamiser la farine, la levure et le bicarbonate réunis et incorporer le basilic et le thym.

Dans une poêle, faire revenir l'oignon dans le beurre jusqu'à ce qu'il soit fondant.

Dans un grand récipient, bien battre le lait et les oeufs et incorporer la farine jusqu'à ce que l'ensemble soit bien mélangé. Puis verser les oignons, les zucchini et le cheddar.

Beurrer un moule rond à pain de 22 cm (9 po) ou le graisser avec le mélange à parties égales d'huile et de lécithine liquide.

Mettre à la cuillère la pâte dans le moule et cuire au four chauffé à 200° C (400° F) environ 30 minutes ou jusqu'à ce qu'un cure-dent piqué au centre en ressorte net et que le dessus soit doré.

Donne 1 pain.

*Peut-être préférez-vous les appeler courgettes.

Pain de maïs à la sauge

Pour faire ce pain de maïs que l'on peut cuire également dans un poêlon de fonte de 22 cm (9 po), il vaut mieux utiliser de la sauge fraîche.

250	ml	(1 tasse) de farine pâtissière de blé entier
180	ml	(¾ tasse) de farine de maïs
8	ml	(1½ c. à thé) de levure (voir page 99)
3	ml	(½ c. à thé) de bicarbonate de soude
30	ml	(2 c. à soupe) de sauge hachée ou
5	ml	(1 c. à thé) de sauge sèche
250	ml	(1 tasse) de babeurre
30	ml	(2 c. à soupe) de miel
2		oeufs
45	ml	(3 c. à soupe) de beurre fondu

Beurrer un moule carré de 20 cm (8 po) ou le graisser avec un mélange à parties égales d'huile et de lécithine liquide.

Dans un grand bol, tamiser la farine de blé et de maïs, la levure et le bicarbonate. Ajouter la sauge.

Dans un petit bol, battre le babeurre, le miel, les oeufs et le beurre jusqu'à ce qu'ils soient bien mélangés.

Incorporer les ingrédients liquides dans les ingrédients secs en battant sans excès juste assez pour que la farine soit humectée.

Verser la pâte dans le moule préparé. Cuire au four chauffé à 220° C (425° F) pendant 25 à 30 minutes ou jusqu'à ce que le dessus soit doré et qu'un cure-dent planté au milieu en ressorte sec.

Donne un pain de maïs.

La citronnelle

La citronnelle est une plante délicate et odorante, traditionnellement reconnue pour calmer les nerfs et favoriser la relaxation. Les Romains utilisaient ses feuilles pour cicatriser les blessures et l'on en fait encore des cataplasmes pour les appliquer sur les ulcères, les tumeurs et les piqûres d'insectes. Les herboristes y voient un adjuvant des troubles féminins, de la fatigue nerveuse, des maux d'estomac et de l'insomnie. L'infusion de citronnelle est sensée soulager les migraines et les symptômes de rhume. Ajoutée à un bain elle est relaxante.

Miche aux carottes et aux abricots

Ce pain est aussi un dessert délicieux.

85	ml	(⅓ tasse) d'abricots secs
375	ml	(1½ tasse) de farine pâtissière de blé entier
15	ml	(1 c. à soupe) de levure (voir page 99)
3	ml	(½ c. à thé) de cannelle en poudre
2	ml	(¼ c. à thé) de muscade râpée
2	ml	(¼ c. à thé) de poudre de gingembre
125	ml	(½ tasse) de son
85	ml	(⅓ tasse) d'huile
85	ml	(⅓ tasse) de miel
125	ml	(½ tasse) de babeurre
2		oeufs
250	ml	(1 tasse) de carottes râpées
1		zeste de citron râpé
60	ml	(¼ tasse) de graines de tournesol
85	ml	(⅓ tasse) de raisins secs dorés

Beurrer un moule à pain de 22 cm sur 12 (9 po sur 5) ou graisser avec un mélange à parties égales d'huile et de lécithine liquide. Laisser en attente.

Si les abricots sont tendres, les hacher à la taille de raisins secs environ. Sinon, mettre les abricots secs dans une petite casserole, couvrir d'eau. Amener à ébullition et laisser cuire 10 minutes à feu moyen ou jusqu'à ce qu'ils soient souples. Enlever l'eau, sécher sur du papier absorbant et hacher à la grosseur des raisins secs. Laisser en attente.

Tamiser ensemble la farine, la levure, la cannelle, la muscade et le gingembre. Incorporer le son.

Dans un grand récipient, battre au fouet l'huile, le miel, le babeurre et les oeufs. Quand tout est bien mélangé, ajouter les carottes, le zeste et les abricots.

Incorporer la farine, les graines de tournesol et les raisins secs. Mélanger jusqu'à ce que toute la farine soit humide. Ne pas battre à l'excès.

Verser dans le moule préparé. Cuire au four à 180° C (350° F) de 40 à 50 minutes ou jusqu'à ce qu'un cure-dent piqué au centre en ressorte propre.

Démouler et laisser refroidir sur une grille.

Donne 1 pain.

Pain aux pommes de terre et à la sarriette

165	ml	(⅔ tasse) d'eau tiède
60	ml	(4 c. à soupe) de levure
45	ml	(3 c. à soupe) de miel
500	ml	(2 tasses) de babeurre tiède
45	ml	(3 c. à soupe) d'huile
165	ml	(⅔ tasse) de purée de pommes de terre
30	ml	(2 c. à soupe) de sarriette hachée ou
10	ml	(2 c. à thé) de sarriette sèche
10	ml	(2 c. à thé) de graines d'aneth
2		gousses d'ail émincées
250	ml	(1 tasse) de farine pâtissière de blé entier
1,2 à 1,4	ml	(5 à 5½ tasses) de farine de blé entier

Dans une tasse mélanger l'eau, la levure et le miel. Laisser en attente 10 minutes pour vérifier la levure qui doit bouillonner.

Dans un grand récipient, bien mélanger le babeurre, l'huile, la purée, la sarriette, l'aneth et l'ail. Incorporer la levure préparée.

Ajouter 250 ml (1 tasse) de farine pâtissière de blé entier, battre vigoureusement puis introduire séparément 500 ml (2 tasses) de farine de blé entier jusqu'à ce que l'ensemble soit bien mélangé.

À la cuillère en bois ajouter assez de farine pour obtenir une pâte souple prête à pétrir.

Verser la pâte sur une surface farinée. La pétrir avec vigueur environ 10 à 15 minutes ou jusqu'à ce qu'elle soit lisse et élastique. N'ajouter que la farine nécessaire pour l'empêcher de coller. La pâte terminée doit rester un peu collante.

La mettre dans un récipient huilé en la tournant pour qu'elle soit bien huilée. Couvrir le récipient et laisser lever dans un endroit tiède jusqu'à ce que le volume ait doublé, environ 40 à 60 minutes.

Aplatir la pâte, la diviser en deux morceaux et donner à chacun la forme d'un pain.

Beurrer 2 moules à pain de 22 cm sur 10 (8½ po sur 4½) ou les couvrir d'un mélange à parties égales d'huile et de lécithine liquide. Y placer les pains. Couvrir légèrement et laisser dans un endroit tiède jusqu'à ce qu'ils aient doublé de volume, environ de 40 à 60 minutes.

Mettre au four chauffé à 190° C (375° F) environ 40 minutes ou jusqu'à ce que les pains émettent un son creux quand on les frappe de la main.

Donne 2 pains.

Pain aux zucchini ou courgettes

375	ml	(1½ tasse) de farine pâtissière de blé entier
5	ml	(1 c. à thé) de bicarbonate de soude
2	ml	(¼ c. à thé) de levure (voir page 99)
8	ml	(1½ c. à thé) de poudre de cannelle
2	ml	(¼ c. à thé) de muscade râpée
85	ml	(⅓ tasse) d'huile
125	ml	(½ tasse) de miel
85	ml	(⅓ tasse) de babeurre
2		oeufs
10	ml	(2 c. à thé) d'extrait de vanille (voir Index)
250	ml	(1 tasse) bien pleine de zucchini bien égouttés et hachés
85	ml	(⅓ tasse) de raisins secs

Beurrer un moule de 22 cm sur 10 (8½ po sur 4½) ou le graisser avec un mélange à parties égales d'huile et de lécithine liquide.

Tamiser ensemble dans un grand récipient la farine, le bicarbonate, la levure, la cannelle et la muscade.

Dans un petit bol, battre l'huile, le miel, le babeurre, les oeufs et la vanille jusqu'à ce que le mélange soit homogène.

Verser dans la farine les éléments liquides. Les mélanger sans battre à l'excès et enfin incorporer les zucchini et les raisins secs.

Verser dans le moule préparé. Mettre au four chauffé à 180° C (350° F) et laisser environ 50 minutes ou jusqu'à ce qu'un cure-dent enfoncé au milieu en ressorte net.

Donne 1 pain.

Pain aux bananes

Ce pain délicieux emprunte au son sa richesse en fibres et aux bananes sa charge en vitamine B6, en potassium et en magnésium.

CONSEIL : *Quand les bananes ne sont pas chères, c'est le moment d'en faire provision pour les écraser et les mettre au congélateur dans des récipients à contenance d'une tasse, ce qui permettra de faire ce pain encore plus vite.*

375	ml	(1½ tasse) de farine pâtissière de blé entier
5	ml	(1 c. à thé) de bicarbonate de soude
5	ml	(1 c. à thé) de poudre de cannelle
1	ml	(⅛ c. à thé) de poudre de clous de girofle
125	ml	(½ tasse) de son
125	ml	(½ tasse) de noix concassées ou de graines de tournesol
250	ml	(1 tasse) de purée de bananes mûres (environ 2 à 3)
1		oeuf
85	ml	(⅓ tasse) d'huile
85	ml	(⅓ tasse) de miel
85	ml	(⅓ tasse) de jus d'orange
10	ml	(2 c. à thé) d'extrait de vanille (voir Index)

Beurrer un moule à pain de 22 cm sur 10 (8½ po sur 4½) ou le graisser avec le mélange à parties égales d'huile et de lécithine liquide.

Dans un grand récipient, tamiser ensemble la farine, le bicarbonate, la cannelle et le girofle. Ajouter le son et les noix ou les graines de tournesol.

Dans un autre bol, battre les bananes, l'oeuf, l'huile, le miel, le jus d'orange et la vanille jusqu'à ce que le mélange soit homogène. Y verser les ingrédients secs. Battre juste pour mélanger.

Verser la pâte dans le moule en attente. Mettre au four à 180° C (350° F) pendant 50 à 60 minutes ou jusqu'à ce qu'une lame plantée au milieu en ressorte nette.

Donne 1 pain.

À bons beurres bonne santé

Je les appelle les bons beurres parce qu'ils évitent certains inconvénients du beurre, en particulier en ce qui concerne les calories, la graisse et le cholestérol. Ainsi le Bon beurre numéro I ne renferme qu'environ la moitié du cholestérol et seulement 80% de la graisse et des calories d'un beurre normal. Le Bon beurre numéro II en présente encore moins. Le chiffre exact de la réduction est fonction du genre de mayonnaise de base que vous utiliserez pour commencer, celle au tofu ayant les quantités les plus faibles, soit environ la moitié des calories, 40% de la graisse et la moitié du cholestérol que présente le beurre normal.

Ces bons beurres se tartinent et s'ajoutent aux pommes de terre au four ou à d'autres mets. Il n'est pas recommandé de les utiliser pour faire revenir les ingrédients ni de les congeler.

Pour les faire, y incorporer n'importe quelle combinaison d'herbes. Le chapitre II sur les beurres aux herbes vous présente beaucoup de suggestions et vous pouvez vous y reporter.

Bon beurre I

125	ml	(½ tasse) de beurre ramolli
60	ml	(¼ tasse) de yaourt
60	ml	(¼ tasse) d'huile

Battre ensemble ces ingrédients.
Donne 250 ml (1 tasse).

Bon beurre II

85	ml	(⅓ tasse) de beurre ramolli
85	ml	(⅓ tasse) de yaourt
85	ml	(⅓ tasse) de mayonnaise de base (voir Index)

Battre ensemble ces ingrédients.
Donne 250 ml (1 tasse).

Beurre à l'ail

On trouve une bonne quantité d'ail dans ce beurre sans pourtant qu'il vous incommode de ses effluves. Si vous en doutez, pensez que l'ail s'assagit s'il est bouilli quelques minutes.

1		tête d'ail non épluchée
125	ml	(½ tasse) de beurre ramolli
30	ml	(2 c. à soupe) de parmesan râpé
30	ml	(2 c. à soupe) de persil haché
10	ml	(2 c. à thé) de jus de citron

Séparer l'ail en gousses, les jeter dans l'eau bouillante 2 ou 3 minutes. Elles s'éplucheront aisément et le parfum en sera atténué. Couper et réduire en purée.

Battre le beurre, l'ail, le parmesan, le persil et le jus de citron jusqu'à ce que le mélange soit homogène.

Servir ce mélange dans un petit plat ou le mettre dans une poche à douilles garnie d'une douille cannelée. Former des rosettes sur une plaque garnie de papier ciré. Réfrigérer pour les durcir, les décoller du papier et les garder dans un contenant hermétiquement fermé.

Donne environ 180 ml (¾ tasse).

Les clous de girofle

Les clous de girofle sont les fleurs en bourgeons puissamment aromatiques d'un arbre à feuilles persistantes originaire des îles Moluques. Leur délicieuse senteur, les a fait utiliser contre les odeurs corporelles et en sachets de poudre odorante.
Traditionnellement considérés comme remède contre les troubles de la digestion, les nausées, les flatuosités, on leur accorde aussi des propriétés antiseptiques et calmantes, efficaces contre les rages de dents.

Chapitre 8

Les entrées végétariennes

Les fèves sont comme vous savez l'objet de mille plaisanteries dont certaines d'un goût douteux, mais si vous vous souciez un brin de votre santé, elles devraient avoir une place de choix dans vos menus. La raison ? Elles ne sont pas chères, elles rassasient et surtout elles sont riches en vitamines, en sels minéraux et en fibres.

Elles présentent un dosage remarquable des nutriments essentiels avec environ 20% de protéines, 65% d'hydrates de carbone, très peu de graisse et pas de trace de cholestérol. Elles sont de plus une bonne source de vitamines du groupe B, de riboflavine, de niacine, de B6 et de sels minéraux les plus importants, calcium et fer. Et, avantage essentiel, une portion de fèves suffit à apporter aux hommes la quantité diététique recommandée de fer et un tiers de cette quantité aux femmes.

On trouve dans les fèves un rapport potassium / sodium idéal pour les diètes qui demandent une forte teneur en potassium et une faible teneur en sodium, comme celles des hypertendus par exemple. Elles sont riches en fibres ce qui est essentiel au bon fonctionnement de l'appareil digestif. Qui plus est, des recherches ont montré que les fibres, tendant à abaisser le cholestérol sanguin, peuvent réduire les risques de maladies cardiaques.

Évidemment, personne n'est parfait et les fèves n'y échappent pas. Leur teneur protéinique est élevée mais cette protéine est incomplète, ce qui veut dire qu'elle ne présente pas l'exacte composition en acides aminés essentiels qu'exige l'organisme humain. Il est facile de remédier à ce manque soit en associant les fèves avec des graines comme le riz, le maïs ou le blé, ce qui complète leur composition protéinique, soit en ajoutant de petites quantités de viande, d'oeufs ou de lait, ce qui améliore la qualité de leur protéine de façon notable.

Voici quelques espèces intéressantes qu'il faudrait utiliser souvent.

- Les fèves beurre, ou fèves de Lima sont des géantes au goût de beurre qui font un excellent plat principal ; les essayer en casserole.

- Les fèves mung de couleur vert olive entrent dans la préparation des purées, soupes et ragoûts. Variété idéale pour la germination.
- Les fèves noires sont d'un noir d'ébène et très bonnes en casserole et en soupe ; exalter leur saveur avec du cumin, de l'ail, des feuilles de laurier et des tomates.
- Les fèves pinto, soit beiges, soit mouchetées entrent dans le populaire chili, les fèves frites et autres plats mexicains.
- Les fèves rouges aimées de tous et servant à tout entrent dans les recettes qui demandent des fèves colorées.
- Les fèves tachetées dont la saveur rappelle celle des pois verts ont une texture onctueuse ; à utiliser comme plat principal.
- Les flageolets sont des fèves blanches de taille moyenne qui sont appréciés cuits au four ou dans les soupes et ragoûts.
- Les pois chiches ont un goût de noisette qui les fait apprécier dans les salades, les trempettes, les soupes et les casseroles.

À l'exception des lentilles et des pois cassés, toutes les fèves sèches doivent tremper avant la cuisson. Mais avant de les recouvrir d'eau, enlever soigneusement les petits cailloux et tout autre voyageur clandestin qui les accompagnent parfois. Jeter les pois décolorés ou très abîmés. Pour ce triage, le plus pratique est de les étaler sur un linge de cuisine propre, de couleur unie de préférence, et d'inspecter tout le lot à la fois. Quand les indésirables sont éliminés, lever les coins du linge, verser les fèves dans une passoire et les rincer rapidement.

Selon le temps dont on dispose, on peut choisir parmi plusieurs méthodes de trempage. La plus simple consiste à mettre les fèves dans un grand bol, à les recouvrir de beaucoup d'eau froide et à les laisser en attente toute la nuit sans les couvrir, à température ambiante.

Si l'on est plus pressé, on peut encore les mettre dans une casserole, les couvrir d'eau et porter l'ensemble à ébullition. Baisser le feu et laisser mijoter deux minutes. Retirer du feu, couvrir et laisser tremper pendant une heure.

Il faut bien en arriver à parler de l'origine de toutes les mauvaises plaisanteries qu'elles suscitent : les fèves donnent des gaz. La raison est que certains des sucres qu'elles contiennent ne sont pas réductibles par la digestion. Par bonheur, ces hydrates de carbone sont solubles dans l'eau et une cuisson convenable peut aider le processus digestif. Laisser les fèves à tremper selon les instructions précédentes et jeter l'eau. Puis dans une autre eau, laisser cuire les fèves pendant une demi-heure et jeter encore cette eau. Enfin, terminer la cuisson dans une troisième eau. À ce moment presque tout le sucre irréductible sera sorti des fèves mais il va sans dire que certains nutriments auront été jetés avec l'eau de cuisson. On peut compenser ces pertes en ajoutant à la fin une cuillère à café de levure de bière par demi-tasse de fèves.

À moins d'entrer dans d'autres plats, les fèves doivent cuire jusqu'à ce qu'elles soient tendres. Comment savoir si la cuisson est achevée ? En soufflant sur quelques pois chauds dans une cuillère. Si la peau éclate, c'est qu'ils sont assez cuits.

Fèves au riz, mode Incas

Ce plat épicé vient d'Amérique du Sud. La présence du riz complète la protéine.

500	ml	(2 tasses) de bouillon
165	ml	(⅔ tasse) de riz brun à grain long non cuit
500	ml	(2 tasses) d'oignons émincés
2		gousses d'ail émincées
1 à 2		poivrons rouges piquants émincés
10	ml	(2 c. à thé) de poudre de cumin
30	ml	(2 c. à soupe) d'huile
500	ml	(2 tasses) de fèves rouges cuites
125	ml	(½ tasse) de jus de tomate (voir Index)
45	ml	(3 c. à soupe) de basilic haché ou
15	ml	(1 c. à soupe) de basilic sec

30	ml	(2 c. à soupe) de persil haché
15	ml	(1 c. à soupe) d'origan haché ou
5	ml	(1 c. à thé) d'origan sec
250	ml	(1 tasse) de yaourt

Dans une casserole moyenne, amener le bouillon et le riz à ébullition. Couvrir et laisser mijoter jusqu'à ce que le riz soit à point et tout le bouillon absorbé, environ 45 à 50 minutes.

À feu bas, dans une grande sauteuse, faire revenir dans l'huile les oignons, l'ail, le poivron et le cumin jusqu'à ce qu'ils soient fondants, environ 10 minutes.

Quand le riz est cuit, le verser dans un plat à four de 2 l, y ajouter les oignons revenus, les fèves, le jus de tomate, le basilic, le persil et l'origan. Couvrir et laisser 30 minutes au four chauffé à 180° C (350° F).

Servir accompagné de yaourt.

Donne 4 portions.

Fèves au riz à la Caraïbe

Les fèves

125	ml	(½ tasse) de fèves adzuki
1		oignon émincé
2		gousses d'ail émincées
15	ml	(1 c. à soupe) d'huile
1		poivron piquant rouge ou vert haché
1		feuille de laurier
180	ml	(¾ tasse) de jus de tomate (voir Index)
180	ml	(¾ tasse) de bouillon

Le riz

500	ml	(2 tasses) de bouillon
165	ml	(⅔ tasse) de riz brun à grain long non cuit

Le montage

60	ml	(¼ tasse) de jus de tomate (voir Index)
58	g	d'un fromage doux en tranches (2 oz)

Préparation des fèves

Dans une grande casserole, verser plusieurs tasses d'eau et porter à ébullition. Ajouter les fèves et laisser bouillir 2 minutes. Couvrir et laisser 30 minutes hors du feu. Passer les fèves et les verser dans un bol.

Dans la même casserole, faire légèrement revenir dans l'huile l'oignon, l'ail jusqu'à ce qu'ils soient fondants. Ne pas laisser l'ail prendre couleur. Ajouter les poivrons, la feuille de laurier, le jus de tomate, le bouillon et les fèves. Couvrir. Laisser mijoter à feu doux 1½ heure ou jusqu'à ce que les fèves soient à point. Ajouter un peu de liquide si nécessaire. Enlever la feuille de laurier.

Préparation du riz

Dans une casserole moyenne, amener le riz et le bouillon à ébullition. Couvrir et laisser cuire à feu doux jusqu'à ce que le riz soit à point et que tout le liquide soit absorbé, environ 50 minutes.

Montage

Mettre le riz dans un plat à four de 2 l (8 tasses). L'arroser de jus de tomate et répartir les fèves à la surface. Couvrir de fromage. Placer sous le gril quelques minutes pour que le fromage fonde.

Donne 4 portions.

Tacos aux lentilles

Les lentilles qui donnent aux tacos une saveur de viande ont l'avantage de fournir moins de graisse et moins de calories.

La garniture

375	ml	(1½ tasse) d'oignons émincés
125	ml	(½ tasse) de céleri émincé
125	ml	(½ tasse) de poivron haché
2		gousses d'ail émincées
30	ml	(2 c. à soupe) d'huile d'olive
60	ml	(¼ tasse) de persil haché
30	ml	(2 c. à soupe) de poudre de chili (voir Index)
3	ml	(½ c. à thé) de poudre de cumin
2	ml	(¼ c. à thé) de poivre de Cayenne (doser au goût)
1		feuille de laurier
500	ml	(2 tasses) de lentilles
250	ml	(1 tasse) de jus de tomate (voir Index)
250	ml	(1 tasse) de tomates coupées
250	ml	(1 tasse) de bouillon
10	ml	(2 c. à thé) de mélasse
10	ml	(2 c. à thé) de sauce tamari
30	ml	(2 c. à soupe) de raisins secs

Le montage

8	tortillas de maïs
	fromage râpé
	laitue en morceaux
	tomates coupées

Préparation de la garniture

Dans une grande sauteuse, faire revenir dans l'huile à feu doux les oignons, le céleri, le poivron et l'ail jusqu'à ce que les oignons soient fondants. Ajouter le reste des ingrédients et laisser mijoter 1 heure. Découvrir et laisser cuire en brassant souvent jusqu'à épaississement du mélange.

Montage

Mettre les tortillas au four chauffé à 180° C (350° F) pendant 5 à 8 minutes ou jusqu'à ce qu'elles soient croustillantes. Remplir de lentilles, de fromage, de laitue et de tomates.

Donne 4 portions.

Chili con... légumes

Pour ce chili sans viande, j'utilise les fèves adzuki. Plus petites que les fèves rouges, elles cuisent plus vite.

125	ml	(1 tasse) de fèves adzuki
30	ml	(2 c. à soupe) d'huile
500	ml	(2 tasses) d'oignons finement émincés
500	ml	(2 tasses) de céleri en dés
500	ml	(2 tasses) de carottes en dés
4		gousses d'ail émincées
1		poivron en dés
15	ml	(1 c. à soupe) de poudre de chili (voir Index)
30	ml	(2 c. à soupe) de farine de blé entier
375	ml	(1½ tasse) de bouillon
1	l	(4 tasses) de tomates écrasées
750	ml	(3 tasses) de riz brun cuit chaud (voir les conseils de cuisson, page 226)

Dans une casserole faire bouillir 1 l (4 tasses) d'eau et y mettre les fèves. Couvrir, enlever du feu et laisser 30 minutes en atttente. Passer et laisser de côté.

Chauffer l'huile dans une grande marmite, à feu entre moyen et doux. Ajouter les oignons, le céleri, les carottes, l'ail et le poivron. Faire revenir de 5 à 10 minutes ou jusqu'à ce que les oignons et les poivrons soient fondants.

Incorporer la poudre de chili et la farine. Ajouter le bouillon, les tomates et les fèves. Couvrir et laisser mijoter 30 minutes. Puis découvrir et laisser encore 30 minutes ou jusqu'à ce que les légumes et les fèves soient à point et le liquide épaissi.

Servir sur le riz brun chaud.

Donne de 4 à 6 portions.

Les falafel

Favori du Moyen-Orient ce genre de sandwich est rempli de pois chiches et de bulgur avec une sauce relevée.

Les falafel

125	ml	(½ tasse) de pois chiches trempés une nuit
85	ml	(⅓ tasse) de bouillon
85	ml	(⅓ tasse) de bulgur non cuit
22	ml	(1½ c. à soupe) de beurre
1		pincée de poudre de cannelle
3		gousses d'ail émincées
85	ml	(⅓ tasse) de bouillon
23	ml	(4½ c. à thé) de farine pâtissière de blé entier
1		petit poivron piquant sec moulu
3	ml	(½ c. à thé) de poudre de cumin
30	ml	(2 c. à soupe) de feuilles de coriandre hachées
30	ml	(2 c. à soupe) de tahini (pâte de graines de sésame)
15	ml	(1 c. à soupe) de jus de citron
125	ml	(½ tasse) de chapelure de blé entier

Le montage

1		oeuf
15	ml	(1 c. à soupe) d'eau
250 à 375	ml	(1 à 1½ tasse) de chapelure de blé entier
15 à 30	ml	(1 à 2 c. à soupe) de beurre
15 à 30	ml	(1 à 2 c. à soupe) d'huile
4 à 6		pains pita, coupés en deux tomates hachées
250	ml	(1 tasse) de yaourt
1	ml	(⅛ c. à thé) de poivre de Cayenne germes de luzerne

Préparation des falafel

Faire bouillir 1 l (4 tasses) d'eau dans une grande casserole. Ajouter les pois chiches trempés, couvrir et laisser à feu moyen 1 à 1½ heure ou jusqu'à ce qu'ils soient à point. Passer. Les réduire en purée à la moulinette ou au mixer.

Dans une petite casserole, faire bouillir 85 ml (⅓ tasse) de bouillon et y incorporer le bulgur. Couvrir, enlever du feu et laisser 20 minutes en attente. Quand le liquide est absorbé, aérer la masse avec deux fourchettes.

Dans une petite casserole, chauffer le beurre à petit feu jusqu'à ce qu'il écume. Incorporer la cannelle et l'ail et cuire l'ail en brassant sans arrêt pour l'empêcher de prendre couleur.

Chauffer 85 ml (⅓ tasse) de bouillon dans une petite casserole.

Incorporer la farine dans le beurre préparé. Cuire 2 minutes en brassant sans arrêt et ajouter d'un seul coup le bouillon chauffé. Battre au fouet pour mélanger les ingrédients. Faire cuire tout en brassant jusqu'à ce que la sauce bouille et devienne très épaisse. Incorporer le poivron et le cumin.

Dans un grand bol, bien mélanger en les battant la purée de pois chiches, le bulgur, la sauce, la coriandre, le tahini, le jus de citron et la chapelure. Laisser au moins 1 heure au réfrigérateur.

Montage

Avec la préparation de falafel, former de petits pâtés d'environ 1 cm (½ po) d'épaisseur et de 5 cm (2 po) de diamètre.

Dans un plat creux, battre légèrement l'oeuf et l'eau. Y tremper les pâtés et les passer ensuite dans la chapelure pour les napper parfaitement.

Chauffer 15 ml (1 c. à soupe) de beurre et 15 ml (1 c. à soupe) d'huile dans une grande poêle à feu moyen. Ajouter les pâtés de falafel et les faire dorer des deux côtés. Ajouter de l'huile et du beurre si nécessaire.

Servir les pâtés dans les poches de pain pita chaud en ajoutant des tomates et le yaourt mélangé de poivre de Cayenne et de luzerne.

Donne 4 portions.

Confection des crêpes

Les crêpes de blé entier présentées ici sont d'une légèreté et d'une délicatesse étonnantes et rivalisent avec n'importe quelle crêpe faite avec de la farine blanche. La fabrication des crêpes est devenue très populaire ces dernières années mais elle s'entoure encore cependant de quelque mystère et les crêpes restent intimidantes même pour ceux qui les font sauter d'un geste adroit. Pourtant leur confection est simple et avec un peu de pratique tout le monde peut la maîtriser en suivant les conseils suivants.

- S'assurer que la farine de blé entier est moulue très finement. On peut employer soit la farine tout-usage soit de la farine pâtissière. Toutefois les crêpes légères faites de farine pâtissière posent parfois des problèmes aux novices.
- Mélanger la pâte à la main, au batteur ou au mixer. Le batteur me paraît préférable. Il suffit d'y verser les ingrédients et de laisser tourner l'appareil jusqu'à ce qu'ils soient de consistance homogène en arrêtant une ou deux fois pour faire redescendre en le râclant ce qui colle aux parois du récipient.
- Couvrir la pâte et la réfrigérer au moins une heure avant l'emploi, ce qui permet à la farine de gonfler et d'absorber tout le liquide et aux bulles d'air qui y seraient enfermées de s'échapper. Si la pâte a été mélangée à la main, la tamiser avant l'emploi pour s'assurer qu'elle est tout à fait lisse.
- La pâte refroidie doit avoir la consistance d'une crème épaisse. Si elle est trop épaisse, l'allonger avec un peu de lait ou d'eau. Si elle est trop claire, y incorporer un peu de farine et la laisser reposer de nouveau.
- La pâte épaissit naturellement durant la période de confection, surtout quand on arrive au fond du bol. L'éclaircir si nécessaire avec de l'eau ou du lait.
- Utiliser une poêle de 15 à 20 cm (6 à 8 po) de diamètre. Une poêle spéciale n'est pas indispensable mais l'idéal est une poêle en fonte à crêpes ou à omelettes bien préparée. J'ai eu pourtant d'excellents résultats avec les poêles en fonte à fond d'aluminium antiadhésif bien huilées.
- La température de la poêle est l'élément crucial. Si elle est trop élevée, vos crêpes seront brûlées et frisées, si elle est trop faible, vous aurez des crêpes dures. Vérifier en jetant quelques gouttes d'eau dans la poêle. Si elles disparaissent immédiatement, la poêle est trop chaude. Si elles s'évaporent, elle ne l'est pas assez. C'est la bonne température si elles disparaissent après une petite valse au fond de la poêle.
- Graisser la poêle pour les premières crêpes pour qu'elles n'attachent pas. Imprégner d'huile une serviette en papier (ou d'un mélange d'huile et de lécithine) et en frotter la poêle chaude. Si la poêle est bien préparée, le beurre des crêpes suffira à les empêcher de coller après ces quelques graissages du début.
- Si en cuisant les crêpes collent, bouchonner de nouveau avec le papier huilé. Si les points qui brûlent ne disparaissent pas, mettre un peu de sel dans la poêle, les frotter avec une serviette en papier, et enlever le sel avec une autre serviette propre puis graisser la poêle avec le papier huilé.
- La première crêpe sert d'échantillon qu'il faut s'attendre à jeter. Verser une petite quantité de pâte dans la poêle. Si elle grésille, fait de petites bulles à la surface et prend vite couleur, c'est le moment de continuer.
- À l'aide d'une petite louche, verser à peine la valeur d'un quart de tasse de pâte pour chaque crêpe et incliner rapidement la poêle dans tous les sens pour que la pâte nappe le fond. S'il y en a trop, la renverser dans le grand bol.
- Cuire la crêpe une minute ou deux ou jusqu'à ce que l'endroit soit sec et l'envers doré. Puis décoller les bords à la spatule et la faire sauter. Laisser l'envers brunir environ une demi-minute.
- Placer la crêpe terminée sur un carré de papier ciré, couvrir avec un autre et séparer

ainsi les crêpes pour qu'elles ne collent pas.

- Si les crêpes ne sont pas utilisées aussitôt, les envelopper dans du papier d'aluminium ou dans une pellicule de plastique et les laisser au réfrigérateur où elles se conservent plusieurs jours.
- Pour une longue conservation, les congeler. Prévoir la quantité nécessaire à un repas, en faire un paquet (8 est une bonne quantité en général) avec de l'aluminium, et le mettre dans un sac à congélation avec une étiquette portant la date.
- Les laisser décongeler au moins 15 minutes avant de les séparer.
- Les crêpes toutes garnies peuvent aussi être réfrigérées, prêtes à enfourner. Si celles que vous préférez ont une garniture qui coule, les passer au four avant de les congeler.

Préparation de la poêle

Une poêle adéquate est essentielle au succès des crêpes, des omelettes et des frittatas. Pas de problème si vous avez une poêle antiadhésive. Sinon il faut apprêter la poêle pour assurer la réussite.

- Astiquer la poêle avec un tampon métalli-que et du savon. Bien rincer.
- Sécher la poêle puis la chauffer jusqu'à ce qu'elle soit trop chaude au toucher. L'enlever du feu.
- La frotter méthodiquement sur toute sa surface avec une serviette en papier imprégnée d'huile.
- Laisser en attente toute la nuit.
- La remettre alors sur le feu et la frotter avec du papier absorbant pour enlever l'huile.
- La poêle est prête. Chaque fois qu'elle sera utilisée, veiller à y mettre un peu de beurre.
- Si cette poêle est réservée aux crêpes, aux omelettes et aux frittatas, il suffit pour la nettoyer de l'essuyer et de la rincer à l'eau tiède. Il convient cependant avant de la ranger de bien la sécher à feu doux et de l'enduire d'un peu d'huile. Avant de la réutiliser, la chauffer quelques instants et enlever l'huile avec un papier.
- Si malgré cela, les aliments attachent, essayer de frotter l'endroit avec du sel et du papier. Si cela suffit, il ne reste qu'à l'essuyer avant l'emploi. Mais si cet endroit doit être récuré, il faut reprendre toute la préparation de la poêle.

Crêpes de blé entier

165	ml	(⅔ tasse) de lait
3		oeufs
30	ml	(2 c. à soupe) de beurre fondu
85	ml	(⅓ tasse) de farine de blé entier

Mettre au mixer dans l'ordre : le lait, les oeufs, le beurre et la farine. Laisser tourner l'appareil jusqu'à obtention d'un mélange homogène en s'arrêtant à plusieurs reprises pour râcler les parois du bol.

Laisser la pâte reposer 1 heure avant l'emploi. La battre avant de l'utiliser.

Huiler une poêle ou une crêpière de 20 cm (8 po) ou de 15 cm (6 po). Chauffer jusqu'à ce que des gouttelettes d'eau jetées dedans dansent sur sa surface.

Verser rapidement quelque 15 ml (1 c. à soupe) de pâte et incliner la poêle pour napper le fond de façon uniforme.

Laisser cuire à feu moyen 1 ou 2 minutes jusqu'à ce que l'envers soit d'un beau brun et que l'endroit ait l'air sec. Puis la retourner et cuire l'autre côté environ 30 secondes.

Empiler les crêpes en les séparant par un papier ciré.

Donne environ 14 crêpes de 16 cm (6½ po).

Crêpes pesto

La farce

180	ml	(¾ tasse) de basilic haché
60	ml	(¼ tasse) de persil haché
60	ml	(¼ tasse) de parmesan râpé
30	ml	(2 c. à soupe) de pignons
30	ml	(2 c. à soupe) d'huile d'olive
250	ml	(1 tasse) de ricotta
1		oeuf
60	ml	(¼ tasse) de chapelure de pain de blé entier

La sauce

250	ml	(1 tasse) de lait
30	ml	(2 c. à soupe) de beurre
30	ml	(2 c. à soupe) de farine pâtissière de blé entier
60	ml	(¼ tasse) de parmesan râpé un soupçon de muscade

Le montage

8 crêpes de blé entier (voir recette précédente).

Confection de la farce

Dans un batteur ou un mixer incorporer le basilic, le persil, le parmesan, les pignons et l'huile d'olive jusqu'à formation d'une pâte épaisse. Ajouter le ricotta, l'oeuf et la chapelure et battre jusqu'à obtention d'un mélange homogène.

Préparation de la sauce

Chauffer le lait. Dans une petite casserole faire fondre le beurre, y incorporer la farine et faire cuire en brassant sans arrêt jusqu'à épaississement puis ébullition. Enlever du feu et mettre le parmesan et la muscade.

Montage

Mettre 45 ml (3 c. à soupe) de la farce sur le bord de chaque crêpe et la rouler sur elle-même. Disposer les crêpes, fermeture en haut, dans un plat à four beurré de 22 cm sur 33 (9 po sur 13).

Couvrir avec la sauce et laisser 30 minutes au four chauffé à 180° C (350° F).

Crêpes arc-en-ciel

Ces crêpes m'ont été inspirées par une recette que j'ai vu exécuter à l'école de cuisine de LaVarenne à Paris. Les crêpes gratte-ciel avaient été prévues pour la démonstration mais lorsque le chef jeta un coup d'oeil sur le programme qui avait été préparé un mois à l'avance, il pensa qu'il valait mieux présenter les crêpes arc-en-ciel. C'est pourquoi il choisit des farces de diverses couleurs pour les étager entre les nombreuses couches de ce gratte-ciel de crêpes.

Il s'agit bien d'un arc-en-ciel. La couche de carottes est orange, celle d'épinards vert vif et le chou rouge ajoute son pourpre éclatant. Si vous préférez une teinte plus classique, remplacer le chou rouge par du chou vert moins avant-gardiste. Je crois qu'il faudrait alors intervertir l'ordre des couleurs en commençant en bas par les épinards pour continuer par les carottes et enfin le chou.

Les crêpes de blé entier et les légumes apportent leur richesse en fibres et en vitamines diverses. Si vous n'avez pas peur des calories, la crème sure (ou la crème cottage qui en contient moins) remplacera le ricotta dans la sauce.

La sauce

1		oeuf
30	ml	(2 c. à soupe) de jus de citron
250	ml	(1 tasse) de ricotta
60	ml	(¼ tasse) de yaourt
15	ml	(1 c. à soupe) d'huile d'olive
60	ml	(¼ tasse) de persil haché
15	ml	(1 c. à soupe) d'aneth haché ou
5	ml	(1 c. à thé) d'aneth sec
15	ml	(1 c. à soupe) de feuilles de thym ou
5	ml	(1 c. à thé) de thym sec
1		échalote hachée

La base

2		gros oignons émincés
15	ml	(1 c. à soupe) de beurre
60	ml	(¼ tasse) de bouillon
3		gousses d'ail émincées

La couche de carottes

2		carottes finement râpées
15	ml	(1 c. à soupe) de beurre
60	ml	(¼ tasse) de bouillon
30	ml	(2 c. à soupe) de sauce tomate (voir
		Index)
15	ml	(1 c. à soupe) de feuilles de thym ou
5	ml	(1 c. à thé) de thym sec

La couche d'épinards

450	g	(1 livre) d'épinards
250	ml	(1 tasse) de champignons hachés
15	ml	(1 c. à soupe) de beurre
		un soupçon de muscade

La couche de chou

½		chou rouge moyen, finement râpé
15	ml	(1 c. à soupe) de beurre
60	ml	(¼ tasse) de bouillon
15	ml	(1 c. à soupe) d'aneth haché ou
5	ml	(1 c. à thé) d'aneth sec

Le montage

12 crêpes de blé entier de 15 cm (6 po).

Préparation de la sauce

Passer 10 secondes au mixer l'oeuf et le jus de citron. Ajouter le ricotta et le yaourt et laisser tourner jusqu'à ce que l'ensemble soit lisse en faisant de fréquents arrêts pour racler les côtés de la jatte. Ajouter l'huile d'olive. Arrêter quand le mélange est fait.

Mettre de côté 60 ml (¼ tasse) de sauce qui sera utilisée pour les couches d'épinards et de chou.

Incorporer le persil, l'aneth, le thym et l'échalote dans le reste de la sauce.

Réfrigérer.

Préparation de la base

Mettre dans une grande poêle les oignons, le beurre, le bouillon et l'ail, couvrir et cuire jusqu'à ce que les oignons soient fondants. Enlever le couvercle et laisser cuire jusqu'à évaporation du liquide, en brassant souvent pour empêcher les oignons d'attacher. Verser dans un bol et laisser en attente.

La coriandre

Le nom de coriandre vient du mot grec qui désigne la punaise. Il évoque l'odeur assez désagréable que dégage cette plante verte. Les graines de coriandre ont été utilisées en cuisine et en médecine depuis des temps immémoriaux. Les Chinois pensaient que la coriandre conférait l'immortalité et leur médecine traditionnelle croit encore en ses vertus pour traiter les maux d'estomac, les nausées et la rougeole. Les herboristes la prescrivent pour soulager les troubles gastro-intestinaux et en pommade pour calmer les douleurs articulaires.

Préparation de la couche de carottes

Mettre dans une grande sauteuse les carottes, le beurre et le bouillon, couvrir et cuire jusqu'à évaporation du liquide. Incorporer ⅓ du mélange de base à l'oignon, la sauce tomate et le thym. Verser dans un bol et laisser en attente.

Préparation de la couche d'épinards

Laver les épinards à grande eau froide et cuire jusqu'à ce qu'ils soient tendres dans une grande marmite sans autre eau que celle qui est retenue dans les feuilles après lavage. Verser dans une passoire pour enlever l'eau et les refroidir. Quand ils sont maniables, les presser pour exprimer l'excès d'eau et les hacher finement. Laisser en attente.

Dans une grande sauteuse faire revenir les champignons dans du beurre jusqu'à ce qu'ils soient fondants et que le liquide ait disparu. Enlever du feu et incorporer les épinards, la muscade, ⅓ du mélange de la base à l'oignon et la moitié de la sauce au ricotta réservée. Laisser en attente.

Préparation de la couche de chou

Cuire sans couvrir et à petit feu dans une grande sauteuse le chou, le beurre et le bouillon. Retirer lorsque le chou est à point et le liquide évaporé. Incorporer le dernier tiers du mélange de la base à l'oignon, l'autre moitié de la sauce au ricotta et l'aneth mise en réserve.

Montage

Beurrer un plat à soufflé d'environ 15 cm (6 po) de diamètre, découper et disposer bien beurré un rond de papier ciré de la grandeur du fond.

Couvrir le fond avec une crêpe, côté tacheté en haut. Tapisser les côtés du plat avec quatre crêpes débordant l'une sur l'autre en veillant à ce qu'il n'y ait aucun vide au fond. Aux intersections des premières couches, disposer encore quatre crêpes.

Distribuer à la cuillère la préparation à la carotte dans le plat. Couvrir avec une crêpe.

Distribuer à la cuillère la préparation aux épinards dans le plat. Couvrir avec une crêpe.

Enfin, distribuer à la cuillère la préparation au chou et replier les crêpes dessus.

Couvrir cette couche avec une dernière crêpe puis recouvrir le plat avec un morceau de papier ciré enduit de beurre et surmonté d'une feuille d'aluminium.

Mettre 30 minutes au four chauffé à 200° C (400° F). Enlever du four et laisser en attente 15 minutes.

Passer un couteau autour des bords du plat pour dégager les crêpes. Démouler sur un plat de service.

Donne 4 portions.

Crêpes aux épinards

La farce

450	g	(1 livre) d'épinards
250	ml	(1 tasse) de ricotta
125	ml	(½ tasse) de parmesan râpé
1		oeuf
5	ml	(1 c. à thé) de basilic haché ou
2	ml	(¼ c. à thé) de basilic sec
2	ml	(¼ c. à thé) de muscade râpée

La sauce

165	ml	(⅔ tasse) d'oignons émincés
165	ml	(⅔ tasse) de champignons en fines lamelles
15	ml	(1 c. à soupe) de beurre
250	ml	(1 tasse) de lait
30	ml	(2 c. à soupe) de beurre
30	ml	(2 c. à soupe) de farine pâtissière de blé entier
60	ml	(¼ tasse) de parmesan râpé
1		soupçon de muscade

Le montage

8 crêpes de blé entier (voir page 127).

Préparation de la farce

Laver les épinards à grande eau froide et les cuire dans une grande marmite sans autre eau que celle qui est retenue dans les feuilles après lavage. Verser dans une passoire pour enlever l'eau et les refroidir. Quand ils sont maniables, les presser pour extraire l'excès d'eau. Les hacher fin soit à la main soit au mixer.

Mélanger les épinards, le ricotta, le parmesan, l'oeuf, le basilic, la muscade et laisser en attente.

Préparation de la sauce

À feu moyen, dans une casserole de 2 l (8 tasses), cuire dans 15 ml (1 c. à soupe) de beurre les oignons et les champignons jusqu'à ce qu'ils soient fondants et que tout le liquide soit évaporé. Verser dans un petit bol.

Chauffer le lait dans une petite casserole.

Dans la casserole où ont cuit les oignons et les champignons, faire fondre 30 ml (2 c. à soupe) de beurre, ajouter la farine et battre 2 minutes. Ajouter le lait chaud d'un seul coup et battre énergiquement pour mélanger. À feu moyen cuire la sauce en brassant sans arrêt jusqu'à épaississement et ébullition. Enlever du feu.

Incorporer les oignons et les champignons dans la sauce et enfin le parmesan et la muscade.

Montage

Placer une cuillère débordante de cette garniture sur le bord de chaque crêpe et la rouler sur elle-même en cigare.

Beurrer un plat à four de 22 cm sur 33 (9 po sur 13), y disposer les crêpes, fermeture en bas. Napper avec la sauce.

Laisser 30 minutes au four chauffé à 180° C (350° F).

Donne 4 portions.

Le cresson

Le cresson, au goût poivré, entre depuis longtemps dans la composition des salades. Il est riche en fer et en vitamines C. On prétend qu'il dégage les sinus et combat l'anémie. Pilées et appliquées en compresses sur la peau, ses feuilles atténuent, croiton, les taches et les boutons.

Crêpes mouchetées à la sauge

Il vaut mieux faire cette farce mouchetée de vert avec de la sauge fraîche.

La farce

250 ml	(1 tasse) de ricotta
125 ml	(½ tasse) de mozzarella en grains
1	oeuf
45 ml	(3 c. à soupe) de sauge hachée ou
5 ml	(1 c. à thé) de sauge sèche

La sauce

250 ml	(1 tasse) de champignons tranchés en lamelles
15 ml	(1 c. à soupe) de beurre
30 ml	(2 c. à soupe) de fécule de maïs
30 ml	(2 c. à soupe) d'eau froide
250 ml	(1 tasse) de bouillon
5 ml	(1 c. à thé) de sauce tamari

Le montage

8 crêpes de blé entier (voir page 127).

Préparation de la farce

Battre ou passer au mixer le ricotta, le mozzarella, l'oeuf et la sauge.

Préparation de la sauce

Dans une petite poêle faire revenir les champignons dans le beurre jusqu'à ce qu'ils soient fondants.

Dans une petite casserole, dissoudre la fécule dans l'eau. Incorporer le bouillon et la sauce tamari.

Cuire à feu moyen en brassant sans arrêt jusqu'à ce que la sauce s'éclaircisse et épaississe. Porter à ébullition. Enlever du feu et incorporer les champignons.

Montage

Placer une cuillère débordante de cette garniture sur le bord de chaque crêpe et la rouler sur elle-même en cigare.

Beurrer un plat à four de 22 cm sur 33 (9 po sur 13), y disposer les crêpes, fermeture en bas. Napper avec la sauce.

Laisser 30 minutes dans un four chauffé à 180° C (350° F).

Donne 4 portions.

Les pâtes alimentaires de blé entier

Les pâtes de blé entier, comme le pain complet, ont un avantage nutritionnel certain par rapport à leurs homologues à la farine blanche du fait que le son et le germe de blé y subsistent avec leurs fibres, leurs vitamines et leurs sels minéraux. Malgré cela, bien des gens les dédaignent pour avoir connu avec ce genre de pâtes des expériences désagréables. Ils les ont goûtées et les ont trouvées aussi dures et insipides que du carton ou encore ils n'ont pas réussi à les faire. Les recettes suivantes éliminent, je crois, ces deux inconvénients.

Il y a deux secrets pour faire des pâtes de blé entier qui soient légères et souples. Le premier est d'ajouter davantage d'huile à la pâte pour l'assouplir et la rendre plus maniable. Le second est de les faire aussi fines que possible. Je règle la machine au degré le plus fin.

S'il est vrai que pour faire des nouilles il n'est pas indispensable d'avoir une machine, vous trouverez qu'elle facilite la tâche. Les rouler à la main prend plus de temps et d'énergie mais avec un peu de patience tout le monde y parvient.

Il faudrait couvrir la pâte et la laisser reposer un moment avant de la couper et faire sécher un peu les morceaux roulés avant de les couper. Ils doivent prendre la texture d'un cuir souple sans devenir cassants car il serait difficile de les couper. Après qu'elles sont coupées, les nouilles peuvent être cuites aussitôt, ou conservées sans limite de temps.

Si elles doivent être servies au prochain repas, les fariner, les former en écheveaux et les mettre sur un linge. Puis les recouvrir d'un autre linge.

Les pâtes fraîches cuisent bien plus vite que les pâtes sèches ou que celles que l'on achète dans le commerce. Pour les cuire, porter à ébullition une grande casserole d'eau et ajouter une cuillère à soupe d'huile pour empêcher les pâtes de coller. Jeter les nouilles et brasser une ou deux fois avec une fourchette de bois pour empêcher qu'elles ne restent au fond et y adhèrent.

Les cuire *al dente,* c'est-à-dire jusqu'à ce qu'elles soient souples mais assez fermes pour résister un peu sous la dent. Éviter de trop les cuire. Surveiller la marmite et commencer à goûter les nouilles fraîches dès la première ou la deuxième minute d'ébullition.

Les sortir de l'eau de cuisson avec une fourchette en bois pour qu'elles ne collent pas. Si une passoire est utilisée de préférence, verser doucement pour qu'elles restent séparées.

Toujours faire cuire les pâtes juste avant l'utilisation. Si un délai inévitable empêche de les servir aussitôt, elles peuvent attendre un peu. Pour cela les passer dans un peu de beurre ou d'huile, couvrir le récipient avec du papier d'aluminium et les mettre dans un four chaud. Inutile d'essayer de dépasser 30 minutes d'attente.

Le cumin

Le cumin est une plante très ancienne qui provient d'Égypte. Il est aujourd'hui plus apprécié pour sa saveur aromatique que pour ses vertus médicinales. Il était censé calmer les flatulences et la migraine due à l'indigestion. On employait ses graines en cataplasmes pour soulager la douleur.

Nouilles de blé entier

250	ml	(1 tasse) de farine de blé entier
2		gros oeufs
30	ml	(2 c. à soupe) d'huile d'olive

Verser la farine dans un bol et faire un creux au milieu.

Battre à part dans une tasse les oeufs et l'huile. Verser le mélange dans le creux.

À la fourchette ou avec les doigts, commencer à incorporer les oeufs dans la farine. Continuer jusqu'à formation d'une pâte souple.

Verser la pâte sur une surface légèrement farinée et, si c'est nécessaire, ajouter un peu de farine pour que la pâte soit prête à pétrir. Pétrir jusqu'à consistance lisse et satinée environ 5 minutes. Enfermer la pâte dans un sac de plastique et laisser reposer 10 minutes.

Fabrication à la main

Diviser la pâte en tiers et les travailler un par un en laissant les autres enveloppés de plastique.

Sur une table ou un grand comptoir étaler un drap ou une nappe et fariner légèrement. Rouler la pâte pour former un grand cercle assez mince pour que les fils du tissu transparaissent.

Puis mettre chaque cercle à sécher sur un manche à balai suspendu entre deux chaises de 20 à 30 minutes ou jusqu'à ce que la pâte ait pris la consistance d'un cuir souple.

Rouler chaque morceau pour former un gros cylindre et avec un couteau aiguisé couper des nouilles de la largeur voulue.

Dérouler les nouilles et les fariner. Les cuire sans délai ou les laisser sécher tout à fait.

Fabrication à la machine

Couper la pâte en deux et travailler les morceaux un par un, en gardant l'autre enveloppé dans du plastique.

Fariner la pâte et l'aplatir légèrement. Régler les rouleaux de la machine au plus épais et faire repasser la pâte plusieurs fois. Replier la pâte en trois et la fariner légèrement entre les passages.

Diminuer l'épaisseur d'un cran et faire passer la pâte. Si elle a la moindre tendance à coller, la fariner légèrement. Continuer à faire passer la pâte dans la machine en diminuant l'épaisseur d'un cran à chaque passage.

Quand elle devient trop longue, la couper en deux. Continuer à la faire rouler jusqu'au dernier cran.

Mettre les bandes de pâte à sécher soit en les étalant sur une toile farinée soit en les suspendant à un séchoir spécial ou à un manche à balai suspendu entre deux chaises. Laisser sécher de 20 à 30 minutes ou jusqu'à ce que la pâte ait pris la consistance d'un cuir souple.

À l'aide des lames de la machine, couper la pâte en nouilles de la largeur voulue. Les fariner légèrement. Les cuire sans délai ou les laisser sécher tout à fait.

Cuisson

Dans une très grande marmite verser environ 6 l (24 tasses) d'eau, porter à ébullition et ajouter à l'eau une cuillère à soupe d'huile. Jeter les pâtes et les cuire très peu de temps jusqu'à ce qu'elles soient *al dente* (c'est-à-dire à peine souples et résistantes sous la dent). Égoutter avec soin.

Donne environ 225 g (8 oz)
soit 4 portions.

Nouilles aux herbes et aux graines de pavot

375	ml	(1½ tasse) de champignons tranchés en fines lamelles
125	ml	(½ tasse) d'échalotes émincées
60	ml	(¼ tasse) de bouillon
15	ml	(1 c. à soupe) de beurre
15	ml	(1 c. à soupe) de graines de pavot
225	g	(8 oz) de nouilles de blé entier (voir page 134)
375	ml	(1½ tasse) de fromage cottage
60	ml	(¼ tasse) de parmesan râpé
45	ml	(3 c. à soupe) de persil haché yaourt (facultatif)

Dans une grande sauteuse mettre les champignons, l'échalote, le bouillon et le beurre. Couvrir et cuire à feu doux jusqu'à ce que les légumes soient fondants. Puis découvrir et cuire à feu moyen jusqu'à évaporation du liquide en brassant souvent pour que rien n'attache. Ajouter les graines de pavot et laisser une minute de plus pour exhaler l'arôme.

Cuire les nouilles al dente dans une grande marmite d'eau bouillante. Égoutter.

Mélanger les nouilles avec les champignons préparés, le fromage cottage, le parmesan et le persil. Peut se servir avec du yaourt.

Donne 4 portions.

Nouilles soba aux champignons

Elles sont japonaises et ont l'air de spaghetti bruns car elles sont faites de sarrazin. Le sarrazin a l'air d'une céréale, mais en réalité c'est un fruit. Il n'a ni germe ni son et son grain ne comprend qu'une enveloppe et son noyau. Ce noyau est la partie comestible. Le sarrazin a une remarquable valeur nutritionnelle. Sa teneur en protéines est supérieure à celle des céréales et il est riche aussi en vitamine B6, en riboflavine, en thiamine, en fer et en potassium.

Il se trouve dans le commerce sous le nom de kasha, qui est formé des noyaux rôtis, entiers ou moulus plus ou moins fin. La farine de sarrazin est soit blanche soit foncée. Les grandes épiceries, les boutiques de produits naturels et beaucoup de marchés orientaux offrent les nouilles soba.

CONSEIL: *La marjolaine fraîche en relève la saveur.*

1		oignon finement émincé
225	g	(½ livre) de champignons taillés en fines lamelles
1		gousse d'ail émincée
60	ml	(¼ tasse) de bouillon
15	ml	(1 c. à soupe) de jus de citron
500	ml	(2 tasses) de lait
30	ml	(2 c. à soupe) de beurre
30	ml	(2 c. à soupe) de fécule
10	ml	(2 c. à thé) de sauce tamari
225	g	(8 oz) de nouilles soba
15	ml	(1 c. à soupe) de marjolaine hachée ou
5	ml	(1 c. à thé) de marjolaine sèche
15	ml	(1 c. à soupe) de ciboulette hachée
15	ml	(1 c. à soupe) d'aneth haché ou
5	ml	(1 c. à thé) d'aneth sec
30	ml	(2 c. à soupe) de parseman râpé

Dans une grande sauteuse, mettre l'oignon, les champignons, l'ail, le bouillon et le jus de citron. Laisser cuire jusqu'à ce que les oignons soient fondants et tout le liquide évaporé en brassant souvent. Ne pas laisser l'ail et l'oignon prendre couleur.

Chauffer le lait dans une petite casserole.

Dans une casserole moyenne fondre le beurre et incorporer la fécule jusqu'à ce que le mélange soit lisse. Incorporer lentement le lait chaud sans cesser de battre au fouet. Sans arrêter de brasser, porter à ébullition et laisser cuire 2 minutes. Ajouter la sauce tamari et les champignons cuits.

Dans une grande marmite, faire bouillir quelques litres d'eau. Y jeter les nouilles et les laisser cuire jusqu'à ce qu'elles soient souples, environ 6 à 8 minutes. Les égoutter et incorporer la sauce aux champignons. Parsemer de marjolaine, de ciboulette, d'aneth et de parseman.

Donne 4 portions.

Coquilles fourrées aux épinards

La farce

450	g	(1 livre) d'épinards
1		oeuf
85	ml	(⅓ tasse) de céleri émincé
85	ml	(⅓ tasse) d'échalotes émincées
165	ml	(⅔ tasse) de champignons taillés en lamelles
30	ml	(2 c. à soupe) de beurre
500	ml	(2 tasses) de ricotta
125	ml	(½ tasse) de parmesan râpé
1	ml	(⅛ de c. à thé) de muscade râpée

Le montage

225	g	(½ livre) 20 pâtes à farcir, géantes
500	ml	(2 tasses) de sauce marinara (voir page 139)

Préparation de la farce

Laver les épinards à grande eau froide. Les cuire dans une grande marmite sans autre eau que celle qui reste dans les feuilles après lavage. Les retirer dès qu'ils sont fanés, les verser dans une passoire pour les égoutter et les refroidir. Quand ils sont maniables, exprimer l'eau qui reste. Mettre dans un mixer les épinards et l'oeuf et laisser tourner jusqu'à ce que les épinards soient hachés finement. Verser dans un grand bol.

À feu moyen faire revenir au beurre dans une petite poêle le céleri, l'échalote et les champignons jusqu'à évaporation du liquide. Brasser souvent pour éviter qu'ils attachent.

Dans le bol d'épinards ajouter le mélange champignons, céleri, échalote, puis le ricotta, le parseman et la muscade. Bien mélanger.

Montage

Cuire les pâtes *al dente* dans une très grande marmite d'eau bouillante suivant les instructions qui figurent sur le paquet. Laisser égoutter et refroidir sur du papier absorbant.

Quand les pâtes sont maniables répartir la farce à raison de 22 ml (1½ c. à soupe) par coquille.

Beurrer légèrement un plat à four de 17 cm sur 27 (7 po sur 11). Étaler environ 125 ml (½ tasse) de sauce sur le fond. Ranger les coquilles, la farce en haut. Napper avec le reste de sauce.

Couvrir légèrement et mettre dans un four chauffé à 180° C (350° F) pendant 30 minutes. Enlever le couvercle et laisser cuire encore 10 minutes.

Donne 4 portions.

Coquilles à la courge (courgeron)

500	ml	(2 tasses) de purée de courge jaune
125	ml	(½ tasse) de parseman râpé
30	ml	(2 c. à soupe) de persil haché
3	ml	(½ c. à thé) de muscade râpée
225	g	(½ livre) 20 coquilles géantes à farcir
500	ml	(2 tasses) de sauce marinara (voir page 139)
60	ml	(¼ tasse) de parmesan râpé

Mélanger la courge, 125 ml (½ tasse) de parmesan, le persil et la muscade.

Cuire les pâtes *al dente* dans une grande marmite d'eau bouillante en suivant les instructions qui figurent sur le paquet. Les disposer sur du papier absorbant pour qu'elles refroidissent assez pour être maniables.

Beurrer légèrement un plat à four de 17 cm sur 27 (7 po sur 11). Étaler environ 125 ml (½ tasse) de sauce sur le fond. Remplir chaque coquille avec environ 22 ml (1½ c. à soupe) de farce. Napper avec le reste de la sauce. Parsemer 60 ml (¼ tasse) de parmesan.

Couvrir légèrement le plat et laisser 15 minutes au four chauffé à 180° C (350° F). Découvrir et cuire encore 10 minutes.

Donne 4 portions.

L'estragon

Le nom d'estragon dérive d'un mot latin qui signifie un petit dragon. La tradition lui attribue le pouvoir de guérir les morsures et les piqûres de bêtes venimeuses. Ses feuilles, d'ailleurs peu utilisées en médecine, soulageraient un estomac surmené et feraient retrouver l'appétit.

Sauce pesto

Favorite des Italiens depuis longtemps, elle s'est fait apprécier ici ces dernières années. On la sert sur des nouilles chaudes ou froides. Elle garnit les tomates cerises présentées en hors-d'oeuvre et les sandwiches à la tomate.

La sauce Pesto se conserve bien, au réfrigérateur, si on la couvre d'un centimètre d'huile d'olive. S'assurer que le récipient est propre au-dessus de l'huile pour éviter la moisissure.

Pour une longue conservation, elle se congèle dans de petits récipients individuels qui doivent être décongelés avant l'usage à moins d'être jetés dans une soupe, un ragoût ou une sauce en train de cuire.

250	ml	(1 tasse) très pleine de feuilles de basilic
125	ml	(½ tasse) très pleine de feuilles de persil
125	ml	(½ tasse) de parmesan râpé
60	ml	(¼ tasse) de pignons
4		gousses d'ail émincées
60	ml	(¼ tasse) d'huile d'olive vierge

Passer au batteur ou au mixer le basilic, le persil, le parmesan, les pignons et l'ail jusqu'à ce qu'ils soient hachés fin. Pendant que l'appareil tourne, incorporer lentement l'huile d'olive. Râcler les parois de la jatte si nécessaire. Laisser tourner jusqu'à ce que les ingrédients finement hachés forment une sauce épaisse.

Donne environ 250 ml (1 tasse).

Sauce tomate

30	ml	(2 c. à soupe) d'huile d'olive
165	ml	(⅔ tasse) d'oignons émincés
165	ml	(⅔ tasse) de carottes râpées
125	ml	(½ tasse) de céleri en dés
30	ml	(2 c. à soupe) de farine de blé entier
2		gousses d'ail émincées
1,5	l	(6 tasses) de tomates hachées
500	ml	(2 tasses) de bouillon
85	ml	(⅓ tasse) de persil haché
60	ml	(¼ tasse) de basilic haché ou
15	ml	(1 c. à soupe) de basilic sec
30	ml	(2 c. à soupe) de thym haché ou
10	ml	(2 c. à thé) de thym sec
15	ml	(1 c. à soupe) de sauce tamari
15	ml	(1 c. à soupe) de fenouil haché
1		feuille de laurier
2	ml	(¼ c. à thé) de miel
30	ml	(2 c. à soupe) de pâte de tomates (facultatif)
60	ml	(¼ tasse) de parmesan râpé

Dans une grande marmite, chauffer l'huile à feu moyen. Ajouter les oignons, les carottes, le céleri et brasser sans arrêt jusqu'à ce que les oignons soient fondants. Ajouter la farine et l'ail et brasser.

Ajouter ensuite les tomates, le bouillon, le persil, le basilic, le thym, le tamari, le fenouil, la feuille de laurier et le miel. Couvrir et cuire à feu doux jusqu'à ce que les tomates amollies aient rendu leur jus. Découvrir et en brassant souvent laisser au feu environ 1½ heure.

Passer la sauce à la moulinette et la reverser dans la marmite. Incorporer la pâte de tomates pour colorer et le parmesan. Continuer la cuisson à feu doux en brassant souvent jusqu'à ce que la sauce atteigne la consistance voulue.

Enlever le laurier avant de servir.

Donne environ 750 ml (3 tasses) de sauce épaisse.

Sauce Marinara

60	ml	(¼ tasse) d'huile d'olive
750	ml	(2½ tasses) d'oignons finement émincés
2		gousses d'ail émincées
1	l	(4 tasses) de tomates en purée
500	ml	(2 tasses) de bouillon
1		feuille de laurier
60	ml	(¼ tasse) de persil haché
30	ml	(2 c. à soupe) de basilic haché ou
10	ml	(2 c. à thé) de basilic sec
15	ml	(1 c. à soupe) de sauge hachée ou
3	ml	(½ c. à thé) de sauge sèche
10	ml	(2 c. à thé) de marjolaine hachée ou
3	ml	(½ c. à thé) de marjolaine sèche
5	ml	(1 c. à thé) d'origan haché ou
2	ml	(¼ c. à thé) d'origan sec
15	ml	(1 c. à soupe) de sauce tamari

Chauffer l'huile dans une grande casserole. Faire revenir les oignons à feu moyen jusqu'à ce qu'ils soient fondants, brasser souvent. Ne pas laisser les oignons prendre couleur.

Ajouter l'ail et brasser 1 minute. Puis incorporer les tomates, le bouillon, le laurier, le persil, le basilic, la sauge, la marjolaine, l'origan et le tamari. Porter à ébullition. Cuire à feu moyen environ 40 minutes ou jusqu'à épaississement en brassant souvent pour que la sauce n'attache pas et dès qu'elle épaissit, baisser le feu.

Enlever la feuille de laurier.

Donne environ 750 ml (3 tasses).

Le fenouil

Le fenouil a joui longtemps de la réputation de vaincre à la fois le mal et l'obésité. Sensé couper l'appétit on y voyait une plante de choix dans les régimes amaigrissants et au cours des jeûnes où il apaisait la faim. Aujourd'hui, la médecine par les herbes l'utilise contre les coliques et les crampes abdominales. En sédatif, il calme les quintes de toux, en gargarisme les maux de gorge. C'est aussi un des remèdes traditionnels contre l'irritation et la fatigue oculaires.

Croûte à tarte à la farine de blé entier

Cette recette donne une excellente pâte à tarte tout-usage à la farine de blé entier. Utiliser les restes de pâte pour faire les croisillons sur une tarte de 22 cm (9 po). Si vous utilisez un moule de 20 cm (8 po) la pâte suffira pour faire le fond et la croûte supérieure.

Bien qu'il y ait autant de bonnes façons de rouler la pâte à tarte que de bonnes cuisinières, j'ai trouvé la mienne après bien des essais et des échecs. Elle convient très bien à la farine de blé entier qui a tendance à faire plus de manières que la farine blanche.

Après avoir essayé de la rouler directement sur le comptoir, j'ai essayé de la rouler entre 2 feuilles de papier ciré. La pâte collait toujours quelque part et je n'ai jamais pu éviter que le papier fasse froncer mes croûtes. J'ai donc été ravie de constater que la bonne vieille méthode avec la toile à pâtisserie marchait très bien et plus encore de trouver que tout tissu serré (à l'exception du tissu éponge) convient très bien.

Préparer la toile en la frottant avec une poignée de farine pour empêcher la pâte de coller et de se charger de farine durant le roulage. Je peux ainsi étaler au rouleau la pâte dans tous les sens trois ou quatre fois avant de la retourner. Le tissu m'aide à retourner la pâte fragile sans la déchirer.

325	ml	(1⅓ tasse) de farine pâtissière de blé entier
90	ml	(6 c. à soupe) de beurre froid
		eau glacée

Mettre la farine dans un grand bol. Couper dedans le beurre à l'aide de deux couteaux ou d'un mélangeur à pâtisserie et travailler pour obtenir un mélange grossier.

Asperger la farine d'eau glacée, une cuillerée à la fois. À l'aide de deux fourchettes, remuer la farine pour l'humecter en veillant à n'ajouter que le liquide nécessaire pour mouiller toute la farine.

Mettre la pâte dans du plastique et laisser au réfrigérateur au moins 30 minutes.

Puis étaler la pâte pour qu'elle ait environ 0,3 cm (⅛ po) d'épaisseur et 38 cm de diamètre (15 po).

Foncer un moule de 22 cm (9 po) sans étirer la pâte. Enlever l'excédent en laissant tout autour une retombée de 2,5 cm (1 po). La replier et la gaufrer à la main ou à la fourchette. Piquer le fond avec une fourchette.

Cuisson de la croûte : couvrir la pâte d'une feuille d'aluminium à la mesure du moule en pressant bien. Pour la retenir déposer des poids à pâte ou encore du riz ou des haricots secs réservés à cet usage. Papier et poids empêcheront la pâte de boursoufler à la cuisson.

Cuire dans un four chauffé à 200° C (400° F) pendant 15 minutes ou jusqu'à ce que les bords paraissent assez fermes pour se tenir sans l'aide du papier ni des poids. Enlever le papier.

Remettre au four encore 5 à 7 minutes ou jusqu'à ce que la croûte soit légèrement brunie et tout à fait cuite.

Refroidir sur une grille avant de garnir.

Donne 1 croûte à tarte de 22 cm (9 po).

Quiche aux panais et aux champignons

Les panais sont riches en potassium et pauvres en sodium. Outre cette proportion enviable, ils présentent une belle quantité de vitamines du groupe B et de calcium. Malgré leur vague mystère, ils ont une douceur agréable et une chair qui rappelle à la fois celle de la carotte et de la patate douce.

250	ml	(1 tasse) de panais râpés
250	ml	(1 tasse) de champignons en lamelles
1		oignon en rondelles
15	ml	(1 c. à soupe) de beurre
60	ml	(¼ tasse) de bouillon
4		oeufs
250	ml	(1 tasse) de lait
85	ml	(⅓ tasse) de parmesan râpé

30 ml (2 c. à soupe) d'aneth haché ou
10 ml (2 c. à thé) d'aneth sec
30 ml (2 c. à soupe) de persil haché
1 croûte à tarte à la farine de blé entier de 22 cm (9 pouces) (voir recette précédente)

Mélanger les panais, les champignons, l'oignon, le beurre et le bouillon dans une grande sauteuse. Couvrir et laisser à feu doux jusqu'à ce qu'ils soient fondants. Découvrir et continuer la cuisson jusqu'à évaporation de l'eau en brassant pour que rien n'attache.

Battre les oeufs et le lait jusqu'à ce que le mélange soit lisse. Verser le parmesan, l'aneth et le persil.

Étaler la garniture de légumes dans la croûte et verser par-dessus les oeufs battus.

Mettre l'ensemble sur une tôle à pâtisserie. Laisser au four chauffé à 180° C (350° F) pendant 40 à 45 minutes ou jusqu'à ce qu'une lame de couteau plongée au milieu en ressorte nette.

Donne 4 portions.

Quiche au brocoli

250 ml (1 tasse) de brocoli haché
250 ml (1 tasse) de champignons taillés en fines lamelles
1 gros oignon en rondelles
60 ml (¼ tasse) de bouillon
15 ml (1 c. à soupe) de beurre
3 oeufs
250 ml (1 tasse) de lait
125 ml (½ tasse) de fromage râpé
30 ml (2 c. à soupe) de persil haché
30 ml (2 c. à soupe) d'aneth haché ou
10 ml (2 c. à thé) d'aneth sec
1 croûte de blé entier de 22 cm (9 po) précuite (voir page 140)

Dans une grande sauteuse, mélanger les brocoli, les champignons, l'oignon, le bouillon et le beurre. Couvrir et laisser à feu doux jus-qu'à ce que les légumes soient fondants. Découvrir, augmenter le feu et laisser le liquide s'évaporer en brassant fréquemment.

Battre les oeufs et le lait pour obtenir un mélange homogène. Y ajouter le fromage, le persil et l'aneth.

Étaler la farce dans la croûte et verser par-dessus les oeufs battus.

Mettre au four chauffé à 180° C (350° F) pendant 30 ou 40 minutes ou jusqu'à ce que la quiche soit gonflée et dorée. Le vérifier en plongeant au centre un couteau qui doit en ressortir net.

Donne 4 portions.

Quiche au chou

Il est prouvé que le chou ainsi que d'autres membres de sa famille luttent contre le cancer du colon. Le chou pauvre en sodium est riche en vitamines C et K.

1 gros oignon tranché en fines rondelles
500 ml (2 tasses) de chou haché fin
15 ml (1 c. à soupe) de beurre
60 ml (¼ tasse) de bouillon
5 ml (1 c. à thé) de sauce tamari
3 oeufs
250 ml (1 tasse) de lait
10 ml (2 c. à thé) de marjolaine hachée ou
5 ml (1 c. à thé) de marjolaine sèche
125 ml (½ tasse) de cheddar râpé
1 croûte de blé entier de 22 cm (9 po) déjà cuite (voir page 140)

Dans une grande sauteuse mélanger l'oignon, le chou, le beurre, le bouillon et la sauce tamari. Couvrir et laisser à feu moyen jusqu'à ce que le chou et les oignons soient fondants. Découvrir et laisser évaporer le liquide en brassant pour qu'ils n'attachent pas.

Battre les oeufs et le lait jusqu'à ce que le mélange soit lisse. Mettre la marjolaine et le fromage et ajouter le chou.

Verser la préparation dans la croûte à tarte et laisser au four chauffé à 180° C (350° F) pendant 40 à 50 minutes ou jusqu'à ce qu'une lame de couteau plongée au centre en ressorte nette.

Donne 4 portions.

Quiche aux poivrons rouges

Ce plat offre un tableau d'une beauté saisissante. Les lanières de poivrons rouges disposées dessus rappellent la disposition d'une tarte aux pommes française ou les pétales d'une grande fleur épanouie.

3		gros poivrons rouges
3		oeufs
180	ml	(¾ tasse) de ricotta
180	ml	(¾ tasse) de lait
58	g	(2 oz) de feta émietté
60	ml	(¼ tasse) de basilic haché ou
15	ml	(1 c. à soupe) de basilic sec
30	ml	(2 c. à soupe) de ciboulette hachée
5	ml	(1 c. à thé) de moutarde sèche
1		croûte à tarte de blé complet de 22 cm (9 po) précuite (voir page 140)
15	ml	(1 c. à soupe) de beurre fondu

Faire griller les poivrons, placés à environ 15 cm (6 po) de la source de chaleur jusqu'à ce qu'ils soient noirs de tous les côtés. Les mettre dans un sac de plastique ou de papier. Bien fermer le sac et laisser en attente 10 minutes pour que la vapeur décolle les peaux. Quand ils sont maniables, enlever les peaux, les pépins et l'intérieur. Découper la chair en lanières d'environ 1 cm (½ po) et laisser en attente.

Au batteur ou au mixer, mélanger jusqu'à obtention d'un mélange homogène les oeufs, le ricotta, le lait, le fromage feta, le basilic, la ciboulette et la moutarde.

Verser dans une croûte à tarte, mettre sur une plaque à pâtisserie et laisser au four chauffé à 190° C (375° F) pendant 40 à 45 minutes ou jusqu'à ce qu'une lame de couteau

plantée au milieu ressorte nette. Ne pas trop cuire.

Sortir la quiche du four et le régler à 220° C (425° F).

Entre-temps, disposer les lanières de poivrons de manière à reproduire le dessin d'une tarte aux pommes française. Commencer par le bord extérieur de la quiche, retrousser les lanières en demi-cercle et les placer côte à côte tout autour de la quiche. Commencer le second tour en empiétant un peu sur le premier. Continuer jusqu'à ce que toute la surface de la quiche soit garnie, une lanière refermée en cercle étant placée au centre. Badigeonner de beurre fondu.

Remettre la quiche au four pendant 5 minutes pour chauffer les poivrons.

Donne 4 portions.

Tarte végétarienne au ricotta

La couche de chou

15	ml	(1 c. à soupe) de beurre
750	ml	(3 tasses) de chou haché fin
30	ml	(2 c. à soupe) d'aneth haché ou
10	ml	(2 c. à thé) d'aneth sec

La couche de champignons

15	ml	(1 c. à soupe) de beurre
1		gros oignon tranché en rondelles fines
375	ml	(1½ tasse) de champignons en fines lamelles
15	ml	(1 c. à soupe) d'estragon haché ou
5	ml	(1 c. à thé) d'estragon sec
15	ml	(1 c. à soupe) de basilic haché ou
5	ml	(1 c. à thé) de basilic sec

La couche de fromage

125	ml	(½ tasse) de crème sure ou de crème cottage (voir Index)
85	ml	(⅓ tasse) de ricotta
1		oeuf
30	ml	(2 c. à soupe) de parmesan râpé

Le montage

1	croûte à tarte de blé entier de 22 cm (9 po) précuite (voir page 140)
2	oeufs durs en tranches fines
30 ml	(2 c. à soupe) de parmesan râpé

Préparation de la couche de chou

Chauffer le beurre dans une grande sauteuse jusqu'à ce qu'il écume. Faire revenir le chou et l'aneth à feu moyen jusqu'à ce que le chou soit fondant, en évitant de trop cuire. Verser dans un bol.

Préparation de la couche de champignons

Dans la même sauteuse, ajouter du beurre et chauffer jusqu'à ce qu'il écume. Ajouter l'oignon, les champignons, l'estragon et le basilic et faire revenir jusqu'à ce que les oignons et les champignons soient fondants. Laisser cuire jusqu'à évaporation du liquide.

Préparation de la couche de fromage

Dans un bol ou dans un mixer mélanger jusqu'à obtention d'un mélange lisse et homogène la crème sure ou la crème cottage, le ricotta, l'oeuf et le parmesan.

Montage

Étaler le chou dans la croûte. Couvrir avec les tranches d'oeuf et les champignons. Verser la préparation au fromage par-dessus. Parsemer de parmesan.

Laisser au four chauffé à 180° C (350° F) pendant 30 minutes ou jusqu'à ce que le dessus soit bien pris et d'un brun doré.

Donne 4 portions.

Le géranium

La médecine par les plantes emploie le géranium pour traiter la diarrhée et les hémorragies. Et pour les blessures externes, il agit comme hémostatique pour arrêter le sang. Elle le prescrit en gargarisme et l'utilise contre les hémorroïdes. Selon des recherches récentes l'extrait de géranium abaisserait la tension artérielle.

Quiche aux carottes

3		carottes coupées en fines lanières
1		gros oignon en rondelles minces
5	ml	(1 c. à thé) de beurre
45	ml	(3 c. à soupe) de bouillon
4		oeufs
250	ml	(1 tasse) de lait
85	ml	(⅓ tasse) de cheddar râpé
1		croûte à tarte de blé entier de 22 cm (9 po) précuite (voir page 140)

Mettre dans une poêle les carottes, l'oignon, le beurre et le bouillon. Couvrir. Laisser à feu doux jusqu'à ce qu'ils soient fondants. Découvrir et laisser évaporer le liquide en brassant fréquemment.

Battre en un mélange homogène les oeufs et le lait. Ajouter le cheddar.

Étaler les légumes préparés dans la croûte et verser par-dessus le mélange d'oeufs.

Placer sur une tôle à pâtisserie. Mettre au four chauffé à 180° C (350° F) et laisser 30 à 40 minutes ou jusqu'à ce que la lame d'un couteau plantée au milieu en ressorte nette. Ne pas trop cuire.

Donne 4 portions.

Tarte aux épinards et au ricotta

Belle à voir, facile à faire, riche en fibres, cette tarte est revêtue d'une robe simple et légère aux germes de blé.

30	ml	(2 c. à soupe) de germes de blé
450	g	(1 livre) d'épinards
1		gros oignon émincé
60	ml	(¼ tasse) de bouillon
250	ml	(1 tasse) de champignons en lamelles
15	ml	(1 c. à soupe) de jus de citron
3		gousses d'ail émincées
3		oeufs
375	ml	(1½ tasse) de ricotta
30	ml	(2 c. à soupe) d'aneth haché ou
5	ml	(1 c. à thé) d'aneth sec
30	ml	(2 c. à soupe) de persil haché
30	ml	(2 c. à soupe) de chapelure de blé entier
30	ml	(2 c. à soupe) de parmesan râpé
8	ml	(1½ c. à thé) de menthe hachée ou
3	ml	(½ c. à thé) de menthe sèche

Beurrer un moule à tarte de 22 cm (9 po) et le tapisser de germes de blé. Laisser en attente.

Laver les épinards à grande eau froide. Mettre dans une grande marmite et cuire sans autre eau que celle qui reste dans les feuilles après lavage. Retirer du feu dès que les épinards sont fondants, verser dans un tamis ou une passoire pour les refroidir et les égoutter. Quand ils sont maniables, exprimer à fond toute l'eau et laisser en attente.

Dans une grande sauteuse couverte, cuire les oignons dans le bouillon jusqu'à ce qu'ils soient fondants. Puis découvrir, ajouter les champignons, le jus de citron et l'ail et cuire jusqu'à ce que les champignons soient tendres. Augmenter le feu et laisser réduire en brassant sans arrêter jusqu'à évaporation totale du liquide. Laisser en attente.

Mettre dans la jatte du mixer les oeufs, le ricotta, l'aneth, le persil, la chapelure, le parmesan, la menthe et les épinards. Laisser tourner jusqu'à ce que le mélange soit lisse en arrêtant souvent pour râcler les côtés de la jatte. Ajouter les champignons et le mélange à l'oignon.

Verser le mélange dans le moule garni. Poser sur une plaque à pâtisserie et mettre au four chauffé à 180°C (350°F). Laisser 45 à 50 minutes ou jusqu'à ce que la tarte monte. Une lame introduite au milieu doit en ressortir nette.

Donne 4 portions.

Quiche aux carottes et aux asperges

À servir quand vous n'avez pas le temps de faire une croûte car elle n'en a pas besoin.

2		carottes moyennes
1		gros oignon tranché en fines rondelles
15	ml	(1 c. à soupe) de beurre
60	ml	(¼ tasse) de bouillon
225	g	(½ livre) d'asperges à peine cuites
125	ml	(½ tasse) de cheddar râpé
4		oeufs
5	ml	(1 c. à thé) d'estragon haché ou
2	ml	(¼ c. à thé) d'estragon sec
15	ml	(1 c. à soupe) de beurre fondu
125	ml	(½ tasse) de chapelure de pain de blé entier

Couper les carottes format julienne (allumettes de 0,3 cm sur 0,3 longues de 5 cm (⅛ po sur ⅛, 2 po de longueur). Les mettre dans une grande poêle en même temps que l'oignon, 15 ml (1 c. à soupe) de beurre et le bouillon. Couvrir et laisser à feu doux jusqu'à ce que les légumes soient attendris. Découvrir et faire réduire jusqu'à évaporation du liquide. Brasser pour éviter de brûler.

Beurrer un moule à tarte de 22 cm (9 po) et ajouter les carottes et la préparation avec l'oignon.

Couper les asperges en tronçons de 2,5 cm (1 po) et les éparpiller sur les carottes. Parsemer de cheddar.

Battre les oeufs dans un petit bol jusqu'à ce qu'ils soient bien mélangés, ajouter l'estragon et verser cet appareil sur les asperges.

Dans un bol, tourner la chapelure dans le beurre fondu et l'éparpiller sur les oeufs.

Cuire dans un four chauffé à 180° C (350° F) pendant 35 minutes ou jusqu'à ce que les oeufs soient pris et gonflés. Se sert tiède.

Donne 4 portions.

Quiche à l'oignon et à la tomate

250	ml	(1 tasse) d'oignons émincés
1		gousse d'ail émincée
15	ml	(1 c. à soupe) d'huile d'olive
15	ml	(1 c. à soupe) de beurre
375	ml	(1½ tasse) de tomates hachées
45	ml	(3 c. à soupe) de persil haché
30	ml	(2 c. à soupe) de basilic haché ou
5	ml	(1 c. à thé) de basilic sec
4		oeufs
250	ml	(1 tasse) de lait
125	ml	(½ tasse) de fromage râpé
1		croûte à tarte de blé entier de 22 cm (9 po) précuite (voir page 140)
30	ml	(2 c. à soupe) de parmesan râpé

Dans une grande poêle, à feu moyen, faire revenir dans le beurre et l'huile l'ail et les oignons jusqu'à ce qu'ils soient fondants.

Ajouter tomates, persil, basilic et couvrir. Cuire à feu moyen jusqu'à ce que les tomates soient molles et aient rendu tout leur jus.

Enlever le couvercle et, en brassant souvent, laisser au feu jusqu'à évaporation du liquide. Ne pas laisser les tomates attacher. Laisser refroidir 5 minutes.

Dans un grand bol, battre jusqu'à ce que le mélange soit homogène. Ajouter 125 ml (½ tasse) de fromage et la préparation à la tomate.

Parsemer la croûte de parmesan et y verser la préparation.

Laisser 40 minutes au four chauffé à 180°C (375°F) ou jusqu'à ce que la quiche soit montée et dorée et qu'une lame plantée au milieu en ressorte nette.

Donne 4 portions.

Quiche au fromage et à l'aneth

J'aime cette quiche où presque tout se fait au mixer. D'où économie d'efforts et de nettoyage. Le ricotta battu avec du lait a un goût de crème sure, avec la graisse et les calories en moins. On peut remplacer l'aneth par d'autres herbes dans cette recette tout-usage.

Surveiller la quiche après 30 minutes au four et la sortir dès qu'une lame plongée au milieu en ressorte nette. L'excès de cuisson lui enlève sa texture crémeuse.

3		oeufs
180	ml	(¾ tasse) de ricotta
180	ml	(¾ tasse) de lait
45	ml	(3 c. à soupe) d'aneth haché ou
10	ml	(2 c. à thé) d'aneth sec
30	ml	(2 c. à soupe) de ciboulette hachée
5	ml	(1 c. à thé) de poudre de curry (voir Index)
1		soupçon de muscade
85	g	(3 oz) de gruyère suisse ou d'emmenthal râpé
30	ml	(2 c. à soupe) de parmesan râpé
1		croûte à tarte de blé entier de 22 cm (9 po) précuite (voir page 140)

Dans un batteur ou un mixer, mélanger les oeufs, le ricotta, le lait, l'aneth, la ciboulette, le curry, la muscade. Lorsque le mélange est homogène, ajouter le gruyère ou l'emmenthal et le parmesan.

Verser dans la croûte. Placer la quiche sur une tôle et cuire dans un four chauffé à 180°C (375°F) pendant 30 à 40 minutes ou jusqu'à ce qu'une lame glissée au milieu en ressorte nette.

Donne 4 portions.

Les omelettes françaises

Faire une omelette française est toujours une bonne idée. Vite faites, et faciles à faire, elles ne reviennent pas cher. Avec quelque entraînement, presque tout le monde peut réussir une omelette parfaite pour un repas rapide — déjeuner, dîner ou souper.

Bien que les méthodes pour réussir l'omelette idéale soient fort nombreuses, voici celle que je préfère[1]. Elle se décompose en deux temps. Oui, un peu comme se taper sur la tête tout en se frottant l'estomac, mais en moins difficile à apprendre. J'y reviendrai.

La première préoccupation est la poêle à omelettes. Bien qu'on puisse utiliser la première venue, y compris la poêle antiadhésive, la meilleure est une crêpière ou une poêle à bord évasé de 15 à 17 cm (6 à 6½ po) de diamètre de fond. Ce genre de poêle est facile à préparer pour que l'omelette ne colle pas, elle supporte la haute température nécessaire pour saisir les oeufs et, par sa taille et sa forme, convient tout à fait pour l'omelette individuelle. Il est à conseiller de réserver une poêle uniquement aux omelettes, aux frittatas — ces omelettes italiennes — et aux crêpes. J'ai constaté que si je m'en sers pour autre chose elle colle et il faut reprendre toute la préparation. C'est pourquoi, à mon avis, si elle doit cuire, il vaut mieux faire la farce dans une autre poêle. On gagnera du temps si l'on fait plusieurs omelettes puisque la farce que peut contenir la poêle à omelette ne suffirait pas.

La cuisson de l'omelette est très rapide, comme la friture chinoise. Il faut préparer à l'avance tous les ingrédients.

- Avoir la farce hachée ou cuite près du fourneau.
- Avoir sous la main les oeufs battus dans un bol.
- Avoir la poêle à la température appropriée.

---

1. C'est celle que préconisent Mesdames Child, Bertholle et Beck dans le premier volume de *Mastering the Art of French Cooking* paru chez Alfred A. Knopf en 1966.

- Ce n'est qu'alors qu'il faut chauffer le beurre et verser les oeufs dans la poêle.

Remarque. Les recettes qui suivent prévoient une portion. Si les convives sont plus nombreux, augmenter la farce qui sera faite en une seule fois. Bien prendre la précaution de battre les oeufs et l'eau séparément pour chaque omelette.

Les instructions

- Chauffer la poêle à feu moyen jusqu'à ce qu'une goutte d'eau jetée dedans valse à la surface. Mettre 5 ml (1 c. à thé) de beurre dans la poêle chaude et la pencher pour que le beurre enduise le fond de façon uniforme.
- Verser les oeufs d'un seul coup sans y toucher pendant 10 secondes.
- Prendre la queue de la poêle, pouce appuyé sur le dessus et commencer tout de suite à incliner la poêle dans tous les sens sans qu'elle quitte le feu.
- En même temps, de la main gauche, avec une fourchette dont les dents sont parallèles au fond de la poêle, remuer la couche d'oeufs supérieure en veillant à ne pas toucher à la couche du fond qui est prise. C'est ainsi que le milieu reste onctueux alors que le fond se dore. Ne pas arrêter le mouvement de la poêle pendant que l'on s'occupe des oeufs avec la fourchette.
- Au bout d'une minute environ, tout l'oeuf sera pratiquement pris et crémeux. Si la farce est abondante, c'est le moment de l'étaler sur une moitié de l'omelette, replier l'autre moitié par-dessus et mettre l'omelette sur le plat de service.
- Si la garniture est très légère, herbes hachées ou fromage râpé par exemple, la répartir de façon égale sur toute la surface et plier l'omelette à l'aide d'une fourchette. Comme précédemment, faire glisser l'omelette sur le plat de service.
- À servir sans délai.

Omelette aux carottes et au curry

La farce

1		petit oignon
½		carotte
60	ml	(¼ tasse) de chou haché
15	ml	(1 c. à soupe) de bouillon
8	ml	(1½ c. à thé) de ciboulette hachée
5	ml	(1 c. à thé) de beurre
2	ml	(¼ c. à thé) de marjolaine hachée ou
1		pincée de marjolaine sèche
2	ml	(¼ c. à thé) de poudre de curry (voir Index)
15	ml	(1 c. à soupe) de cheddar râpé émietté

L'omelette

2		oeufs
15	ml	(1 c. à soupe) d'eau
5	ml	(1 c. à thé) de beurre (pour la poêle)

Préparation de la farce

Trancher l'oignon en fines rondelles. Couper les carottes format julienne en allumettes d'environ 0,3 cm par 0,3 et 5 cm de long (⅛ po sur ⅛, 2 po de longueur).

Mélanger l'oignon, la carotte, le chou, le bouillon, la ciboulette, le beurre, la marjolaine et le curry dans une petite poêle. Couvrir. Cuire jusqu'à ce que les carottes soient attendries. Découvrir et laisser évaporer le reste du liquide, sans laisser brûler les carottes. Parsemer de cheddar.

Confection de l'omelette

Battre les oeufs et l'eau à la fourchette, environ 20 coups. Se conformer aux instructions précédentes.

Quand les oeufs sont pris, étaler sur la moitié de l'omelette les ⅔ de la farce, la plier en deux et servir le reste des légumes comme garniture.

Donne 1 portion.

Omelette aux carottes et à l'aneth

La farce

½   grosse carotte
1   échalote
15 ml (1 c. à soupe) de bouillon
5   ml (1 c. à thé) de beurre
15 ml (1 c. à soupe) d'aneth haché ou
5   ml (1 c. à thé) d'aneth sec

L'omelette

2   oeufs
15 ml (1 c. à soupe) d'eau
5   ml (1 c. à thé) de beurre pour la poêle
15 ml (1 c. à soupe) de gruyère ou d'emmenthal râpé

Préparation de la farce

Couper les carottes et l'échalote format julienne en allumettes de 0,3 cm sur 0,3 et 5 cm de long (⅛ po sur ⅛, 2 po de longueur). Mettre les légumes avec le bouillon et le beurre dans une petite casserole. Couvrir et cuire à feu doux jusqu'à ce qu'ils soient attendris. Découvrir et laisser évaporer le reste du liquide sans laisser les légumes brûler. Ajouter l'aneth.

Confection de l'omelette

Battre les oeufs et l'eau à la fourchette, environ 20 coups. Se conformer aux instructions précédentes (page 147).

Quand les oeufs sont pris, étaler sur la moitié de l'omelette environ les deux tiers des légumes et tout le fromage. La plier en deux et servir le reste des légumes comme garniture.

Donne 1 portion.

Omelette suisse aux herbes

La farce

3   ml (½ c. à thé) d'origan haché ou
2   ml (¼ c. à thé) d'origan sec
3   ml (½ c. à thé) de marjolaine hachée ou
2   ml (¼ c. à thé) de marjolaine sèche
15 ml (1 c. à soupe) de ciboulette hachée
30 ml (2 c. à soupe) de fromage suisse râpé

L'omelette

2   oeufs
15 ml (1 c. à soupe) d'eau
5   ml (1 c. à thé) de beurre pour la poêle

Préparation de la farce

Si la marjolaine et l'origan sont frais, les mélanger avec la ciboulette et le fromage dans une petite tasse et laisser en attente.

Si la marjolaine et l'origan sont secs, les ajouter aux oeufs avant la cuisson. Dans une tasse mélanger à part la ciboulette et le fromage suisse et laisser en attente.

Confection de l'omelette

Battre les oeufs et l'eau à la fourchette, 20 coups environ. Se conformer aux instructions précédentes (page 147).

Quand les oeufs sont pris, répartir la farce dessus. Plier l'omelette en deux ou la rouler.

Donne 1 portion.

Omelette à l'estragon et à la ciboulette

La farce

3   ml (½ c. à thé) d'estragon haché ou
2   ml (¼ c. à thé) d'estragon sec
2   ml (¼ c. à thé) de romarin haché ou
1   pincée de romarin sec
15 ml (1 c. à soupe) de ciboulette hachée
30 ml (2 c. à soupe) de fromage feta émietté

L'omelette

2   oeufs
15 ml (1 c. à soupe) d'eau
5   ml (1 c. à thé) de beurre pour la poêle

Préparation de la farce

Si l'estragon et le romarin sont frais, les mélanger avec la ciboulette et le feta dans une petite tasse et laisser en attente.

Si l'estragon et le romarin sont secs, les ajouter aux oeufs avant la cuisson. Mélanger la ciboulette et feta dans une tasse à part et laisser en attente.

Confection de l'omelette

Battre les oeufs et l'eau à la fourchette, 20 coups environ. Se conformer aux instructions précédentes (page 147).

Quand les oeufs sont pris, parsemer la farce dessus. Plier l'omelette en deux ou la rouler.

Donne 1 portion.

Omelette à l'oseille et aux champignons

La farce

1	échalote émincée
2	champignons tranchés en fines lamelles
15 ml	(1 c. à soupe) de bouillon
5 ml	(1 c. à thé) de beurre
60 ml	(¼ tasse) d'oseille hachée fin

L'omelette

2	oeufs
15 ml	(1 c. à soupe) d'eau
5 ml	(1 c. à thé) de beurre pour la poêle

Préparation de la farce

Dans une petite casserole mettre l'échalote, les champignons, le bouillon et le beurre. Laisser cuire jusqu'à ce que les champignons soient attendris et tout le liquide évaporé, en brassant souvent pour ne pas laisser brûler. Ajouter l'oseille et brasser quelques minutes.

Confection de l'omelette

Battre les oeufs et l'eau à la fourchette, environ 20 coups. Se conformer aux instructions précédentes (page 147).

Quand les oeufs sont pris, distribuer l'oseille à la cuillère sur la moitié de la crêpe. La plier en deux.

Donne 1 portion.

Omelette aux asperges

La farce

2	asperges parées
2	échalotes finement émincées
1	champignon en minces lamelles
15 ml	(1 c. à soupe) de bouillon
5 ml	(1 c. à thé) de beurre
1	tranche de fromage colby en dés
8 ml	(1½ c. à thé) de cerfeuil haché ou
3 ml	(½ c. à thé) de cerfeuil en flocons
8 ml	(1½ c. à thé) de ciboulette hachée

L'omelette

2	oeufs
15 ml	(1 c. à soupe) d'eau
5 ml	(1 c. à thé) de beurre pour la poêle

Préparation de la farce

Couper les asperges en tronçons de 2,5 cm (1 po) de long et les cuire à l'étuvée, couvercle fermé, environ 5 à 7 minutes jusqu'à ce qu'elles soient à point. Laisser au chaud en attente.

Dans une petite poêle, mettre l'échalote, les champignons, le bouillon et le beurre et laisser cuire jusqu'à ce que les champignons soient attendris. Incorporer le fromage, le cerfeuil, la ciboulette et les asperges.

Confection de l'omelette

Battre les oeufs et l'eau à la fourchette, environ 20 coups. Se conformer aux instructions précédentes (page 147).

Quand les oeufs sont pris, répartir la farce sur la moitié de l'omelette, la replier par dessus.

Donne 1 portion.

Omelette pesto

La farce

125 ml	(½ tasse) de champignons tranchés en lamelles
5 ml	(1 c. à thé) de beurre
15 ml	(1 c. à soupe) de sauce pesto (voir page 138)

L'omelette

2		oeufs
15	ml	(1 c. à soupe) d'eau
5	ml	(1 c. à thé) de beurre pour la poêle
15	ml	(1 c. à soupe) de yaourt ou de crème sure (pour garnir)
2		petites feuilles de basilic (pour garnir)

Préparation de la farce

Dans une petite poêle, cuire les champignons dans le beurre et la sauce pesto environ 5 minutes ou jusqu'à ce qu'ils soient attendris.

Confection de l'omelette

Battre les oeufs et l'eau à la fourchette, environ 20 coups. Se conformer aux instructions précédentes (page 147).

Quand les oeufs sont pris, répartir les champignons dessus à la cuillère. Plier l'omelette et la garnir de yaourt ou de crème sure ainsi que des feuilles de basilic.

Les frittatas

Ce sont des omelettes italiennes mais elles présentent avec leurs cousines françaises des différences fondamentales. La farce est mélangée aux oeufs avant la cuisson. Les oeufs cuisent sans qu'on les remue. Les frittatas se servent à plat, coupées par moitié ou en pointes. Comme les omelettes, elles sont servies chaudes, tièdes ou froides.

Il y a deux grandes méthodes pour les cuire, aussi efficaces l'une que l'autre. La recette qui suit est celle que je préfère.

- Verser les oeufs battus dans la poêle.
- Soulever de temps à autre les coins pris pour que les portions coulantes puissent passer dessous. Les frittatas doivent cuire jusqu'à ce que les bords soient pris et le fond doré.
- Passer la frittata sous le gril pour faire prendre le dessus et le dorer.

La seconde méthode est celle que l'on enseigne en France. Elle ne prévoit pas le passage sous le gril. Elle consiste à

- Verser les oeufs battus dans une poêle.
- Les remuer une fois à la fourchette et les laisser cuire sans y toucher jusqu'à ce que le dessus soit juste coagulé.
- Parsemer la frittata de chapelure et de quelques gouttes fines d'huile (facultatif).
- Renverser une assiette en pyrex sur la poêle.
- Retourner de façon à ce que les oeufs passent sur l'assiette.
- Faire glisser la frittata de nouveau dans la poêle pour dorer l'envers.
- Cuire encore 2 ou 3 minutes pour dorer la chapelure et faire prendre le fond.
- Retourner une nouvelle fois les oeufs sur le plat de service.

Pour faire les crêpes, les omelettes françaises et les frittatas, il faut avoir une poêle bien préparée. Une poêle à fond antiadhésif convient dans la mesure où elle peut passer au four ou à moins d'utiliser la méthode qui supprime le passage sous le gril.

Remarque. Les recettes qui vont suivre donnent deux frittatas, soit quatre portions. Il faut donc diviser les ingrédients en deux avant de cuire les oeufs.

Il est possible de faire une énorme frittata mais elle mettra longtemps à cuire et sera peu maniable.

Frittata aux épinards

Voici qui rappelle la recette des cardons que Roger Vergé présentait dans son école en Provence. On peut remplacer ici les épinards par des cardons.

450	g	(1 livre) d'épinards
500	ml	(2 tasses) d'oignons en rondelles fines
30	ml	(2 c. à soupe) d'huile d'olive
1		grosse tomate épépinée et hachée

2		gousses d'ail écrasées
45	ml	(3 c. à soupe) de basilic haché ou
10	ml	(2 c. à thé) de basilic sec
15	ml	(1 c. à soupe) de thym haché ou
5	ml	(1 c. à thé) de thym sec
60	ml	(¼ tasse) de parmesan râpé
8		oeufs
30	ml	(2 c. à soupe) d'eau
30	ml	(2 c. à soupe) d'huile d'olive

Laver les épinards à grande eau froide et enlever les queues trop grosses. Couper en lanières au couteau ou avec des ciseaux.

Dans une grande poêle ou sauteuse, faire doucement revenir les oignons dans 30 ml (2 c. à soupe) d'huile d'olive jusqu'à ce qu'ils soient attendris. Ajouter les épinards, les laisser s'attendrir. Verser la tomate et l'ail et laisser cuire jusqu'à évaporation du jus rendu par la tomate et les épinards, environ 20 minutes. Ne pas laisser l'ail prendre couleur. En fin de cuisson, mettre le basilic, le thym et le parmesan.

Dans un bol, battre à la fourchette 4 oeufs et 15 ml (1 c. à soupe) d'eau. Y verser la moitié de la préparation aux épinards.

Poser sur feu moyen un poêlon de 22 cm (9 po) bien préparé jusqu'à ce qu'il soit bien chaud. Verser 1 c. à soupe d'huile d'olive et agiter pour qu'il soit tout à fait enduit.

Ajouter les oeufs. Laisser à feu moyen en soulevant parfois les côtés pour que la partie coulante puisse glisser dessous. Cuire cinq minutes ou jusqu'à ce que les bords soient pris et le fond doré.

Placer le poêlon à environ 15 cm (6 po) du gril et laisser prendre et dorer le dessus, environ 5 minutes. Glisser la frittata dans un plat de service. Tenir au chaud.

Répéter l'opération avec ce qu'il reste d'ingrédients.

Donne 4 portions.

Le gingembre

Avec son riche arôme poivré, le gingembre est souvent utilisé par les herboristes pour masquer l'amertume des potions. Il est sensé provoquer la transpiration et faciliter la menstruation. Pour ses vertus caloriques et sédatives, il est prescrit en cas de rhume et de toux. On raconte que durant la grande peste on faisait appel à ses propriétés antiseptiques.

Frittata marocaine aux carottes

500	ml	(2 tasses) de carottes coupées format julienne, en allumettes de 0,3 cm sur 0,3 cm et 5 cm de long (⅛ po sur ⅛ po et 2 po de long)
20	ml	(4 c. à thé) de beurre
15	ml	(1 c. à soupe) de miel
3	ml	(½ c. à thé) de poudre de gingembre
2	ml	(¼ c. à thé) de poudre de cannelle
2	ml	(¼ c. à thé) de poudre de cumin
85	ml	(⅓ tasse) de parmesan râpé
60	ml	(¼ tasse) d'amandes effilées
8		oeufs
30	ml	(2 c. à soupe) d'eau
30	ml	(2 c. à soupe) de beurre

Dans une casserole moyenne, mettre 2,5 cm (1 po) d'eau et porter à ébullition. Placer les carottes dans le panier à étuver et l'installer dans la casserole sans que l'eau arrive au niveau de l'étuveuse. Couvrir et cuire environ 5 minutes ou jusqu'à ce que les carottes soient à point.

Enlever le panier, jeter l'eau et dans la casserole mettre 20 ml (4 c. à thé) de beurre, le miel, le gingembre, la cannelle et le cumin en tournant 30 secondes. Ajouter les carottes et retourner légèrement 1 minute encore pour qu'elles soient nappées de miel et d'épices. Laisser en attente.

Dans un bol battre à la fourchette 4 oeufs et 1 c. à soupe d'eau et y ajouter la moitié de la préparation aux carottes. Faire bien chauffer sur feu moyen un poêlon à four bien préparé de 22 cm (9 po). Ajouter 1 c. à soupe de beurre et agiter pour qu'il soit tout enduit.

Quand le beurre n'écume plus, ajouter les oeufs et laisser à feu moyen en soulevant parfois les côtés pour que la partie coulante puisse glisser dessous. Cuire 5 minutes jusqu'à ce que les bords soient coagulés et le fond doré.

Placer le poêlon à environ 15 cm (6 po) du gril et laisser prendre et dorer le dessus environ 5 minutes. Glisser la frittata dans le plat de service. Tenir au chaud.

Répéter l'opération avec ce qu'il reste d'ingrédients.

Donne 4 portions.

Frittata aux pommes à la cannelle

Une frittata légèrement sucrée à servir au brunch. C'est aussi un dessert original.

500	ml	(2 tasses) de pommes coupées fin
60	ml	(¼ tasse) de pacanes effilées
60	ml	(¼ tasse) de raisins secs dorés
30	ml	(2 c. à soupe) d'eau
15	ml	(1 c. à soupe) de beurre
5	ml	(1 c. à thé) de poudre de cannelle
3	ml	(½ c. à thé) de muscade râpée
2	ml	(¼ c. à thé) de poudre de gingembre
1		pincée de cardamome en poudre
8		oeufs
30	ml	(2 c. à soupe) d'eau
30	ml	(2 c. à soupe) de beurre

Dans une grande poêle mettre à cuire ensemble les pommes, les pacanes, les raisins secs, 30 ml (2 c. à soupe) d'eau, 15 ml (1 c. à soupe) de beurre, la cannelle, la muscade, le gingembre et la cardamome jusqu'à ce que les pommes soient molles et tout le liquide évaporé, environ 10 minutes.

Dans un bol, battre à la fourchette 4 oeufs et 15 ml (1 c. à soupe) d'eau et y incorporer la moitié de la préparation aux pommes.

Faire bien chauffer sur feu moyen un poêlon de 22 cm (9 po). Ajouter 1 c. à soupe de beurre et agiter pour qu'il soit tout enduit.

Quand le beurre n'écume plus, ajouter les oeufs et les laisser à feu moyen en soulevant parfois les côtés pour que la partie coulante puisse glisser dessous. Cuire 5 minutes ou jusqu'à ce que les bords soient pris et le fond doré.

Mettre le poêlon à environ 15 cm (6 po) du gril et laisser coaguler et dorer le dessus, environ 5 minutes. Glisser la frittata dans un plat de service. Tenir au chaud.

Répéter l'opération avec ce qu'il reste d'ingrédients.

Donne 4 portions.

Frittata aux poivrons verts

125 ml (½ tasse) d'oignons émincés
125 ml (½ tasse) de poivrons verts hachés
15 ml (1 c. à soupe) de beurre
125 ml (½ tasse) de cheddar râpé
30 ml (2 c. à soupe) de persil haché
15 ml (1 c. à soupe) de thym haché ou
5 ml (1 c. à thé) de thym sec
8 oeufs
30 ml (2 c. à soupe) d'eau
30 ml (2 c. à soupe) de beurre

Prendre une petite poêle, faire amollir les oignons et les piments dans 15 ml (1 c. à soupe) de beurre. Retirer du feu et laisser en attente. Ajouter le cheddar, le persil et le thym.

Dans un bol, battre à la fourchette 4 oeufs et 15 ml (1 c. à soupe) d'eau. Y verser la moitié de la préparation aux poivrons.

Placer sur feu moyen un poêlon à four bien préparé de 22 cm (9 po) et attendre qu'il soit très chaud. Ajouter 15 ml (1 c. à soupe) de beurre et tourner pour qu'il soit enduit.

Quand il n'y a plus d'écume, ajouter les oeufs et cuire à feu moyen en soulevant parfois les bords pour que la partie coulante puisse glisser dessous. Laisser cuire 5 minutes ou jusqu'à ce que les bords soient pris et le fond doré.

Placer le poêlon à environ 15 cm (6 po) du gril et laisser prendre et dorer le dessus, environ 5 minutes. Glisser la frittata sur le plat de service. Garder au chaud.

Répéter l'opération avec ce qu'il reste d'ingrédients.

Donne 4 portions.

Frittata au fromage bleu

Le fromage bleu s'émiette facilement à l'aide de deux fourchettes. Si vous devez en acheter plus que vous n'allez en utiliser à brève échéance, congeler ce qui reste.

85 ml (⅓ tasse) de fromage bleu émietté
85 ml (⅓ tasse) de noix finement concassées
60 ml (¼ tasse) de persil haché
30 ml (2 c. à soupe) de ciboulette hachée
1 ml (⅛ c. à thé) de muscade râpée
8 oeufs
30 ml (2 c. à soupe) d'eau
15 ml (1 c. à soupe) d'huile d'olive
15 ml (1 c. à soupe) de beurre

Dans un petit récipient, mélanger légèrement le fromage bleu, les noix, le persil, la ciboulette et la muscade.

Dans un autre, battre 4 oeufs avec 15 ml (1 c. à soupe) d'eau et y verser la moitié de la préparation au fromage.

Placer sur feu moyen un poêlon à four bien préparé de 22 cm (9 po) et attendre qu'il soit très chaud. Ajouter 8 ml (1½ c. à thé) d'huile et 8 ml (1½ c. à thé) de beurre et tourner pour qu'il soit enduit partout.

Ajouter la préparation avec les oeufs et cuire à feu moyen en soulevant parfois les bords pour que la partie coulante puisse glisser dessous. Laisser cuire 5 minutes ou jusqu'à ce que les bords soient pris et le fond doré.

Placer le poêlon à environ 15 cm (6 po) du gril et laisser prendre et dorer le dessus, environ 5 minutes. Glisser la frittata sur un plat de service. Garder au chaud.

Répéter l'opération avec ce qu'il reste d'ingrédients.

Donne 4 portions.

Frittata aux zucchini (courgettes)

30	ml	(2 c. à soupe) d'huile d'olive
375	ml	(1½ tasse) de zucchini finement tranchés
250	ml	(1 tasse) de champignons taillés en fines lamelles
165	ml	(⅔ tasse) de poivrons rouges hachés
4		échalotes hachées
60	ml	(¼ tasse) de persil haché
20	ml	(4 c. à thé) de thym haché ou
5	ml	(1 c. à thé) de thym sec
125	ml	(½ tasse) de cheddar râpé
8		oeufs
30	ml	(2 c. à soupe) de beurre
30	ml	(2 c. à soupe) d'eau

Chauffer l'huile à feu à peine moyen dans une grande poêle. Ajouter les zucchini, les champignons, le poivron, l'échalote, le persil et le thym et cuire jusqu'à ce que les légumes soient tendres, puis laisser un peu refroidir. Ajouter le cheddar.

Dans un bol, battre à la fourchette 4 oeufs et 15 ml (1 c. à soupe) d'eau et verser la moitié de la préparation aux zucchini.

Poser sur feu moyen un poêlon à four de 22 cm (9 po) bien préparé et attendre qu'il soit très chaud. Ajouter 15 ml (1 c. à soupe) de beurre et tourner pour que le fond soit enduit.

Quand il cesse d'écumer, ajouter les oeufs et cuire à feu moyen en soulevant parfois les bords pour que la partie coulante puisse glisser dessous. Laisser cuire 5 minutes ou jusqu'à ce que les bords soient pris et le fond doré.

Placer le poêlon à environ 15 cm (6 po) du gril et laisser le dessus prendre et dorer, environ 5 minutes. Glisser la frittata sur un plat de service. Garder au chaud.

Répéter l'opération avec ce qu'il reste d'ingrédients.

Donne 4 portions.

Torte aux oeufs et aux épinards

Cette torte fait merveille à un brunch ou un souper léger et ses étages multicolores constituent un plat spectaculaire. En ajoutant la couche de poivrons rouges, il faut l'appliquer bien au bord pour qu'elle se voit lorsque le plat sera démoulé.

La torte demande du travail mais les ingrédients peuvent être préparés d'avance et laissés en attente au réfrigérateur. Il ne vous faudra que quelques minutes pour monter la torte avant de la passer au four.

La sauce au yaourt

30	ml	(2 c. à soupe) d'aneth haché ou
10	ml	(2 c. à thé) d'aneth sec
30	ml	(2 c. à soupe) de persil haché
30	ml	(2 c. à soupe) d'échalotes émincées
500	ml	(2 tasses) de yaourt

La couche de poivrons

2		gros poivrons rouges

La couche d'épinards

450	g	(1 livre) d'épinards
225	g	(½ livre) de champignons
2		échalotes émincées
15	ml	(1 c. à soupe) de beurre
1		soupçon de muscade râpée
1		pincée de poivre de Cayenne
1		blanc d'oeuf

La couche de poulet

375	ml	(1½ tasse) de poulet cuit haché
30	ml	(2 c. à soupe) de poudre d'amandes
2	ml	(¼ c. à thé) de poivre noir moulu
2	ml	(¼ c. à thé) de gingembre
2	ml	(¼ c. à thé) de cannelle
3	ml	(½ c. à thé) de miel
30	ml	(2 c. à soupe) de persil haché
1		oeuf

La couche d'oeufs

5		oeufs
1		jaune d'oeuf
125	ml	(½ tasse) de lait
15	ml	(1 c. à soupe) de beurre

15	ml	(1 c. à soupe) de jus de citron
30	ml	(2 c. à soupe) de parmesan râpé
30	ml	(2 c. à soupe) de fromage suisse râpé
45	ml	(3 c. à soupe) d'aneth haché ou
15	ml	(1 c. à soupe) d'aneth sec

Le montage

15	ml	(1 c. à soupe) de parmesan râpé
15	ml	(1 c. à soupe) de fromage suisse râpé
		lanières de poivron rouge grillé (garniture)
		amandes grillées effilées (garniture)

Préparation de la sauce au yaourt

Dans un petit bol, mélanger l'aneth, le persil, l'échalote et le yaourt et verser dans une passoire tapissée de trois épaisseurs de coton à fromage. Couvrir. Mettre la passoire au-dessus d'un récipient. Placer l'ensemble au réfrigérateur et laisser égoutter toute la nuit ou plusieurs heures.

Préparation de la couche de poivrons

Disposer les poivrons à 15 cm (6 po) du gril et les laisser noircir de tous côtés. Les retirer avec une pince. Les placer dans un sac de plastique ou de papier et les laisser dans leur vapeur pour décoller les peaux. Quand ils sont assez refroidis pour être maniables, enlever les peaux, les fibres intérieures, les graines et les sécher avec du papier absorbant. Les tailler en lanières de 2,5 cm (1 po).

Préparation de la couche d'épinards

Laver les épinards à grande eau froide et les cuire dans une grande marmite sans autre eau que celle qui est retenue dans les feuilles après lavage. Lorsqu'ils sont tendres, les verser dans un tamis ou une passoire pour égoutter et refroidir. Quand ils sont maniables, exprimer toute l'eau et les hacher fin.

Couper les champignons et en vous servant d'un grand morceau de coton à fromage exprimer tout leur jus, en prenant une seule poignée à la fois.

Puis à feu à peine moyen, les faire revenir au beurre avec l'échalote dans une grande sauteuse jusqu'à ce que tout le liquide soit évaporé, environ 10 minutes. Brasser souvent.

Les retirer du feu et incorporer les épinards, la muscade, le poivre de Cayenne et le blanc d'oeuf.

Préparation de la couche de poulet

Dans un récipient moyen, mélanger le poulet, les amandes, le poivre, le gingembre, la cannelle, le miel, le persil et l'oeuf.

Préparation de la couche d'oeuf

Battre les oeufs, le jaune et le lait jusqu'à obtenir un mélange homogène. Faire fondre le beurre dans une grande poêle, ajouter les oeufs et les cuire à feu à peine moyen en brassant avec une cuillère en bois jusqu'à ce qu'ils ne soient plus baveux. Ajouter le jus de citron, le parmesan, le fromage suisse et l'aneth.

Montage

Beurrer un plat à soufflé de 1,4 l à 1,5 l (5 à 6 tasses) de contenance et le foncer avec du parmesan. Répartir à la cuillère la couche d'oeuf, la couvrir avec les lanières rouges du poivron en les appliquant bien au bord. En réserver quelques-unes pour garnir.

Puis étager la couche de poulet et la couche d'épinards. Parsemer le dessus de fromage suisse.

Mettre au four chauffé à 200°C (400°F) pendant 30 minutes et laisser reposer 15 minutes avant de démouler sur le plat de service.

Garnir la torte avec le poivron rouge et les amandes et servir accompagné de la sauce au yaourt froide.

Donne 4 à 6 portions.

Tomates matinales

1		poivron rouge (facultatif)
4		grosses tomates fermes
450	g	(1 livre) d'épinards
4		champignons tranchés en fines lamelles
30	ml	(2 c. à soupe) de beurre
6		oeufs
15	ml	(1 c. à soupe) de basilic haché ou
5	ml	(1 c. à thé) de basilic sec
5	ml	(1 c. à thé) de marjolaine hachée ou
2	ml	(¼ c. à thé) de marjolaine sèche
30	ml	(2 c. à soupe) de ciboulette hachée
3	ml	(½ c. à thé) de poudre de curry (voir Index)
43	g	(1½ oz) de fromage à la crème coupé en cubes

Si l'on met du poivron, enlever le coeur et les graines, le sécher avec du papier absorbant et le hacher fin. Laisser en attente.

Détacher le haut des tomates, côté queue. À l'aide d'une cuillère à thé, les évider en laissant un fond d'environ 0,6 cm d'épaisseur (¼ po). Réserver la pulpe enlevée à un autre usage. Renverser les tomates et les laisser égoutter.

Laver les épinards à grande eau froide et enlever les queues dures. Les hacher et les laisser en attente.

Disposer côte à côte les tomates dans un plat à four légèrement beurré. Mettre 10 minutes dans un four chauffé à 120°C (250°F). Éviter de trop cuire pour que les tomates ne s'ouvrent pas.

Pendant ce temps, dans une grande casserole, cuire les épinards sans ajouter d'autre eau que celle retenue dans les feuilles après lavage. Quand les feuilles sont tendres, enlever du feu et laisser au chaud, en attente.

Dans une grande poêle, faire revenir les champignons et le poivron rouge dans le beurre jusqu'à ce qu'ils soient fondants.

Dans un récipient, mélanger les oeufs, le basilic, la marjolaine, la ciboulette, la poudre de curry et le fromage. Battre à la fourchette.

Ajouter ce mélange à la poêle contenant les champignons et le poivron rouge. Faire cuire en tournant souvent jusqu'à ce que les oeufs soient pris.

Sur chaque assiette de service, disposer une tomate sur un nid de verdure et la remplir d'oeufs.

Se sert brûlant au petit déjeuner.

Donne 4 portions.

Ramequins aux oeufs et aux épinards, sauce ciboulette

Les oeufs

450	g	(1 livre) d'épinards
45	ml	(3 c. à soupe) d'échalotes émincées
15	ml	(1 c. à soupe) de beurre
125	ml	(½ tasse) débordante d'oseille (facultatif)
60	ml	(¼ tasse) de chapelure de pain de blé entier
60	ml	(¼ tasse) de cheddar râpé
4		oeufs

La sauce

10	ml	(2 c. à thé) de vinaigre aux herbes ou de vinaigre de vin blanc
15	ml	(1 c. à soupe) de jus de citron
60	ml	(¼ tasse) de beurre froid
60	ml	(¼ tasse) de ciboulette hachée
4		tranches de pain complet ou de muffins anglais légèrement grillés

Préparation des oeufs

Laver les épinards à grande eau froide. Les cuire dans une grande marmite sans autre eau que celle qui est retenue dans les feuilles après lavage. Les retirer quand ils sont attendris et passer dans un tamis ou une passoire pour les égoutter et les refroidir. Quand les feuilles sont maniables, exprimer l'eau restante.

Dans une petite casserole, faire revenir l'échalote dans le beurre jusqu'à ce qu'elle soit fondante. Ajouter l'oseille et cuire en brassant à feu doux jusqu'à ce qu'elle s'attendrisse.

Passer au mixer l'oseille et les épinards ou les hacher finement à la main. Ajouter la chapelure.

Beurrer généreusement 4 ramequins de 125 ml (½ tasse) ou des coupes à dessert. Avec le dos d'une cuillère ou avec les doigts couvrir l'intérieur de chacun avec la préparation aux épinards de façon à ce que la couche soit égale sur le fond et sur les côtés.

Parsemer chacun avec 15 ml (1 c. à soupe) de cheddar et casser un oeuf par dessus.

Avec une spatule de caoutchouc, enfoncer les épinards sous la surface de l'oeuf pour qu'ils ne brûlent pas.

Déposer les ramequins sur une tôle et mettre dans un four chauffé à 180°C (350°F). Cuire environ 20 minutes ou jusqu'à ce que les blancs soient coagulés et que les jaunes soient mollets, comme pour les oeufs pochés.

Préparation de la sauce

Dans une petite casserole, mélanger le vinaigre et le jus de citron, laisser cuire à feu moyen jusqu'à réduction de 5 ml (1 c. à thé). Enlever du feu et incorporer au fouet le beurre coupé en morceaux. Mettre la valeur de 5 ml (1 c. à thé) à la fois jusqu'à ce qu'il soit entièrement mélangé. Il est indispensable de brasser sans arrêt car le beurre ne doit pas fondre mais former une émulsion crémeuse. Si, la casserole se refroidissant, il devient difficile d'incorporer le beurre en crème, réchauffer la casserole en la remettant au feu quelques instants. Après quoi incorporer la ciboulette.

Dégager le tour de chaque ramequin à la spatule en caoutchouc et le retourner sur une tranche de pain ou de muffin anglais légèrement grillé et arroser d'une cuillère de sauce au beurre.

À servir très chaud.

Donne 4 portions.

Le laurier

La mythologie romaine raconte que la nymphe Daphné fut changée en laurier par son père pour mettre un frein aux ardeurs amoureuses d'Apollon qui la poursuivait. Apollon fit alors du laurier un arbre sacré, se couronna de ses feuilles et l'imposa comme symbole de la réussite et de la gloire. Plus tard, au cours de l'histoire, considéré comme antiseptique, il eut la réputation de protéger contre la peste. Selon la médecine traditionnelle par les plantes, les feuilles de laurier stimulent l'appétit, son huile est un baume contre les rhumatismes et les problèmes dermatologiques et une pâte faite de ses feuilles et de ses baies, appliquée en cataplasme sur la poitrine, soulage les rhumes et les difficultés respiratoires.

Le bulgur

Le bulgur est un dérivé du blé dur. Il est la base de l'alimentation au Moyen-Orient et dans certaines parties de l'Asie depuis les temps bibliques. Pour l'obtenir, on fait bouillir les grains de blé, on les fait sécher et on les écrase à la meule, ou à la mode ancienne entre deux pierres. Le bulgur se conserve plus longtemps que les autres céréales parce qu'il est précuit et séché.

Sa valeur nutritionnelle avoisine celle du blé entier parce que seule une faible proportion de son disparaît au cours du traitement et qu'il en garde les fibres, les protéines, le fer, le potassium et les vitamines du groupe B, tout en étant pauvre en graisse et en sodium.

Si on le cuit correctement, il gonfle bien et remplace avantageusement le couscous qu'adorent les Marocains et qui est fait avec de la farine blanche. Selon mon expérience, la meilleure façon de cuire le bulgur est de mettre autant d'eau, ou de bouillon, que de bulgur. Porter le liquide à ébullition dans une petite casserole. Verser le bulgur. Retirer du feu. Couvrir et laisser 20 minutes pour qu'il absorbe le liquide. Aérer à l'aide de deux fourchettes avant de le servir.

S'il entre dans une salade, verser la sauce quand le bulgur est encore tiède pour qu'il s'en imprègne.

Bulgur sauvage au basilic

En fait, c'est le riz qui est sauvage. Le riz sauvage est une bonne source de riboflavine, qui est la vitamine B2. Ce n'est pas réellement un riz mais la graine d'une grande graminée cultivée dans le nord du Minnesota et la région des lacs du Wisconsin. Il est fort cher mais on peut lui adjoindre un mélange de riz brun et de bulgur. Il garde son délicat arôme de noisette.

180	ml	(¾ tasse) de bouillon
180	ml	(¾ tasse) de bulgur non cuit
1		carotte émincée
1		tige de céleri coupée fin
125	ml	(½ tasse) d'échalotes émincées
30	ml	(2 c. à soupe) de beurre
125	ml	(½ tasse) de riz sauvage non cuit
250	ml	(1 tasse) de bouillon
30	ml	(2 c. à soupe) de persil haché
30	ml	(2 c. à soupe) de basilic haché ou
10	ml	(2 c. à thé) de basilic sec
15	ml	(1 c. à soupe) d'origan haché ou
5	ml	(1 c. à thé) d'origan sec
10	ml	(2 c. à thé) de marjolaine ou
3	ml	(½ c. à thé) de marjolaine sèche
60	ml	(¼ tasse) de bouillon
500	ml	(2 tasses) de yaourt

Dans une petite casserole, amener à ébullition 180 ml (¾ tasse) de bouillon. Verser le bulgur. Couvrir. Enlever du feu. Laisser gonfler 20 minutes ou jusqu'à ce que le bulgur soit tendre et tout le liquide absorbé.

Dans une grande casserole allant au four ou dans un plat à feu, faire revenir à feu doux la carotte, le céleri et les échalotes jusqu'à ce qu'ils soient amollis, environ 5 minutes.

Ajouter le riz et 250 ml (1 tasse) de bouillon. Couvrir. Laisser mijoter de 20 à 30 minutes ou jusqu'à ce que le riz soit à point et tout le liquide absorbé.

Incorporer le bulgur, le persil, le basilic, l'origan et la marjolaine et 60 ml (¼ tasse) de bouillon. Couvrir et mettre dans un four chauffé à 180°C (350°F). Laisser environ 15 minutes.

Servir avec du yaourt.

Donne 4 portions.

Bulgur sudiste

375	ml	(1½ tasse) de bouillon
375	ml	(1½ tasse) de bulgur non cuit
2		gros oignons hachés en dés
250	ml	(1 tasse) de céleri en tranches fines
3		gousses d'ail émincées
30	ml	(2 c. à soupe) de beurre
125	ml	(½ tasse) de bouillon
15 à		
30	ml	(1 à 2 c. à soupe) de poudre de chili (voir Index)
5	ml	(1 c. à thé) de poudre de cumin
1		soupçon de sauce piquante ou de poivre de Cayenne
60	ml	(¼ tasse) de persil haché
250	ml	(1 tasse) de cheddar râpé
500	ml	(2 tasses) de yaourt
250	ml	(1 tasse) de germes de luzerne
250	ml	(1 tasse) d'arachides rôties concassées
1		poivron en dés
2		tomates coupées en morceaux
125	ml	(½ tasse) d'échalotes coupées en rondelles

Dans une petite casserole, faire bouillir 375 ml (1½ tasse) de bouillon. Y jeter le bulgur, couvrir, retirer du feu et laisser 20 minutes en attente.

Dans une grande sauteuse, mettre les oignons, le céleri, l'ail, le beurre et 125 ml (½ tasse) de bouillon. Couvrir et cuire environ 20 minutes à feu doux jusqu'à ce que les oignons soient tout à fait fondants. Ajouter la poudre de chili, le cumin, la sauce piquante ou le poivre de Cayenne et le persil. Brasser.

Aérer le bulgur à l'aide de deux fourchettes et incorporer la préparation à l'oignon.

Disposer le fromage, le yaourt, la luzerne, les arachides, le poivron, les tomates et l'échalote séparément dans des coupes et en garnir le bulgur à volonté.

Donne 4 portions.

La livèche

On cultive la livèche en Europe depuis des temps très anciens pour son arôme voisin de celui du céleri. La médecine par les herbes n'en fait qu'un usage restreint, tout en lui reconnaissant une certaine efficacité pour régulariser la digestion, éviter les flatulences, améliorer les troubles urinaires et lutter contre la rétention d'eau. Elle la recommande aussi en lotion adoucissante dans le traitement des affections de la peau.

Casserole de brocoli aux noix

Il y a une méthode simple pour s'assurer que les brocoli cueillis au jardin ne renferment pas de parasites : les laisser au moins un quart d'heure tremper dans l'eau froide additionnée de quelque 30 à 60 ml (2 à 4 c. à soupe) de vinaigre.

La sauce

500	ml	(2 tasses) de yaourt
1		oeuf
60	ml	(¼ tasse) de parmesan râpé
30	ml	(2 c. à soupe) de graines de sésame
		poivre de Cayenne

La couche de riz

165	ml	(⅔ tasse) de riz brun non cuit
500	ml	(2 tasses) de bouillon

La couche de noix

1		gros oignon taillé en fines rondelles
30	ml	(2 c. à soupe) d'huile d'olive
375	ml	(1½ tasse) de champignons hachés fin
1		poivron vert en tranches fines
1		poivron rouge en tranches fines
4		gousses d'ail émincées
125	ml	(½ tasse) de persil haché
60	ml	(¼ tasse) de graines de tournesol
60	ml	(¼ tasse) de noix d'acajou concassées
15	ml	(1 c. à soupe) d'aneth haché ou
5	ml	(1 c. à thé) d'aneth sec
15	ml	(1 c. à soupe) de thym haché ou
5	ml	(1 c. à thé) de thym sec
15	ml	(1 c. à soupe) de sauce tamari

La couche de brocoli

225	g	(½ livre) de branches de brocoli

Préparation de la sauce

Dans un tamis ou une passoire garnie de coton à fromage, mettre le yaourt et le laisser égoutter à température ambiante au moins 1 heure.

Au moment d'utiliser la sauce, ajouter l'oeuf et le parmesan en réservant les graines de sésame et le poivre de Cayenne.

Préparation de la couche de riz

Dans une casserole moyenne, verser le bouillon et le riz et faire frémir. Couvrir et laisser à feu doux jusqu'à cuisson du riz et évaporation complète du liquide, de 50 à 60 minutes.

Préparation de la couche de noix

Faire revenir l'oignon dans l'huile jusqu'à ce qu'il soit fondant. Ajouter les champignons, les poivrons et l'ail. Poursuivre la cuisson jusqu'à ce que les poivrons soient à point et que les champignons aient rendu tout leur jus et qu'il ne reste que très peu de liquide au fond de la casserole.

Incorporer le persil, les graines de tournesol, les noix d'acajou, l'aneth, le thym et la sauce tamari. Laisser en attente.

Préparation de la couche de brocoli

Séparer les brocoli en bouquets environ de la même grosseur.

Mettre 2,5 cm (1 po) d'eau dans une casserole moyenne. Disposer les brocoli dans le panier à étuver et le placer dans la casserole en veillant à ce que l'eau n'atteigne pas le fond du panier. Couvrir et laisser étuver environ 8 minutes ou jusqu'à ce que les brocoli soient à peine attendris. Ne pas trop cuire.

Montage

Huiler ou beurrer un moule carré de 20 cm de côté (8 po) et distribuer le riz de façon uniforme. Le recouvrir de la couche de noix. Disposer les brocoli dessus.

Les arroser de la sauce au yaourt, les parsemer de graines de sésame et d'un soupçon de poivre de Cayenne. Laisser 30 minutes dans un four chauffé à 180°C (350°F).

Donne 4 portions.

Soufflé au riz brun

Le riz brun rend ce soufflé un peu dense, mais à la fin il gagne un peu en légèreté. Les oeufs, le fromage et le yaourt ajoutent au riz leur richesse en protéines. Ce soufflé peut être servi en entrée mais également comme plat principal.

1		oignon émincé
1		carotte émincée
2		champignons en lamelles
60	ml	(¼ tasse) de bouillon
5	ml	(1 c. à thé) d'huile d'olive
5	ml	(1 c. à thé) de sauce tamari
500	ml	(2 tasses) de riz brun cuit (voir conseils de cuisson, page 226)
125	ml	(½ tasse) de persil haché
85	ml	(⅓ tasse) de fromage râpé
10	ml	(2 c. à thé) de marjolaine hachée ou
5	ml	(1 c. à thé) de marjolaine sèche
3		oeufs, séparés
30	ml	(2 c. à soupe) de fromage râpé
		yaourt

Dans une casserole ou une poêle, mélanger l'oignon, la carotte, les champignons, le bouillon, l'huile, la sauce tamari. Couvrir et cuire jusqu'à ce que les légumes soient tendres. Découvrir et faire évaporer le liquide.

Incorporer le riz, le persil, 85 ml (⅓ tasse) de fromage, la marjolaine, les jaunes d'oeufs dans les légumes préparés.

Dans un grand bol propre, battre les blancs d'oeufs en neige très ferme et les verser dans la préparation.

Verser dans une terrine à feu de 1,5 l (6 tasses) ou dans un plat à soufflé. Y parsemer 30 ml (2 c. à soupe) de fromage râpé.

Laisser au four chauffé à 180°C (350°F) 25 à 30 minutes ou jusqu'à ce que le soufflé ait gonflé et soit doré.

À servir avec du yaourt.

Donne 4 portions.

Terrine à l'oignon et à l'aneth

500	ml	(2 tasses) d'oignons coupés en dés
2		poivrons rouges coupés en dés
60	ml	(¼ tasse) de bouillon
15	ml	(1 c. à soupe) de beurre
250	ml	(1 tasse) de champignons en lamelles
1		gousse d'ail émincée
500	ml	(2 tasses) de riz brun cuit (voir conseils de cuisson, page 226)
250	ml	(1 tasse) de fromage cottage
1		oeuf
85	ml	(⅓ tasse) de parmesan râpé
85	ml	(⅓ tasse) d'aneth haché ou
15	ml	(1 c. à soupe) d'aneth sec
85	ml	(⅓ tasse) de persil haché
85	ml	(⅓ tasse) de chapelure pain de blé entier
15	ml	(1 c. à soupe) de parmesan râpé
15	ml	(1 c. à soupe) de beurre fondu

Mettre les oignons, les poivrons, le bouillon et le beurre dans une grande poêle. Couvrir et laisser cuire à feu doux jusqu'à ce qu'ils soient fondants. Ajouter les champignons et l'ail, ne pas couvrir et cuire jusqu'à ce que les champignons soient tendres et que tout le liquide soit évaporé.

Mélanger dans un grand bol la préparation à l'oignon, le riz, le fromage cottage, l'oeuf, 85 ml (⅓ tasse) de parmesan, l'aneth, le persil et verser dans un plat à four carré de 22 cm (9 po) après l'avoir beurré.

Dans un petit récipient, mélanger la chapelure, 15 ml (1 c. à soupe) de parmesan et le beurre fondu. Répartir ce mélange sur le dessus de la terrine.

Mettre 30 minutes dans un four chauffé à 190°C (375°F).

Donne 4 portions.

Polenta aux champignons et à la tomate

La couche de polenta

250	ml	(1 tasse) de farine de maïs
500	ml	(2 tasses) de bouillon
2		oeufs
15	ml	(1 c. à soupe) de beurre
60	ml	(¼ tasse) de gruyère ou de fromage suisse râpé
15	ml	(1 c. à soupe) de sauge hachée ou
5	ml	(1 c. à thé) de sauge sèche

La couche tomates-champignons

250	ml	(1 tasse) d'oignons finement hachés
250	ml	(1 tasse) de tomates hachées
500	ml	(2 tasses) de champignons tranchés en fines lamelles
1		poivron rouge en dés
15	ml	(1 c. à soupe) de beurre
60	ml	(¼ tasse) de bouillon

La sauce

45	ml	(3 c. à soupe) de beurre
375	ml	(1½ tasse) de lait
45	ml	(3 c. à soupe) de farine pâtissière de blé entier
5	ml	(1 c. à thé) de moutarde sèche
1	ml	(⅛ c. à thé) de poivre de Cayenne
60	ml	(¼ tasse) de gruyère ou de fromage suisse râpé
45	ml	(3 c. à soupe) d'aneth haché ou
10	ml	(2 c. à thé) d'aneth sec

Préparation de la couche de polenta

Dans une casserole moyenne, mélanger la farine de maïs et le bouillon et, en brassant sans arrêt, cuire à feu moyen jusqu'à ce que le mélange soit très épais. Enlever du feu.

Dans un petit bol, bien battre les oeufs et y battre environ 125 ml (½ tasse) de farine de maïs chaude, en brassant sans arrêt pour que les oeufs ne coagulent pas. Ajouter le reste de la farine de maïs puis le beurre, le fromage et la sauge.

Pour le mettre au four, verser dans un plat à four carré de 22 cm (9 po) après l'avoir beurré. Laisser en attente.

Préparation de la couche tomates-champignons

Dans une grande sauteuse, mélanger les oignons, les tomates, les champignons, le poivron, le beurre et le bouillon. Couvrir et cuire à feu moyen jusqu'à ce que les tomates soient molles et aient rendu tout leur jus. Découvrir et laisser cuire en brassant souvent jusqu'à évaporation du liquide. Veiller à ce que les légumes ne brûlent pas. Laisser en attente.

Préparation de la sauce

Dans une casserole moyenne, faire fondre le beurre et mélanger à la farine. Cuire sur feu moyen en brassant sans arrêt pendant 2 minutes.

Dans une petite casserole, chauffer le lait et le verser d'un seul coup dans cette préparation. Battre au fouet énergiquement pour mélanger. Cuire en brassant constamment jusqu'à ce que la sauce épaississe et atteigne l'ébullition. Enlever du feu et incorporer la moutarde, le poivre de Cayenne, le fromage et l'aneth.

Mélanger la sauce aux légumes préparés et verser le tout sur la couche de polenta dans le plat à feu.

Placer dans un four chauffé à 190°C (375°F) pendant 30 minutes ou jusqu'à ce que le dessus soit bruni et que des bulles apparaissent. Laisser reposer 15 minutes avant de couper.

Donne 4 portions.

Oeufs à la diable en casserole

La couche de riz

250	ml	(1 tasse) de riz brun à grain long non cuit
1		oignon émincé
1		carotte en dés
½		poivron en dés
750	ml	(3 tasses) de bouillon
180	ml	(¾ tasse) de persil

Les oeufs

4		oeufs durs
5	ml	(1 c. à thé) de sarriette hachée ou

2 ml	(¼ c. à thé) de sarriette sèche
15 ml	(1 c. à soupe) de ciboulette hachée
45 à	
60 ml	(3 à 4 c. à soupe) de mayonnaise (voir Index)

La sauce

375 ml	(1½ tasse) de lait
45 ml	(3 c. à soupe) de beurre
45 ml	(3 c. à soupe) de farine pâtissière de blé entier
85 ml	(⅓ tasse) de parmesan râpé
5 ml	(1 c. à thé) de sarriette hachée ou
2 ml	(¼ c. à thé) de sarriette sèche

Le montage

8	asperges légèrement étuvées
30 ml	(2 c. à soupe) de persil haché
30 ml	(2 c. à soupe) de parmesan râpé

Préparation de la couche de riz

Dans une casserole moyenne mettre le riz, l'oignon, la carotte, le poivron et le bouillon. Couvrir et laisser mijoter jusqu'à ce que le riz soit à point et tout le liquide absorbé, environ 50 à 60 minutes. Refroidir un peu avant d'amalgamer le persil.

Préparation des oeufs

Couper les oeufs durs en deux dans le sens de la longueur. Enlever les jaunes et les écraser ou les faire passer à travers un tamis. Ajouter la sarriette, la ciboulette et assez de mayonnaise pour lier le mélange. Farcir.

Préparation de la sauce

Chauffer le lait dans une petite casserole. Faire fondre le beurre dans une casserole moyenne et incorporer la farine. En brassant sans arrêt, laisser cuire 2 minutes à feu doux. Verser le lait chaud et battre avec énergie au fouet. À feu doux cuire ce mélange en le brassant sans arrêt jusqu'à ce qu'il épaississe et atteigne l'ébullition. Retirer du feu et mélanger le parmesan et la sarriette.

Montage

Beurrer ou huiler un plat à four carré de 22 cm (9 po). Incorporer au riz 125 ml (½

La marjolaine

La marjolaine est proche parente de l'origan dont elle partage les vertus médicinales et les emplois culinaires. Les herboristes la préconisent en infusion légère pour traiter les coliques chez les enfants et en applications externes pour soulager les douleurs rhumatismales, les varices et la raideur articulaire.

tasse) de sauce et répartir à la cuillère dans le plat.

Avec le dos de la cuillère, faire 8 creux dans le riz et remplir chacun avec un oeuf.

Couper les asperges en morceaux et les disposer entre les oeufs.

Y verser le reste de sauce.

Parsemer de persil et de parmesan à nouveau.

Laisser 30 minutes au four chauffé à 180 °C. (350 °F.) Si le dessus n'est pas doré au bout de ce temps, placer la casserole sous le gril une minute ou deux.

Donne 4 portions.

Stroganoff aux champignons et à l'estragon

Je sers avec plaisir ce savoureux stroganoff lorsque j'ai des invités à souper. Bien qu'il conserve son goût traditionnel, il est moins riche en cholestérol et en calories que la plupart des autres stroganoffs parce que la crème sure est allongée avec du yaourt.

810	ml	(3¼ tasses) de bouillon
250	ml	(1 tasse) de riz brun non cuit
500	ml	(2 tasses) de yaourt
3		gros oignons tranchés en fines rondelles
30	ml	(2 c. à soupe) de beurre
5	ml	(1 c. à thé) de paprika
450	g	(1 livre) de champignons en lamelles fines
1		poivron rouge en tranches fines
3		gousses d'ail émincées
250	ml	(1 tasse) de crème sure
30	ml	(2 c. à soupe) de jus de citron
10	ml	(2 c. à thé) de sauce tamari
15	ml	(1 c. à soupe) d'estragon haché ou
5	ml	(1 c. à thé) d'estragon sec
15	ml	(1 c. à soupe) d'aneth haché ou
5	ml	(1 c. à thé) d'aneth sec
125	ml	(½ tasse) de persil haché
125	ml	(½ tasse) de noix d'acajou rôties concassées

Dans une grande casserole, faire bouillir 750 ml (3 tasses) de bouillon. Verser le riz, couvrir et laisser mijoter jusqu'à ce que le riz soit à point et tout le bouillon absorbé, environ 50 minutes.

Pendant que le riz cuit, verser le yaourt dans une passoire ou un tamis garni d'un coton à fromage. Laisser égoutter au-dessus d'un bol.

Dans un grand récipient, à feu doux, faire attendrir les oignons dans le beurre et 60 ml (¼ de tasse) de bouillon qui reste. Y ajouter le paprika, les champignons, le poivron et l'ail. Couvrir et cuire jusqu'à ce que les champignons soient tendres et aient rendu leur jus. Découvrir et, en brassant souvent, faire évaporer le liquide en veillant à ce que l'ail et les oignons n'attachent pas.

Battre au fouet dans un bol la crème sure, le yaourt égoutté, le jus de citron et la sauce tamari. Incorporer aux champignons et laisser à feu doux jusqu'à ce que le mélange soit réchauffé. Ajouter alors l'estragon, l'aneth et le persil et éparpiller les noix d'acajou dessus. Se sert sur le riz brun qui a été préparé.

Donne de 4 à 6 portions.

Strata aux tomates et au riz

15	ml	(1 c. à soupe) de beurre
15	ml	(1 c. à soupe) d'huile
250	ml	(1 tasse) de champignons finement hachés
250	ml	(1 tasse) d'oignons finement émincés
250	ml	(1 tasse) de tomates hachées
30	ml	(2 c. à soupe) de basilic haché ou
10	ml	(2 c. à thé) de basilic sec
30	ml	(2 c. à soupe) de persil haché
1	ml	(⅛ c. à thé) de poivre de Cayenne
375	ml	(1½ tasse) de riz brun cuit (voir instructions, page 226)
250	ml	(1 tasse) de cheddar râpé
3		oeufs

250 ml (1 tasse) de lait
15 ml (1 c. à soupe) de beurre fondu
125 ml (½ tasse) de chapelure de pain de blé entier
30 ml (2 c. à soupe) de parmesan râpé
250 ml (1 tasse) de yaourt

À feu assez bas, chauffer le beurre et l'huile dans une grande poêle jusqu'à ce que le mélange écume. Ajouter les oignons et les champignons et cuire jusqu'à ce que les oignons soient fondants.

Ajouter les tomates, le basilic, le persil et le poivre de Cayenne et laisser cuire à feu moyen, en brassant souvent, pour que les tomates soient molles et que l'excès de liquide soit évaporé.

Beurrer un plat à four carré de 20 ou de 22 cm (8 ou 9 po) ou le graisser avec un mélange à parties égales d'huile et de lécithine liquide.

Étaler le riz cuit dans le plat puis la préparation à la tomate en couche uniforme puis parsemer de cheddar.

Dans un petit bol bien battre à la fourchette les oeufs et le lait et verser sur la couche de fromage.

Dans un petit récipient, mélanger le beurre fondu avec la chapelure et le parmesan et répartir sur le dessus.

Mettre dans un four chauffé à 190°C (375°F). Laisser 35 ou 40 minutes ou jusqu'à ce que la strata ait gonflé et soit dorée. Retirer quand une lame plongée au centre en ressort nette. Servir chaude avec du yaourt.

Donne 4 portions.

Risotto sauvage

Ici du safran, du riz sauvage, des graines, des fèves et des carottes rendent ce riz brun original. Un plat fortifiant au souper.

375 ml (1½ tasse) d'oignons émincés
3 gousses d'ail hachées
15 ml (1 c. à soupe) de beurre
15 ml (1 c. à soupe) d'huile d'olive

125 ml (½ tasse) de riz à grain long non cuit
60 ml (¼ tasse) de riz sauvage non cuit
500 ml (2 tasses) de bouillon
1 ml (⅛ c. à thé) de safran
85 ml (⅓ tasse) d'échalotes hachées
15 ml (1 c. à soupe) de beurre
60 ml (¼ tasse) de graines de citrouille
60 ml (¼ tasse) de graines de tournesol
2 grosses carottes en fines rondelles étuvées environ 5 minutes
250 ml (1 tasse) de fèves rouges cuites
60 ml (¼ tasse) de persil haché
30 ml (2 c. à soupe) d'aneth haché ou
10 ml (2 c. à thé) d'aneth sec
15 ml (1 c. à soupe) d'origan haché ou
5 ml (1 c. à thé) d'origan sec
500 ml (2 tasses) de yaourt

Dans une grande casserole de pyrex, faire revenir les oignons dans 15 ml (1 c. à soupe) de beurre et 15 ml (1 c. à soupe) d'huile jusqu'à ce qu'ils soient fondants. Puis verser le riz brun et le riz sauvage et laisser encore revenir quelques minutes.

Ajouter le bouillon et le safran et laisser à feu doux jusqu'à ce que le riz soit à point et tout le liquide évaporé, environ 50 minutes.

Dans une petite poêle, mettre 15 ml (1 c. à soupe) de beurre et faire attendrir les échalotes. Verser les graines de citrouille et de tournesol et laisser encore quelques minutes pour rôtir les graines légèrement.

Quand le riz est à point, incorporer avec précaution les graines, les carottes, les fèves, le persil, l'aneth et l'origan.

Mettre dans un four chauffé à 190°C (375°F) environ 30 minutes ou jusqu'à ce que le risotto soit complètement chaud.

Servir avec du yaourt.

Donne 4 portions.

Croque-monsieur au fromage

Un repas rapide et tout simple. La luzerne combat le cholestérol, alors ne pas la ménager.

4		tranches fines de pain complet
250	ml	(1 tasse) de fromage cottage
15	ml	(1 c. à soupe) de basilic haché ou
5	ml	(1 c. à thé) de basilic sec
1		tomate tranchée en fines rondelles
8		tranches de fromage doux
		germes de luzerne

Après avoir légèrement grillé le pain, étaler environ 60 ml (¼ tasse) de fromage cottage sur chaque tranche sans en mettre au bord. Parsemer de basilic.

Ajouter sur le pain des rondelles de tomate et des tranches de fromage. Passer sous le gril quelques minutes pour fondre le fromage.

Avant de servir, couvrir de germes de luzerne.

Donne 4 croque-monsieur.

Aubergine au four sauce pesto

La couche d'aubergine

1		grosse aubergine, 675 g (1½ livre) environ
1		oeuf
30	ml	(2 c. à soupe) de lait
30 à 45	ml	(2 à 3 c. à soupe) d'huile d'olive

La couche de ricotta

250	ml	(1 tasse) de ricotta
1		oeuf
250	ml	(1 tasse) de persil haché
1		gousse d'ail émincée
60	ml	(¼ tasse) de parmesan râpé

La couche de pesto

60	ml	(¼ tasse) bien serrée de feuilles de basilic
45	ml	(3 c. à soupe) d'huile d'olive
30	ml	(2 c. à soupe) de parmesan râpé
1		gousse d'ail émincée
15	ml	(1 c. à soupe) de pignons

Le montage

250	ml	(1 tasse) de sauce tomate (voir page 138)
85	ml	(⅓ tasse) de mozzarella ou de provolone râpé

Préparation de la couche d'aubergine

Peler l'aubergine (facultatif) et la couper en tranches de 1 cm (½ po).

Dans une assiette creuse, mélanger l'oeuf et le lait et y plonger les rondelles d'aubergine.

Couvrir d'huile une grande poêle antiadhésive et chauffer l'huile. Faire brunir les tranches d'aubergine des deux côtés en ajoutant de l'huile si nécessaire.

Préparation de la couche de ricotta

Au batteur ou au mixer, faire un mélange homogène avec le ricotta, l'oeuf, le persil, l'ail et le parmesan.

Préparation de la couche de pesto

Au batteur ou au mixer, faire un mélange homogène avec le basilic, l'huile, le parmesan, l'ail et les pignons.

Montage

Dans un plat à four de 17 cm sur 27 (7 po sur 11) verser la moitié de la sauce tomate puis la moitié des aubergines.

Puis étaler le ricotta par-dessus et le couvrir avec le reste de l'aubergine.

Mettre le pesto, napper le dessus avec le reste de la sauce et parsemer de fromage râpé. Mettre dans un four chauffé à 180°C (350°F) environ 30 minutes.

Donne 4 portions.

Soufflé à la courge

Voici un soufflé plus classique qu'il faut servir au sortir du four pour qu'il ne tombe pas.

Pour assurer sa réussite, les jaunes et les blancs d'oeufs doivent être à température ambiante avant de les battre. Il est pourtant recommandé de séparer les blancs quand les oeufs sont froids car les jaunes sont plus fermes et moins sujets à s'ouvrir. Aucune particule de jaune ne doit se mêler aux blancs quand on les bat. C'est un impératif sinon les blancs ne gonflent pas bien et le soufflé ne monte pas.

30	ml	(2 c. à soupe) de parmesan râpé
2		échalotes émincées
15	ml	(1 c. à soupe) de beurre
250	ml	(1 tasse) de purée de courge d'hiver cuite
250	ml	(1 tasse) de lait
45	ml	(3 c. à soupe) de beurre
60	ml	(¼ tasse) de farine pâtissière de blé entier
5	ml	(1 c. à thé) de moutarde sèche
5	ml	(1 c. à thé) de sarriette hachée ou
2	ml	(¼ c. à thé) de sarriette sèche
5	ml	(1 c. à thé) de marjolaine hachée ou
2	ml	(¼ c. à thé) de marjolaine sèche
5	ml	(1 c. à thé) de thym haché ou
2	ml	(¼ c. à thé) de thym sec
4		jaunes d'oeufs
6		blancs d'oeufs
180	ml	(¾ tasse) de fromage suisse ou de cheddar râpé

Beurrer généreusement un plat à soufflé de 1,2 l à 1,5 l (5 à 6 tasses) et le garnir d'une feuille de papier ciré en collerette. Prendre une feuille ayant 10 cm (4 po) de plus que le diamètre extérieur du plat. La plier en deux dans le sens de la longueur et beurrer un côté. Entourer l'extérieur du plat à soufflé de ce papier, le côté beurré étant à l'intérieur et l'attacher avec une ficelle.

La menthe

Si l'on en croit la légende ancienne, dans une crise de jalousie, la femme de Pluton changea Menthe, la nymphe bien-aimée de son mari en la plante qui porte désormais son nom. Mais au cours de l'histoire, la menthe poivrée qui est la plus parfumée a été la plus utilisée en phytothérapie. L'infusion de menthe calme les nerfs, régularise la digestion, atténue les migraines et les symptômes de grippe et de rhume. Ses feuilles procurent une sensation de fraîcheur et de léger engourdissement et soulagent les maux de dents et les démangeaisons.

Couvrir de parmesan l'intérieur du plat.

Préchauffer le four à 200°C (400°F).

Dans une petite poêle, faire revenir 3 minutes l'échalote dans 15 ml (1 c. à soupe) de beurre, sans la laisser prendre couleur. Puis verser la courge et cuire encore 5 minutes à feu moyen en brassant souvent pour faire évaporer l'excès d'humidité. Ne pas laisser brûler.

Chauffer le lait dans une petite casserole.

Dans une casserole de 1 litre (4 tasses) faire fondre 45 ml (3 c. à soupe) de beurre, verser la farine et cuire 2 minutes en brassant sans arrêt. Puis battre dedans le lait chaud. Cuire à feu moyen et brasser sans arrêt jusqu'à ce que la sauce soit très épaisse. Retirer du feu. Incorporer la moutarde, la sarriette, la marjolaine, le thym et enfin la courge.

Battre un à un les jaunes d'oeufs dans la sauce et verser le tout dans un très grand bol.

Dans un autre, avec des batteurs propres, battre les blancs en neige ferme et brillante sans être trop dure.

Incorporer avec précaution ⅓ des blancs dans la sauce. Parsemer d'un tiers du fromage et mêler légèrement. Répéter la même opération deux fois avec les blancs et le fromage qui restent. Procéder avec précaution pour que les blancs ne retombent pas. Il vaut mieux qu'il y ait des traces de blanc dans le mélange plutôt que de trop tourner la préparation.

Verser avec précaution dans le moule beurré et entouré de papier. Enfourner et baisser aussitôt la température à 190°C (375°F).

Laisser cuire environ 35 minutes ou jusqu'à ce que le dessus soit monté et doré et qu'une lame plongée au milieu en ressorte nette.

Couper la ficelle et enlever avec soin la collerette de papier. Servir sans délai.

Donne 4 portions.

Chapitre 9

Le poulet et la volaille

Le poulet est riche en protéines et pauvre en graisse et en sodium. On peut encore réduire sa teneur en graisse en enlevant la peau car c'est là surtout qu'elle est placée. Le poulet est aussi une source sûre de niacine, de vitamine B6, de fer, de potassium et de zinc.

Poulet à l'estragon

Recette classique pour faire revenir les blancs de poulet. Elle comporte une sauce blanche aux herbes. Si elle épaissit trop, on peut l'allonger en ajoutant du lait à volonté. Le riz brun sert d'accompagnement.

2		grosses poitrines de poulet
30	ml	(2 c. à soupe) de beurre
15	ml	(1 c. à soupe) d'estragon haché ou
5	ml	(1 c. à thé) d'estragon sec
1		gros oignon émincé
45	ml	(3 c. à soupe) de farine pâtissière de blé entier
125	ml	(½ tasse) de bouillon
250	ml	(1 tasse) de lait
450	g	(1 livre) de nouilles de blé entier, cuites

Désosser le poulet, enlever la peau et toute la graisse apparente. Diviser chaque poitrine en deux pour obtenir 4 morceaux de blanc. Essuyer pour enlever l'humidité.

Faire fondre le beurre dans une grande poêle à frire et faire vivement dorer les morceaux des deux côtés. Retirer et réserver.

Ajouter l'estragon et l'oignon dans la poêle et laisser mijoter jusqu'à ce que les oignons soient fondants. Éparpiller la farine sur les oignons et brasser pour l'incorporer. Puis verser le bouillon et brasser jusqu'à ce que le mélange épaississe. Ajouter le lait et brasser à mesure que la sauce épaissit.

Remettre le poulet dans la poêle, couvrir et laisser cuire 20 minutes à feu doux ou jusqu'à ce que le poulet soit à point et la sauce épaisse. Brasser de temps à autre.

Servir sur les nouilles cuites.

Donne 4 portions.

Poulet épicé à la noix de coco

Voici mon interprétation d'une recette que je tiens de Hella de Beauclair à la Cooking Company à Wescosville en Pennsylvanie. Le safran donne au poulet une magnifique couleur et le poivron rouge un certain feu. Se fier aux raisins de Corinthe, au persil, aux oignons et au poivron rouge pour apporter en abondance les sels minéraux et les vitamines.

45	ml	(3 c. à soupe) de jus de pomme
30	ml	(2 c. à soupe) de raisins de Corinthe
450	g	(1 livre) de poitrines de poulet désossées
15	ml	(1 c. à soupe) d'huile
60	ml	(¼ tasse) de noix de coco râpée
60	ml	(¼ tasse) de persil haché
30	ml	(2 c. à soupe) de beurre fondu
30	ml	(2 c. à soupe) de beurre
500	ml	(2 tasses) d'oignons finement hachés
1		poivron rouge coupé en tranches de 0,5 cm (¼ po)
1		poivron piquant haché
15	ml	(1 c. à soupe) de jus de citron
1	ml	(⅛ c. à thé) de safran

Tiédir le jus de pomme et y verser les raisins. Laisser en attente 30 minutes.

Mettre les blancs de poulet entre deux feuilles de papier ciré et les aplatir au maillet pour qu'ils aient 0,5 cm (¼ po) d'épaisseur. Les enduire d'huile et les laisser 30 minutes en attente.

Dans un petit récipient, mélanger la noix de coco, le persil et le beurre fondu et laisser en attente.

Chauffer 30 ml (2 c. à soupe) de beurre dans un grand poêlon et faire revenir les blancs de poulet jusqu'à ce qu'ils soient opaques et légèrement brunis. Les mettre dans un plat à four de 17 cm sur 27 (7 po sur 11).

Mettre dans la poêle, les oignons, le poivron rouge et le poivron vert et les faire revenir jusqu'à ce qu'ils soient fondants. Ajouter le jus de citron, le safran, les raisins et le jus de pomme et laisser à feu moyen jusqu'à évaporation du liquide.

Étaler sur le poulet une couche mince d'oignons. Parsemer de la préparation de noix de coco.

Mettre au four chauffé à 180°C (350°F) environ 15 minutes ou jusqu'à ce que la noix de coco soit un peu dorée.

Donne 4 portions.

Blancs de poulet façon Vergé

Voici une adaptation d'une recette que j'ai acquise à l'école de cuisine de Roger Vergé, en Provence. La sauce riche et épaisse est courte. Elle nappe légèrement la viande.

2		grosses poitrines de poulet
45	ml	(3 c. à soupe) de beurre
180	ml	(¾ tasse) d'échalotes émincées
30	ml	(2 c. à soupe) de basilic haché ou
10	ml	(2 c. à thé) de basilic sec
15	ml	(1 c. à soupe) de thym haché ou
5	ml	(1 c. à thé) de thym sec
85	ml	(⅓ tasse) de bouillon
60	ml	(¼ tasse) de crème à 15%
2		jaunes d'oeufs
125	ml	(½ tasse) de crème à 15%
15	ml	(1 c. à soupe) de persil haché

Désosser le poulet, enlever la peau et toute graisse apparente. Diviser chaque poitrine en deux pour obtenir 4 morceaux de blanc.

Dans une cocotte ou une poêle à frire assez grande pour y coucher le poulet à plat, fondre le beurre à feu assez bas. Ajouter les échalotes, le basilic, le thym et le poulet par-dessus. Couvrir et laisser cuire 10 minutes. Retourner le poulet, couvrir et laisser cuire encore 10 minutes. Mettre le poulet sur une assiette au chaud.

Verser le bouillon dans la casserole, augmenter le feu et faire réduire le liquide à un volume de 30 à 45 ml (2 à 3 c. à soupe). Ajouter 60 ml (¼ tasse) de crème à 15% et réduire à un volume d'environ 45 ml (3 c. à soupe). Retirer du feu.

Dans un bol, battre les jaunes d'oeufs avec 125 ml (½ tasse) de crème à 15% et verser ce mélange dans la sauce en la battant au fouet. Remettre à feu bas et fouetter sans arrêt jusqu'à ce que la sauce commence à épaissir (2 à 3 minutes). Ne pas laisser bouillir sinon elle caillerait. Incorporer le persil et servir chaud sur le poulet.

Donne 4 portions.

Poulet aigre-doux en robe rose

Voici une version originale du poulet aigre-doux. Ce plat doit sa couleur à la pâte de tomate qui a mijoté dans la sauce. On peut d'ailleurs la préparer d'avance et la conserver au réfrigérateur. L'ananas apporte du potassium et des vitamines A et C et les carottes une importante quantité de vitamine A. Servir le poulet sur du riz brun qui complétera ses qualités nutritives en apportant des vitamines C et des fibres.

La sauce

125	ml	(½ tasse) de vinaigre blanc
60	ml	(¼ tasse) de jus d'orange
60	ml	(¼ tasse) de jus d'ananas
60	ml	(¼ tasse) de miel
30	ml	(2 c. à soupe) de pâte de tomate
5	ml	(1 c. à thé) de mélasse
30	ml	(2 c. à soupe) d'eau
15	ml	(1 c. à soupe) de fécule

La friture

450	g	(1 livre) de poitrines de poulet désossées
30	ml	(2 c. à soupe) de jus de pomme
20	ml	(4 c. à thé) de sauce tamari
15	ml	(1 c. à soupe) de fécule
15	ml	(1 c. à soupe) d'huile
2		grosses carottes coupées en rondelles de 0,6 cm (⅜ de po)
45	ml	(3 c. à soupe) d'huile
1		gros poivron coupé en tranches de 0,6 cm (⅜ de po)
4		échalotes coupées en tronçons de 2,5 cm (1 po)
250	ml	(1 tasse) de morceaux d'ananas égouttés
10	ml	(2 c. à thé) de racine de gingembre râpée
750	ml	(3 tasses) de riz brun cuit et chaud (voir conseils de cuisson, page 226)

Préparation de la sauce

Réunir dans une petite casserole le vinaigre, le jus d'orange, le jus d'ananas, le miel, la pâte de tomate et la mélasse. Faire bouillir et laisser mijoter 10 minutes.

Battre l'eau et la fécule dans une petite tasse et quand le mélange est lisse, le verser dans la sauce. Laisser cuire encore 1 à 2 minutes, en brassant sans arrêt jusqu'à épaississement de la sauce. Laisser en attente.

Préparation de la friture au wok

Aplatir le poulet au maillet jusqu'à une épaisseur de 0,6 cm (⅜ de po), le débiter en morceaux d'environ 2,5 cm sur 5 (1 po sur 2) et les mettre dans un grand récipient.

Dans une petite tasse mélanger le jus de pomme, la sauce tamari, 15 ml (1 c. à soupe) d'huile et de fécule jusqu'à consistance lisse. Verser sur le poulet et bien imprégner les morceaux. Laisser mariner de 30 à 60 minutes.

Faire bouillir les carottes dans 125 ml (½ tasse) d'eau environ 10 minutes ou le temps de les attendrir. Ne pas trop faire cuire. Égoutter et laisser en attente.

Dans un wok, à grand feu ou dans une grande poêle antiadhésive à feu moyen, faire chauffer 45 ml (3 c. à soupe) d'huile.

Mettre le poulet et faire saisir 3 à 4 minutes ou jusqu'à ce que la chair soit opaque. Enlever avec une écumoire et garder au chaud.

Faire revenir les poivrons et l'échalote pendant 3 minutes. Ajouter les carottes, l'ananas, le gingembre et laisser revenir une minute encore.

Remettre le poulet dans la poêle, ajouter la sauce et bien chauffer.

À servir sur un lit de riz brûlant.

Donne 4 portions.

Poulet aux arachides à la mode africaine

Dans l'Afrique de l'Ouest, les arachides appelées noix de terre sont un aliment essentiel. Elles sont riches en protéines, en potassium et en niacine mais pauvres en sodium, à moins qu'elles ne soient salées. Si à votre goût la sauce est trop épaisse, l'allonger avec de la sauce tomate ou du bouillon.

450	g	(1 livre) de poitrines de poulet désossées
60	ml	(¼ tasse) de farine de blé entier
30	ml	(2 c. à soupe) de beurre
15	ml	(1 c. à soupe) d'huile
3		oignons en fines rondelles
250	ml	(1 tasse) de bouillon
250	ml	(1 tasse) de sauce tomate (voir Index)
30	ml	(2 c. à soupe) de beurre d'arachide
60	ml	(¼ tasse) de persil haché
45	ml	(3 c. à soupe) d'aneth haché ou
15	ml	(1 c. à soupe) d'aneth sec
30	ml	(2 c. à soupe) de basilic haché ou
10	ml	(2 c. à thé) de basilic sec
		quelques brins de coriandre hachés (facultatif)
750	ml	(3 tasses) de riz cuit chaud ou de bulgur (voir conseils de cuisson, pages 226)

Couper les poitrines en morceaux d'environ 1 cm sur 5 cm (½ po sur 2).

Mettre la farine dans un sac de papier ou de plastique, y mettre quelques morceaux de poulet à la fois et secouer le sac pour les fariner.

Dans une grande sauteuse, chauffer le beurre et l'huile jusqu'à ce que le beurre mousse. Ajouter le poulet et le faire revenir rapidement. Quand les morceaux ont pris couleur, les enlever à l'écumoire et garder au chaud.

Ajouter les oignons et le bouillon dans la sauteuse, couvrir et cuire à feu doux jusqu'à ce que les oignons soient vraiment fondants, environ 10 minutes.

Ajouter encore la sauce tomate et le beurre d'arachide et cuire 5 minutes.

Replacer le poulet dans la sauteuse avec le persil, l'aneth, le basilic, la coriandre et bien chauffer.

Servir sur un lit de riz brun ou de bulgur.

Donne 4 portions.

Escalopes de poulet roulées aux champignons

J'ai vu cette recette présentée la première fois aux cours de cuisine de Rita Stanton à Wescosville en Pennsylvanie. Le poulet se sert chaud comme plat principal ou froid et découpé en carrés comme hors-d'oeuvre. Les champignons apportent des vitamines B et du potassium.

2		grosses poitrines de poulet
345	g	(12 oz) de champignons
1		oignon moyen émincé
15	ml	(1 c. à soupe) de beurre
15	ml	(1 c. à soupe) d'huile
60	ml	(¼ tasse) de chapelure de blé entier
45	ml	(3 c. à soupe) de ricotta
30	ml	(2 c. à soupe) de parmesan râpé
30	ml	(2 c. à soupe) de persil haché
10	ml	(2 c. à thé) de basilic haché ou
3	ml	(½ c. à thé) de basilic sec
5	ml	(1 c. à thé) de romarin haché ou
2	ml	(¼ c. à thé) de romarin sec
1		jaune d'oeuf

Désosser le poulet, enlever la peau et toute la graisse apparente. Couper chaque poitrine en deux pour obtenir 4 morceaux de blanc.

Mettre chaque morceau entre deux feuilles de papier ciré et aplatir la viande au maillet ou le plat d'un gros couperet jusqu'à ce que son épaisseur soit d'environ 0,5 cm (¼ de po) en veillant à ne pas déchirer la viande. Mettre en attente.

Émincer les champignons, les placer dans un linge propre ou un coton à fromage et en faire sortir le plus de jus possible (serrer à la main par poignées successives).

À feu à peine moyen, cuire les champignons et les oignons dans le beurre et l'huile au moins 10 minutes ou jusqu'à évaporation du liquide. Brasser souvent.

Mélanger les champignons avec la chapelure, le ricotta, le parmesan, le persil, le basilic, le romarin et le jaune d'oeuf.

Faire 2 parts de cette garniture et façonner chacune en forme de bûche. Disposer chacune dans le sens de la longueur sur un blanc de poulet, enrouler avec soin pour envelopper la farce.

Mettre chaque rouleau sur un morceau de papier brun ordinaire.

Dans une grande marmite, faire bouillir 2,5 cm (1 po) d'eau. Disposer les rouleaux et leur papier sur une étuveuse et les mettre dans la marmite. S'assurer que l'eau n'arrive pas au niveau de l'étuveuse. Couvrir et cuire à la vapeur de 15 à 18 minutes ou jusqu'à ce que le poulet soit à point.

Donne 4 portions.

La moutarde

L'antiquité appréciait déjà la moutarde pour sa puissante saveur capiteuse. En cataplasme elle a la réputation d'activer la circulation sanguine et de soulager les douleurs rhumatismales et les inflammations des organes internes. Il faut veiller à ne pas trop prolonger l'application pour éviter d'irriter la peau. Un bain de pied à la moutarde est sensé soulager la fièvre et le rhume.

Tarte marocaine

Voici mon interprétation d'un plat marocain traditionnel que j'ai vu présenter par Paula Wolfert dans son cours à New York. J'ai remplacé la pâte habituelle faite avec de la farine blanche par des crêpes de blé entier. On trouve dans ce plat un mélange original de saveurs sucrées et de saveurs fortes. Le mien est plus facile à réaliser que celui que l'on sert au Maroc. Les couches peuvent être préparées à l'avance et assemblées juste avant d'enfourner.

La couche de poulet

450 g	(1 livre) de poitrines de poulet désossées
125 ml	(½ tasse) de persil haché
15 ml	(1 c. à soupe) de feuilles de coriandre hachées (facultatif)
1	gros oignon émincé
1	pincée de safran ou
1 ml	(⅛ c. à thé) de curcuma pour colorer
3 ml	(½ c. à thé) de poivre noir moulu
125 ml	(½ tasse) de poudre de gingembre
2	bâtons de cannelle
15 ml	(1 c. à soupe) de beurre
375 ml	(1½ tasse) de bouillon

La couche d'oeuf

4	oeufs
15 ml	(1 c. à soupe) de jus de citron

La couche d'amandes

115 g	(4 oz) d'amandes entières
3 ml	(½ c. à thé) de poudre de cannelle
15 ml	(1 c. à soupe) de miel
15 ml	(1 c. à soupe) de beurre

Le montage

7	grandes crêpes d'au moins 16,5 cm (6½ po) de diamètre
45 ml	(3 c. à soupe) de beurre fondu
500 ml	(2 tasses) de yaourt

Préparation de la couche de poulet

Dans une grande poêle, mélanger le poulet, le persil, la coriandre, l'oignon, le safran (ou le curcuma), le poivre, le gingembre, les bâtons de cannelle, le beurre et le bouillon. Couvrir. Laisser mijoter jusqu'à ce que le poulet soit à point.

Enlever le poulet, les bâtons de cannelle et les os détachés. Désosser le poulet, hacher fin la chair et laisser en attente.

À grand feu faire bouillir à gros bouillons le liquide qui est dans la poêle jusqu'à ce qu'il épaississe et soit réduit à un volume d'environ 180 ml (¾ tasse). Brasser souvent dès que le liquide épaissit.

Préparation de la couche d'oeufs

Bien battre les oeufs dans un petit récipient et incorporer le jus de citron.

Baisser le feu sous la poêle et y verser les oeufs qui devraient frémir seulement. Laisser cuire jusqu'à épaississement en brassant sans arrêt avec une cuillère en bois. Ne pas laisser les oeufs sécher. Les verser dans un petit récipient pour qu'ils refroidissent.

Préparation de la couche d'amandes

Étaler les amandes sur une tôle et les mettre au four chauffé à 160° C (325° F) de 15 à 20 minutes environ ou jusqu'à ce qu'elles soient grillées. Les remuer fréquemment. Après quoi, les laisser refroidir quelques minutes et réduire en poudre fine au mixer. Ajouter la cannelle, le miel et le beurre et faire tourner l'appareil jusqu'à ce que le mélange soit homogène. Laisser en attente.

Montage

Badigeonner le côté tacheté de chaque crêpe avec du beurre fondu et en placer une au milieu du moule. Disposer ensuite les six autres de manière à ce qu'elles empiètent l'une sur l'autre et couvrent le fond et la paroi du moule. Le haut des crêpes doit dépasser le haut du moule.

Étaler le poulet sur les crêpes, couvrir avec les oeufs en étalant chaque couche pour qu'elle touche le bord du moule. Recouvrir de toutes les amandes.

Replier sur les amandes les crêpes qui dépassent et les badigeonner de beurre fondu.

Mettre 10 minutes dans un four chauffé à 220° C (425° F).

Enlever du four et sur ce plat poser une tôle à pizza ou un moule plus grand. Retourner de façon à ce que la tarte soit sur le grand plat. Enlever le moule de cuisson.

Remettre la tarte au four et la laisser cuire pendant 10 minutes.

La retourner de nouveau sur le plat de service et servir accompagné de yaourt nature.

Donne 4 portions.

Sauté de poulet au poivron rouge

450	g	(1 livre) de poitrines de poulet désossées
60	ml	(¼ tasse) de farine de blé entier
30	ml	(2 c. à soupe) de beurre
15	ml	(1 c. à soupe) d'huile
2		poivrons rouges taillés en lanières de 1 cm sur 5 (½ po sur 2)
60	ml	(¼ tasse) d'échalotes émincées
125	ml	(½ tasse) de bouillon
2		grosses tomates pelées, épépinées et hachées
125	ml	(½ tasse) de sauce tomate (voir Index)
30	ml	(2 c. à soupe) de jus de citron
15	ml	(1 c. à soupe) de vinaigre au thym ou de vinaigre de vin blanc
180	ml	(¾ tasse) de crème à 15%
30	ml	(2 c. à soupe) de ciboulette hachée
15	ml	(1 c. à soupe) de thym haché ou
5	ml	(1 c. à thé) de thym sec
15	ml	(1 c. à soupe) d'origan haché ou
5	ml	(1 c. à thé) d'origan sec
750	ml	(3 tasses) de riz brun chaud cuit ou de bulgur (voir conseils de cuisson, pages 158 et 226)

Découper le poulet en morceaux d'environ 1 cm sur 5 (½ po sur 2). Les fariner.

Dans une grande sauteuse, chauffer l'huile et le beurre jusqu'à ce qu'ils moussent et faire dorer les morceaux de poulet. Les enlever à l'écumoire et les tenir au chaud.

Ajouter les poivrons, l'échalote et le bouillon. Couvrir. Laisser à feu doux 5 minutes ou jusqu'à ce que les poivrons soient tendres. Enlever à l'écumoire et mettre dans le plat où est le poulet.

Ajouter les tomates, la sauce tomate, le jus de citron et le vinaigre dans la sauteuse et laisser cuire à feu moyen jusqu'à ce que le mélange épaississe. Brasser souvent pour éviter qu'il attache. Enlever du feu.

Dans la sauteuse, incorporer lentement au fouet la crème à 15% en battant avec énergie pour qu'elle ne caille pas. Ajouter la ciboulette, le thym, l'origan et reverser le poulet et les poivrons dans la sauteuse.

Mettre sur feu moyen jusqu'à ce que le plat soit totalement réchauffé sans laisser la sauce bouillir.

Donne 4 portions.

Poulet au citron et au sésame

Un poulet frit exquis. Faute de châtaignes d'eau, des radis tranchés en fines rondelles feront l'affaire. Les nouilles aux fèves qui sont quasi transparentes sont faites avec des fèves mung et se trouvent dans les boutiques de produits orientaux.

450	g	(1 livre) de poitrines de poulet désossées
15	ml	(1 c. à soupe) de fécule
15	ml	(1 c. à soupe) d'eau
60	ml	(¼ tasse) de jus de pomme
60	ml	(¼ tasse) de bouillon
45	ml	(3 c. à soupe) de jus de citron
45	ml	(3 c. à soupe) de miel
20	ml	(4 c. à thé) de sauce tamari
45	ml	(3 c. à soupe) d'huile de sésame ou d'huile
250	ml	(1 tasse) de champignons en fines lamelles
180	ml	(¾ tasse) d'échalotes finement émincées
15	ml	(1 c. à soupe) de gingembre haché
1		gousse d'ail émincée
250	ml	(1 tasse) de châtaignes d'eau (230 g, soit 8 oz)
60	ml	(¼ tasse) de graines de sésame un peu grillées
		nouilles de riz brun ou nouilles transparentes cuites

Couper le poulet en lanières d'environ 1 cm sur 5 de long (½ po sur 2). Les essuyer avec du papier absorbant.

Délayer la fécule dans l'eau et ajouter le jus de pomme, le bouillon, le jus de citron, le miel et la sauce tamari.

À grand feu chauffer 30 ml (2 c. à soupe) d'huile dans un wok, ou dans une rôtissoire à chaleur moyenne. Frire les morceaux de poulet, en deux fois, jusqu'à ce qu'ils soient opaques. Avec l'écumoire, les placer sur une assiette.

Ajouter encore 15 ml (1 c. à soupe) d'huile et faire frire de même les champignons, l'échalote, le gingembre et l'ail 2 ou 3 minutes. Ne pas laisser l'ail prendre couleur.

Remettre le poulet en incorporant les ingrédients liquides et les châtaignes d'eau. Cuire 5 minutes de plus pour épaissir la sauce. Parsemer de graines de sésame.

Servir sur du riz brun ou sur des nouilles transparentes.

Donne 4 portions.

Poulet épicé aux arachides

En forçant la dose de poivron piquant ou en l'amoindrissant on peut rendre ce plat plus ou moins épicé.

450 g	(1 livre) de poitrines de poulet désossées
15 ml	(1 c. à soupe) d'huile
30 ml	(2 c. à soupe) de fécule
125 ml	(½ tasse) de jus de pomme
125 ml	(½ tasse) de bouillon
60 ml	(4 c. à soupe) de sauce tamari
45 ml	(3 c. à soupe) d'huile d'arachide
165 ml	(⅔ tasse) d'échalotes en rondelles
165 ml	(⅔ tasse) de champignons tranchés en fines lamelles
125 ml	(½ tasse) d'arachides rôties non salées
1	petit poivron piquant rouge haché

Débiter le poulet en morceaux de 1 cm sur 2,5 (⅜ po sur 1) et les mettre dans un récipient contenant 15 ml (1 c. à soupe) d'huile.

Dans un petit bol, faire un mélange homogène avec la fécule et le jus de pomme. Y verser le bouillon et la sauce tamari.

À feu moyen dans une grande poêle ou à feu vif dans un wok faire chauffer l'huile d'arachide. Y faire sauter le poulet en plusieurs fois jusqu'à ce qu'il soit tout à fait opaque. Le sortir à l'écumoire et le placer sur un plat.

Faire revenir l'échalote, les champignons, les arachides et le poivron environ 3 minutes, jusqu'à ce que les légumes soient tendres.

Remettre le poulet. Incorporer le mélange de fécule, couvrir. Cuire 5 minutes en brassant parfois ou jusqu'à épaississement de la sauce.

Donne 4 portions.

La muscade

La muscade est la graine du fruit d'un arbre à feuilles persistantes qui pousse à l'état sauvage dans certaines régions d'Indonésie. Le noyau renfermant cette graine est recouvert d'une enveloppe charnue qui, réduite en poudre, donne le macis. Sa saveur est la même que celle de la noix de muscade. Selon les herboristes, à faible dose, elle prévient la dyspepsie et les flatuosités et arrête les nausées. L'huile de muscade entre dans la composition de certains produits pharmaceutiques à titre d'aromate.

Rouleaux de poulet aux épinards

Dans ces rouleaux, les épinards apportent les fibres, le magnésium et les vitamines A, C et K. Il vaut mieux utiliser un mixer pour faire la farce.

2		grosses poitrines de poulet
225	g	(½ livre) d'épinards en feuilles
1		gousse d'ail émincée
1		échalote émincée
15	ml	(1 c. à soupe) d'huile d'olive
15	ml	(1 c. à soupe) de romarin haché ou
5	ml	(1 c. à thé) de romarin sec
60	ml	(¼ tasse) de chapelure de blé entier
60	ml	(¼ tasse) de fromage feta émietté
1		oeuf

Désosser le poulet et enlever la peau et toute la graisse apparente. Couper chaque poitrine en deux ce qui donne 4 blancs.

Placer chaque blanc entre 2 feuilles de papier ciré et l'aplatir avec un maillet ou le plat d'un gros couperet pour que la viande ait une épaisseur uniforme d'environ 0,5 cm (¼ po) d'épaisseur. Veiller à ne pas la déchirer. Laisser en attente.

Laver les épinards à grande eau froide et les cuire dans une grande marmite sans autre eau que celle qui est retenue par les feuilles après lavage. Retirer dès qu'ils sont fondants. Tamiser ou passer pour égoutter et refroidir. Quand les épinards sont maniables, exprimer toute l'eau à fond. Hacher finement soit à la main soit au mixer.

À feu assez bas, faire revenir quelques minutes dans l'huile d'olive l'ail et l'échalote sans laisser l'ail prendre couleur. Ajouter les épinards et les faire revenir quelques instants pour les assécher.

Mélanger dans un récipient les épinards, le romarin, la chapelure, le feta et l'oeuf. Si le mélange est trop liquide pour être roulé en boulettes, ajouter de la chapelure.

Diviser cette farce en 4 et avec chaque partie former un doigt et le mettre au milieu du blanc de poulet. Rouler les blancs ainsi farcis.

Mettre chaque rouleau sur une feuille de papier brun ordinaire.

Dans une grande casserole verser 2,5 cm (1 po) d'eau et faire bouillir. Placer les rouleaux et leur papier sur une étuveuse et la placer dans la casserole en veillant à ce que l'eau ne l'atteigne pas.

Couvrir et étuver de 15 à 18 minutes ou jusqu'à ce que la chair du poulet soit tout à fait opaque.

Donne 4 portions.

Cuisses de poulet au romarin

Le poulet sera mieux imprégné s'il est préparé au moins une heure avant la cuisson et placé au réfrigérateur.

Veiller à ce que le romarin soit haché très fin ou réduit en poudre ce qui permettra de mieux libérer son puissant arôme.

8		cuisses de poulet
125	ml	(½ tasse) de persil haché
15	ml	(1 c. à soupe) de romarin haché ou
5	ml	(1 c. à thé) de romarin sec en poudre
4		échalotes émincées
125	ml	(½ tasse) de graines de sésame
85	ml	(⅓ tasse) de farine de blé entier
15	ml	(1 c. à soupe) de paprika hongrois doux
1		oeuf
15	ml	(1 c. à soupe) de yaourt ou de babeurre
		farine de blé entier
30	ml	(2 c. à soupe) d'huile d'olive

Enlever la peau des cuisses et toute la graisse apparente. Avec un couteau aiguisé, couper le tendon qui relie la viande à l'os et détacher la viande en grattant l'os. Pour garder la chair intacte ne pas la fendre pour atteindre l'os.

Dans un petit récipient, mélanger le persil, le romarin et l'échalote et placer 5 à 7 ml (1 à 1¼ c. à thé) du mélange dans chaque cuisse dans le creux où était l'os.

Dans une assiette ou un sac de plastique, mélanger les graines de sésame, 85 ml (⅓ tasse) de farine, le paprika et le romarin s'il en reste.

Dans une autre assiette creuse, battre à la fourchette l'oeuf, le yaourt ou le babeurre.

Fariner chaque cuisse, la plonger dans l'oeuf battu et ensuite dans le mélange de graines de sésame.

Enduire un plat à four d'une cuillerée à thé d'huile d'olive et y disposer le poulet sur une seule couche. Le badigeonner de l'huile qui reste.

Mettre au four chauffé à 180° C (350° F) en arrosant plusieurs fois avec le jus rendu.

Donne 4 portions.

Poulet à l'ail et à l'aneth

La marinade à l'arôme puissant devient une sauce mousseline dont le plat sera nappé. Servir sur du riz brun ou du bulgur pour apporter fibres et vitamines B au repas.

4		gousses d'ail émincées
4		grosses échalotes émincées
60	ml	(4 c. à soupe) d'aneth haché ou
15	ml	(1 c. à soupe) d'aneth sec
15	ml	(1 c. à soupe) de basilic haché ou
5	ml	(1 c. à thé) de basilic sec
15	ml	(1 c. à soupe) de paprika
30	ml	(2 c. à soupe) d'huile d'olive
30	ml	(2 c. à soupe) d'huile
90	ml	(6 c. à soupe) de jus de citron
8		cuisses de poulet, 225 g à 900 g (½ livre à 2 livres)
45	ml	(3 c. à soupe) de farine pâtissière de blé entier
250	ml	(1 tasse) de bouillon

Mélanger l'ail, l'échalote, l'aneth, le basilic, le paprika, l'huile d'olive et le jus de citron dans un plat peu profond assez grand pour y placer les cuisses de poulet sur une seule couche. Disposer le poulet en retournant les cuisses pour qu'elles soient couvertes de la préparation.

Couvrir. Laisser mariner au moins 1 heure à température ambiante. Retourner plusieurs fois.

Dans ce même plat, mettre le poulet au four chauffé à 180° C (350° F) environ 1 heure ou jusqu'à ce que le poulet soit tout à fait cuit. Arroser toutes les 20 minutes avec la marinade.

Placer le poulet sur un plat. Mettre au chaud jusqu'à ce que la sauce soit prête.

Parsemer de farine les sucs du récipient dans lequel le poulet a cuit et battre au fouet pour déglacer. Chauffer le bouillon. Transférer les sucs déglacés dans une casserole moyenne et incorporer le bouillon au fouet. Laisser la préparation cuire à feu moyen en brassant sans arrêt, l'amener à ébullition et la laisser épaissir pour former une sauce assez consistante. Si elle est trop épaisse, l'allonger avec un peu de bouillon.

Donne 4 portions.

Poulet aux pacanes et au sésame

165	ml	(⅔ tasse) de babeurre
1		oeuf
125	ml	(½ tasse) de farine de blé entier
125	ml	(½ tasse) de graines de sésame
125	ml	(½ tasse) de pacanes en poudre
10	ml	(2 c. à thé) de paprika
5	ml	(1 c. à thé) de thym sec
1	ml	(⅛ c. à thé) de poivre de Cayenne
1		zeste de citron râpé
900	g	(2 livres) de cuisses de poulet, peau enlevée
45	ml	(3 c. à soupe) de beurre fondu
60	ml	(4 c. à soupe) de bouillon

Dans un moule à tarte ou un plat peu profond, battre le babeurre et l'oeuf.

Dans un sac de papier ou de plastique ou encore un plat peu profond, mélanger la farine, les graines de sésame, les pacanes, le paprika, le thym, le poivre de Cayenne, et le zeste.

Plonger les morceaux de poulet successivement dans le mélange de babeurre et dans le mélange de farine. Si l'on emploie un sac, le secouer doucement pour bien fariner les morceaux.

Dans un plat peu profond, mélanger le beurre et le bouillon. Plonger un seul côté de chaque cuisse de poulet dans la préparation de beurre et les disposer toutes, de façon à ce que le côté beurré soit sur le dessus, dans un plat à four beurré.

Faire cuire au four chauffé à 180° C (350° F) et laisser environ 1 heure, ou jusqu'à ce que le poulet soit à point. Arroser à plusieurs reprises avec le beurre qui reste.

Donne 4 portions.

Escalopes de dinde à la sarriette

La dinde est elle aussi une grande vedette parmi les volailles. Elle est peu grasse et riche en protéines. Malgré cela sa taille l'a fait négliger dans les menus, sauf au moment des fêtes. Il n'est donc pas inutile de rappeler qu'on n'a pas besoin de rôtir une dinde tout entière pour s'en régaler et profiter des bienfaits qu'elle apporte à la santé. On trouve dans le commerce des blancs de dinde entiers ou coupés par moitié ou en tranches. Épicés et sautés, ils remplacent les escalopes de veau à prix avantageux.

450	g	(1 livre) de poitrine de dinde désossée
1 à 2		oeufs
15 à 30	ml	(1 à 2 c. à soupe) de lait
250	ml	(1 tasse) de chapelure de blé entier
125	ml	(½ tasse) de germe de blé
60	ml	(¼ tasse) de parmesan râpé
10	ml	(2 c. à thé) de sarriette sèche
10	ml	(2 c. à thé) de thym sec farine de blé entier
30 à 45	ml	(2 à 3 c. à soupe) de beurre
30 à 45	ml	(2 à 3 c. à soupe) d'huile

Couper la poitrine de dinde en tranches de 0,6 cm d'épaisseur (⅜ de po). Placer chaque tranche entre 2 feuilles de papier ciré et les aplatir avec un maillet jusqu'à une épaisseur d'environ 0,3 cm (⅛ de po).

Dans un plat peu profond, bien battre à la fourchette 1 oeuf avec 15 ml (1 c. à soupe) de lait.

Dans un autre, peu profond également, mélanger la chapelure, le germe de blé, le parmesan, la sarriette et le thym.

Fariner la dinde et la plonger dans le mélange d'oeuf. Ajouter des oeufs et du lait, si nécessaire. Enfin passer la dinde dans la chapelure pour la recouvrir entièrement.

Dans une grande poêle à frire, chauffer 30 ml (2 c. à soupe) de beurre et 30 ml (2 c. à soupe) d'huile. Faire revenir la dinde en plusieurs fois à feu assez bas. Faire dorer et cuire la viande des deux côtés 4 à 5 minutes pour chacun. Si nécessaire, ajouter de l'huile et du beurre dans la poêle.

Disposer les morceaux déjà cuits sur un plat au chaud tandis que les autres cuisent.

Donne 4 portions.

Escalopes de dinde à l'italienne

450	g	(1 livre) de poitrine de dinde désossée
		farine de blé entier
15	ml	(1 c. à soupe) de beurre
15	ml	(1 c. à soupe) d'huile
250	ml	(1 tasse) d'oignons finement émincés
1		poivron haché fin
250	ml	(1 tasse) de champignons en fines lamelles
1		gousse d'ail émincée
375	ml	(1½ tasse) de tomates hachées
30	ml	(2 c. à soupe) de basilic haché ou
10	ml	(2 c. à thé) de basilic sec
30	ml	(2 c. à soupe) de jus de citron
125	ml	(½ tasse) de bouillon

Couper la poitrine de dinde en tranches de 0,6 cm (⅜ po) d'épaisseur. Mettre chacune entre 2 feuilles de papier ciré et les aplatir avec un maillet jusqu'à une épaisseur de 0,3 cm (⅛ po) environ.

Fariner la chair.

Dans une grande poêle à frire, chauffer le beurre et l'huile jusqu'à ce que le mélange écume. À feu assez bas, faire revenir et dorer les tranches des deux côtés environ 3 minutes pour chaque face. Placer en attente sur une assiette.

Verser dans la poêle les oignons, le poivron, les champignons et l'ail et brasser une minute sans laisser l'ail prendre couleur. Ajouter les tomates, le basilic, le jus de citron et le bouillon et y remettre la dinde.

Couvrir et laisser cuire à feu doux jusqu'à ce que les légumes soient à point. Découvrir et cuire encore quelques minutes pour faire évaporer l'excès de liquide.

Donne 4 portions.

L'oignon

L'Égypte ancienne faisait grand usage de l'oignon tant en cuisine qu'en médecine. En phytothérapie, le jus d'oignon est souvent prescrit pour lutter contre la rétention d'eau, pour soutenir le coeur et régulariser les fonctions digestives. Le jus appliqué sur les blessures est antiseptique.

Escalopes de dinde au basilic

450	g	(1 livre) de poitrine de dinde désos-sée
		farine de blé entier
30	ml	(2 c. à soupe) de beurre
30	ml	(2 c. à soupe) d'huile
85	ml	(⅓ tasse) d'échalotes émincées
250	ml	(1 tasse) de bouillon
45	ml	(3 c. à soupe) de basilic haché ou
22	ml	(1½ c. à soupe) de basilic sec
225	g	(½ livre) de nouilles de blé entier, cuites
		parmesan râpé

Couper la poitrine de dinde en tranches de 0,6 cm (⅜ po) d'épaisseur. Mettre chacune entre 2 feuilles de papier ciré et les aplatir au maillet jusqu'à une épaisseur de 0,3 cm (⅛ po) environ. Fariner les escalopes.

Dans une grande poêle à frire, chauffer le beurre et l'huile jusqu'à ce que le mélange mousse. À feu assez bas, faire revenir et dorer les tranches des deux côtés, environ 2 minutes pour chaque face. Placer en attente sur une assiette.

Quand toute la dinde est revenue, dans la poêle vide ajouter les échalotes et le bouillon. Cuire 2 minutes en brassant sans arrêt pour décoller les parties brunes attachées au fond de la poêle.

Remettre la dinde dans la poêle, couvrir et cuire environ 10 minutes ou jusqu'à ce que la dinde soit très tendre et la sauce un peu épaissie. Incorporer le basilic et laisser au feu 1 minute encore.

Servir sur des nouilles chaudes et parsemer de parmesan.

Donne 4 portions.

Brochettes de poulet sur lit de riz ou kebabs

Le poulet

2		grosses poitrines de poulet
30	ml	(2 c. à soupe) d'huile d'olive
125	ml	(½ tasse) de chapelure de blé entier
5	ml	(1 c. à thé) de basilic sec
1	ml	(⅛ c. à thé) de paprika

La sauce

500	ml	(2 tasses) de bouillon
30	ml	(2 c. à soupe) de beurre
85	ml	(⅓ tasse) d'échalotes hachées ou de ciboulette hachée
60	ml	(¼ tasse) de farine pâtissière de blé entier
10	ml	(2 c. à thé) de sauce tamari
5	ml	(1 c. à thé) de vinaigre de vin blanc
750	ml	(3 tasses) de riz brun cuit, servi chaud (voir conseils de cuisson, page 226)

Préparation du poulet

Désosser le poulet et enlever la peau et toute la graisse apparente. Couper la chair en cubes de 3,5 cm (1½ po) et les retourner dans l'huile placée dans un grand récipient.

Dans un plat peu profond, mélanger la ₁pelure, le basilic et le paprika.

Mettre les morceaux sur 4 brochettes ₁ ₁es de 17 ou 20 cm (7 ou 8 po) et les roule⸱ ₁s la chapelure pour qu'ils soient couvert⸱ ₁ toute part.

Placer les brochettes sur une tôle huilée, les mettre au four chauffé à 190 °C (375 °F). Les laisser de 12 à 15 minutes, ou jusqu'à ce que le poulet soit complètement cuit et la panure légèrement dorée.

Préparation de la sauce

Chauffer le bouillon dans une petite casserole.

Dans une casserole de 2 l (8 tasses) chauffer le beurre à feu assez bas jusqu'à ce qu'il écume. Ajouter les échalotes ou la ciboulette et laisser attendrir sans prendre couleur.

Verser la farine et cuire 2 minutes en brassant souvent.

Ajouter le bouillon d'un seul coup au mélange de farine et battre au fouet pour bien mélanger. Ajouter la sauce tamari et le vinaigre. Brasser souvent et cuire jusqu'à ce que la sauce épaississe et arrive à ébullition. Laisser bouillir une minute.

Sur une grande assiette, mettre le riz et y présenter les brochettes.

Donne 4 portions.

Poulet tandoori

Ce plat indien très aromatisé se fait dans le four d'argile traditionnel, mais il peut aussi être réussi au four de la cuisinière. Il faut l'enfourner à température très élevée puis la baisser pour terminer la cuisson du poulet. Le four fume au début mais la fumée cesse bientôt.

900	g	(2 livres) de cuisses de poulet
2	ml	(¼ c. à soupe) de safran
15	ml	(1 c. à soupe) d'eau bouillante
125	ml	(½ tasse) de yaourt
5		gousses d'ail émincées
22	ml	(1½ c. à soupe) de racine de gingembre râpée
15	ml	(1 c. à soupe) de jus de citron
8	ml	(1½ c. à thé) de poudre de coriandre
5	ml	(1 c. à thé) de poudre de cumin
2	ml	(¼ c. à thé) de paprika
2	ml	(¼ c. à thé) de poivre de Cayenne
30	ml	(2 c. à soupe) de beurre fondu
750	ml	(3 tasses) de riz brun cuit et présenté chaud (voir conseils de cuisson, page 226)

Enlever la peau et la graisse apparente. Piquer les cuisses avec une fourchette en divers points.

Dans un récipient dissoudre le safran dans l'eau bouillante et verser le yaourt, l'ail, le gingembre, le jus de citron, la coriandre, le cumin, le paprika et le poivre de Cayenne.

Plonger les morceaux de poulet dans le mélange de yaourt pour les napper. Disposer tous les morceaux dans un plat à four assez grand pour les contenir tous sur une seule couche et verser dessus ce qui reste du yaourt.

Couvrir. Réfrigérer 8 heures ou une nuit en retournant les morceaux à diverses reprises.

Au pinceau, enduire de beurre fondu un plat à four de 17 cm sur 27 (7 po sur 11). Disposer les morceaux de poulet dans le plat sans déranger leur enrobage de yaourt. Laisser l'excès de yaourt dans le plat où ils ont mariné. Asperger le poulet du beurre qui reste.

Cuire 10 minutes au four chauffé à 260 °C (500 °F), sans vous soucier de la fumée qu'il peut y avoir dans le four à ce stade. Régler la température à 180 °C (350 °F) et laisser cuire de 40 à 45 minutes ou jusqu'à ce que le poulet soit très tendre et d'un brun doré.

Servir sur un lit de riz brun très chaud.

Donne 4 portions.

Poulet aux pois chiches à la marocaine

Les pois chiches enrichissent ce plat en vitamines B, en potassium et en zinc. Le bulgur remplace le traditionnel couscous qui a moins de valeur nutritive.

Le poulet

125	ml	(½ tasse) de pois chiches trempés une nuit
250	ml	(1 tasse) d'oignons finement émincés
30	ml	(2 c. à soupe) de beurre
3		gousses d'ail écrasées
125	ml	(½ tasse) d'amandes entières
3	ml	(½ c. à thé) de poudre de gingembre
1	ml	(⅛ c. à thé) de curcuma
1	ml	(⅛ c. à thé) de safran
1		bâton de cannelle
250	ml	(1 tasse) d'oignons émincés
250	ml	(1 tasse) de bouillon jus d'un citron
1		poulet de (3 livres) 1,350 kg paprika

Le bulgur

375 ml (1½ tasse) de bouillon
375 ml (1½ tasse) de bulgur non cuit

Préparation du poulet

Égoutter les pois chiches et les verser dans une grande casserole. Les couvrir d'eau froide. Couvrir la casserole et cuire 1 heure à feu moyen. Égoutter.

Dans une poêle, faire revenir les oignons dans le beurre. Ajouter l'ail et les amandes et laisser revenir encore quelques minutes sans laisser l'ail prendre couleur. Incorporer le gingembre, le curcuma, le safran et la cannelle.

Transvaser les oignons cuits dans un plat à four de 5 l (20 tasses), ajouter les pois chiches et couvrir avec les oignons émincés. Mettre le bouillon et le jus de citron et laisser frémir sur le feu.

Enlever la graisse du cou et de la carcasse du poulet, l'ouvrir en deux en tranchant le long de la colonne vertébrale. Déposer les morceaux sur les oignons et les asperger de paprika.

Couvrir et mettre au four chauffé à 180 °C (350 °F). Laisser cuire 1 à 1½ heure ou jusqu'à ce que le poulet soit à point.

Préparation du bulgur

Mettre le bouillon dans une casserole moyenne, amener à ébullition. Verser le bulgur, couvrir, retirer du feu et laisser en attente de 20 à 30 minutes ou jusqu'à ce qu'il soit moelleux.

Aérer le bulgur à l'aide de deux fourchettes et disposer sur un grand plat de service.

Avec une écumoire, recouvrir le bulgur avec la préparation d'amandes et de pois chiches en ajoutant le liquide nécessaire pour l'imprégner. Déposer le poulet sur le bulgur.

Donne 4 portions.

Poulet épicé aux amandes

Dans les cours de cuisine indienne qu'elle donnait à New York, Julie Sahni présentait ce genre de plat. Cette recette s'en inspire et le plat est très piquant. Mais vous pouvez en atténuer ou en augmenter le feu selon la quantité de poivron piquant que vous y mettez. On s'attendrait à ce que le yaourt caille en cuisant mais il n'en est rien s'il est bien battu avec les oignons émincés.

900	g	(2 livres) de cuisses de poulet, débarrassées de la peau et de la graisse
30	ml	(2 c. à soupe) d'huile
1	l	(4 tasses) d'oignons finement émincés
30	ml	(2 c. à soupe) d'huile
85	ml	(⅓ tasse) d'amandes concassées
15	ml	(1 c. à soupe) de poudre de coriandre
4	ml	(¾ c. à thé) de cardamome moulue
2		poivrons piquants rouges ou verts, hachés
250	ml	(1 tasse) d'eau
250	ml	(1 tasse) de yaourt
750	ml	(3 tasses) de riz brun cuit, servi chaud (voir conseils de cuisson, page 226)
250	ml	(1 tasse) de yaourt (facultative)

Essuyer le poulet avec du papier absorbant. Chauffer 30 ml (2 c. à soupe) d'huile à feu moyen dans une grande poêle à frire lourde. Y mettre le poulet, en plusieurs fois. Le faire revenir et dorer en tous sens. Placer en attente sur une assiette.

Ajouter les oignons et 30 ml (2 autres c. à soupe) d'huile dans la poêle. Cuire les oignons à feu moyen environ 10 minutes ou jusqu'à ce qu'ils soient fondants et à peine dorés. Ne pas les laisser brunir. Ajouter aux oignons les amandes, la coriandre, la cardamome et les poivrons. Laisser cuire encore 5 minutes.

Verser les oignons dans un mélangeur, ajouter l'eau et laisser l'appareil tourner jusqu'à ce que les oignons et les amandes soient finement hachés, environ 30 secondes. Ne pas réduire en bouillie.

Verser les oignons dans la poêle. Incorporer le yaourt en battant au fouet jusqu'à ce que le mélange soit homogène. Ajouter alors le poulet en tournant les morceaux dans la sauce pour le napper.

Couvrir. Cuire à feu doux environ 1 heure ou jusqu'à ce que le poulet soit très tendre quand on le pique à la fourchette.

Servir sur du riz brûlant et accompagner de yaourt.

Donne 4 portions.

Poulet Shezan à la mode de l'Himâlaya

Voici une adaptation du plat populaire qui figure au menu du restaurant Shezan à New York. Il présente un mélange exotique d'aromates.

450 à		
1,3	kg	(1 à 3 livres) de poulet en morceaux
125	ml	(½ tasse) d'huile
60	ml	(¼ tasse) de vinaigre blanc
85	ml	(⅓ tasse) de jus de citron
10	ml	(2 c. à thé) de sauce tamari
8	ml	(1½ c. à thé) de paprika
3	ml	(½ c. à thé) d'ail émincé
3	ml	(½ c. à thé) de racine de gingembre râpée
3	ml	(½ c. à thé) de graines de cumin
3	ml	(½ c. à thé) de moutarde sèche

Enlever la peau et la graisse apparente du poulet. Avec un couteau aiguisé entailler les parties charnues à 0,5 cm (¼ po) d'intervalle.

Dans un plat à feu peu profond et assez grand pour contenir le poulet sur une seule couche, mélanger l'huile, le vinaigre, le jus de citron, la sauce tamari, le paprika, l'ail, le gingembre, le cumin et la moutarde.

Mettre le poulet dans la marinade et frotter un par un les morceaux avec le mélange. Couvrir. Mettre au réfrigérateur au moins 12 heures. Retourner souvent les morceaux.

Retirer le poulet de la marinade et disposer les morceaux dans un plat à feu peu profond. Mettre au four chauffé à 180°C (350°F) pendant 20 minutes. Arroser avec la marinade et retourner les morceaux.

Laisser cuire 20 minutes au four. Arroser et retourner encore. Cuire encore 10 à 20 minutes ou attendre que le poulet soit à point.

Donne 4 portions.

Poulet aux cerises

Succulent mariage des fruits avec la volaille. Les cerises apportent au poulet de la pectine, des bioflavonoïdes, du potassium, des vitamines A et C.

2		gros oignons finement émincés
30	ml	(2 c. à soupe) d'huile
250	ml	(1 tasse) de riz brun à grain long, non cuit
15	ml	(1 c. à soupe) de thym haché ou
5	ml	(1 c. à thé) de thym sec
560	ml	(2¼ tasses) de bouillon
900	g	(2 livres) de cuisses de poulet, peau enlevée
30	ml	(2 c. à soupe) d'huile
500	ml	(2 tasses) de cerises Bing dénoyautées
15	ml	(1 c. à soupe) de miel
45	ml	(3 c. à soupe) d'eau

Dans une grande poêle, faire cuire à feu doux les oignons dans 30 ml (2 c. à soupe) d'huile jusqu'à ce qu'ils soient fondants. Verser le riz et faire revenir et dorer sans brûler. Ajouter le thym.

Verser le riz dans un grand plat à feu d'environ 2,5 l (10 tasses) et ajouter le bouillon. Mettre sur le feu et laisser frémir.

Essuyer les morceaux de poulet avec du papier absorbant. Faire chauffer dans la poêle 30 ml (2 autres c. à soupe) d'huile et ajouter les morceaux de poulet, peu à la fois. Les faire revenir et dorer des deux côtés à feu moyen et les mettre dans le plat contenant le riz. Il est préférable de les disposer à plat sur une seule couche.

Couvrir le plat et le mettre au four chauffé à 180 °C (350 °F). Le laisser de 45 à 60 minutes ou jusqu'à ce que le poulet soit à point et que le riz ait absorbé le liquide.

Dans une petite casserole, mélanger les cerises, le miel et l'eau. Porter à ébullition et laisser frémir 2 minutes. Verser les cerises sur le poulet et enfourner. Couvrir et laisser cuire encore 10 minutes.

Donne 4 portions.

Poulet au paprika

Ce plat du bon vieux temps comporte une saine ration d'oignons. Ici la traditionnelle garniture de crème sure a été allégée avec du yaourt.

900	g	(2 livres) de poulet, peau et graisse enlevées
30	ml	(2 c. à soupe) d'huile
15	ml	(1 c. à soupe) de beurre
500	ml	(2 tasses) d'oignons émincés
10	ml	(2 c. à thé) de paprika
250	ml	(1 tasse) de bouillon
125	ml	(½ tasse) de yaourt
125	ml	(½ tasse de crème sure ou de crème cottage (voir Index)

Essuyer le poulet avec du papier absorbant. Dans une grande poêle à frire, chauffer le beurre et l'huile jusqu'à ce qu'ils moussent. Faire brunir dans l'huile les morceaux de poulet, peu à la fois, et placer en attente sur un plat.

Mettre les oignons dans la poêle et cuire à feu quelques minutes ou jusqu'à ce qu'ils soient fondants. Incorporer le paprika.

Verser le bouillon et le poulet dans la poêle couvrir et cuire à feu doux environ 1 heure ou jusqu'à ce que le poulet soit à point.

Mettre le poulet sur une assiette et tenir au chaud.

Verser dans un mixer le contenu de la poêle. Laisser l'appareil travailler jusqu'à ce que le mélange soit homogène, environ 10 à 15 secondes. Verser dans la poêle et incorporer au fouet le yaourt et la crème sure ou la crème cottage.

Remettre le poulet dans la poêle et le tourner pour le napper avec la sauce. Servir sans délai.

Donne 4 portions.

Tarte à l'aigle

C'est Gretel Ruppert de la Cooking Company à Wescosville en Pennsylvanie qui a baptisé ce plat. Elle me l'a fait un jour à un de ses cours avec un poulet organique des fermes Rodale «qui était tellement énorme qu'on l'aurait pris pour un aigle». L'image est restée et depuis ce temps, je sers des tartes «à l'aigle». En général, j'y mets du poulet mais la dinde convient aussi bien.

La croûte est faite avec une pâte à choux qui a la particularité intéressante de renfermer de la farine de blé entier au lieu de la farine blanche.

La farce

1		gros oignon en dés
250	ml	(2 tasses) de champignons en lamelles
2		gousses d'ail émincées
15	ml	(1 c. à soupe) de beurre
15	ml	(1 c. à soupe) de jus de citron
30	ml	(2 c. à soupe) de bouillon
30	ml	(2 c. à soupe) de farine de blé entier
125	ml	(½ tasse) de bouillon
375	ml	(1½ tasse) de poulet cuit haché
30	ml	(2 c. à soupe) de persil haché
8	ml	(1½ c. à thé) de feuilles de thym ou
3	ml	(½ c. à thé) de thym sec
15	ml	(1 c. à soupe) d'aneth haché ou
8	ml	(1½ c. à thé) d'aneth sec
60	ml	(¼ tasse) de fromage suisse râpé

La croûte

180	ml	(¾ tasse) d'eau
90	ml	(6 c. à soupe) de beurre

180	ml	(¾ tasse) de farine de blé entier
3		oeufs
3	ml	(½ c. à thé) de moutarde sèche
60	ml	(¼ tasse) de fromage suisse râpé
15	ml	(1 c. à soupe) de parmesan râpé pour garnir

Préparation de la farce

Mélanger l'oignon, les champignons, l'ail, le beurre, le jus de citron et 30 ml (2 c. à soupe) de bouillon dans une poêle à frire. Les cuire ensemble à feu doux jusqu'à ce que les oignons soient fondants et les champignons à point. Incorporer 30 ml (2 c. à soupe) de farine.

Puis verser 125 ml (½ tasse) de bouillon et cuire jusqu'à épaississement de la sauce. Ajouter le poulet, le persil, le thym, l'aneth et le fromage suisse. Laisser en attente.

Préparation de la croûte

Dans une casserole moyenne, faire bouillir l'eau et le beurre. Enlever du feu et y jeter la farine d'un seul coup et battre vigoureusement avec une cuillère en bois. Remettre au feu, cuire 1 ou 2 minutes en battant avec énergie jusqu'à ce que les ingrédients bien mélangés se décollent du bord de la poêle. Retirer à nouveau du feu.

Y incorporer les oeufs, l'un après l'autre en veillant à ce que chaque oeuf soit bien mélangé avant de passer au suivant. Ajouter la moutarde et le fromage suisse.

Beurrer un moule à tarte de 22 cm (9 po). Couvrir le fond et les bords en utilisant les ⅔ de la pâte. Veiller à ce qu'elle tapisse bien les bords et l'appliquer au fond avec le dos d'une cuillère.

Verser la garniture dans le moule garni de pâte. Avec le reste de la pâte, à l'aide d'une poche à douilles garnie d'une douille cannelée, ou encore de deux cuillères, déposer de petites quantités de pâte disposées de façon à décorer le dessus de la garniture. Parsemer de parmesan.

Cuire au four chauffé à 190 °C (375 °F). Laisser de 40 à 45 minutes ou jusqu'à ce que la pâte soit gonflée et le dessus doré.

Donne 4 portions.

L'origan

Dans la Grèce antique, lors des cérémonies de mariage, les époux portaient des guirlandes d'origan comme gage de bonheur éternel. En infusion, l'origan est recommandé pour son action digestive, ses effets calmants sur la migraine, la toux, la nervosité, les vomissements matinaux et le mal des transports. La phytothérapie suggère aussi d'utiliser ses feuilles en compresses pour remédier aux douleurs rhumatismales et articulaires.

Poulet en croûte

La croûte sert à enfermer les saveurs et les jus qui donnent du moelleux au poulet durant la cuisson. J'ai vu faire cette recette pour la première fois à l'école de cuisine de Roger Vergé en Provence.

1		poulet de 1,8 kg (4 livres)
6		brins de thym ou
5	ml	(1 c. à thé) de thym sec
2		branches de romarin ou
3	ml	(½ c. à thé) de romarin sec
1		feuille de laurier
2		gousses d'ail coupées en deux
1,5	l	(6 tasses) de farine de blé entier
500	à	
625	ml	(2 à 2½ tasses) d'eau froide

Enlever les abats et la graisse apparente du cou et de la carcasse. Essuyer le poulet avec du papier absorbant et garnir l'intérieur avec le thym, le romarin, la feuille de laurier, l'ail et le foie (facultatif). Brider le poulet pour qu'il garde sa forme.

Dans un grand récipient, mélanger assez d'eau à la farine pour obtenir une pâte prête à pétrir. Pétrir quelques minutes pour qu'elle devienne lisse.

Sur une surface farinée, la rouler pour faire un rectangle d'une épaisseur de 0,5 cm (¼ po) assez grand pour envelopper le poulet.

Poser le poulet au milieu, poitrine tournée vers le bas. Replier la pâte autour, sceller les bords en les pinçant et enlever l'excès de pâte. Si la fermeture cède, mouiller avec un peu d'eau pour la coller. Rapiécer les trous de la croûte avec les restes de pâte.

Disposer le poulet dans un plat à four peu profond. Le laisser 2 heures au four à 180 °C (350 °F). La croûte doit devenir très dure et d'un brun clair.

Sortir du four. Avec un couteau aiguisé, ouvrir la croûte qui ne se mange pas et sortir le poulet.

Découper et présenter le poulet.

Donne 4 portions.

Poulet aux poireaux et aux pommes

Les poireaux et les pommes apportent leurs saveurs spéciales et la consistance d'une sauce au jus de cuisson.

3		gros poireaux lavés et coupés en morceaux
2		pommes à tarte évidées et tranchées
60	ml	(¼ tasse) d'aneth haché ou
15	ml	(1 c. à soupe) d'aneth sec
125	ml	(¼ tasse) de persil haché
1		citron
2		feuilles de laurier
1		poulet à rôtir de 1,8 kg (4 livres), dégraissé
15	ml	(1 c. à soupe) d'huile
		paprika
250	ml	(1 tasse) de bouillon
750	ml	(3 tasses) de riz brun cuit servi brûlant (voir conseils de cuisson, page 226)

Étaler la moitié des poireaux, des pommes, de l'aneth et du persil dans une cocotte de 5 l (20 tasses) ou une rôtissoire.

Couper le tiers supérieur d'un citron et laisser en attente. Couper en rondelles le reste du citron et mettre les rondelles à l'intérieur du poulet avec les feuilles de laurier. Brider la volaille.

Frotter le poulet avec le citron réservé et ensuite avec l'huile. Le placer, poitrine tournée vers le bas, dans la marmite sur le lit de poireaux et de pommes. Saupoudrer le poulet légèrement avec le paprika et l'entourer avec le reste des poireaux, des pommes, de l'aneth et du persil. Ajouter le bouillon.

Couvrir, mettre au four chauffé à 190°C (375°F). Laisser 1 heure. Retourner le poulet et l'asperger très légèrement de paprika. Couvrir et laisser au four encore 30 minutes.

Découvrir et laisser 15 minutes de plus, ou jusqu'à ce que le poulet soit légèrement bruni et les jus clairs.

Mettre le poulet sur un plat de service. Garder au chaud. À la moulinette ou au mixer, réduire les poireaux et les pommes en purée et enlever toute graisse.

Servir le poulet avec du riz brun brûlant et la sauce aux poireaux.

Donne 4 portions.

Poulet au tilleul

C'est un plat original. Le poulet est aromatisé avec les feuilles et les fleurs de tilleul. On trouve le tilleul qui entre dans cette recette dans la plupart des boutiques de produits naturels et dans les épiceries fines.

750	ml	(3 tasses) d'oignons finement émincés
15	ml	(1 c. à soupe) de farine de blé entier
250	ml	(1 tasse) de bouillon
14	g	(½ oz) de feuilles et de fleurs de tilleul ou 10 sachets à infusion
1		poulet de (4 livres) 1,800 kg
3		gousses d'ail
15	ml	(1 c. à soupe) de beurre ramolli paprika

Étaler les oignons au fond d'un plat à four assez grand pour contenir le poulet et saupoudrer de farine. Verser le bouillon.

Si vous n'utilisez pas les sachets, enfermer les feuilles et les fleurs de tilleul dans un coton à fromage.

Essuyer le poulet avec du papier absorbant et enlever l'excès de graisse.

Mettre dans la carcasse du poulet le tilleul, dans le coton à fromage ou en sachets. Ajouter l'ail. Brider la volaille.

Frotter le poulet de beurre, le mettre dans le plat la poitrine tournée vers le haut sur le lit d'oignons. Parsemer légèrement de paprika.

Couvrir. Cuire 1½ à 2 heures au four chauffé à 180°C (350°F) ou jusqu'à ce que la viande soit à point et que le jus soit clair quand on pique une cuisse à la fourchette.

Enlever le poulet du plat, le déficeler, jeter le tilleul et l'ail. Découper sur un plat de service et tenir au chaud.

Passer le jus dans un grand récipient et le dégraisser.

Verser les oignons dans un mélangeur ou dans un mixer avec environ 125 ml (½ tasse) du jus et mélanger. On peut à volonté allonger la sauce avec du bouillon.

Donne 4 portions.

Poulet au Garam Masalla

Facile à faire. La sauce tomate au yaourt est originale. Les tomates sont riches en vitamines C et B6, de même qu'en potassium, bioflavonoïdes et pectines. Le yaourt fournit le calcium et un supplément de protéines. Servir ce poulet avec du riz brun pour son apport en fibres.

900	g	(2 livres) de cuisses de poulet, peau et graisse enlevées
45	ml	(3 c. à soupe) de beurre
500	ml	(2 tasses) d'oignons émincés
15	ml	(1 c. à soupe) de Garam Masalla (voir Index)
375	ml	(1½ tasse) de tomates hachées
125	ml	(½ tasse) de bouillon
250	ml	(1 tasse) de yaourt

Essuyer le poulet avec du papier absorbant. Dans une grande poêle ou une rôtissoire, chauffer le beurre jusqu'à ce qu'il mousse. Faire revenir très peu de morceaux de poulet à la fois et les faire brunir des deux côtés. Enlever à l'écumoire ou avec des pinces et mettre sur une assiette.

Ajouter dans la poêle les oignons et le Garam Masalla et cuire à feu doux jusqu'à ce que les oignons soient fondants.

Ajouter le bouillon et les tomates, couvrir, laisser mijoter 10 minutes.

Dans un mélangeur, verser la préparation, jus compris, réduire en fine purée en laissant tourner l'appareil 15 secondes. Réserver dans la poêle, incorporer au fouet le yaourt jusqu'à ce que le mélange soit homogène. Mettre les morceaux de poulet.

Couvrir. Laisser mijoter à feu doux jusqu'à ce que le poulet soit à point, environ 1 heure.

Donne 4 portions.

Poulet au romarin sur lit de bulgur

Utilisation parfaite des restes de poulet. Le bulgur complète ce plat pauvre en graisse et en sodium et riche en fibres.

375	ml	(1½ tasse) de bouillon
5	ml	(1 c. à thé) de sauce tamari
5	ml	(1 c. à thé) de mélasse
15	ml	(1 c. à soupe) de romarin haché ou
5	ml	(1 c. à thé) de romarin sec pilé
15	ml	(1 c. à soupe) de thym haché ou
5	ml	(1 c. à thé) de thym sec
375	ml	(1½ tasse) de bulgur non cuit
1		gros oignon émincé
2		grosses carottes tranchées
250	ml	(1 tasse) de bouillon
500	ml	(2 tasses) de poulet cuit haché fin
		yaourt

Dans une casserole moyenne, faire bouillir 375 ml (1½ tasse) de bouillon et incorporer la sauce tamari, la mélasse, le romarin, le thym et le bulgur. Enlever du feu, couvrir et laisser de 20 à 30 minutes en attente pour que le bulgur s'amollisse.

Dans une grande sauteuse, mélanger l'oignon, les carottes et 250 ml (1 tasse) de bouillon. Couvrir et laisser à feu doux jusqu'à ce que les légumes soient cuits. Incorporer le poulet et laisser mijoter quelques minutes pour bien chauffer le poulet.

Quand le bulgur est prêt, l'aérer à l'aide d'une fourchette et le verser dans la sauteuse contenant le poulet. Bien mélanger. Servir avec du yaourt nature.

Donne 4 portions.

Crêpes à la dinde

Ces crêpes de blé entier sont farcies de fromage et de dinde, ou de poulet si l'on préfère.

250	ml	(1 tasse) de lait
30	ml	(2 c. à soupe) de beurre
45	ml	(3 c. à soupe) de farine pâtissière de blé entier
1		oeuf
60	ml	(¼ tasse) de parmesan râpé
30	ml	(2 c. à soupe) d'aneth haché ou
10	ml	(2 c. à thé) d'aneth sec
30	ml	(2 c. à soupe) de persil haché
30	ml	(2 c. à soupe) de beurre
250	ml	(1 tasse) d'oignons émincés
1		poivron rouge coupé en morceaux de 1 cm (½ po)
125	ml	(½ tasse) de champignons tranchés en fines lamelles
250	ml	(1 tasse) de dinde cuite taillée en cubes
8		grosses crêpes de blé entier (voir Index)
85 à 125	ml	(⅓ à ½ tasse) de lait

Chauffer le lait dans une petite casserole.

Dans une casserole de 2 l (8 tasses) faire fondre 30 ml (2 c. à soupe) de beurre et y incorporer la farine. À feu doux, laisser cuire la farine et le beurre en brassant sans arrêt pendant 2 minutes.

Puis verser le lait chaud d'un seul coup et battre au fouet énergiquement pour obtenir une sauce lisse. À feu moyen, la faire épaissir jusqu'à ébullition. Enlever du feu.

Dans un petit bol, bien battre l'oeuf et y incorporer peu à peu 125 ml (½ tasse) de la sauce blanche en battant au fouet avec énergie. S'assurer que l'oeuf est réchauffé sans le laisser coaguler.

Verser ce mélange d'oeuf dans la sauce qui reste et remettre au feu. Laisser cuire 1 minute, en brassant sans arrêt et retirer du feu à nouveau. Incorporer le parmesan, l'aneth et le persil.

Dans une grande poêle, faire fondre 30 ml (2 c. à soupe) de beurre à feu moyen. Ajouter les oignons, le poivron et les champignons et, en brassant sans cesse, cuire jusqu'à ce que les légumes soient tendres. Puis y verser la dinde et la sauce.

Placer chaque crêpe sur une assiette, côté tacheté en haut. À une extrémité, poser une cuillère débordante de farce et rouler la crêpe sur elle-même pour enfermer la farce.

Beurrer un plat à four de 22 cm sur 33 (9 po sur 13) et y disposer les crêpes, fermeture vers le haut.

Allonger le reste de farce avec du lait pour obtenir une sauce plus liquide et la distribuer à la cuillère sur les crêpes.

Laisser 30 minutes au four chauffé à 180°C (350°F).

Donne 4 portions.

Poulet à la muscade

Un plat simple très savoureux.

900	g	(2 livres) de poulet en morceaux, peau et graisse enlevées
30	ml	(2 c. à soupe) d'huile d'olive
30	ml	(2 c. à soupe) de beurre
250	ml	(1 tasse) d'oignons finement émincés
30	ml	(2 c. à soupe) de farine pâtissière de blé entier
2	ml	(¼ c. à thé) de muscade râpée
		jus d'un citron
250	ml	(1 tasse) de bouillon

Essuyer le poulet avec du papier absorbant.

Dans une grande poêle ou une rôtissoire, à feu moyen, chauffer le beurre et l'huile jusqu'à ce qu'ils moussent. Ajouter les morceaux de poulet, peu à la fois, et faire revenir des deux côtés. À l'aide d'une écumoire, placer en attente sur une autre assiette.

Ajouter les oignons dans la poêle et cuire jusqu'à ce qu'ils soient fondants sans prendre couleur. Parsemer de farine et tourner puis incorporer la muscade, le jus de citron et le bouillon.

Remettre la viande dans la poêle, couvrir et cuire environ 45 à 60 minutes, jusqu'à ce qu'elle soit à point. Enlever l'excès de graisse avec du papier absorbant.

Donne 4 portions.

Dinde au riz en casserole

Le riz

45	ml	(3 c. à soupe) de beurre
250	ml	(1 tasse) d'oignons émincés
250	ml	(1 tasse) de champignons finement émincés
250	ml	(1 tasse) de riz brun à grain long, non cuit
30	ml	(2 c. à soupe) de persil haché
8	ml	(1½ c. à thé) de thym haché ou
3	ml	(½ c. à thé) de thym sec
15	ml	(1 c. à soupe) de ciboulette hachée
625	ml	(2½ tasses) de bouillon

La sauce

250	ml	(1 tasse) de bouillon
15	ml	(1 c. à soupe) de beurre
30	ml	(2 c. à soupe) de farine pâtissière de blé entier
125	ml	(½ tasse) de ricotta
1		oeuf
500	ml	(2 tasses) de dinde cuite en dés
165	ml	(⅔ tasse) de mozzarella râpé

Préparation du riz

Dans un moule à feu de 3 l (12 tasses), chauffer le beurre jusqu'à ce qu'il mousse. Ajouter les oignons, les champignons, le riz, le persil, le thym et la ciboulette. Cuire à feu moyen quelques minutes pour attendrir les oignons et blondir le riz. Verser le bouillon et faire mijoter.

Couvrir et mettre au four chauffé à 180°C (350°F). Laisser 60 à 70 minutes, ou jusqu'à ce que le riz soit à point et ait absorbé le liquide. Pendant que le riz est au four, faire la sauce.

Préparation de la sauce

Chauffer le bouillon dans une petite casserole.

Faire fondre le beurre dans une casserole moyenne. Incorporer la farine. Cuire 2 minutes à feu doux sans laisser brunir la farine.

Verser le bouillon d'un trait et battre au fouet pour mélanger. En brassant sans arrêt, laisser cuire jusqu'à épaississement de la sauce. Retirer du feu.

Battre dans une tasse le ricotta et l'oeuf pour bien les mélanger. Les incorporer à la sauce et ajouter la dinde.

Quand le riz est cuit, verser la sauce et mélanger. Parsemer de mozzarella. Remettre au four chauffé à 180°C (350°F). Laisser 30 minutes ou jusqu'à ce que le fromage ait fondu et commencé à dorer.

Donne 4 portions.

Poitrine de dinde à l'aneth et à l'échalote

450	g	(1 livre) de poitrine de dinde désossée (1 seul morceau d'environ 1 cm (½ po) d'épaisseur
30	ml	(2 c. à soupe) de beurre
125	ml	(½ tasse) d'échalotes émincées
15	ml	(1 c. à soupe) de beurre
15	ml	(1 c. à soupe) de vinaigre de vin blanc
125	ml	(½ tasse) de bouillon
15	ml	(1 c. à soupe) d'aneth haché ou
5	ml	(1 c. à thé) d'aneth sec

Essuyer la viande avec du papier absorbant. Si le morceau est d'inégale épaisseur, dédoubler l'extrémité la plus épaisse.

Chauffer 30 ml (2 c. à soupe) de beurre dans une grande sauteuse jusqu'à ce qu'il mousse. À feu moyen, y faire dorer la dinde des deux côtés, environ 8 à 10 minutes pour chacun. Placer sur une planche à découper et laisser quelques minutes en attente.

Dans la même sauteuse, faire revenir l'échalote à feu doux dans 15 ml (1 c. à soupe) de beurre jusqu'à ce qu'elle soit fondante. Ajouter le vinaigre, le bouillon, l'aneth et cuire à feu moyen jusqu'à ce que le liquide soit réduit de moitié.

Avec un couteau aiguisé, débiter la viande en lanières de 0,5 cm (¼ po) en coupant le morceau transversalement. Si la viande est encore rose, mettre ces lanières dans la sauteuse, couvrir et donner quelques minutes de plus de cuisson. Puis disposer la dinde sur le plat de service. Verser dessus les échalotes et parsemer d'aneth.

Donne 4 portions.

Chapitre 10

Le poisson

Bonne pêche !

C'est une bonne idée de mettre le poisson au menu. Source essentielle de protéines dans bien des pays, il est quelquefois négligé chez nous au profit des viandes rouges. C'est d'autant plus regrettable que le poisson renferme très peu de graisse saturée, beaucoup de protéines, de vitamines et de sels minéraux et qu'il est vraiment délicieux, surtout s'il est très frais.

À portion égale, comparé à la viande rouge, il ne présente qu'environ un tiers des calories et renferme des graisses polyinsaturées au lieu des graisses saturées. C'est un avantage car les recherches scientifiques suggèrent que les graisses polyinsaturées abaissent les taux de cholestérol et de triglycéride du sang.

De plus, le poisson est relativement pauvre en sodium alors qu'il est riche en sels minéraux utiles — fer, iode et cuivre en particulier. Le fer et le cuivre sont indispensables à la fabrication de l'hémoglobine, protéine essentielle des globules rouges. L'iode contribue au bon fonctionnement de la glande thyroïde.

Le poisson est riche en vitamines également. Dans une portion de morue fraîche par exemple, on trouve presque deux fois plus de niacine et treize fois plus de vitamine A que dans la quantité équivalente de rumsteak. C'est de plus une excellente source de vitamine D. Les mères qui ont élevé leurs enfants pendant la Seconde Guerre mondiale se souviennent que les huiles de foie de poisson renferment les vitamines A et D en abondance. À poids égal, l'huile de foie de morue présente 30 fois plus de vitamine A que les abricots et les brocoli qui sont pourtant de bonnes sources de vitamines, et 200 fois plus de vitamine D que le lait enrichi en vitamine D. L'huile de foie de poisson renferme un acide gras (appelé APE) que, d'après des recherches récentes, l'on croit susceptible d'éviter la formation des caillots responsables de beaucoup de crises cardiaques et de thromboses.

Les fibres manquent. Mais en servant le poisson accompagné de légumes et de grains, il est facile de remédier à cet inconvénient.

Il ne faudrait pas oublier que tous les poissons ne sont pas également pauvres en graisse. Parmi les poissons souvent consommés, l'aiglefin est le moins gras. Puis viennent par ordre croissant, la morue, le carrelet, la sole, le flétan, le sébaste, le chien de mer, le brochet, le merlan. La bonite, l'albacore, le maquereau, le hareng, le thon blanc et le thon rouge, le saumon, l'alose, l'espadon, le pompano, les sardines, le goujon de mer, le corégone sont considérés comme des poissons gras.

Voici ce qu'il faut retenir pour la cuisson du poisson.

- Le poisson cuit vite. Trop cuit, il durcit, sèche et perd sa saveur.
- On estime le temps de cuisson à 10 minutes pour une épaisseur de 2,5 cm (1 po). Pour la calculer mesurer à la règle la partie la plus épaisse.
- S'il s'agit de poisson congelé, doubler le temps de cuisson.
- Pour vérifier la cuisson, piquer la partie la plus épaisse à la fourchette. Si la chair est opaque et se défait facilement, le poisson est à point.

Oeufs d'alose aux fines herbes

On ne les trouve en général qu'au printemps. Veiller à ne pas les durcir en les cuisant trop.

Cette recette s'applique aussi à la plupart des filets de poisson.

4		paires d'oeufs d'alose
45	ml	(3 c. à soupe) de beurre fondu
45	ml	(3 c. à soupe) de persil haché
45	ml	(3 c. à soupe) de ciboulette hachée
30	ml	(2 c. à soupe) de cerfeuil haché
30	ml	(2 c. à soupe) d'estragon haché
		feuilles de cresson pour garnir

Rincer les oeufs sous l'eau. Enlever avec précaution la membrane qui sépare chaque paire.

Enduire de beurre fondu un plat à four juste assez grand pour les contenir. Saupoudrer au fond la moitié des aromates, le persil, la ciboulette, le cerfeuil et l'estragon. Disposer les oeufs et distribuer le reste des herbes dessus. Verser avec le reste du beurre.

Laisser 15 à 20 minutes au four chauffé à 200°C (400°F).

Garnir de brins de cresson.

Donne 4 portions.

Aiglefin du Corbeau noir

Fleurant l'ail et le basilic, haut en goût, pauvre en calories et facile à réaliser. Le Corbeau noir est le nom d'un restaurant où j'ai goûté ce plat il y a bien longtemps. Il est exquis sur un lit de riz brun.

30	ml	(2 c. à soupe) de beurre
2		oignons moyens en fines rondelles
2		gousses d'ail émincées
500	ml	(2 tasses) de tomates hachées
5	ml	(1 c. à thé) de vinaigre au basilic ou de vinaigre de vin blanc
15	ml	(1 c. à soupe) de basilic haché ou
5	ml	(1 c. à thé) de basilic sec
1		pincée de poivre de Cayenne
450	g	(1 livre) de filets d'aiglefin

À feu moyen, chauffer le beurre dans une grande poêle jusqu'à ce qu'il mousse. Ajouter les oignons et l'ail. Couvrir. Cuire en brassant souvent jusqu'à ce qu'ils soient fondants, environ 10 minutes.

Ajouter les tomates, le vinaigre, le basilic, le poivre de Cayenne et le poisson. Couvrir. Laisser cuire jusqu'à ce que le poisson soit opaque et se défasse facilement, environ 10 minutes.

Donne 4 portions.

Aiglefin à la provençale

Ce plat délicieux est pratiquement un repas complet. On peut servir le poisson sur un lit de riz brun pour augmenter la teneur en fibres. Cette recette ressemble à celle que Rita Stanton présente à la Cooking Company de Wescosville en Pennsylvanie. Le bouillon de poulet peut remplacer le bouillon de poisson.

La sauce tomate

5	grosses échalotes émincées
8 ml	(½ c. à soupe) de beurre
60 ml	(¼ tasse) de bouillon de poisson (voir Index)
6	grosses tomates pelées
15 ml	(1 c. à soupe) de persil haché
15 ml	(1 c. à soupe) d'aneth haché ou
5 ml	(1 c. à thé) d'aneth sec
15 ml	(1 c. à soupe) de ciboulette hachée

Le poisson

250 ml	(1 tasse) d'oignons émincés
8 ml	(½ c. à soupe) de beurre
30 ml	(2 c. à soupe) de bouillon de poisson (voir Index)
10	feuilles d'épinards
450 g	(1 livre) de filets d'aiglefin
15 ml	(1 c. à soupe) de jus de citron
15 ml	(1 c. à soupe) de persil haché
15 ml	(1 c. à soupe) d'aneth haché ou
5 ml	(1 c. à thé) d'aneth sec
15 ml	(1 c. à soupe) de ciboulette hachée
4	gros champignons coupés en fines lamelles
1	petit zucchini en fines rondelles
15 ml	(1 c. à soupe) de beurre fondu

Préparation de la sauce tomate

Mélanger dans une grande casserole l'échalote, le beurre et le bouillon. Couvrir et cuire jusqu'à ce que les échalotes soient fondantes.

Pour peler les tomates, les plonger entières environ 20 secondes dans l'eau bouillante. Avec un couteau, enlever le bout de la queue. La peau s'enlève facilement. Les couper en deux et serrer doucement chaque moitié pour faire sortir les graines et l'excès de jus. Les couper en quartiers de 1 cm (½ po). Préparer une tasse de pulpe et laisser en attente.

Couper le reste des tomates en petits morceaux et les ajouter aux échalotes. Cuire, sans couvrir, à feu moyen jusqu'à ce qu'elles épaississent. Brasser fréquemment. Ajouter le persil, l'aneth et la ciboulette. Laisser en attente.

Préparation du plat de poisson

Dans une grande poêle, mettre les oignons, le beurre et le bouillon. Couvrir. Laisser cuire à feu doux jusqu'à ce que les oignons soient fondants. Découvrir et continuer la cuisson sans laisser attacher jusqu'à ce que tout le liquide soit évaporé. Étaler le mélange dans un plat à four juste assez grand pour contenir le poisson sur une seule couche. Le plat doit avoir un couvercle.

Répartir 250 ml (1 tasse) de tomates en attente.

Couvrir les tomates de feuilles d'épinards et placer le poisson par-dessus en formant une seule couche. Couper les filets en deux si c'est nécessaire. Mettre les parties minces en dessous pour que l'épaisseur du poisson soit uniforme.

Parsemer l'ensemble de jus de citron, de persil, d'aneth et de ciboulette. Couvrir de lamelles de champignons, puis de rondelles de zucchini et asperger de beurre fondu. Couvrir avec un cercle de papier ciré bien beurré et fermer le plat avec le couvercle.

Mettre au four chauffé à 200°C (400°F). Laisser cuire environ 30 minutes ou jusqu'à ce que le poisson se défasse facilement. Ne pas trop cuire sinon les légumes seront ramollis et décolorés.

En penchant un peu le couvercle du plat, verser dans la sauce tomate le liquide en trop. Réchauffer cette sauce brièvement. La servir sur le poisson.

Donne 4 portions.

Poisson aux dattes à la marocaine

Pour réussir ce plat original, il est préférable d'employer des dattes molles et pâteuses. Leur goût sucré allié aux saveurs épicées de la farce aux amandes fait un contraste délicieux avec le goût léger du poisson.

Ma version est une variante d'un plat que Paula Wolfert présente dans ses cours à New York.

900	g	(2 livres) de filets d'un poisson blanc d'environ 1 cm (½ po) d'épaisseur
180	ml	(¾ tasse) de riz brun cuit (voir les conseils de cuisson, page 226)
90	ml	(6 c. à soupe) d'amandes effilées
10	ml	(2 c. à thé) de miel
3	ml	(½ c. à thé) de poudre de cannelle
3	ml	(½ c. à thé) de poivre noir moulu
2	ml	(¼ c. à thé) de poudre de gingembre
2	ml	(¼ c. à thé) de poudre de cumin
32		dattes sans noyau
60	ml	(4 c. à soupe) de beurre fondu
1		oignon émincé
30	ml	(2 c. à soupe) d'amandes effilées
125	ml	(½ tasse) d'eau

Vérifier qu'il ne reste pas d'arêtes dans le poisson. Couper les filets en deux et laisser en attente.

Passer au mixer le riz brun pour le réduire en purée. Incorporer 90 ml (6 c. à soupe) d'amandes effilées, le miel, la cannelle, le cumin, le poivre et le gingembre.

Fendre chaque datte d'un seul côté, la mettre à plat. Faire 16 petits sandwiches en plaçant 5 ml (1 c. à thé) de la farce au riz entre 2 dattes ouvertes.

Enduire de beurre fondu le fond d'un plat à four juste assez grand pour contenir le poisson et les dattes.

Éparpiller les oignons émincés dans le plat, et couvrir avec la moitié du poisson. Le parsemer du reste de la farce au riz. Couvrir avec l'autre moitié du poisson.

Garnir le poisson avec les dattes farcies en les plaçant l'une contre l'autre. Parsemer le poisson avec 30 ml (2 c. à soupe) d'amandes effilées et verser le reste du beurre. Ajouter de l'eau pour couvrir le fond du plat.

Cuire au four chauffé à 220°C (425°F) environ 20 minutes ou jusqu'à ce que le poisson soit à point. Arroser le poisson avec le jus au bout de 10 minutes.

Donne 4 portions.

Saumon sans façon

Une recette aussi simple que rapide. Garder les restes pour en faire une salade aux avocats (voir Index).

450	g	(1 livre) de filet de saumon
1		branche de céleri coupé fin en diagonale
1		carotte coupée fin en diagonale
1		oignon coupé en minces rondelles
½		citron coupé en fines rondelles
310	ml	(1¼ tasse) d'eau
30	ml	(2 c. à soupe) de vinaigre à l'estragon ou de jus de citron
2		belles branches d'estragon ou
5	ml	(1 c. à thé) d'estragon sec
2		beaux brins d'origan ou
5	ml	(1 c. à thé) d'origan sec
1		feuille de laurier
4		brins de persil

Mettre dans une grande sauteuse le saumon, le céleri, la carotte, l'oignon, le citron, l'eau, le vinaigre ou le jus de citron, l'estragon, l'origan, la feuille de laurier et le persil. Si l'on emploie des herbes sèches, les enfermer dans un coton à fromage.

Couvrir et laisser mijoter à feu doux de 15 à 20 minutes ou jusqu'à ce que le saumon soit opaque et les légumes encore croquants.

Enlever les aromates.

Donne 4 portions.

Lotte à l'ail

Chez nous, on commence à peine à apprécier ce poisson alors qu'il est aimé depuis longtemps à l'étranger. La fermeté de sa chair et sa saveur douce l'ont fait appeler « la langouste du pauvre ». À la cuisson, ce poisson maigre doit être souvent arrosé pour éviter que sa chair ne durcisse ou ne dessèche.

Voici une version simplifiée d'une recette que j'ai vu Roger Vergé présenter dans son école de cuisine en Provence.

10		gousses d'ail non épluchées
60	ml	(¼ tasse) de beurre ramolli
		plusieurs brins de thym ou
5	ml	(1 c. à thé) de thym sec
900	g	(2 livres) de filets épais d'environ 4
		à 5 cm (1½ à 2 po)
135	ml	(9 c. à soupe) de vinaigre au thym
		ou de vinaigre de vin blanc

Faire bouillir l'ail 5 minutes dans 1 tasse d'eau. Il s'épluchera sans peine. Hacher grossièrement.

Avec la moitié du beurre, graisser un plat à four peu profond juste assez grand pour contenir le poisson sur une seule couche. Le parsemer d'ail et de thym. Disposer le poisson dessus et verser le reste du beurre.

Dans le four chauffé à 200°C (400°F), mettre le plat 5 minutes puis ajouter 45 ml (3 c. à soupe) de vinaigre. Remettre au four et arroser deux fois encore pour finir d'utiliser le vinaigre. Laisser au four encore de 5 à 15 minutes en arrosant toutes les 5 minutes, jusqu'à ce que le poisson soit opaque. (Vérifier la cuisson en faisant une entaille dans la partie la plus épaisse. Il ne faut pas laisser la chair éclater car elle perdrait sa texture de langouste.)

Tamiser la sauce en écrasant l'ail avec une cuillère en bois pour qu'il passe à travers le tamis.

Donne 4 portions.

L'oseille

L'oseille est un genre de salade tonique. Les manuels d'herboristerie la recommandent pour faire une boisson calmante et dépurative et la préconisent pour guérir la fièvre et les troubles urinaires. L'infusion faite avec ses feuilles et ses fleurs soulage, croit-on, les ulcérations buccales et les maux de gorge. En lotion, ou en compresse, elle serait bénéfique pour la peau.

Sauté d'espadon

L'espadon a une chair ferme. Cette recette l'utilise coupé en minces escalopes, comme celles du veau, revenues rapidement pour qu'elles gardent leur forme et leur texture. Les légumes en julienne lui donnent un air de nouvelle cuisine et l'enrichissent en vitamines et en fibres.

3		carottes
2		poireaux (les blancs seulement)
5	ml	(1 c. à thé) de beurre
30	ml	(2 c. à soupe) de bouillon
450	g	(1 livre) de steaks d'espadon
30	ml	(2 c. à soupe) de beurre
		jus d'un citron
45	ml	(3 c. à soupe) de persil haché
15	ml	(1 c. à soupe) de ciboulette hachée
5	ml	(1 c. à thé) d'origan haché ou
3	ml	(½ c. à thé) d'origan sec

Couper les carottes et les poireaux format julienne en allumettes de 0,3 cm sur 0,3 et 5 cm de long (⅛ de po sur ⅛ et 2 po de long).

Dans une poêle, mélanger les carottes, les poireaux, 5 ml (1 c. à thé) de beurre et le bouillon. Couvrir et cuire à feu doux jusqu'à ce que les légumes soient tendres. Découvrir. Faire évaporer le liquide sans laisser les légumes attacher. Laisser au chaud en attente.

Enlever les arêtes de l'espadon. Couper chaque steak en deux moitiés puis les ouvrir pour obtenir deux escalopes. Les aplatir au maillet pour qu'elles aient environ 0,5 cm d'épaisseur (¼ po).

Faire revenir dans le beurre quelques minutes de chaque côté ou jusqu'à ce que les escalopes aient pris couleur. Presser dessus le jus de citron et parsemer avec le persil, la ciboulette et l'origan.

Disposer sur le plat de service entouré des carottes et des poireaux.

Donne 4 portions.

Alose au beurre d'estragon

Ce poisson délicat ne se déguste qu'au printemps sur la Côte est. Mais il se répand lentement dans le reste du pays. À défaut, on peut d'ailleurs le remplacer par un autre poisson gras. Le temps de cuisson dépend de l'épaisseur du poisson.

Le secret de la sauce au beurre blanc est de ne pas laisser le beurre fondre rapidement. Il faut régler le feu au plus bas et chauffer la sauce juste assez pour que le beurre s'y incorpore. La sauce se fait au moment de servir et ne peut être réchauffée.

Cette sauce étant presque du beurre pur (pensons aux calories!) cette recette n'en propose que la quantité suffisante pour napper légèrement chaque portion.

15	ml	(1 c. à soupe) de beurre fondu
675	g	(1½ livre) d'alose sans arêtes
30	ml	(2 c. à soupe) de vinaigre à
		l'estragon
15	ml	(1 c. à soupe) de jus de citron
60	ml	(4 c. à soupe) de beurre ramolli
15	ml	(1 c. à soupe) d'estragon haché ou
8	ml	(1½ c. à thé) d'estragon sec

Badigeonner de beurre fondu un grand plat allant au four. Y placer le poisson, de manière à ce que la peau touche le fond et passer du beurre sur le dessus.

Mettre au four chauffé à 200 °C (400°F) de 15 à 20 minutes ou jusqu'à ce que la chair se défasse facilement.

Préparation du beurre blanc

Mélanger le vinaigre et le jus de citron dans une petite casserole et faire réduire à feu vif jusqu'à la valeur de 15 ml (1 c. à soupe).

Retirer du feu et battre au fouet le beurre amolli en l'ajoutant par 3 ml (½ c. à thé) à la fois jusqu'à ce qu'il soit tout incorporé. Tourner sans arrêt et mettre l'estragon.

Répartir le beurre à la cuillère sur l'alose au sortir du four.

Donne 4 portions.

Frittata aux crevettes

125	ml	(½ tasse) d'échalotes émincées
125	ml	(½ tasse) de champignons tranchés en fines lamelles
60	ml	(¼ tasse) de poivrons en dés
30	ml	(2 c. à soupe) de beurre
125	ml	(½ tasse) de fromage suisse râpé
125	ml	(½ tasse) de crevettes cuites coupées en morceaux
10	ml	(2 c. à thé) d'aneth haché ou
3	ml	(½ c. à thé) d'aneth sec
8		oeufs
30	ml	(2 c. à soupe) d'eau
30	ml	(2 c. à soupe) de beurre

Dans 30 ml (2 c. à soupe) de beurre cuire les échalotes, les champignons et les poivrons jusqu'à ce qu'ils soient fondants. Laisser un peu refroidir et incorporer le fromage suisse, les crevettes et l'aneth.

Dans un bol, battre à la fourchette 4 oeufs et 15 ml (1 c. à soupe) d'eau. Y verser la moitié de la préparation que l'on vient de faire.

À feu moyen faire chauffer un poêlon de 22 cm (9 po) bien préparé et allant au four. Ajouter 15 ml (1 c. à soupe) de beurre et le tourner pour qu'il couvre le fond.

Dès que le beurre cesse de mousser, ajouter le mélange d'oeufs et laisser cuire à feu moyen environ 5 minutes, en soulevant les bords pour que la partie coulante puisse glisser en dessous. L'omelette est à point lorsque les bords sont coagulés et le fond doré.

Placer l'omelette à environ 15 cm (6 po) du gril pour faire prendre et dorer le dessus environ 5 minutes. Faire glisser la frittata sur un plat de service et garder au chaud.

Répéter l'opération avec ce qui reste des ingrédients pour obtenir une seconde frittata.

Donne 4 portions.

Le persil

Le persil a une haute valeur nutritive et c'est d'autant plus surprenant de voir que la Grèce antique en faisait un symbole de mort. Aujourd'hui la médecine douce voit dans l'infusion de persil une boisson reconstituante, antianémique qui, entre autres propriétés, aurait celle de stimuler le système digestif et les reins, de soulager les difficultés respiratoires et les douleurs menstruelles. Elle utilise ses feuilles écrasées en compresse calmante sur les blessures, les entorses, les piqûres d'insectes et en lotion pour éclaircir le teint. Mâcher des brins de persil purifie l'haleine.

Frittata au thon

Les frittatas sont des omelettes à l'italienne. Elles sont vite faites et se servent brûlantes ou tièdes. Les proportions de cette recette donnent deux frittatas de 22 cm (9 po) ou une seule très grande si vous avez le poêlon qui convient. Une poêle bien préparée est la clef du succès. Il n'y a rien de pire qu'une frittata qui attache.

200	g	(7 oz) de thon dans le bouillon
4		échalotes hachées
20	ml	(4 c. à thé) de basilic haché ou
5	ml	(1 c. à thé) de basilic sec
30	ml	(2 c. à soupe) de parmesan râpé
8		oeufs
30	ml	(2 c. à soupe) d'eau
30	ml	(2 c. à soupe) de beurre

Bien égoutter le thon et l'émietter dans un petit récipient. Incorporer les échalotes, le basilic et le parmesan.

Dans un bol, battre à la fourchette 4 oeufs et 15 ml (1 c. à soupe) d'eau. Y verser la moitié de la préparation que l'on vient de faire.

À feu moyen faire bien chauffer un poêlon de 22 cm (9 po) bien préparé et allant au four. Ajouter 15 ml (1 c. à soupe) de beurre et le tourner pour que le beurre couvre le fond.

Dès que le beurre cesse de mousser, ajouter le mélange d'oeufs et laisser cuire à feu moyen environ 5 minutes, en soulevant les bords pour que la partie coulante puisse glisser en dessous. L'omelette est à point lorsque les bords sont coagulés et le fond doré.

Placer l'omelette à environ 15 cm du gril (6 po) pour faire prendre et dorer le dessus, environ 5 minutes. Faire glisser la frittata sur un plat de service et garder au chaud.

Répéter l'opération avec ce qui reste des ingrédients pour obtenir une seconde frittata.

Donne 4 portions.

Macaroni au fromage et au thon

Grâce au thon et aux tomates, le macaroni au fromage, ce bon vieux classique, retrouve un nouvel attrait et une saveur originale.

250	ml	(1 tasse) d'oignons émincés
125	ml	(½ tasse) de céleri haché
1		poivron émincé
15	ml	(1 c. à soupe) d'huile
500	ml	(2 tasses) de tomates hachées
45	ml	(3 c. à soupe) de beurre
45	ml	(3 c. à soupe) de farine pâtissière de blé entier
10	ml	(2 c. à thé) de moutarde sèche
500	ml	(2 tasses) de lait
200	g	(7 oz) de thon au bouillon, égoutté et émietté
225	g	(8 oz) de macaroni, de blé entier, non cuit (coquilles, coudes, boucles)
375	ml	(1½ tasse) de cheddar râpé

À feu assez bas, dans une grande sauteuse, faire revenir dans l'huile les oignons, le céleri et le poivron jusqu'à ce que les oignons soient fondants. Ajouter les tomates et cuire jusqu'à ce que le mélange épaississe.

Pour faire la sauce, chauffer le lait dans une petite casserole.

Dans une casserole de 2 l (8 tasses), faire mousser le beurre. Incorporer la farine et la moutarde et laisser 2 minutes à feu moyen en brassant sans arrêt.

Verser le lait chaud d'un seul coup et rendre la préparation homogène en battant au fouet. Tourner sans arrêt et laisser cuire jusqu'à ce qu'elle arrive à ébullition et épaississe. Incorporer dans la préparation à la tomate et ajouter le thon bien égoutté.

Faire bouillir le macaroni dans une grande casserole d'eau environ 6 minutes pour qu'il soit *al dente* et non pâteux. Égoutter et mettre dans la sauce.

Beurrer un moule de 3 l (12 tasses). Mettre une couche de macaroni, saupoudrer de la moitié du cheddar et procéder à la deuxième couche.

Mettre au four chauffé à 160° C (325° F) et laisser 40 minutes.

Donne 4 portions.

Riz frit aux crevettes

Voici un plat oriental où la quantité de sauce tamari et donc de sodium est bien moindre que dans la plupart des recettes traditionnelles. Il sera mieux réussi en employant du riz à grain long cuit d'avance. C'est un repas complet grâce au riz, aux légumes, aux oeufs et aux crevettes qui le composent. Préparer les pavés d'oeufs à l'avance et le souper sera vite fait.

Le riz

165 ml	(⅔ tasse) de riz brun à grain long, non cuit
415 ml	(1⅔ tasse) de bouillon

Les pavés d'oeufs

2	oeufs
30 ml	(2 c. à soupe) de persil haché
1	gousse d'ail émincée
5 ml	(1 c. à thé) d'huile de sésame

La friture

225 g	(½ livre) de crevettes décortiquées et préparées
45 ml	(3 c. à soupe) d'huile de sésame
60 ml	(¼ tasse) d'amandes entières
250 ml	(1 tasse) de champignons tranchés en fines lamelles
1	poivron rouge coupé en lanières de 1 cm (½ po)
8	échalotes coupées en morceaux de 1 cm (½ po)
250 ml	(1 tasse) de pois
15 ml	(1 c. à soupe) de racine de gingembre râpée
30 ml	(2 c. à soupe) de jus de pomme
15 ml	(1 c. à soupe) de sauce tamari

Préparation du riz (à faire la veille)

Le cuire dans le bouillon à feu assez bas jusqu'à ce que tout le liquide soit absorbé, environ 50 minutes. Ne pas brasser au cours de la cuisson.

Pour l'empêcher de coller, retirer du feu et découvrir. Placer deux couches de papier absorbant sur le haut de la casserole et la recouvrir. Laisser reposer 20 minutes, le temps que le papier absorbe l'excès d'humidité du riz. L'aérer légèrement à la fourchette et le laisser passer la nuit au réfrigérateur. Avant l'emploi, l'aérer de nouveau pour séparer les grains.

Préparation des pavés d'oeufs

Battre légèrement les oeufs, le persil et l'ail. Chauffer l'huile dans une poêle anti-adhésive à feu assez bas. Verser les oeufs. Ne pas brasser et laisser cuire doucement 10 minutes environ ou jusqu'à ce que le dessus soit pris. Enlever du feu et laisser refroidir. Découper en pavés de 1 cm (½ po).

La friture

Couper les crevettes en deux dans le sens de la longueur et chaque moitié en deux, une crevette donnant 4 morceaux. Les éponger dans du papier.

Chauffer l'huile dans un wok à feu vif ou sur feu moyen dans une grande sauteuse bien préparée. Faire frire les crevettes et les amandes jusqu'à ce que les crevettes soient opaques. Enlever à l'écumoire et tenir au chaud.

Ajouter dans le wok les champignons, les lanières de poivron et l'échalote, faire revenir jusqu'à ce qu'ils soient tendres, environ 3 minutes.

Faire frire le riz environ 5 minutes. Ajouter les pois, le gingembre, les pavés d'oeufs, les crevettes et les amandes et faire frire encore 2 minutes.

Mélanger le jus de pomme et la sauce tamari dans une tasse et verser dans le wok. Brasser pour mélanger.

Donne 4 portions.

Crevettes au curry

450 g	(1 livre) de crevettes décortiquées et préparées
15 ml	(1 c. à soupe) d'huile de sésame
250 ml	(1 tasse) de céleri finement émincé
2	poivrons jaunes ou verts coupés en lanières de 0,3 cm (⅛ po)
250 ml	(1 tasse) d'échalotes hachées
10 ml	(2 c. à thé) de poudre de curry (voir Index)
30 ml	(2 c. à soupe) d'huile de sésame
60 ml	(¼ tasse) de jus de pomme
15 ml	(1 c. à soupe) de fécule

Couper les crevettes en deux dans le sens de la longueur et chaque moitié en deux si elles sont grosses. Laisser en attente.

Chauffer 15 ml (1 c. à soupe) d'huile dans un wok mis sur un feu vif, ou à feu moyen dans une grande sauteuse. Ajouter le céleri, les poivrons, l'échalote et le curry. Laisser frire 3 minutes ou jusqu'à ce qu'ils soient fondants. Débarrasser à l'écumoire et laisser au chaud.

Ajouter 30 ml (2 c. à soupe) d'huile dans le wok et faire revenir les crevettes jusqu'à ce qu'elles soient opaques. Remettre les légumes dans le wok.

Dans une petite tasse, mélanger le jus de pomme et la fécule, incorporer dans le wok et laisser épaissir 2 minutes.

Donne 4 portions.

Soufflé d'alose au fromage

Une recette qui fait merveille avec divers filets de poisson et la plupart des fruits de mer, sans oublier la langouste ou le crabe.

375 ml	(1½ livre) d'alose sans arêtes
60 ml	(¼ tasse) d'échalotes émincées
45 ml	(3 c. à soupe) de bouillon
15 ml	(1 c. à soupe) d'aneth haché ou
4 ml	(¾ c. à thé) d'aneth sec
15 ml	(1 c. à soupe) de persil haché
30 ml	(2 c. à soupe) de beurre
30 ml	(2 c. à soupe) de farine pâtissière de blé entier
180 ml	(¾ tasse) de lait
1	soupçon de muscade
3	jaunes d'oeufs
3	blancs d'oeufs
60 ml	(¼ tasse) de parmesan râpé persil haché ou aneth pour garnir

Beurrer un plat à four assez grand pour contenir largement le poisson.

Disposer le poisson de manière à ce que la peau touche le plat et mettre de côté.

Dans une casserole moyenne, faire attendrir les échalotes dans le bouillon. Laisser cuire jusqu'à évaporation du liquide en tournant sans arrêt pour que les échalotes ne prennent pas couleur.

Sur le poisson, éparpiller les échalotes, l'aneth et le persil.

Dans la même casserole, faire fondre 30 ml (2 c. à soupe) de beurre. Y incorporer la farine et cuire à feu moyen en brassant sans arrêt pendant 2 minutes.

Chauffer le lait dans une petite casserole. Enlever le mélange beurre-farine du feu et y verser le lait d'un seul coup. Battre au fouet avec énergie pour mélanger parfaitement. Remettre au feu, laisser cuire en brassant sans arrêt jusqu'à ce que la préparation bouillonne et soit très épaisse.

Retirer du feu. Incorporer au fouet les jaunes d'oeufs un par un. Ajouter la muscade.

Dans un grand bol propre avec des batteurs propres, battre les blancs en neige ferme et brillante. Ne pas battre trop longtemps.

Incorporer environ ¼ des blancs dans les jaunes et mélanger avec précaution la moitié de ce mélange dans le reste des blancs. Parsemer de parmesan et mélanger, puis ajouter le reste de la préparation faite de jaunes et de fromage. Ne pas battre à l'excès. Il vaut mieux qu'il subsiste des traînées de blanc que de faire tomber les blancs en les battant trop. À la cuillère, répartir la préparation à soufflé sur l'alose en la recouvrant tout à fait.

Mettre au four chauffé à 190° C (375° F) pendant 20 minutes ou laisser jusqu'à ce que le soufflé soit monté et doré. Garnir de persil et d'aneth. Servir sans délai.

Donne 4 portions.

Roulade au crabe

Un soufflé très spécial. Enfourné en rouleau, il ne risque pas de tomber puisqu'il ne gonfle jamais plus que de quelques centimètres (1 po). Ce soufflé type peut contenir des viandes, de la volaille, des fruits de mer ou une préparation aux légumes.

Assurer le succès en tapissant le moule d'un papier ciré abondamment beurré puis fariné, sans quoi le soufflé risque d'attacher. Et dès qu'il sort du four, ne pas perdre une minute. Le retourner, enlever le papier et le farcir sans délai. Pour le rouler sans difficulté, travailler sur une feuille double de papier ciré ou de papier brun ordinaire.

La farce

45	ml	(3 c. à soupe) de beurre
125	ml	(½ tasse) d'oignons émincés
60	ml	(¼ tasse) de farine pâtissière de blé entier
375	ml	(1½ tasse) de lait
2		jaunes d'oeufs
1	ml	(⅛ c. à thé) de muscade râpée
1		soupçon de poivre de Cayenne
250	ml	(1 tasse) de chair de crabe émiettée
250	ml	(1 tasse) de brocoli hachés
85	ml	(⅓ tasse) de fromage suisse râpé
15	ml	(1 c. à soupe) d'aneth haché ou
3	ml	(½ c. à soupe) d'aneth sec

Le soufflé

45	ml	(3 c. à soupe) de beurre
85	ml	(⅓ tasse) de farine pâtissière de blé entier
375	ml	(1½ tasse) de lait
4		jaunes d'oeufs
6		blancs d'oeufs
125	ml	(½ tasse) de fromage suisse râpé

Préparation de la farce

Faire fondre le beurre dans une casserole de 2 l (8 tasses). Ajouter les oignons et faire attendrir à feux doux. Incorporer la farine, cuire encore 2 minutes en brassant sans cesse.

Chauffer le lait dans une petite casserole.

Enlever le mélange oignon-farine du feu et y verser le lait d'un seul coup. Battre au fouet jusqu'à ce qu'il soit incorporé, remettre au feu et cuire en tournant sans arrêt jusqu'à ce que le mélange bouillonne et soit très épais.

Enlever de nouveau du feu, incorporer les jaunes d'oeufs, la muscade et le poivre de Cayenne, puis ajouter le crabe, le brocoli, le fromage et l'aneth. Laisser en attente.

Préparation du soufflé

Huiler ou beurrer un moule de 25 cm sur 48 (10 po sur 15). Le tapisser de papier ciré que l'on beurre généreusement en particulier sur les côtés et dans les coins. Fariner le moule et laisser de côté.

Dans une casserole de 2 l (8 tasses), faire fondre le beurre, incorporer la farine. Cuire à feu doux en brassant sans arrêt pendant 2 minutes.

Chauffer le lait dans une petite casserole.

Retirer du feu le mélange de farine et y verser le lait chaud d'un trait. Mélanger au fouet avec énergie, remettre au feu et laisser cuire en brassant sans arrêt jusqu'à ce que la préparation bouillonne et soit très épaisse.

Retirer du feu et incorporer les jaunes d'oeufs.

Dans un grand bol propre en utilisant des batteurs propres, battre les oeufs en neige ferme et brillante. Ne pas battre trop longtemps.

Incorporer environ ¼ des blancs dans les jaunes et mélanger avec précaution environ la moitié de ce mélange dans le reste des blancs. Répartir dessus la moitié du fromage et mélanger. Recommencer avec ce qui reste de préparation aux jaunes d'oeufs et de fromage, sans jamais battre à l'excès. Il vaut mieux qu'il subsiste quelques traînées de blanc que de faire tomber les blancs en les battant trop.

Répartir à la cuillère la préparation à soufflé dans le moule en attente en égalisant les coins à la spatule.

Mettre au four chauffé à 220°C (425°F) pendant 15 minutes ou jusqu'à ce que le soufflé monte et soit doré.

Sortir du four, recouvrir de 2 grandes feuilles de papier brun ordinaire ou de papier ciré. Couvrir d'une tôle à pâtisserie, retourner pour que le soufflé y soit posé. Enlever le moule et retirer avec soin le papier ciré du fond du soufflé.

Étaler la farce sur le soufflé. Commencer par la partie la moins large, enrouler le soufflé sur lui-même à l'aide de la feuille de papier qui est dessous. Utiliser cette feuille de papier pour transvaser le soufflé sur le plat de service.

Donne 4 portions.

Croquettes de crabe du Maryland

Elles viennent de la côte Est du Maryland où les crabes abondent. Il y en a de moins chers que les gros crabes ou les crabes bleus mais il faut les trier pour enlever les coquillages qui sont toujours mélangés, dans ces paniers bon marché.

450 g	(1 livre) de chair de crabe un peu émiettée
125 ml	(½ tasse) de chapelure de blé entier
500 ml	(2 tasses) d'oignons émincés
15 ml	(1 c. à soupe) de thym haché ou
5 ml	(1 c. à thé) de thym sec
60 ml	(¼ tasse) de mayonnaise simple- (voir Index)
1	oeuf
10 ml	(2 c. à thé) de moutarde de Dijon
250 ml	(1 tasse) de chapelure de blé entier
30 ml	(2 c. à soupe) de beurre

Dans un grand bol, mélanger légèrement le crabe, 125 ml (½ tasse) de chapelure, l'oignon et le thym.

Dans un petit récipient, mélanger la mayonnaise, l'oeuf, la moutarde et verser dans le bol.

Former 8 croquettes et les enduire de chapelure.

À feu moyen, chauffer le beurre dans une grande poêle jusqu'à ce qu'il cesse de mousser. Faire dorer les croquettes des deux côtés.

Donne 4 portions.

La pimprenelle

Aujourd'hui, la pimprenelle est plus utilisée pour son arôme dans les salades que pour ses vertus médicinales. Jadis on faisait grand cas de ses propriétés cicatrisantes et antiseptiques. Un herboriste conseille d'employer une décoction de ses feuilles pour soulager les coups de soleil et les affections de la peau.

Chapitre 11
Les viandes

Boeuf frit aux pois mange-tout

450	g	(1 livre) de steak de flanc
30	ml	(2 c. à soupe) de fécule
30	ml	(2 c. à soupe) de jus de pomme
15	ml	(1 c. à soupe) d'huile
15	ml	(1 c. à soupe) de racine de gingembre râpée
20	ml	(4 c. à thé) de sauce tamari
2		gousses d'ail émincées
15	ml	(1 c. à soupe) d'huile
225	g	(½ livre) de pois mange-tout
8		échalotes coupées en rondelles de 1 cm (½ po)
45	ml	(3 c. à soupe) d'huile
60	ml	(¼ tasse) de jus de pomme

Congeler le boeuf partiellement pour le rendre plus facile à couper (facultatif). Le détailler en lanières de 5 cm (2 po) dans le sens des fibres puis, à contre fibre, en morceaux de 0,5 cm (¼ po).

Dans un grand récipient, mélanger la fécule, 30 ml (2 c. à soupe) de jus de pomme, 15 ml (1 c. à soupe) d'huile, le gingembre, le tamari et l'ail. Ajouter le boeuf et brasser. Laisser mariner 1 heure en retournant la viande plusieurs fois. Égoutter la viande et garder la marinade.

Chauffer 15 ml (1 c. à soupe) d'huile dans un wok à feu très vif ou dans une grande sauteuse à feu moyen. Ajouter les pois et l'échalote, et frire 1 minute. Débarrasser à l'écumoire et laisser en attente.

Ajouter 45 ml (3 c. à soupe) d'huile et faire frire le boeuf par petites quantités environ 5 minutes à chaque fois, ou jusqu'à ce que la viande soit cuite à point.

Remettre dans le wok tout le boeuf, les pois mange-tout et le reste de marinade. Ajouter le reste du jus de pomme, couvrir et laisser cuire 5 minutes encore.

Donne 4 portions.

Blanquette de veau aux carottes

Encore un plat français classique allégé à de plus saines proportions. Les carottes apportent une ravissante couleur à la sauce sans parler de la vitamine A en quantité.

ASTUCE. *Vous pouvez la préparer d'avance jusqu'au moment où vous sortez le veau du four. À l'heure du repas, il reste à chauffer le plat sur la cuisinière, à mettre les légumes en purée et à incorporer au fouet la crème sure et le yaourt. Après quoi, si vous devez le réchauffer, le mettre à feu très doux en remuant souvent pour que la sauce ne tourne pas.*

675	g	(1½ livre) de veau désossé coupé en cubes de 2,5 cm (1 po)
		farine de blé entier
30	ml	(2 c. à soupe) de beurre
30	ml	(2 c. à soupe) d'huile
340	g	(¾ livre) de carottes tranchées en 2 ou en 4 et coupées en morceaux de 5 cm (2 po)
1		tige de céleri émincé
500	ml	(2 tasses) d'oignons émincés
1		bouquet garni (1 feuille de laurier, 1 petite poignée de persil, quelques brins de thym ou 3 ml (½ c. à thé) de thym sec, quelques rameaux d'origan ou 3 ml (½ c. à thé) d'origan sec attaché dans un coton à fromage)
500	ml	(2 tasses) de bouillon
225	g	(½ livre) de petits champignons
85	ml	(⅓ tasse) de crème sure ou de crème cottage (voir Index)
85	ml	(⅓ tasse) de yaourt
750	ml	(3 tasses) de riz brun cuit (voir conseils de cuisson, page 226)

Fariner les cubes de veau.

Dans un grand plat à feu ou une rôtissoire, chauffer le beurre et l'huile jusqu'à ce qu'ils moussent et faire prendre la couleur au veau par petites quantités à la fois. Remettre toute la viande dans le plat.

Ajouter les carottes, le céleri, les oignons, le bouquet garni et le bouillon. Faire frémir sur le feu.

Couvrir. Mettre au four chauffé à 180°C (350°F) et laisser une heure.

Verser les champignons, couvrir et laisser au four environ 30 minutes ou jusqu'à ce que le veau soit tendre. Enlever le bouquet garni.

À la fourchette ou à l'écumoire, mettre les morceaux de veau, les champignons et les carottes sur un plat en laissant les oignons si possible. Sortir environ 125 ml (½ tasse) de carottes pour l'utiliser dans la sauce. Couvrir et laisser au chaud.

Verser le jus du plat à four dans un bol et tenir en attente.

Dans un mixer mettre les légumes égouttés, 125 ml (½ tasse) de carottes et 250 ml (1 tasse) de jus réservé. Faire tourner 10 secondes à grande vitesse.

Verser ce mélange dans le plat à four vide et incorporer la crème sure ou la crème cottage et le yaourt.

Verser le jus rendu par la viande dans un récipient et remettre le veau et les légumes dans le plat à four. Brasser doucement pour napper la viande avec la sauce.

Servir sur un lit de riz chaud.

Donne 4 portions.

Agneau au curry du Shezan

Ce plat est au menu du Shezan, un restaurant sur la 58e rue à New York. Malgré sa liste imposante d'ingrédients, il est très simple à exécuter dès que l'on a les épices devant soi. J'ai suivi la recette traditionnelle pour vous la proposer.

6		clous de girofle
4		gousses vertes de cardamome
2		gousses noires de cardamome
5	ml	(1 c. à thé) de graines de cumin
10	ml	(2 c. à thé) de graines de pavot
125	ml	(½ tasse) d'huile
250	ml	(1 tasse) d'oignons en fines rondelles
250	ml	(1 tasse) d'eau
1		bâton de cannelle
1		feuille de laurier
10	ml	(2 c. à thé) de paprika
5	ml	(1 c. à thé) de curcuma
3	ml	(½ c. à thé) de poudre de coriandre
15	ml	(1 c. à soupe) de racine de gingembre râpée
15	ml	(1 c. à soupe) d'ail émincé
250	ml	(1 tasse) de tomates hachées
250	ml	(1 tasse) de yaourt
675	g	(1½ livre) de gigot d'agneau désossé coupé en cubes de 2,5 cm (1 po)
1	ml	(⅛ c. à thé) de macis en poudre
1	ml	(⅛ c. à thé) de muscade râpée

Dans un moulin à épices ou avec un mortier et un pilon, réduire en poudre les clous de girofle, la cardamome, les graines de cumin et de pavot. Laisser en attente.

Dans une rôtissoire ou dans un plat de 5 l (20 tasses), chauffer l'huile à feu moyen, ajouter les oignons et les faire revenir. Ajouter l'eau, les épices moulues, la cannelle, la feuille de laurier, le paprika, le curcuma, la coriandre, le gingembre et l'ail. Cuire 5 minutes en brassant plusieurs fois.

Ajouter les tomates hachées et en brassant sans cesse, laisser cuire jusqu'à ce que les tomates soient molles et leur jus évaporé.

Puis incorporer le yaourt. Si le mélange a l'air caillé, pas de panique.

Ajouter l'agneau et faire prendre couleur en brassant sans arrêt.

Couvrir. Laisser à feu assez bas de 1 à 1½ heure ou jusqu'à ce que la viande soit à point. Brasser souvent. Enlever le bâton de cannelle et le laurier. Ajouter le macis et la muscade.

Côtelettes d'agneau antillaises

Voici mon interprétation d'une recette que Roger Vergé présente avec du porc dans son école de cuisine en Provence. C'est un plat irrésistible même pour ceux qui n'aiment guère l'agneau. Il est pauvre en sodium et riche en vitamines B, en fibres et en potassium grâce aux tomates, aux bananes et au riz brun.

900	g	(2 livres) de cotelettes d'agneau dégraissées
		farine de blé entier
45	ml	(3 c. à soupe) d'huile d'olive
2		gros oignons en fines tranches
2		gousses d'ail émincées
1		bouquet garni (quelques brindilles de thym ou 3 ml (½ c. à thé) de thym sec, 1 feuille de laurier, quelques brins de persil attachés entre deux branches de céleri ou enfermés dans un coton à fromage
1		bâton de cannelle
1		soupçon de muscade
3		grosses tomates épépinées, pelées et hachées
125	ml	(½ tasse) de bouillon
2		grosses bananes
15	ml	(1 c. à soupe) de beurre
750	ml	(3 tasses) de riz brun cuit, servi brûlant (voir conseils de cuisson, page 226)

Fariner légèrement l'agneau.

Chauffer l'huile dans un poêlon ou un plat à feu assez grand pour contenir l'agneau sur une seule couche. Faire rapidement dorer la viande des deux côtés et la mettre sur une assiette.

Ajouter les oignons et l'ail. Les faire revenir et dorer en évitant de brûler l'ail. Remettre les côtelettes dans le plat, ajouter le bouquet garni et enfoncer la cannelle. Parsemer légèrement de muscade, couvrir avec les tomates et ajouter le bouillon.

Couvrir et mettre au four chauffé à 150°C (300°F) pendant 1¼ heure ou jusqu'à ce que les côtelettes soient à point.

Couper les bananes en deux dans le sens de la longueur et encore en deux dans l'autre sens. Mettre le beurre dans une petite poêle, ajouter les bananes et les faire revenir quelques minutes de chaque côté.

Servir les côtelettes et les légumes sur un lit de riz. Mettre dessus les bananes sautées.

Donne 4 portions.

Roast-beef braisé

Il s'agit d'un plat français classique servi sans l'habituelle sauce au vin et à la farine si riche en calories. La nouvelle cuisine réduit les légumes en purée. On obtient ainsi une sauce onctueuse et savoureuse qui conserve les vitamines et les fibres des aliments.

Si j'ai des invités à souper, je fais ce boeuf la veille et le réchauffe au moment où ils arrivent. À mon avis, les saveurs s'améliorent si on les laisse se développer la nuit.

1,3	kg	(3 livres) de boeuf dans la croupe
15	ml	(1 c. à soupe) de beurre
30	ml	(2 c. à soupe) d'huile d'olive
250	ml	(1 tasse) de carottes coupées
250	ml	(1 tasse) de céleri en dés
250	ml	(1 tasse) d'oignons émincés
250	ml	(1 tasse) de persil haché
1		poignée de brindilles de thym ou
15	ml	(1 c. à soupe) de thym sec
2		feuilles de laurier
2		baies de toute-épice
3		gousses d'ail émincées
750	ml	(3 tasses) de bouillon
15	ml	(1 c. à soupe) de pâte de tomates

Ficeler le rôti pour qu'il conserve sa forme et soit plus maniable. Le faire brûnir sous le gril de tous les côtés, environ 15 minutes.

Chauffer le beurre et l'huile dans une casserole de 4 l (16 tasses) ou une rôtissoire. Ajouter carottes, céleri, oignons et persil et cuire à feu doux jusqu'à ce que les légumes soient tendres, environ 10 minutes.

Attacher les brindilles de thym pour les retirer ensuite facilement.

Quand le boeuf a pris couleur, le mettre dans la casserole et l'entourer avec les légumes. Ajouter le thym, les feuilles de laurier, la toute-épice, l'ail et assez de bouillon pour que le rôti soit presque couvert. Incorporer la pâte de tomates.

Faire bouillir sur le feu, puis couvrir et mettre au four chauffé à 180°C (350°F). Laisser 3 à 3½ heures ou jusqu'à ce qu'une fourchette à longues dents y pénètre facilement.

Mettre la viande sur une planche à découper.

Mettre la casserole sur un feu élevé et faire rapidement réduire de moitié le liquide de cuisson. Enlever le thym et le laurier.

Passer le jus et les légumes à la moulinette ou au tamis pour obtenir une purée. Ne pas employer le mixer. Dégraisser la sauce.

Déficeler la viande et découper à contre fibre. Servir accompagné de la sauce.

Donne 4 à 6 portions.

Boeuf aux oignons

Une longue et lente cuisson rend les oignons moelleux et le boeuf fondant.

1	l	(4 tasses) d'oignons en fines rondelles
30	ml	(2 c. à soupe) d'huile d'olive
60	ml	(¼ tasse) de farine de blé entier
450	g	(1 livre) de boeuf en cubes de 2,5 cm (1 po)
450	g	(1 livre) de carottes
4		gousses d'ail émincées
15	ml	(1 c. à soupe) de sarriette hachée ou
5	ml	(1 c. à thé) de sarriette sèche
15	ml	(1 c. à soupe) de feuilles de thym ou
5	ml	(1 c. à thé) de thym sec
30	ml	(2 c. à soupe) de vinaigre au thym ou de vinaigre de vin blanc
500	ml	(2 tasses) de bouillon
60	ml	(¼ tasse) de persil haché
750	ml	(3 tasses) de riz brun cuit, servi brûlant (voir conseils de cuisson, page 226)

Dans un plat à feu de 4 l (16 tasses), faire revenir les oignons dans l'huile d'olive jusqu'à ce qu'ils soient fondants, environ 20 minutes. Incorporer la farine aux oignons cuits et ajouter le boeuf.

Couper les carottes en allumettes de 5 cm de long (2 po) et les mettre dans le plat avec l'ail, la sarriette, le thym, le vinaigre et le bouillon.

Couvrir et mettre au four chauffé à 190°C (375°F). Laisser cuire 2 heures ou jusqu'à ce que le boeuf soit à point. Au moment de servir mettre le persil et présenter le ragoût sur un lit de riz brun brûlant.

Donne 4 portions.

Le pissenlit

Le pissenlit a gardé en anglais son ancien nom français de dent de lion *(dandelion)*. Remarquable par sa valeur nutritive, il a été utilisé à travers les âges, notamment en période de disette. Sa richesse en vitamines et en sels minéraux tant dans les feuilles que la racine justifie ses propriétés toniques. Les herboristes recommandent l'extrait ou la tisane de pissenlit pour ses vertus diurétiques. Ils le prescrivent aussi pour soulager l'hépatisme et la constipation et exciter l'appétit. Il est aussi employé comme somnifère.

Coquilles farcies au veau

Voici une délicieuse spécialité italienne que l'on peut préparer d'avance et enfourner à l'heure choisie. Outre qu'elle complète le veau, la chapelure de blé entier apporte des vitamines B et des fibres. Le blanc de poulet haché peut aussi être utilisé.

La farce

450	g	(1 livre) de veau haché
1		oeuf
180	ml	(¾ tasse) de chapelure de blé entier
30	ml	(2 c. à soupe) de persil haché
10	ml	(2 c. à thé) de basilic haché ou
4	ml	(¾ de c. à thé) de basilic sec
5	ml	(1 c. à thé) de marjolaine hachée ou
2	ml	(¼ c. à thé) de marjolaine sèche

La sauce

45	ml	(3 c. à soupe) de beurre
90	ml	(6 c. à soupe) de farine pâtissière de blé entier
500	ml	(2 tasses) de lait
250	ml	(1 tasse) de mozzarella râpé

Le montage

20		coquilles géantes [environ 225 g (½ livre)]
125	ml	(¼ tasse) de parmesan râpé

Préparation de la farce

Bien mélanger le veau, l'oeuf, la chapelure, le persil, le basilic et la marjolaine.

Préparation de la sauce

Dans une casserole moyenne, faire fondre le beurre. Incorporer la farine et cuire 2 minutes à feu moyen en évitant de roussir la farine.

Dans une petite casserole, chauffer le lait et l'ajouter d'un seul coup à la farine. Cuire en brassant sans arrêt jusqu'à ébullition et épaississement de la sauce. Retirer du feu et incorporer le mozzarella.

Montage

Faire cuire les pâtes dans une très grande marmite d'eau selon les instructions qui figurent sur le paquet (10 à 20 minutes pour pâtes *al dente*). Les égoutter sur du papier absorbant.

Quand elles sont assez refroidies pour être maniables, les garnir avec la farce.

Beurrer légèrement un plat à four de 17 cm sur 27 (7 po sur 11) et verser dedans environ 250 ml (1 tasse) de sauce. Ranger les coquilles, la farce sur le dessus, et y verser le reste de sauce. Parsemer de parmesan.

Couvrir le plat et laisser 30 minutes au four chauffé à 180°C (350°F). Découvrir et laisser cuire encore 20 minutes ou jusqu'à ce que le dessus soit doré.

Donne 4 à 5 portions.

Hamburgers au tofu

Le tofu, dérivé du soja, complète à merveille le boeuf haché. Riche en protéines, pauvre en graisse et en calories, dénué de cholestérol, il rend les hamburgers plus moelleux. Ici le mélange comporte deux tiers de boeuf et un tiers de tofu. Mais pour abaisser encore la teneur en calories, en graisse et en sodium, on peut utiliser 340 g (¾ de livre) de boeuf et 375 ml (1½ tasse) de tofu écrasé.

450	g	(1 livre) de boeuf haché maigre
250	ml	(1 tasse) de tofu écrasé
1		oignon émincé
½		poivron émincé
2		gousses d'ail émincées
30	ml	(2 c. à soupe) de persil haché
30	ml	(2 c. à soupe) de basilic haché ou
10	ml	(2 c. à thé) de basilic sec
30	ml	(2 c. à soupe) d'aneth haché ou
10	ml	(2 c. à thé) d'aneth sec
125	ml	(½ tasse) de chapelure de blé entier
1		oeuf
85	ml	(⅓ tasse) de sauce tomate (voir Index)

Dans un grand récipient, ou dans un mixer, bien mélanger le boeuf, le tofu, l'oignon, le poivron, l'ail, le persil, le basilic, l'aneth, la chapelure et l'oeuf avec ce qu'il faut de sauce tomate pour lier le mélange.

Avec ce mélange, faire 8 pâtés et les faire griller à point.

Donne 4 portions.

Boeuf au courgeron et au bulgur

Inspiré d'une recette marocaine, ce plat à la saveur légèrement sucrée ajoute à la valeur nutritive des oignons les vitamines A des carottes et de la courge, les vitamines B et le zinc contenu dans les pois chiches. Le bulgur remplace avantageusement le traditionnel couscous car il est riche en fibres, en vitamines B et en potassium et pauvre en graisse et en sodium.

60	ml	(¼ tasse) de pois chiches, après une nuit de trempage
225	g	(½ livre) de boeuf présenté en cubes de 0,6 cm (⅜ po)
		farine de blé entier
30	ml	(2 c. à soupe) d'huile
500	ml	(2 tasses) d'oignons coupés en rondelles fines
500	ml	(2 tasses) de bouillon
3	ml	(½ c. à thé) de poudre de gingembre
1	ml	(⅛ c. à thé) de curcuma
1		pincée de safran
225	g	(½ livre) de carottes
450	g	(1 livre) de courge jaune (courgeron)
15	ml	(1 c. à soupe) de miel
85	ml	(⅓ tasse) de raisins secs
250	ml	(1 tasse) de bouillon
250	ml	(1 tasse) de bulgur, non cuit

Égoutter les pois chiches trempés, les couvrir d'eau et les cuire 1 heure. Égoutter.

Fariner les cubes de boeuf.

Dans une grande sauteuse, chauffer l'huile et faire revenir le boeuf à feu moyen. Puis verser les oignons et laisser cuire jusqu'à ce qu'ils soient fondants.

Ajouter les pois chiches, 500 ml (2 tasses) de bouillon, le gingembre, le curcuma et le safran. Couvrir et laisser mijoter 1 heure à feu doux.

Couper les carottes en allumettes de 5 cm (2 po) de long environ.

Peler et épépiner la courge et la couper en quartiers de 2,5 cm (1 po).

Ajouter les carottes, la courge et le miel dans la sauteuse et laisser mijoter 30 minutes. Ajouter les raisins secs et laisser encore mijoter 15 minutes, ou jusqu'à ce que les carottes, les pois chiches et le boeuf soient à point.

Dans une petite casserole, faire bouillir 250 ml (1 tasse) de bouillon et y jeter le bulgur. Couvrir, retirer du feu et laisser en attente 20 à 30 minutes ou jusqu'à ce que le bulgur ait absorbé tout le liquide et soit tendre.

Aérer le bulgur à l'aide de deux fourchettes. Le verser sur le plat de service. Le couronner à la cuillère avec les légumes et le boeuf.

Donne 4 portions.

Pain de viande roulé

New look du bon vieux pain de viande! Les épinards du rouleau apportent au boeuf leur richesse en vitamines A et C, leurs fibres et leur magnésium tandis que la purée de pommes de terre le complète et apporte de nombreux nutriments.

La farce

225	g	(½ livre) d'épinards en feuilles
125	ml	(½ tasse) de chapelure de blé entier
85	ml	(⅓ tasse) de fromage suisse râpé
60	ml	(¼ tasse) de ricotta
1		oeuf

Le boeuf

450	g	(1 livre) de boeuf haché maigre
125	ml	(½ tasse) de purée de pommes de terre
1		gros oignon émincé
1		gousse d'ail émincée
10	ml	(2 c. à thé) d'origan haché ou

3	ml	(½ c. à thé) d'origan sec
10	ml	(2 c. à thé) de basilic haché ou
3	ml	(½ c. à thé) de basilic sec
10	ml	(2 c. à thé) de thym haché ou
3	ml	(½ c. à thé) de thym sec
1		oeuf
		chapelure de blé entier

Préparation de la farce

Laver les épinards à grande eau froide et les cuire dans une grande casserole sans autre eau que celle qui est retenue par les feuilles après lavage. Quand ils sont tendres, les verser dans une passoire ou un tamis. Quand ils sont assez refroidis pour être maniables, exprimer toute l'eau et les hacher fin (inutile de les hacher, si vous utilisez un mixer par la suite). Passer au mixer les épinards, la chapelure, le fromage suisse, le ricotta et l'oeuf jusqu'à obtention d'un mélange homogène.

Préparation du boeuf

Mélanger au mixer le boeuf, les pommes de terre, l'oignon, l'ail, l'origan, le basilic, le thym et l'oeuf.

Étaler de la chapelure sur une grande feuille de papier ciré et y déposer le mélange de viande façonné en rectangle de 20 cm sur 27 (8 po sur 11).

Étaler la farce sur le rectangle en laissant une lisière vide de 2,5 cm (1 po) tout autour. Puis rouler le rectangle sur lui-même à partir du côté droit 20 cm (8 po).

Disposer ce rouleau, la fermeture tournée vers le bas, dans un moule à pain huilé ou beurré de 22 cm sur 10 (8½ po sur 4½) et laisser cuire environ 1 heure au four chauffé à 180°C (350°F).

Donne 4 portions.

Courge spaghetti avec boulettes de viande

1		grosse courge spaghetti de 675 à 900 g (1½ à 2 livres)
450	g	(1 livre) de boeuf haché maigre
1		oeuf
165	ml	(⅔ tasse) d'oignons émincés
250	ml	(1 tasse) de flocons d'avoine
60	ml	(¼ tasse) de sauce tomate (voir Index)
30	ml	(2 c. à soupe) de persil haché
8	ml	(1½ c. à thé) de basilic haché ou
3	ml	(½ c. à thé) de basilic sec
8	ml	(1½ c. à thé) d'origan haché ou
3	ml	(½ c. à thé) d'origan sec
1	l	(4 tasses) de sauce tomate (voir Index)
125	ml	(½ tasse) de sauce pesto (voir Index)
125	ml	(½ tasse) de parmesan râpé

Percer la courge en un ou deux points avec une brochette et la mettre dans une grande marmite. La couvrir presque entièrement d'eau chaude. Couvrir. Amener à ébullition. Baisser le feu et laisser cuire de 1 à 1½ heure ou jusqu'à ce qu'une brochette pénètre facilement dans la courge.

Pendant qu'elle cuit, préparer les boulettes. Dans un grand récipient ou au mixer faire un mélange homogène avec le boeuf, l'oeuf, l'oignon, l'avoine, 60 ml (¼ tasse) de sauce tomate, le persil, le basilic et l'origan. Faire des boulettes de 2 cm (¾ po) de diamètre. (Cette recette permet d'en obtenir 24.) Les faire griller 5 minutes en les plaçant à 15 cm (6 po) du gril, retourner pour cuire l'autre côté encore 5 minutes.

Mettre 1 l (4 tasses) de sauce tomate dans une grande casserole et ajouter les boulettes. Laisser mijoter 30 minutes à feu doux.

Quand la courge est cuite, la sortir de la marmite et la passer sous l'eau froide jusqu'à ce qu'elle soit assez refroidie pour être maniable. La couper en deux transversalement et enlever soigneusement à la cuillère les graines et la pulpe noire et les jeter.

Défaire la chair à la fourchette, elle se détache en rubans qui ressemblent à des spaghetti. Les goûter. S'ils sont trop croquants, les mettre dans une grande poêle avec 60 ml (¼ tasse) d'eau. Couvrir et cuire à feu moyen jusqu'à ce que la courge soit à point sans s'écraser.

Remuer la courge dans la sauce pesto et présenter avec les boulettes et la sauce tomate. Parsemer de parmesan.

Donne 4 portions.

Poivrons farcis à la sarriette

Une façon formidable de servir les derniers petits poivrons qui restent au jardin à la fin de septembre. L'avoine gonfle le boeuf et apporte des fibres et des protéines.

450	g	(1 livre) de boeuf haché maigre
250	ml	(1 tasse) de flocons d'avoine
180	ml	(¾ tasse) de jus de tomate (voir Index)
1		gros oignon émincé
125	ml	(½ tasse) de céleri coupé fin
85	ml	(⅓ tasse) de parmesan râpé
45	ml	(3 c. à soupe) de persil haché
15	ml	(1 c. à soupe) de sarriette hachée ou
5	ml	(1 c. à thé) de sarriette sèche
2		gousses d'ail émincées
1		oeuf
2	ml	(¼ c. à thé) de poivre de Cayenne
4		très gros poivrons à farcir ou 8 petits
250 à 375	ml	(1 à 1½ tasse) de jus de tomate

Dans un récipient faire un mélange homogène avec le boeuf, l'avoine, 180 ml (¾ tasse) de jus de tomate, l'oignon, le céleri, le parmesan, le persil, la sarriette, l'ail, l'oeuf et le poivre de Cayenne.

Couper les gros poivrons dans le sens de la longueur, enlever les pépins et le coeur. Couper le haut des petits poivrons et les évider.

Remplir les poivrons avec toute la farce. Les disposer dans un plat à four d'une dimension juste suffisante pour qu'ils tiennent sur une seule couche. Verser assez de sauce tomate pour que le plat ait une hauteur de 1 cm (½ po) de jus .

Couvrir le plat, le mettre au four chauffé à 180°C (350°F) pendant 45 minutes. Découvrir et laisser au four encore 30 minutes ou jusqu'à ce que le dessus soit doré.

Donne 4 portions.

Moussaka aux zucchini

Voici une moussaka où les zucchini remplacent l'aubergine traditionnelle. La cannelle apporte une saveur exotique à ce plat qui est meilleur si l'on utilise de petits zucchini.

La couche de zucchini

4		petits zucchini de 3,5 cm de diamètre (1½ po) environ 450 g (1 livre)
15	ml	(1 c. à soupe) de beurre ramolli
15	ml	(1 c. à soupe) d'huile d'olive

La couche de viande

340	g	(¾ livre) de boeuf haché maigre
500	ml	(2 tasses) d'oignons finement émincés
3		gousses d'ail émincées
30	ml	(2 c. à soupe) de farine de blé entier
3	ml	(½ c. à thé) de poudre de cannelle
2	ml	(¼ c. à thé) de muscade râpée
22	ml	(1½ c. à soupe) d'origan haché ou
8	ml	(1½ c. à thé) d'origan sec
375	ml	(1½ tasse) de tomates écrasées
125	ml	(½ tasse) de bouillon
60	ml	(¼ tasse) de persil haché

La sauce au fromage

45	ml	(3 c. à soupe) de beurre
75	ml	(5 c. à soupe) de farine pâtissière de blé entier
375	ml	(1½ tasse) de lait
1	ml	(⅛ c. à thé) de muscade râpée
3		oeufs
60	ml	(¼ tasse) de parmesan râpé

Préparation de la couche de zucchini

Couper les zucchini en quatre dans le sens de la longueur. S'ils ont plus de 3,5 cm (1½ po) d'épaisseur, les couper en 8, et diviser chaque morceau en deux.

Mettre le beurre et l'huile dans un plat à four peu profond, ajouter les zucchini et les faire sauter pour les enduire. Mettre au four chauffé à 200°C (400°F). Laisser 30 minutes en brassant parfois ou jusqu'à ce qu'ils soient fondants et blondis.

Égoutter sur du papier absorbant et laisser en attente.

Préparation de la couche de viande

Émietter la viande dans une grande poêle en brassant quelques minutes pour qu'elle brunisse. Ajouter les oignons et l'ail et brasser jusqu'à ce que les oignons soient fondants sans que l'ail brunisse. Enlever l'excès de graisse à la cuillère.

Parsemer la viande de farine, ajouter la cannelle, la muscade, l'origan, les tomates, le bouillon et le persil. Couvrir et cuire 10 minutes à feu moyen. Découvrir, cuire en tournant souvent pour que rien n'attache jusqu'à ce que le mélange soit très sec après évaporation de tout le liquide. Pour que le mélange n'attache pas, baisser le feu dès qu'il épaissit.

Préparation de la sauce au fromage

Dans une casserole moyenne, faire fondre le beurre, incorporer la farine et cuire 2 minutes à feu doux en brassant sans arrêt.

Chauffer le lait dans une petite casserole.

Verser le lait d'un seul coup dans le mélange de farine et battre au fouet pour obtenir une sauce lisse. Cuire à feu moyen en tournant sans arrêt jusqu'à ébullition et épaississement de la sauce. Incorporer la muscade. Enlever du feu.

Dans un petit récipient, bien battre les oeufs puis y incorporer doucement environ 125 ml (½ tasse) de la sauce chaude en battant avec énergie pour mélanger sans que les oeufs ne se coagulent.

Verser les oeufs dans le reste de la sauce et remettre au feu. Cuire 1 minute en bras-sant sans cesse. Retirer du feu et mettre le parmesan.

Montage

Mettre une couche de zucchini dans un plat à four de 22 cm (9 po). Faire deux couches si nécessaire.

Mélanger environ la moitié de la sauce au fromage avec la viande et répartir à la cuillère sur les zucchini. Ajouter par-dessus le reste de zucchini.

Étaler le reste de sauce de façon uniforme sur le dessus.

Mettre au four chauffé à 180°C (350°F). Laisser 40 minutes au four jusqu'à ce que le dessus soit doré. Laisser reposer 15 minutes avant de servir.

Donne 4 portions.

Zucchini farcis au parmesan

4		petits zucchini, d'environ 15 cm de long (6 po) et de 225 g (½ livre) chacun)
450	g	(1 livre) de boeuf haché maigre
250	ml	(1 tasse) de tomates hachées
125	ml	(½ tasse) de flocons d'avoine
125	ml	(½ tasse) de parmesan râpé
85	ml	(⅓ tasse) d'oignons émincés
30	ml	(2 c. à soupe) de persil haché
15	ml	(1 c. à soupe) de basilic haché ou
5	ml	(1 c. à thé) de basilic séché
5	ml	(1 c. à thé) de romarin haché ou
2	ml	(¼ c. à thé) de romarin sec pilé
1		oeuf
60	ml	(¼ tasse) de cheddar râpé ou de parmesan râpé
375	ml	(1½ tasse) de sauce tomate (voir Index)

Couper chaque zucchini en deux dans le sens de la longueur et l'évider en enlevant les graines et une partie de la pulpe pour obtenir une baguette de 0,6 cm (⅜ po) d'épaisseur.

Dans un grand bol ou dans un mixer, faire un mélange homogène avec le boeuf, les tomates, l'avoine, 125 ml (½ tasse) de parmesan, les oignons, le persil, le basilic, le romarin et l'oeuf.

Remplir les zucchini avec cette farce et les placer dans un plat à four légèrement huilé de 22 cm sur 33 (9½ po sur 13). Le couvrir avec une feuille d'aluminium.

Mettre au four chauffé à 180°C (350°F). Laisser 1 heure puis enlever l'aluminium, parsemer les zucchini de cheddar ou de parmesan et remettre 15 minutes au four.

Servir avec de la sauce tomate chaude.

Donne 4 portions.

Le poivre de Cayenne

Le poivre de Cayenne tire son nom du verbe grec qui signifie mordre, sans doute à cause de la morsure qu'il inflige aux papilles de la langue. La phytothérapie en fait un fréquent usage pour soulager les douleurs gastriques et intestinales et pour stimuler l'appétit. En compresse, il favorise la circulation sous-cutanée et soulage l'arthrite et les rhumatismes. Selon la tradition, le poivre accroît la résistance du corps aux maladies.

Casserole d'or

Voici une version d'un plat que mon amie Marjorie Compton a servi la première fois que mon mari et moi avons dîné chez elle. J'ai pensé qu'il valait son pesant d'or. C'est encore mon avis. On peut le préparer d'avance et le mettre au four à l'heure du repas.

CONSEIL: *Utiliser un coupe-oeufs pour couper les champignons en fines lamelles.*

115	g	(4 oz) de coquillettes de blé entier
115	g	(4 oz) de cheddar en lamelles
450	g	(1 livre) de boeuf haché maigre
2		gros oignons en dés
115	g	(4 oz) de champignons tranchés en fines lamelles
375	ml	(1½ tasse) de lait
30	ml	(2 c. à soupe) de beurre
37	ml	(2½ c. à soupe) de farine pâtissière de blé entier
60	ml	(¼ tasse) de persil haché
30	ml	(2 c. à soupe) d'aneth haché ou
10	ml	(2 c. à thé) d'aneth sec
15	ml	(1 c. à soupe) de sauce tamari
30	ml	(2 c. à soupe) de pacanes concassées
30	ml	(2 c. à soupe) de graines de tournesol
30	ml	(2 c. à soupe) de graines de citrouille
		yaourt (facultatif)

Cuire les coquillettes à l'eau bouillante pour qu'elles soient *al dente*, environ 8 minutes. Ne pas trop cuire. Égoutter et les verser, après l'avoir huilé, dans un moule à four carré de 22 cm (9 po). Y parsemer la moitié du cheddar et laisser en attente.

Dans une grande poêle, faire dorer le boeuf. Quand il est bien coloré, ajouter les oignons et les champignons. Couvrir et laisser cuire à feu moyen environ 5 minutes ou jusqu'à ce que les oignons et les champignons soient fondants.

Chauffer le lait dans une petite casserole.

Faire fondre le beurre dans une casserole moyenne, incorporer la farine et laisser cuire 2 minutes à feu doux sans cesser de brasser. Verser le lait chaud et battre au fouet pour l'incorporer. Cuire à feu moyen en tournant sans arrêt jusqu'à ce que la sauce bouille et épaississe. Puis verser dans la sauce le persil, l'aneth et la sauce tamari.

Dégraisser le boeuf si nécessaire et y incorporer la sauce. Verser sur les coquillettes dans le plat et parsemer du reste du cheddar.

Mettre au four chauffé à 180°C (350°F) et laisser environ 15 minutes ou jusqu'à ce que le fromage soit fondu.

Parsemer avec les pacanes, les graines de tournesol et de citrouille et laisser encore 10 minutes au four.

Servir accompagné de yaourt nature.

Donne 4 portions.

Kebabs épicés

Ici, j'interprète un plat que m'a appris la cuisinière indoue Julie Sahni aux cours qu'elle donne à New York. Ces espèces de saucisses sont assez relevées. Elles sont délicieuses un jour d'été car le yaourt et les tomates éteignent un peu leur feu.

450	g	(1 livre) de boeuf haché maigre
125	ml	(½ tasse) de chapelure de blé entier
45	ml	(3 c. à soupe) de persil haché
45	ml	(3 c. à soupe) de menthe hachée ou
15	ml	(1 c. à soupe) de menthe sèche
2		poivrons piquants émincés
15	ml	(1 c. à soupe) de poudre de cumin
15	ml	(1 c. à soupe) de racine de gingembre râpée
3		gousses d'ail émincées
15	ml	(1 c. à soupe) de jus de citron
1		oeuf
15	à	
30	ml	(1 à 2 c. à soupe) d'huile
4 à 8		pains pita chauds
250	ml	(1 tasse) de yaourt
2		tomates hachées

Mettre dans un grand récipient le boeuf, la chapelure, le persil, la menthe, les poivrons piquants, le cumin, le gingembre, l'ail, le jus de citron et l'oeuf. Pétrir les ingrédients à la main ou utiliser un mélangeur robuste pour obtenir un mélange homogène.

Avec cette farce, faire de petits bâtons d'environ 10 cm de long et de plus de 1 cm d'épaisseur (4 po sur ½). Ces proportions donnent environ 16 kebabs.

Huiler légèrement le fond d'une poêle et la faire chauffer à feu moyen. Disposer les kebabs en les espaçant un peu et les faire revenir. Secouer la poêle pour qu'ils n'attachent ni ne brûlent.

Continuer jusqu'à ce que les kebabs soient brunis en tous sens et cuits en profondeur, environ 10 minutes.

Pour servir, couper un pain pita en deux. Ouvrir chaque poche, la remplir avec 1 ou 2 kebabs, garnir à la cuillère avec du yaourt et terminer par les tomates hachées.

Donne 4 portions.

Le raifort

Le raifort présente selon les herboristes la propriété de « favoriser la sécrétion des sucs ». Consommée en petite quantité, cette racine âpre au goût est sensée avoir des vertus digestives et diurétiques. Calorifique et stimulante, elle entre dans la composition de cataplasmes pour accroître la circulation sanguine et soulager les douleurs rhumatismales. Le lait où elle a infusé est recommandé pour rafraîchir la peau et éclaircir le teint.

Crêpes farcies à l'italienne

J'ajoute souvent des carottes râpées dans la viande en sauce. Elles apportent des fibres, des vitamines et une saveur sucrée. Vous pouvez farcir ces crêpes d'avance et les mettre au four ensuite à votre convenance.

225	g	(½ livre) de boeuf haché maigre
15	ml	(1 c. à soupe) d'huile
15	ml	(1 c. à soupe) de farine de blé entier
60	ml	(¼ tasse) de carottes râpées
125	ml	(½ tasse) d'oignons émincés
125	ml	(½ tasse) de tomates en dés
1		gousse d'ail émincée
15	ml	(1 c. à soupe) de basilic haché ou
5	ml	(1 c. à thé) de basilic sec
15	ml	(1 c. à soupe) de fenouil émincé
8		crêpes de blé entier (voir Index)
250	ml	(1 tasse) de sauce tomate (voir Index)
125	ml	(½ tasse) de parmesan râpé

Dans une grande poêle, faire revenir le boeuf dans l'huile. Parsemer de farine et mélanger. Puis ajouter les carottes, les oignons, les tomates, l'ail, le basilic et le fenouil.

Couvrir et cuire à feu à peine moyen jusqu'à ce que les légumes soient à point et la sauce épaisse.

Beurrer un plat à four de 22 cm sur 33 (9 po sur 13).

Mettre une crêpe sur une assiette, le côté marbré en haut. Placer à une extrémité environ 45 ml (3 c. à soupe) de farce et rouler la crêpe pour enfermer la garniture. La mettre dans le plat, fermeture en haut.

Quand toutes les crêpes sont prêtes et disposées dans le plat, ajouter sur le dessus ce qui reste de farce.

Couvrir de sauce tomate et parsemer de fromage.

Donne 4 portions.

Pâtes à la mexicaine

On trouve les pâtes à la farine de maïs dans beaucoup de boutiques de produits naturels. Elles changent des habituelles pâtes de blé dur et apportent une ravissante touche de couleur à la plupart des plats. Mais attention! Ne pas trop les faire cuire. Elles sont minces et délicates et tombent facilement en bouillie. Ne pas les faire cuire plus de trois minutes sans commencer à les goûter.

Vous pouvez, selon la quantité de poivrons piquants, rendre ce plat plus ou moins relevé. Les feuilles de coriandre ne sont pas indispensables. Pourtant ce sont elles qui apportent une saveur vraiment mexicaine à la sauce.

15	ml	(1 c. à soupe) d'huile d'olive
225	g	(½ livre) de boeuf haché maigre
500	ml	(2 tasses) d'oignons coupés en fines tranches
1 à 2		poivrons piquants émincés
1		poivron rouge finement coupé
30	ml	(2 c. à soupe) de feuilles de coriandre hachées
5	ml	(1 c. à thé) de poudre de chili (voir Index)
625	ml	(2½ tasses) de sauce tomate (voir Index)
225	g	(8 oz) de nouilles de maïs
15	ml	(1 c. à soupe) d'huile
180	ml	(¾ tasse) de cheddar râpé

Chauffer l'huile dans une grande poêle à feu moyen. Verser le boeuf et le faire revenir uniformément. Baisser le feu et ajouter les oignons, le poivron piquant, le poivron rouge, la coriandre et la poudre de chili. Laisser cuire jusqu'à ce que les oignons soient fondants en brassant souvent pour qu'ils n'attachent pas.

Ajouter la sauce tomate et laisser mijoter jusqu'à épaississement de la sauce, environ 20 minutes.

Cuire les nouilles dans une grande quantité d'eau bouillante où l'on a versé 15 ml (1 c.

à soupe) d'huile. Cuire jusqu'à ce qu'elles soient juste tendres, environ 4 minutes en les goûtant souvent pour éviter l'excès de cuisson. Passer ces nouilles fragiles avec précaution.

Les transférer dans le plat de service. Arroser de sauce à la louche. Parsemer de cheddar.

Donne 4 portions.

Tacos au boeuf

Préparer d'avance la farce et le fromage râpé. Vous voilà prête pour un repas impromptu. Pendant que dans le four les tortillas deviennent croustillantes, vite vous coupez les tomates et la laitue. Quand les tortillas sont prêtes, vous l'êtes aussi.

La farce

450 g	(1 livre) de boeuf haché maigre
15 ml	(1 c. à soupe) d'huile
30 ml	(2 c. à soupe) de farine de blé entier
250 ml	(1 tasse) d'oignons émincés
125 ml	(½ tasse) de céleri coupé fin
30 ml	(2 c. à soupe) de poudre de chili (voir Index)
30 ml	(2 c. à soupe) de basilic haché ou
10 ml	(2 c. à thé) de basilic sec
5 ml	(1 c. à thé) de poudre de cumin
30 ml	(2 c. à soupe) de poivrons piquants hachés
500 ml	(2 tasses) de tomates hachées
250 ml	(1 tasse) de sauce tomate (voir Index)

Le montage

8	tortillas de maïs
	fromage râpé
	tomates hachées
	laitue coupée

Préparation de la farce

Dans une grande poêle, faire roussir le boeuf dans l'huile à feu moyen. Incorporer la farine.

Le romarin

C'est l'herbe du souvenir depuis le temps où, dans la Grèce antique, les étudiants portaient des couronnes de romarin pour améliorer leur mémoire. Aujourd'hui, en usage externe, il est sensé traiter le rhumatisme, l'eczéma, les meurtrissures et les blessures. On suggère son emploi comme antiseptique bucal. Il est considéré aussi comme un excellent rinçage capillaire pour stimuler la pousse des cheveux et prévenir les pellicules.

Ajouter les oignons, le céleri, la poudre de chili, le basilic, le cumin, les poivrons, les tomates et la sauce tomate.

Couvrir. Laisser cuire à feu moyen jusqu'à ce que les tomates soient molles. Découvrir, et laisser cuire en remuant parfois jusqu'à ce que la farce épaississe.

Montage

Mettre les tortillas au four chauffé à 180°C (350°F) pendant 5 à 8 minutes, ou jusqu'à ce qu'elles soient croustillantes. Remplir les tortillas en terminant par le fromage, les tomates et la laitue.

Donne 4 portions.

Tarte Tamale

C'est une grande favorite des deux côtés de la frontière américano-mexicaine du sud-ouest. Le maïs, le fromage et la farine de maïs prêtant leurs protéines à celles de la viande, il suffit de 225 g (½ livre) de boeuf pour nourrir quatre personnes. Ce plat peut être préparé d'avance et passé au four à l'heure choisie.

Poivrer selon votre goût. Cette recette donne une tarte assez relevée.

La garniture

225	g	(½ livre) de boeuf haché maigre
15	ml	(1 c. à soupe) d'huile
250	ml	(1 tasse) d'oignons en dés
3		gousses d'ail émincées
60	ml	(¼ tasse) de bouillon
30	ml	(2 c. à soupe) de farine de blé entier
30	ml	(2 c. à soupe) de poudre de chili (voir Index)
8	ml	(1½ c. à thé) de cumin pilé
2	ml	(¼ c. à thé) de poivre de Cayenne
250	ml	(1 tasse) de tomates pelées, épépinées, hachées
250	ml	(1 tasse) de maïs
½		poivron vert en dés
125	ml	(½ tasse) de sauce tomate (voir Index)
125	ml	(½ tasse) de persil haché
15	ml	(1 c. à soupe) de sauge hachée ou
2	ml	(¼ c. à thé) de sauge sèche

La croûte

250	ml	(1 tasse) de farine de maïs
250	ml	(1 tasse) d'eau froide
500	ml	(2 tasses) de bouillon
60	ml	(¼ tasse) de parmesan râpé
125	ml	(½ tasse) de cheddar râpé, pour garnir
½		poivron vert coupé en fines lanières, pour garnir

Préparation de la garniture

Dans une casserole de 3 ou 4 l (12 ou 16 tasses), faire revenir le boeuf dans l'huile, en l'émiettant à mesure qu'il prend couleur. Ajouter les oignons, l'ail et le bouillon. Couvrir. Cuire 5 minutes à feu doux pour attendrir les oignons. Incorporer la farine et bien mélanger.

Ajouter la poudre de chili, le cumin, le poivre de Cayenne, les tomates, le maïs, le poivron en dés, la sauce tomate, le persil et la sauge. Couvrir. Cuire à feu doux jusqu'à ce que les tomates soient souples et la préparation épaisse. Brasser souvent pour empêcher le mélange de brûler ou d'attacher.

Préparation de la croûte

Dans une casserole de 2 l (8 tasses), mélanger au fouet la farine de maïs et l'eau. Incorporer le bouillon peu à peu. Cuire à feu moyen en brassant sans arrêt jusqu'à ce que le mélange bouillonne et devienne très épais. Environ 15 minutes. Puis incorporer le parmesan.

Verser dans un plat à four de 22 cm sur 33 (9 po sur 13) et laisser figer plusieurs minutes.

Poser le plat sur le plan de travail avec devant soi le grand côté de 33 cm (13 po).

En répartissant le cheddar, dessiner bandes égales et parallèles au côté de 22 cm (po). Remplir l'espace qui sépare ces bande avec les lanières de poivron vert.

Mettre 30 minutes au four chauffé à 180°C (350°F).

Donne 4 portions.

Chili mi-fort

L'abondance d'épices et une longue et lente cuisson donnent à ce chili... quelque chose en plus.

Les fèves adzuki ont l'air de fèves rouges miniatures mais elles cuisent bien plus vite.

15	ml	(1 c. à soupe) d'huile
450	g	(1 livre) de boeuf haché maigre
250	ml	(1 tasse) d'oignons finement émincés
125	ml	(½ tasse) de céleri haché fin
2		gousses d'ail émincées
750	ml	(3 tasses) de tomates en purée grossière
250	ml	(1 tasse) de bouillon
750	ml	(3 tasses) de fèves rouges ou adzuki cuites, environ 250 ml (1 tasse) sèches (voir conseils de cuisson, page 122)
15	ml	(1 c. à soupe) de poudre de chili (voir Index)
15	ml	(1 c. à soupe) de marjolaine hachée ou
5	ml	(1 c. à thé) de marjolaine sèche
15	ml	(1 c. à soupe) d'origan haché ou
5	ml	(1 c. à thé) d'origan sec
15	ml	(1 c. à soupe) de thym haché ou
5	ml	(1 c. à thé) de thym sec
15	ml	(1 c. à soupe) de sauge hachée ou
2	ml	(¼ c. à thé) de sauge sèche
3	ml	(½ c. à thé) de paprika
2	ml	(¼ c. à thé) de poudre de cumin
2	ml	(¼ c. à thé) de poivre de Cayenne
1	ml	(⅛ c. à thé) de graines de coriandre en poudre
1	ml	(⅛ c. à thé) de poudre de gingembre
1		pincée de tout-épice en poudre
1		feuille de laurier
2		petits poivrons jalapeno, hachés (on peut enlever les graines)

Chauffer l'huile dans une rôtissoire, émietter le boeuf et le faire revenir. Ajouter les oignons, le céleri et l'ail et cuire à feu doux jusqu'à ce que les oignons soient fondants.

Ajouter les tomates, le bouillon, les fèves, la poudre de chili, la marjolaine, l'origan, le thym, la sauge, le paprika, le cumin, le poivre de Cayenne, la coriandre, le gingembre, la toute-épice, le laurier et les poivrons jalapeno. Couvrir et cuire à petit feu environ 1 heure ou jusqu'à épaississement. Brasser souvent pour que rien n'attache. Enlever le laurier avant de servir.

Donne de 4 à 6 portions.

Chapitre 12
Les légumes

Le riz brun

Une petite merveille le riz brun, avec sa faible teneur en calories, en sodium et en graisse et sa richesse en protéines, en fibres et autres nutriments ! Ses hydrates de carbone complexes faciles à digérer donnent l'impression de satiété. Rien d'étonnant à ce qu'il soit la vedette au rayon du riz des supermarchés. C'est bon à savoir car vous restez souvent perplexe ne sachant que choisir entre riz blanc, riz brun, riz converti, riz instantané sans parler de tous les riz préparés et aromatisés. Désormais, c'est clair. Il suffit de savoir que le meilleur est le riz brun et vous n'avez plus d'hésitation.

Bien sûr, au départ tous les riz sont bruns. Dès qu'il est moissonné, on débarrasse le riz de sa coque extérieure qui n'est pas comestible et voilà le riz brun. Il tire sa coloration brunâtre des couches de son qui entourent le grain. C'est un aliment naturel et complet renfermant en abondance des fibres, des vitamines B et des sels minéraux.

Mais hélas, l'exploitation commerciale du riz n'en reste pas là. Le riz passe dans des machines qui décapent les couches de son et le germe riche en nutriments, le « polissent » ce qui élimine les fibres, les vitamines B et d'autres nutriments. Pour compenser, certains réintègrent trois seulement des nutriments éliminés et ils ont l'audace de parler de riz « enrichi ». Ce jeu de passe-passe n'empêche pas que le riz ainsi blanchi devient, par rapport au riz brun qu'il était au départ, plus pauvre en fibres, en riboflavine, en vitamine B, en acides foliques et panthoténique, en magnésium, en zinc et en potassium.

L'opération n'a pas d'autres avantages que de mettre sur le marché un riz à cuisson plus rapide, plus léger et plus pâle que le riz naturel. À mon avis, il vaut mieux le laisser sur le rayon. D'ailleurs voici les pourcentages pour une tasse de riz cuit.

Nutriments	Riz brun	Riz blanc
Protéines (g)	4,9	4,1
Fibre (g)	1,25	0,38
Thiamine (mg)	0,18	0,04
Riboflavine (mg)	0,04	0,02
Niacine (mg)	2,7	0,8
Fer (mg)	1,0	0,4
Potassium (mg)	137	57
Magnésium (mg)	60,3	15,28
Zinc (mg)	1,25	0,76
Énergie (calories)	232	223

Mais il existe une sorte de riz qui se situe entre le riz brun et les variétés blanches si vous désirez une texture plus légère sans sacrifier tout à fait la valeur nutritive. C'est ce que l'on appelle le riz converti. Il n'est pas privé tout à fait des nutriments naturels car il est soumis à un traitement par pression et à la vapeur qui les fait passer du son dans l'amidon qui est au centre de chaque grain, avant l'opération de polissage. Mais soyez raisonnable et réservez ce riz converti pour les grandes occasions.

Le riz renferme une protéine de haute qualité qui présente un dosage assez bien équilibré des principaux acides aminés, malgré une légère déficience en lysine et isoleucine. Pour y remédier, accompagner le riz d'aliments qui contiennent les acides aminés déficients, de légumes — pois, fèves rouges ou lentilles, de graines de sésame, de produits laitiers ou d'épinards.

En achetant du riz brun vous remarquerez sans doute qu'il se présente sous trois formes : à grain long, à grain moyen et à grain court. À la cuisson le riz à grain long est léger et aéré, et les grains restent bien séparés. Il convient au riz pilaf, à la paella et à divers plats servis comme garniture. Dans les supermarchés, on trouve surtout la variété à grain long. Le grain moyen est plus trapu et devient un peu humide et collant à la cuisson. L'employer pour faire des puddings au four, compléter la viande dans les terrines et les boulettes de viande. Pour les puddings, le meilleur est le riz à grain court qui est encore plus collant.

Quelle que soit la variété, les instructions de cuisson sont les mêmes. 250 ml (1 tasse) de riz cru donne 750 ml (3 tasses) de riz cuit. Pour cuire le riz brun, amener 625 à 750 ml (2½ à 3 tasses) d'eau ou de bouillon à ébullition et verser le riz. Ajouter 15 ml (1 c. à soupe) d'huile ou de beurre pour empêcher de déborder. Couvrir la casserole avec un couvercle hermétique et laisser mijoter le riz 50 minutes ou jusqu'à ce que tout le liquide ait été absorbé et que le riz soit à point. Pour que le riz à grain long ne colle pas, ne pas brasser durant la cuisson.

Timbale de riz au safran

Accompagne agréablement le poulet ou les mets indiens relevés.

1	oignon émincé
15 ml	(1 c. à soupe) de beurre
750 ml	(3 tasses) de bouillon
250 ml	(1 tasse) de riz brun à grain long, non cuit
85 ml	(⅓ tasse) de raisins secs
2 ml	(¼ c. à thé) de safran

Dans un grand plat à feu, faire revenir les oignons dans le beurre jusqu'à ce qu'ils soient fondants. Ajouter le bouillon, le riz, les raisins secs et le safran et amener doucement à ébullition.

Couvrir et mettre au four chauffé à 180°C (350°F). Laisser 1 heure ou jusqu'à ce que le riz soit à point et que tout le liquide soit absorbé.

Donne 4 portions.

Riz aux tomates

1		oignon émincé
1		branche de céleri émincé
15	ml	(1 c. à soupe) d'huile d'olive
1		gousse d'ail émincée
250	ml	(1 tasse) de riz brun à grain long, non cuit
5	ml	(1 c. à thé) de thym haché ou
3	ml	(½ c. à thé) de thym sec
5	ml	(1 c. à thé) d'origan haché ou
3	ml	(½ c. à thé) d'origan sec
5	ml	(1 c. à thé) de sarriette hachée ou
3	ml	(½ c. à thé) de sarriette sèche
3	ml	(½ c. à thé) de marjolaine hachée ou
1		pincée de marjolaine sèche
1		feuille de laurier
375	ml	(1½ tasse) de bouillon
375	ml	(1½ tasse) de tomates pelées et hachées

Faire revenir dans l'huile à petit feu le céleri et l'oignon jusqu'à ce qu'ils soient fondants.

Ajouter l'ail, le riz, le thym, l'origan, la sarriette, la marjolaine et cuire quelques minutes de plus en brassant sans arrêt.

Ajouter la feuille de laurier, le bouillon, les tomates. Couvrir et amener à ébullition. Puis régler le feu et laisser mijoter 50 minutes ou jusqu'à ce que le riz soit à point et que tout le liquide soit absorbé.

Enlever la feuille de laurier.

Donne 4 portions

Riz au curry

15	ml	(1 c. à soupe) d'huile
165	ml	(⅔ tasse) de riz brun à grain long, non cuit
500	ml	(2 tasses) de bouillon
250	ml	(1 tasse) d'oignons émincés
2		gousses d'ail émincées
30	ml	(2 c. à soupe) d'huile
15	ml	(1 c. à soupe) de poudre de curry (voir Index)
60	ml	(¼ tasse) de raisins secs
45	ml	(3 c. à soupe) de bouillon
30	ml	(2 c. à soupe) de noix de coco râpée

Dans une casserole moyenne, chauffer fortement 15 ml (1 c. à soupe) d'huile. Ajouter le riz et le faire revenir en brassant sans arrêt jusqu'à ce qu'il devienne doré. Ajouter alors le bouillon et laisser mijoter jusqu'à ce que le riz soit à point et que tout le liquide soit absorbé, environ 50 minutes.

Dans une grande sauteuse, faire revenir les oignons et l'ail dans 30 ml (2 c. à soupe) d'huile jusqu'à ce que les oignons soient fondants. Ajouter le curry puis les raisins secs, le bouillon et la noix de coco. Couvrir et laisser à feu doux environ 10 minutes ou jusqu'à ce que les raisins soient gonflés et les saveurs développées.

Quand le riz est cuit, l'aérer légèrement à l'aide de deux fourchettes et le verser dans la poêle. Le mélanger avec précaution en le faisant sauter ou en le remuant avec une spatule de caoutchouc.

Donne 4 portions.

Riz pilaf de gala

Un accompagnement intéressant et facile à faire. Les graines de tournesol s'amollissent à la cuisson. Si vous les préférez croquantes, ne les ajouter qu'à la fin.

1		gros oignon émincé
1		branche de céleri émincé
1		carotte coupée fin
15	ml	(1 c. à soupe) d'huile
180	ml	(¾ tasse) de riz brun à grain long, non cuit
125	ml	(½ tasse) de graines de tournesol
½		poivron rouge coupé en dés
1		gousse d'ail émincée
15	ml	(1 c. à soupe) de thym haché ou
5	ml	(1 c. à thé) de thym sec
625	ml	(2½ tasses) de bouillon
1		feuille de laurier

Dans une grande casserole faire revenir dans l'huile à feu doux l'oignon, le céleri, et la carotte jusqu'à ce que l'oignon soit fondant.

Ajouter le riz, les graines de tournesol, le poivron, l'ail et le thym et laisser revenir quelques minutes encore.

Ajouter le bouillon et la feuille de laurier et amener doucement à ébullition puis couvrir et cuire de 45 à 50 minutes ou jusqu'à ce que le riz soit à point et que tout le liquide soit absorbé. Enlever la feuille de laurier.

Donne 4 portions.

Riz pilaf aux oranges

Un riz pilaf sans problème. Il cuit au four et accompagne le poulet

2		oranges navel
30	ml	(2 c. à soupe) de beurre
250	ml	(1 tasse) d'oignons émincés
250	ml	(1 tasse) de céleri coupé fin
250	ml	(1 tasse) de riz brun à grain long, non cuit
125	ml	(½ tasse) d'amandes effilées ou concassées
500	ml	(2 tasses) de jus d'orange
250	ml	(1 tasse) de bouillon

Râper le zeste d'une orange et laisser en attente. Peler et séparer en tranches les 2 oranges. Enlever les peaux qui entourent les tranches. Couper la pulpe grossièrement.

Dans un plat à feu de 2 l (8 tasses) chauffer le beurre jusqu'à ce qu'il mousse, ajouter les oignons et le céleri. Cuire à feu doux jusqu'à ce que les oignons soient fondants.

Ajouter le riz, les amandes et le zeste. En brassant sans arrêt, cuire quelques minutes ou jusqu'à ce que le riz soit doré.

Ajouter le jus d'orange et le bouillon, amener doucement à ébullition et incorporer la pulpe d'orange.

Couvrir. Mettre au four chauffé à 180 °C (350 °F) ou jusqu'à ce que le riz soit à point et que tout le liquide ait été absorbé. Aérer à l'aide de deux fourchettes.

Donne 4 portions.

Asperges amandines

Les asperges, les amandes et les champignons apportent une triple dose de vitamines B à ce plat riche en fibres et pauvre en sodium.

450	g	(1 livre) d'asperges
15	ml	(1 c. à soupe) de beurre
250	ml	(1 tasse) de champignons en lamelles
85	ml	(⅓ tasse) d'amandes effilées ou concassées
60	ml	(¼ tasse) de persil haché
10	ml	(2 c. à thé) de zeste de citron râpé

Casser l'extrémité dure des asperges et attacher les pointes en petits paquets d'environ 5 à 7,5 cm de diamètre (2 à 3 po) en faisant 2 tours de ficelle de cuisine par paquet et en réunissant des pointes de même grosseur pour assurer une cuisson uniforme.

Fondre le beurre dans une grande poêle, ajouter les champignons et les amandes. Cuire à petit feu, en brassant souvent, jusqu'à ce que les amandes soient dorées, les champignons attendris et tout le liquide évaporé. Incorporer le persil et le zeste de citron.

Amener à ébullition une grande marmite d'eau et y déposer les paquets d'asperges avec soin. Laisser bouillir jusqu'à ce que les asperges soient juste attendries, environ 5 minutes. Pour vérifier la cuisson, percer avec la pointe d'un couteau.

Faire égoutter, débarrasser de la ficelle et disposer les pointes sur le plat de service. Napper avec les amandes et les champignons.

Donne 4 portions.

La rose

Pour sa beauté qui allie le merveilleux velouté de ses pétales à la cruauté de ses épines, la rose, reine des fleurs, fut de tout temps célébrée par les poètes et les guérisseurs. À travers les âges elle a été le symbole du recueillement et de la foi. Si la rose rouge est la plus employée pour ses propriétés médicinales, la rose thé a chez les herboristes la réputation d'être un stimulant des systèmes nerveux et digestif. Les anciens traitaient les maux de gorge avec du miel de rose pour soulager la migraine, la médecine par les herbes propose d'écraser des pétales de rose pour en faire une infusion ou une compresse décongestionnante.

Gruau à la sauge

On l'adore dans le Sud où il accompagne pratiquement tout. Il est délicieux quand il passe sans délai du four à la table.

125	ml	(½ tasse) d'oignons émincés
30	ml	(2 c. à soupe) de beurre
500	ml	(2 tasses) de bouillon
250	ml	(1 tasse) de gruau de maïs
2		oeufs
250	ml	(1 tasse) de cheddar râpé
30	ml	(2 c. à soupe) de sauge hachée ou
5	ml	(1 c. à thé) de sauge sèche
15	ml	(1 c. à soupe) de beurre

À feu moyen, faire sauter les oignons au beurre dans une casserole de 2 l (8 tasses) jusqu'à ce que les oignons soient fondants. Ajouter le bouillon et porter à ébullition.

Incorporer le gruau lentement sans que le bouillon cesse de bouillir et laisser cuire en brassant sans arrêt jusqu'à épaississement. Retirer du feu.

Dans un petit récipient, battre les oeufs à la fourchette pour qu'ils soient bien mélangés. Incorporer en battant 125 ml (½ tasse) de gruau chaud dans les oeufs pour les réchauffer et ajouter le mélange avec les oeufs dans la casserole contenant le gruau. Bien mélanger et ajouter le fromage et la sauge.

Beurrer une timbale de 1½ l (6 tasses) ou la huiler avec un mélange de lécithine liquide et d'huile, à parties égales.

Verser le gruau dans la timbale et y verser le beurre. Mettre au four chauffé à 190 °C (375 °F). Laisser pendant 2 minutes ou jusqu'à ce que le dessus soit doré. Servir sans délai.

Donne 4 portions.

Gratin de chou à la marjolaine

Il est préférable de servir cette garniture brûlante, au sortir du four, d'autant qu'elle se réchauffe mal. Ne laisser au four que le temps de chauffer le chou complètement pour qu'il reste un peu ferme.

Le chou est pauvre en sodium, riche en fibres et en vitamines C et K.

1		gros oignon émincé
15	ml	(1 c. à soupe) de beurre
30	ml	(2 c. à soupe) d'eau
675	g	(1½ livre) de chou vert haché fin ou râpé
45	ml	(3 c. à soupe) de beurre
60	ml	(4 c. à soupe) de farine pâtissière de blé entier
375	ml	(1½ tasse) de lait
10	ml	(2 c. à thé) de marjolaine hachée ou
3	ml	(½ c. à thé) de marjolaine sèche
1	ml	(⅛ c. à thé) de poivre de Cayenne
15	ml	(1 c. à soupe) de beurre fondu
125	ml	(½ tasse) de chapelure de blé entier
30	ml	(2 c. à soupe) de parmesan râpé

À feu doux, cuire les oignons dans 15 ml (1 c. à soupe) de beurre et d'eau jusqu'à ce qu'ils soient fondants et que tout le liquide soit évaporé.

Dans un très grand récipient, mélanger le chou et l'oignon et laisser en attente.

Dans une casserole moyenne, faire fondre 45 ml (3 c. à soupe) de beurre, incorporer la farine et cuire 2 minutes en brassant sans arrêt.

Chauffer le lait dans une petite casserole.

Enlever du feu le mélange de farine et verser le lait chaud. Battre au fouet jusqu'à ce que le mélange soit homogène. Remettre sur le feu et cuire à feu moyen en tournant sans arrêt jusqu'à ce que la préparation bouillonne et devienne très épaisse. Y mêler la marjolaine et le poivre de Cayenne.

Verser cette préparation sur le chou. Bien mélanger et verser dans un plat à four carré bien beurré de 22 cm de côté (9 po).

Dans un petit récipient, mélanger le beurre fondu, la chapelure et le fromage et en parsemer le chou.

Mettre au four chauffé à 200 °C (400 °F). Laisser 20 minutes ou jusqu'à ce que le chou soit chauffé en entier. Éviter de trop cuire. Servir sans délai.

Donne 4 portions.

Chou et pommes au curry

1		gros oignon tranché en fines rondelles
15	ml	(1 c. à soupe) de beurre
5	ml	(1 c. à thé) de poudre de curry (voir Index)
225	g	(½ livre) de chou en fines lanières
1		pomme à tarte en fines tranches
15	ml	(1 c. à soupe) de raisins secs
125	ml	(½ tasse) de bouillon
30	ml	(2 c. à soupe) de persil haché

À feu doux, faire revenir les oignons dans le beurre 1 minute ou 2. Ajouter le curry et laisser cuire encore une minute en brassant souvent pour le répartir.

Ajouter le chou, la pomme, les raisins secs et le bouillon ; couvrir et cuire à petit feu environ 10 minutes, jusqu'à ce que le chou soit tendre.

Découvrir, augmenter le feu et faire évaporer presque tout le liquide en brassant pour que la préparation n'attache pas.

Parsemer de persil.

Donne 4 portions.

Fenouil et carottes

La première fois où j'ai goûté les carottes mélangées au fenouil, c'était dans mon restaurant favori, le Landis Store Hotel près de Boyertown en Pennsylvanie. J'ai aimé le goût légèrement anisé du fenouil allié à la saveur sucrée des carottes. Mais il faut utiliser du fenouil frais et ne pas mettre les graines.

450	g	(1 livre) de carottes
15	ml	(1 c. à soupe) de beurre
60	ml	(¼ tasse) de bouillon
30	ml	(2 c. à soupe) de fenouil haché

Couper les carottes format julienne en allumettes de 0,3 cm sur 0,3 et 5 cm de long (⅛ po sur ⅛ et 2 po de long).

Dans une grande poêle, mélanger les carottes, le beurre, le bouillon et le fenouil. Couvrir. Cuire à feu doux jusqu'à ce que les carottes soient à point. Découvrir et laisser mijoter encore quelques minutes pour que le reste du liquide s'évapore.

Donne 4 portions.

Pommes et carottes au curry

Voici un plat à la fois sucré et épicé pour accompagner le poisson ou des entrées à saveur délicate. Les carottes et les pommes forment un mariage idéal.

1	gros oignon tranché en fines rondelles
15 ml	(1 c. à soupe) d'huile d'olive
15 ml	(1 c. à soupe) de beurre
15 ml	(1 c. à soupe) de poudre de curry (voir Index)
4	grosses carottes coupées très fines en diagonale
60 ml	(¼ tasse) de bouillon ou d'eau
2	pommes à tarte, pelées, évidées, coupées en tranches fines
5 ml	(1 c. à thé) de zeste de citron râpé
15 ml	(1 c. à soupe) d'origan haché ou
5 ml	(1 c. à thé) d'origan sec
15 ml	(1 c. à soupe) de persil haché

Cuire les oignons dans l'huile et le beurre pendant plusieurs minutes, jusqu'à ce qu'ils soient fondants. Ajouter le curry et brasser pour le répartir.

Ajouter les carottes et le bouillon ou l'eau. Couvrir. Cuire 10 minutes ou jusqu'à ce que les carottes soient tendres.

Ajouter les tranches de pommes et le zeste et cuire quelques minutes en brassant souvent ou jusqu'à ce que les pommes soient à peine amollies. Ne pas trop cuire.

Incorporer l'origan et le persil. Cuire 1 minute.

Donne 4 portions.

L'or et le platine

Les carottes et les panais s'accordent bien. Ils ont le même temps de cuisson et leur mélange est savoureux.

3	carottes
3	panais
2	grosses échalotes émincées
15 ml	(1 c. à soupe) de beurre
30 ml	(2 c. à soupe) de bouillon
15 ml	(1 c. à soupe) de basilic haché ou
5 ml	(1 c. à thé) de basilic sec
15 ml	(1 c. à soupe) de cerfeuil haché ou
5 ml	(1 c. à thé) de flocons de cerfeuil

Couper les carottes et les panais en allumettes, format julienne 0,3 cm sur 0,3 et 5 cm de longueur (⅛ de po sur ⅛ et 2 po de long).

Faire bouillir 2,5 cm (1 po) d'eau dans une casserole moyenne. Mettre les carottes et les panais dans une étuveuse. La mettre dans la casserole en veillant à ce que l'eau ne l'atteigne pas. Fermer hermétiquement. Laisser étuver 10 minutes ou jusqu'à ce que les légumes soient à point.

À petit feu, dans une grande poêle, cuire les échalotes dans le beurre et le bouillon jusqu'à ce qu'elles soient fondantes et laisser évaporer le reste du liquide.

Incorporer les légumes cuits, le basilic et le cerfeuil.

Donne 4 portions.

L'or et le platine au curry

3		carottes
3		panais
15	ml	(1 c. à soupe) d'huile d'olive
45	ml	(3 c. à soupe) de bouillon
15	ml	(1 c. à soupe) de poudre de curry (voir Index)
1		gros oignon coupé en fines rondelles

Couper les carottes et les panais en allumettes format julienne 0,3 cm sur 0,3 et 5 cm de longueur (⅛ de po sur ⅛ et 2 po de long).

Faire bouillir 2,5 cm (1 po) d'eau dans une casserole moyenne. Mettre les carottes et les panais dans une étuveuse. La placer dans une casserole en veillant à ce que l'eau ne l'atteigne pas. Fermer hermétiquement. Laisser étuver 10 minutes ou jusqu'à ce que les légumes soient à point.

Placer l'huile, le bouillon, le curry et l'oignon dans une grande sauteuse. Couvrir. Cuire jusqu'à ce que l'oignon soit fondant. Découvrir et cuire quelques minutes de plus pour que presque tout le liquide s'évapore. Incorporer les légumes étuvés.

Donne 4 portions.

Carottes et panais au basilic

Toujours le même couple.

225	g	(½ livre) de carottes
225	g	(½ livre) de panais
15	ml	(1 c. à soupe) de beurre
15	ml	(1 c. à soupe) de basilic haché ou
5	ml	(1 c. à thé) de basilic sec
15	ml	(1 c. à soupe) de jus de citron

Couper les carottes et les panais en tranches ou en alumettes. Dans environ 1 cm (½ po) d'eau les faire cuire à point. Les égoutter.

Les mélanger avec le beurre, le basilic et le jus de citron.

Donne 4 portions.

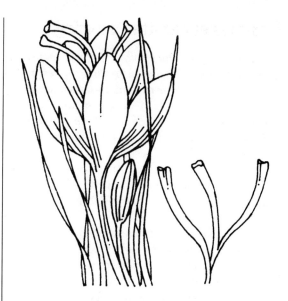

Le safran

Le safran provient des stigmates orange de la fleur de crocus. Pour sa couleur, son odeur et sa saveur, il a été apprécié à travers les âges. Pour en obtenir 450 g (1 livre), il faut 60 fleurs, ce qui explique son prix élevé. En tisane, à petites doses, ce serait un cordial bénéfique pour la toux, les coliques et l'insomnie. Considéré jadis comme remède spécifique des troubles féminins, il est encore prescrit par les herboristes pour faciliter la menstruation.

Carottes et bananes au curry

C'est un de mes plats favoris depuis qu'on me l'a servi à Toronto dans un restaurant scandinave pour accompagner un simple poisson au beurre. Ce mélange de bananes et de carottes, de champignons et de poivrons verts rivalise avec le plus confortable des plats complets.

1		gros oignon en fines rondelles
125	ml	(½ tasse) de champignons coupés en lamelles
15	ml	(1 c. à soupe) d'huile d'olive
15	ml	(1 c. à soupe) de beurre
10	ml	(2 c. à thé) de poudre de curry (voir Index)
4		grosses carottes coupées en diagonale en tranches fines
1		poivron vert coupé en fines lanières
125	ml	(½ tasse) de bouillon
2		bananes mûres coupées en rondelles de 0,6 cm (⅜ po) d'épaisseur
15	ml	(1 c. à soupe) de thym haché ou
5	ml	(1 c. à thé) de thym sec

Dans une grande poêle, faire revenir quelques minutes dans le beurre et l'huile, l'oignon et les champignons. Ajouter le curry et bien l'amalgamer.

Ajouter les carottes, le poivron et le bouillon. Couvrir et laisser mijoter environ 10 minutes ou jusqu'à ce que les carottes soient presque molles. Ajouter les bananes, laisser cuire encore quelques minutes en brassant souvent et en veillant à ne pas écraser les bananes. Incorporer le thym. S'il reste du liquide, le faire évaporer rapidement.

Donne 4 portions.

Julienne de carottes à la menthe

La fraîche saveur de la menthe relève à merveille les carottes cuites.

450	g	(1 livre) de carottes
15	ml	(1 c. à soupe) de beurre
60	ml	(¼ tasse) de bouillon
15	ml	(1 c. à soupe) de menthe hachée ou
5	ml	(1 c. à thé) de menthe sèche
30	ml	(2 c. à soupe) de ciboulette hachée
5	ml	(1 c. à thé) de jus de citron
		fleurs de ciboulette, pour garnir

Couper les carottes format julienne en allumettes de 0,3 cm sur 0,3 ct 5 cm de long (⅛ po sur ⅛ et 2 po de long).

Dans une grande poêle, mélanger les carottes, le beurre et le bouillon. Couvrir. Cuire à feu doux jusqu'à ce que les carottes soient à point. Découvrir et laisser mijoter encore quelques minutes pour que le reste du liquide s'évapore.

Mélanger avec la menthe, la ciboulette et le jus de citron.

Garnir avec les fleurs de ciboulette.

Donne 4 portions.

Carottes à l'aneth

450	g	(1 livre) de carottes
15	ml	(1 c. à soupe) de beurre
30	ml	(2 c. à soupe) d'aneth frais haché ou
10	ml	(2 c. à thé) d'aneth sec

Couper les carottes format julienne en allumettes de 0,3 cm sur 0,3 et 5 cm de long (⅛ po sur ⅛ et 2 po de long).

Dans une casserole moyenne, faire bouillir 2,5 cm d'eau (1 po). Mettre les carottes dans une étuveuse et la mettre dans la casserole en veillant à ce que l'eau ne l'atteigne pas. Fermer hermétiquement. Laisser étuver 10 minutes ou jusqu'à ce que les carottes soient à point.

Verser dans le plat de service et faire sauter pour répartir le beurre et l'aneth.

Donne 4 portions.

Chou-fleur à l'aneth

Garni d'un hachis de plantes aromatiques, le chou-fleur est pauvre en sodium et riche en vitamine C, en fibres et en bioflavonoïdes.

1		chou-fleur
15	ml	(1 c. à soupe) de beurre
15	ml	(1 c. à soupe) d'aneth haché ou
5	ml	(1 c. à thé) d'aneth sec
15	ml	(1 c. à soupe) de persil haché
5	ml	(1 c. à thé) de ciboulette hachée

Faire bouillir 2,5 cm (1 po) d'eau dans une grande casserole. Séparer le chou-fleur en bouquets et les mettre dans une étuveuse placée dans la casserole en veillant à ce que l'eau ne l'atteigne pas. Couvrir hermétiquement et étuver 10 minutes ou jusqu'à ce que le chou-fleur soit à point.

Parsemer légèrement de beurre, d'aneth, de persil et de ciboulette.

Donne 4 portions.

Chou-fleur au beurre et à la chapelure

2		gousses d'ail émincées
15	ml	(1 c. à soupe) de beurre
15	ml	(1 c. à soupe) d'huile d'olive
125	ml	(½ tasse) de chapelure de blé entier
15	ml	(1 c. à soupe) de jus de citron
30	ml	(2 c. à soupe) de persil haché
3	ml	(½ c. à thé) de marjolaine hachée ou
2	ml	(¼ c. à thé) de marjolaine sèche
1		chou-fleur

Sur feu bas, faire revenir doucement l'ail dans l'huile et le beurre en brassant sans arrêt. Ajouter la chapelure, le jus de citron, le persil et la marjolaine.

Séparer le chou-fleur en bouquets. Dans une casserole moyenne, porter 2,5 cm (1 po) d'eau à ébullition. Mettre le chou-fleur dans une étuveuse, la mettre dans la casserole en veillant à ce que l'eau ne l'atteigne pas. Fer-mer hermétiquement et étuver 10 minutes ou jusqu'à ce que le chou-fleur soit à point, sans être trop cuit.

Présenter le chou-fleur sur un plat de service après l'avoir saupoudré de chapelure.

Donne 4 portions.

Feuilles de bettes au basilic

Les feuilles de bettes riches en potassium et en vitamine A renferment aussi du calcium, du fer et de la vitamine C. Elles sont en outre pauvres en graisse, tout en présentant une valeur protéinique raisonnable.

4		grosses échalotes émincées
60	ml	(¼ tasse) de bouillon
15	ml	(1 c. à soupe) de beurre
450	g	(1 livre) de feuilles de bettes
45	ml	(3 c. à soupe) de basilic haché ou
5	ml	(1 c. à thé) de basilic sec
15	ml	(1 c. à soupe) de graines de sésame rôties

À feu doux, dans une grande poêle, faire amollir l'échalote dans le beurre et l'huile.

Laver les feuilles à grande eau et enlever les grosses tiges. Les hacher ou les laisser entières. Les mettre dans la poêle avec le basilic. Les faire cuire sans ajouter d'autre eau que celle qui est retenue dans les feuilles après lavage. À feu moyen, laisser évaporer l'excès de liquide en les tournant. Parsemer avec les graines de sésame.

Donne 4 portions.

Haricots verts à la sarriette

450	g	(1 livre) d'haricots verts
15	ml	(1 c. à soupe) de beurre
10	ml	(2 c. à thé) de sarriette hachée ou
4	ml	(¾ c. à thé) de sarriette sèche

Amener 2,5 cm (1 po) d'eau à ébullition dans une grande casserole. Disposer les haricots dans une étuveuse. La mettre dans la casserole en évitant que l'eau ne l'atteigne. Couvrir hermétiquement. Laisser étuver 5 minutes ou jusqu'à ce qu'ils soient encore fermes. Éviter de trop cuire.

Faire sauter avec le beurre et la sarriette.

Donne 4 portions.

Panais au gratin

Une de mes recettes favorites pour savourer les panais. Un joli plat avec ses tomates gratinées au fromage.

450	g	(1 livre) de panais
1		gros oignon tranché en fines rondelles
15	ml	(1 c. à soupe) de beurre
60	ml	(¼ tasse) de bouillon
1		grosse tomate
58	g	(2 oz) de gruyère en tranches fines ou de fromage suisse

Couper les panais format julienne en allumettes d'environ 0,3 cm sur 0,3 et 5 cm de long (⅛ po sur ⅛ et 2 po de long).

À feu assez bas, dans une grande poêle, passer les oignons au beurre environ 5 minutes. Ajouter le bouillon et les panais. Couvrir et cuire environ 10 minutes ou jusqu'à ce qu'ils soient à point.

Beurrer légèrement un moule de 22 cm (9 po) et y verser les panais.

Enlever le côté queue des tomates. Les couper en deux transversalement et presser doucement chaque moitié pour en exprimer le jus et les graines. Les couper en fines rondelles.

Disposer les rondelles sur les panais et les couvrir de fromage. Passer sous le gril et retirer le plat lorsque le fromage fondu bouillonne.

Donne 4 portions.

Ratatouille d'aubergine

Dans cette variante relevée de la traditionnelle ratatouille, l'aubergine n'apporte que peu de sodium, de graisse et de calories tout en étant riche en potassium. Ce plat est délicieux chaud ou froid et peut se préparer d'avance car le réfrigérateur développe ses arômes. Doser le poivre de Cayenne selon votre goût.

60	ml	(¼ tasse) d'huile d'olive
375	ml	(1½ tasse) d'oignons finement émincés
1		gousse d'ail émincée
1		petite aubergine 450 g (1 livre environ)
1		petit zucchini en rondelles fines
1		poivron en rondelles
250	ml	(1 tasse) de champignons coupés en fines lamelles
500	ml	(2 tasses) de tomates hachées
30	ml	(2 c. à soupe) de persil haché
30	ml	(2 c. à soupe) de basilic haché ou
10	ml	(2 c. à thé) de basilic sec
15	ml	(1 c. à soupe) d'origan haché ou
5	ml	(1 c. à thé) d'origan sec
5	ml	(1 c. à thé) de thym haché ou
3	ml	(½ c. à thé) de thym sec
2	ml	(¼ c. à thé) de poivre de Cayenne (au goût)
125	ml	(½ tasse) de parmesan râpé

Dans un plat à feu de 5 l (20 tasses), chauffer l'huile. Ajouter les oignons et les cuire à feu doux en brassant souvent jusqu'à ce qu'ils soient fondants. Ajouter l'ail. Remuer et laisser au feu une minute de plus sans la laisser prendre couleur.

Couper l'aubergine en cubes de 1 cm (½ po). L'ajouter en même temps que le zucchini, le poivron, les champignons, les tomates, le persil, le basilic, l'origan, le thym et le poivre de Cayenne. Couvrir. Cuire 10 minutes à feu doux, ou jusqu'à ce que les légumes aient rendu leur jus.

Mettre à feu moyen et laisser cuire à couvert 20 à 30 minutes ou jusqu'à ce que les légumes soient à point. S'ils sèchent trop, ajouter un peu d'eau ou de bouillon.

Parsemer de fromage. Servir chaud ou froid.

Donne 4 portions.

Platée d'oignons au thym

Longuement cuits au four, les oignons prennent une agréable couleur.

2		gros oignons rouges
60	ml	(4 c. à soupe) d'huile d'olive
15	ml	(1 c. à soupe) de feuilles de thym hachées ou
5	ml	(1 c. à thé) de thym sec

Peler les oignons, enlever le bout et les couper en deux dans le sens de la longueur.

Dans une petite tasse mélanger l'huile d'olive et le thym. Au pinceau en enduire la partie coupée des oignons. Les disposer dans un plat à four peu profond, la partie coupée vers le bas. Finir de les huiler.

Mettre au four chauffé à 180°C (350°F). Laisser 45 à 60 minutes ou jusqu'à ce qu'ils soient fondants. Arroser d'huile plusieurs fois.

Donne 4 portions.

La sarriette

Bien que la sarriette soit plus appréciée pour son arôme et sa saveur poivrée que pour ses vertus médicinales, les herboristes l'utilisent en infusion hiver comme été pour guérir les troubles digestifs et intestinaux. Fraîchement écrasées ses feuilles soulagent immédiatement, dit-on, les piqûres d'abeilles ou de guêpes.

Petits pois à la menthe

Les petits pois sont pauvres en graisse et en sodium mais riches en potassium, en protéines et en fibres. Ils renferment aussi du fer et du calcium.

450	g	(1 livre) de petits pois écossés
15	ml	(1 c. à soupe) de beurre
15	ml	(1 c. à soupe) de menthe poivrée ou
5	ml	(1 c. à thé) de menthe sèche
5	ml	(1 c. à thé) de zeste de citron râpé

Dans une grande casserole ou une sauteuse, porter une petite quantité d'eau à ébullition. Y jeter les pois. Couvrir. Cuire à peine quelques minutes ou jusqu'à ce que les pois soient souples. Éviter de trop laisser cuire.

Bien égoutter et mélanger avec le beurre, la menthe et le zeste de citron.

Donne 4 portions.

Pommes de terre nouvelles à l'ail

Je tiens cette recette des cours que fait Judith Olney en Caroline du Nord. Cuite longuement, la saveur et la texture de l'ail s'adoucissent. Un régal avec du pain français.

12		petites pommes de terre nouvelles à peu près de la même grosseur
15 à 30	ml	(1 à 2 c. à soupe) d'huile d'olive
12		gousses d'ail non épluchées
2		feuilles de laurier
30	ml	(2 c. à soupe) de persil haché

Laver les pommes de terre avec soin pour ne pas endommager leur peau. Bien les sécher.

Verser l'huile d'olive dans un plat à four peu profond juste assez grand pour recevoir les pommes de terre sur une seule couche. Y mettre les pommes de terre et l'ail et les faire sauter pour les enrober d'huile. Ajouter un peu d'huile si nécessaire.

Séparer les feuilles de laurier en deux et les mettre sous les pommes de terre.

Mettre au four chauffé à 180° C (350° F). Laisser 45 à 60 minutes ou jusqu'à ce que les pommes de terre soient à point. Enlever le laurier.

Parsemer de persil. En mangeant, éplucher l'ail, écraser la pulpe à la fourchette et l'étaler à mesure sur les pommes de terre.

Donne 4 portions.

Purée de pommes de terre dorée

Une fort jolie purée de pommes de terre avec, en prime, la vitamine A de la courge.

450	g	(1 livre) de pommes de terre à cuire au four
450	g	(1 livre) de courgeron*
5		gousses d'ail non épluchées
60 à 125	ml	(¼ à ½ tasse) de lait
60	ml	(¼ tasse) de persil haché

Peler les pommes de terre et les couper en cubes de 1 à 1,5 cm (½ pouce). Les placer dans une casserole. Les couvrir d'eau. Mettre le couvercle et cuire jusqu'à ce qu'elles soient à point. Enlever l'eau et les remettre à feu moyen environ 1 minute pour enlever l'excès d'humidité.

Peler la courge, la couper en deux et enlever les graines. Couper la pulpe en dés d'environ 2,5 cm (1 po). Dans une casserole moyenne faire bouillir 2,5 cm (1 po) d'eau. Mettre la courge dans une étuveuse et la placer dans la casserole en veillant à ce que l'eau ne l'atteigne pas. Couvrir hermétiquement. Étuver de 5 à 10 minutes ou jusqu'à ce que la courge soit souple. Enlever l'eau et remettre sur feu

---

* Note du traducteur

Les courges sont une grande famille. L'Office de la langue française appelle courge de Hubbard celle qui en anglais s'appelle *acorn squash* et courgeron la *butternut squash*. Peut-être les désignez-vous autrement suivant leur forme et leur couleur. Mais les recettes s'imposent.

J'ai laissé aux zucchini leur joli nom exotique. Les zucchini sont des courgettes ou des courgettes zucchini. De toute façon, c'est un légume délicieux.

moyen environ 1 minute pour faire évaporer l'excès d'humidité en brassant.

Cuire l'ail 2 minutes à l'eau bouillante. Éplucher. Les pelures se détachent facilement et l'ail a un goût moins puissant. En faire une pâte.

Chauffer le lait dans une petite casserole.

Avec un mélangeur moderne ou la bonne vieille moulinette, réduire en purée la courge et les pommes de terre. Incorporer l'ail, le beurre et la quantité de lait chaud nécessaire pour obtenir une préparation onctueuse. Incorporer le persil.

Donne 4 portions.

Radis radicaux

Radicaux... au sens où, étant cuits, ils perdent un peu de leur âpre saveur.

450	g	(1 livre) de petits radis rouges
180	ml	(¾ tasse) de bouillon
10	ml	(2 c. à thé) de thym haché ou
3	ml	(½ c. à thé) de thym sec
15	ml	(1 c. à soupe) de beurre

Préparer les radis et couper les gros en deux pour qu'ils cuisent plus vite.

Placer les radis et le bouillon dans une grande casserole ou une poêle moyenne. Couvrir. Cuire jusqu'à ce qu'une fourchette pénètre sans peine.

Ajouter le thym et le beurre. Découvrir et laisser évaporer presque tout le liquide.

Donne 4 portions.

Courge à la menthe

2		courges de Hubbard moyennes
20	ml	(4 c. à thé) de beurre fondu
10	ml	(2 c. à thé) de miel
10	ml	(2 c. à thé) de menthe hachée ou
3	ml	(½ c. à thé) de menthe sèche
1		soupçon de muscade râpée

Couper les courges en 2 dans le sens de la longueur. Enlever les graines. Placer dans une grande casserole avec environ 2,5 cm (1 po) d'eau. Couvrir et cuire jusqu'à ce qu'une fourchette pénètre sans peine. Vérifier qu'il reste toujours de l'eau.

Bien égoutter l'eau des morceaux de courge et les disposer dans un plat à four.

Dans un petit récipient, mélanger le beurre, le miel et la menthe et verser à l'intérieur des courges ainsi qu'un peu de muscade râpée.

Passer à 15 cm (6 po) du gril. Laisser 5 minutes.

Donne 4 portions.

Courge à l'aneth

1		grosse courge (courgeron) d'environ 900 g (2 livres)
15	ml	(1 c. à soupe) de beurre
3	ml	(½ c. à thé) de miel
15	ml	(1 c. à soupe) d'aneth haché ou
5	ml	(1 c. à thé) d'aneth sec
15	ml	(1 c. à soupe) de ciboulette hachée

Peler la courge, l'ouvrir en deux, enlever les graines. Couper la pulpe en cubes de 2,5 cm (1 po).

Dans une grande casserole faire bouillir 2,5 cm (1 po) d'eau. Mettre la courge dans une étuveuse. La placer dans la casserole et veiller à ce que l'eau ne l'atteigne pas. Couvrir hermétiquement. Étuver environ 5 minutes ou jusqu'à ce que la courge soit molle.

Verser sur un plat de service et mélanger avec le beurre, le miel, l'aneth et la ciboulette.

Donne 4 portions.

Courge aux fines herbes

Facile à faire et de goût français le poti-ron est meilleur avec des herbes fraîches.

1		grosse courge (courgeron) de 900 g (2 livres) environ
15	ml	(1 c. à soupe) d'huile d'olive
1		gros oignon en fines rondelles
2 à 3		gros champignons coupés en fines lamelles
60	ml	(¼ tasse) de bouillon
8	ml	(1½ c. à thé) de cerfeuil haché ou
3	ml	(½ c. à thé) de cerfeuil sec
3	ml	(½ c. à thé) d'estragon haché ou
2	ml	(¼ c. à thé) d'estragon sec
15	ml	(1 c. à soupe) de persil haché
8	ml	(1½ c. à thé) de ciboulette hachée

Peler la courge, enlever les graines et débiter la pulpe en cubes de 2 cm (¾ po).

À feu assez bas, chauffer l'huile dans une grande poêle. Y verser l'oignon et les champignons. Faire revenir environ 5 minutes ou jusqu'à ce que les oignons soient fondants.

Ajouter la courge et le bouillon. Fermer hermétiquement et laisser cuire environ 20 minutes jusqu'à ce qu'elle soit molle. Si l'on emploie du cerfeuil et de l'estragon secs, les mettre après 15 minutes de cuisson.

Découvrir et cuire encore 1 ou 2 minutes jusqu'à évaporation de presque tout le liquide. Parsemer de persil, de ciboulette, de cerfeuil et d'estragon frais.

Donne 4 portions.

Courge rouge au thym (courgeron)

Purée de courge mousseuse avec un soupçon d'aromates.

1		grosse courge (courgeron)
15	ml	(1 c. à soupe) de beurre
15	ml	(1 c. à soupe) de lait
5	ml	(1 c. à thé) de miel
1		pincée de poudre de cannelle ou de muscade râpée
15	ml	(1 c. à soupe) de feuilles de thym hachées ou
5	ml	(1 c. à thé) de thym sec

Ouvrir la courge en deux dans le sens de la longueur. Enlever et jeter les graines.

Mettre la courge dans une grande sauteuse avec environ 2,5 cm (1 po) d'eau. Couvrir et cuire jusqu'à ce qu'une fourchette pénètre sans peine. Veiller à ce qu'il reste toujours de l'eau.

À la cuillère, enlever la pulpe et bien l'écraser. Incorporer le beurre, le lait, le miel, la cannelle ou la muscade et le thym. Rendre mousseuse en battant au fouet.

Donne 4 portions.

Courge farcie aux pommes

CONSEIL: *Pour évider la courge, vous servir d'une cuillère dentelée à pamplemousse. Les bords coupants détachent les fibres dures et la partie creuse recueille les graines.*

2		courges de Hubbard moyennes
1		pomme coupée en dés
30	ml	(2 c. à soupe) de jus d'orange
15	ml	(1 c. à soupe) d'aneth haché ou
5	ml	(1 c. à thé) d'aneth sec
15	ml	(1 c. à soupe) de raisins secs
15	ml	(1 c. à soupe) de beurre fondu
10	ml	(2 c. à thé) de miel
3	ml	(½ c. à thé) de zeste de citron râpé

Couper les courges en deux dans le sens de la longueur. Enlever et jeter les graines.

Dans un petit récipient, mélanger la pomme, le jus d'orange, l'aneth, les raisins secs, le beurre, le miel, le zeste de citron. Garnir les demi-courges de cette préparation.

Disposer les courges garnies dans un plat à four. Y verser 2,5 cm (1 po) d'eau. Couvrir d'une feuille d'aluminium.

Placer au four chauffé à 180°C (350°F). Laisser 45 minutes. Découvrir et cuire encore 15 minutes ou jusqu'à ce que la courge soit tout à fait molle.

Donne 4 portions.

Tomates et poivrons à l'étouffée

5		tomates moyennes (environ 675 g 1½ livre)
1		gros oignon en fines rondelles
15	ml	(1 c. à soupe) d'huile
2		gousses d'ail émincées
2		poivrons en fines lanières
15	ml	(1 c. à soupe) de marjolaine hachée ou
5	ml	(1 c. à thé) de marjolaine sèche
15	ml	(1 c. à soupe) d'origan haché ou
5	ml	(1 c. à thé) d'origan sec
15	ml	(1 c. à soupe) de basilic haché ou
5	ml	(1 c. à thé) de basilic sec
2	ml	(¼ c. à thé) de paprika doux

Plonger les tomates dans l'eau bouillante environ 20 secondes et les peaux s'enlèvent facilement au couteau. Couper les tomates en deux et exprimer le jus et les pépins de chaque moitié. Hacher grossièrement.

Faire revenir les oignons dans l'huile jusqu'à ce qu'ils soient fondants. Ajouter l'ail, les poivrons, les tomates, la marjolaine, l'origan, le basilic et le paprika.

Couvrir. Cuire à feu moyen jusqu'à ce que les légumes soient à point et les tomates amollies. Découvrir et laisser à feu moyen en brassant souvent jusqu'à ce que presque tout le liquide soit évaporé.

Donne 4 portions.

La sauge

La sauge évoque la sagesse, la force et la longévité. L'infusion de sauge additionnée de citron est une boisson apaisante et tonique qui fait tomber la fièvre et diminuer la sudation. La phytothérapie y a recours pour traiter les troubles nerveux, le tremblement et la dépression. En tisane, elle la propose comme gargarisme pour guérir les maux de gorge et comme tonique pour la peau. Se frotter les dents avec ses feuilles les nettoie et fortifie les gencives.

Tomates provençales

Elles sont simplement cuites au four couronnées de chapelure et de basilic.

4		grosses tomates
15	ml	(1 c. à soupe) de beurre
15	ml	(1 c. à soupe) d'huile d'olive
2		gousses d'ail émincées
30	ml	(2 c. à soupe) de persil haché
10	ml	(2 c. à thé) de basilic haché ou
3	ml	(½ c. à thé) de basilic sec
15	ml	(1 c. à soupe) de jus de citron
85	ml	(⅓ tasse) de chapelure de blé entier
60	ml	(¼ tasse) de parmesan râpé

Couper avec soin l'extrémité des tomates en enlevant aussi peu de chair que possible. Les couper en deux horizontalement et exprimer doucement les graines et l'excès de jus. Les laisser égoutter placées à l'envers environ 5 minutes.

Dans une petite poêle, chauffer le beurre et l'huile jusqu'à ce qu'ils moussent. Ajouter l'ail et laisser à feu doux plusieurs minutes en remuant souvent. L'ail ne doit pas prendre couleur.

Retirer du feu et incorporer le persil, le basilic, le jus de citron, la chapelure et le parmesan.

Disposer les tomates, partie coupée vers le haut, dans un plat à four beurré. Mettre 10 minutes au four chauffé à 180°C (350°F).

Couronner chaque tomate avec ce mélange et remettre au four 15 autres minutes.

Donne 4 portions.

Tomates farcies à la purée de pommes de terre et de navets

Un plat remarquable qui accepte n'importe quel légume en purée.

4		grosses tomates
340	g	(¾ livre) de pommes de terre à cuire au four
340	g	(¾ livre) de navets
60	ml	(¼ tasse) de parmesan râpé
15	ml	(1 c. à soupe) de beurre
15	ml	(1 c. à soupe) d'aneth haché ou
3	ml	(½ c. à thé) d'aneth sec

Couper le quart supérieur de chaque tomate et enlever la pulpe et les graines pour laisser une coquille de 0,5 cm (¼ po). Retourner les tomates et les mettre à égoutter jusqu'au moment de les remplir.

Peler les pommes de terre et les navets et les couper en cubes de 1 cm (½ po). Dans des casseroles différentes, les couvrir d'eau et les cuire jusqu'à ce qu'ils soient tendres. Les égoutter et remettre chacun dans sa casserole. Cuire à feu moyen environ 2 minutes pour évaporer toute trace de liquide.

Mettre en purée les pommes de terre et les navets ensemble. Ajouter le fromage, le beurre et l'aneth pour obtenir un mélange épais. Sinon, mettre dans une grande poêle et cuire à feu moyen jusqu'à épaississement.

À l'aide d'une cuillère ou d'une poche à douilles, munie d'une douille cannelée, remplir les tomates de purée.

Mettre dans un plat beurré au four chauffé à 180°C (350°F). Laisser 10 minutes. Éviter de trop cuire pour que les tomates ne s'ouvrent pas.

Donne 4 portions.

Julienne de navets et de carottes

2	grosses carottes
4	gros navets
125 ml	(½ tasse) de champignons coupés en lamelles
4	grosses échalotes émincées
15 ml	(1 c. à soupe) de beurre
45 ml	(3 c. à soupe) d'aneth haché ou
10 ml	(2 c. à thé) d'aneth sec
15 ml	(1 c. à soupe) de persil haché
30 ml	(2 c. à soupe) de parmesan râpé

Couper les carottes et les navets format julienne, en allumettes de 0,3 cm sur 0,3 (⅛ po sur ⅛) et de 5 cm (2 po) de long.

Porter à ébullition 2,5 cm (1 po) d'eau dans une casserole moyenne. Mettre les navets et les carottes dans une étuveuse et les disposer dans la casserole en veillant à ce que le niveau de l'eau ne l'atteigne pas. Fermer hermétiquement. Étuver de 8 à 10 minutes ou jusqu'à ce que les légumes soient à point.

Dans une grande sauteuse, faire revenir les échalotes et les champignons jusqu'à ce qu'ils soient fondants. Ajouter les carottes et les navets puis l'aneth, le persil et le parmesan. Faire sauter doucement pour mélanger.

Donne 4 portions.

Zucchini al pesto

60 ml	(¼ tasse) de feuilles de basilic tassées
45 ml	(3 c. à soupe) d'huile d'olive
30 ml	(2 c. à soupe) de parmesan râpé
15 ml	(1 c. à soupe) de pignons
1	gousse d'ail émincée
3	petits zucchini, environ 450 g (1 livre)
15 ml	(1 c. à soupe) de beurre

Passer au mélangeur le basilic, l'huile, le parmesan, les pignons et l'ail jusqu'à obtention d'une pâte.

Couper les zucchini format julienne en allumettes de 0,3 cm (⅛ po) sur 0,3 (⅛) et 5 cm (2 po) de long.

Chauffer le beurre dans une grande sauteuse. Quand il mousse, verser les zucchini. Les faire revenir rapidement, environ 3 minutes ou jusqu'à ce qu'ils soient encore croquants. Ajouter la mixture préparée et mélanger légèrement pour les napper.

Donne 4 portions.

Zucchini au gratin

30 ml	(2 c. à soupe) de beurre
180 ml	(¾ tasse) d'oignons émincés
1	gousse d'ail émincée
450 g	(1 livre) de zucchini hachés et séchés pour exprimer le jus
30 ml	(2 c. à soupe) de crème sure ou de yaourt
30 ml	(2 c. à soupe) de parmesan râpé

Faire fondre le beurre à feu doux dans une grande poêle. Ajouter les oignons et l'ail et cuire jusqu'à ce que les oignons soient fondants. Verser les zucchini et cuire en tournant sans cesse jusqu'à ce qu'ils soient à point et qu'il ne reste plus de liquide.

Incorporer la crème sure ou le yaourt et le parmesan.

Donne 4 portions

Zucchini à la provençale

1	gros oignon émincé
½	poivron coupé fin
125 ml	(½ tasse) de champignons en lamelles
2	gousses d'ail émincées
30 ml	(2 c. à soupe) d'huile d'olive
1	petit zucchini taillé en fines rondelles
1	tomate en dés
60 ml	(¼ tasse) de sauce tomate (voir Index)
15 ml	(1 c. à soupe) d'origan haché ou
5 ml	(1 c. à thé) d'origan sec
15 ml	(1 c. à soupe) de basilic haché ou
5 ml	(1c. à thé) de basilic sec

Dans une grande poêle, à feu assez bas, faire revenir dans l'huile le poivron, les champignons et l'ail jusqu'à ce que les légumes soient fondants.

Incorporer le zucchini, la tomate, la sauce tomate, l'origan et le basilic. Couvrir. Laisser mijoter environ 5 minutes ou jusqu'à ce que la tomate soit molle.

Découvrir et laisser cuire en tournant sans cesse jusqu'à ce que le zucchini soit à point et la sauce épaissie.

Donne 4 portions.

Raita au concombre, mode Shezan

Un accompagnement à la fois doux et relevé inspiré de celui qui figure au menu du restaurant Shezan sur la 58e rue à New York.

1		concombre moyen
½	l	(2 tasses) de yaourt
30	ml	(2 c. à soupe) de miel
60	ml	(¼ tasse) de raisins secs dorés
60	ml	(¼ tasse) de mûres ou de groseilles
3	ml	(½ c. à thé) de Garam Masalla (voir Index)
2	ml	(¼ c. à thé) de graines de cumin
30	ml	(2 c. à soupe) de persil haché paprika

Peler et épépiner les concombres et les râper ou les hacher fin. Mélanger avec le yaourt et le miel.

Disposer les raisins secs et les mûres ou les groseilles dans quatre petites coupes et répartir la préparation sur chacune à la cuillère.

Les parsemer de Garam Masalla, de cumin, de persil et de paprika.

Laisser au réfrigérateur environ une heure avant de servir.

Donne 4 portions.

Brocoli en ramequins

Ces timbales individuelles sortent du four débordantes de brocoli. Avant de les incorporer aux autres ingrédients, ne pas trop les cuire. Leur couleur et leurs nutriments en souffriraient.

Les brocoli sont riches en vitamine A, en potassium et en vitamine C.

1		gros oignon émincé
15	ml	(1 c. à soupe) de beurre
3		oeufs
500	ml	(2 tasses) de brocoli hachés légèrement étuvés
125	ml	(½ tasse) de crème à 15%
125	ml	(½ tasse) de cheddar râpé
1		soupçon de noix de muscade râpée

Beurrer ou graisser avec un mélange à parties égale d'huile et de lécithine liquide six ramequins de ¾ de tasse. Garnir le fond de chacun d'un papier ciré. Le beurrer ou le graisser.

Faire amollir l'oignon dans le beurre à feu doux. Mettre dans le mixer l'oignon, les oeufs, les brocoli, la crème, le cheddar et la muscade et laisser tourner l'appareil jusqu'à obtention d'un mélange homogène.

Verser la préparation dans les ramequins. Ne les remplir qu'aux trois quarts. Couvrir chacun d'une feuille d'aluminium préalablement beurrée. Les disposer dans une grande casserole ou un plat assez grand pour les contenir tous. Verser de l'eau chaude dans la casserole pour qu'elle atteigne la moitié des petits moules.

Mettre au four chauffé à 180° C (350° F). Laisser 30 minutes ou jusqu'à ce qu'une lame plongée au milieu en ressorte nette.

Enlever les ramequins de la casserole, les laisser refroidir 5 minutes. Passer un couteau autour des bords et démouler sur une assiette. Enlever le papier beurré.

Donne 6 portions.

Chutney aux pêches

Un condiment qui par sa douceur épicée est un parfait accompagnement pour presque toutes les viandes.

500	ml	(2 tasses) de pêches en quartiers
250	ml	(1 tasse) de pulpe de mangue hachée
125	ml	(½ tasse) de dattes hachées
60	ml	(¼ tasse) d'eau
60	ml	(¼ tasse) de vinaigre blanc
30	ml	(2 c. à soupe) de miel
15	ml	(1 c. à soupe) de jus de citron
1		gousse d'ail émincée
4	ml	(¾ c. à thé) de graines de moutarde
2	ml	(¼ c. à thé) de poudre de gingembre
1	ml	(⅛ c. à thé) de poivre de Cayenne
1	ml	(⅛ c. à thé) de poudre de toute-épice

Mélanger dans une grande casserole les pêches, la mangue, les dattes, l'eau, le vinaigre, le miel, le jus de citron, l'ail, les graines de moutarde, le gingembre, le poivre de Cayenne, la toute-épice.

Couvrir et laisser mijoter à feu moyen pendant 45 minutes en brassant souvent pour que le mélange n'attache pas.

Découvrir et laisser cuire encore 15 à 30 minutes ou jusqu'à ce que la préparation soit très épaisse.

Conserver au réfrigérateur ou au congélateur.

Donne environ ½ l (2 tasses).

Raita aux bananes

Accompagnement rafraîchissant pour les plats relevés.

30	ml	(2 c. à soupe) de miel
2	ml	(¼ c. à thé) de muscade
250	ml	(1 tasse) de yaourt
2		petites bananes coupées en tranches fines
30	ml	(2 c. à soupe) de graines de tournesol

Dans un récipient, battre au fouet le miel, la muscade et le yaourt. Incorporer les bananes et les graines de tournesol. Refroidir une heure.

Donne 4 portions.

Timbale de carottes à la ciboulette

225	g	(½ livre) de carottes coupées en dés
1		oignon moyen émincé
15	ml	(1 c. à soupe) de beurre
125	ml	(½ tasse) de crème à 15%
3		oeufs
15	ml	(1 c. à soupe) de ciboulette hachée
15	ml	(1 c. à soupe) d'aneth haché ou
5	ml	(1 c. à thé) d'aneth sec
60	ml	(¼ tasse) de parmesan râpé

Beurrer ou graisser six ramequins de 180 ml (¾ de tasse) avec un mélange d'huile et de lécithine liquide en parties égales. Les foncer d'un papier ciré et le beurrer.

Dans une grande casserole, faire bouillir 2,5 cm (1 po) d'eau. Mettre les carottes dans une étuveuse et la placer dans la casserole en s'assurant que l'eau ne l'atteigne pas. Fermer hermétiquement. Étuver 15 minutes ou jusqu'à ce que les carottes soient à point.

Dans une petite poêle faire revenir l'oignon dans le beurre sans le laisser prendre couleur.

Passer au mélangeur les carottes et l'oignon. Ajouter la crème à 15% et laisser l'appareil tourner jusqu'à obtention d'un mélange homogène. Ajouter les oeufs, la ciboulette, l'aneth et le parmesan et battre jusqu'à ce que la préparation soit lisse et légère.

La verser dans les ramequins préparés. Couvrir chacun d'une feuille d'aluminium beurrée. Les déposer dans un plat à four et y verser de l'eau chaude jusqu'à ce qu'elle atteigne la moitié des ramequins.

Mettre au four chauffé à 180°C (350°F). Laisser 30 minutes ou jusqu'à ce qu'une lame plongée au milieu en ressorte nette. Sortir du plat et laisser refroidir 5 minutes. Passer un couteau pour décoller les bords de chaque coupe et démouler sur une assiette. Enlever le papier ciré du fond.

Donne 6 portions.

Barquettes de patates douces à la cardamome

2		grosses patates douces 675 g (environ 1½ livre)
30	ml	(2 c. à soupe) de lait
15	ml	(1 c. à soupe) de miel
15	ml	(1 c. à soupe) de beurre fondu
5	ml	(1 c. à thé) d'extrait de vanille (voir Index)
2	ml	(¼ c. à thé) de muscade râpée
1	ml	(⅛ c. à thé) de poudre de cardamome

Percer les patates douces en divers points pour permettre à l'humidité de s'échapper. Les mettre une heure au plus au four chauffé à 190°C (375°F). Elles sont cuites lorsqu'une brochette y pénètre facilement.

Laisser refroidir jusqu'à ce qu'elles soient maniables. Les couper en deux dans le sens de la longueur, enlever la pulpe en laissant une coquille d'environ 0,5 cm (¼ po) d'épaisseur.

Mettre la pulpe dans un petit récipient, l'écraser et y incorporer le lait, le miel, le beurre, la vanille, la muscade et la cardamome. Répartir la préparation à la cuillère dans les barquettes.

Mettre au four chauffé à 180°C (350°F) et laisser 10 minutes environ.

Donne 4 portions.

Chapitre 13
Les desserts

Vous connaissez le dicton : mangez une pomme chaque jour et le médecin n'entrera pas chez vous. Il s'explique facilement car les pommes, pauvres en sodium, sont riches en fibres, en potassium et en pectine. Si vous n'ignorez pas que la pectine sert à faire prendre les gelées, saviez-vous qu'elle est bénéfique à la santé ? Des recherches ont prouvé qu'elle abaisse le taux de cholestérol sanguin en exerçant une sorte de blocage de l'assimilation de ces graisses. Il se pourrait par ailleurs qu'elle concoure à lutter contre le diabète en freinant l'hyperglycémie qui caractérise cette maladie et même qu'elle protège le corps contre certains métaux toxiques présents dans l'environnement, par exemple le plomb et le strontium 90, dont elle empêcherait l'absorption.

La meilleure façon d'inclure la pectine à la diète est de manger des pommes (peau comprise de préférence) ou encore des avocats, des bananes, du caroube, des cerises, du raisin, des pêches, des ananas, des raisins secs, des framboises, des graines de tournesol et des tomates, tous aliments riches en pectine.

Les pommes sont si bonnes pour la santé que j'ai présenté bon nombre de recettes de desserts où elles figurent. Certaines demandent d'utiliser simplement des pommes à cuire, alors que d'autres précisent des pommes à cuire au four. Ces dernières se défont moins à la cuisson et sont préférables pour les tartes alors que les autres fondent plus vite et conviennent tout à fait pour la compote. Voici dans chaque catégorie une liste des pommes que l'on retrouve facilement.

Pommes à cuire au four

Cortland	Rhode Island Greening
Délicieuses	Rome Beauty
Granny Smith	Stayman
Jonathan	Winesap
Northern Spy	York Imperial

Pommes à cuire

Cortland	McIntosh
Gravenstein	Rome Beauty
Jonathan	Stayman

Couronne de pommes sauce rubis

Choisir des pommes à cuir au four bien fermes qui ne se déferont pas en cuisant à la vapeur. Les couronner de framboises et les servir soit pour accompagner des viandes, soit comme dessert.

4		pommes à cuire au four (Délicieuses ou Granny Smith par exemple)
30	ml	(2 c. à soupe) de jus de citron
15	ml	(1 c. à soupe) de miel
250	ml	(1 tasse) de jus de pomme
1		bâton de cannelle
4		morceaux de zeste de citron
10	ml	(2 c. à thé) d'extrait de vanille (voir page 274)
250	ml	(1 tasse) de framboises

Éplucher les pommes jusqu'à la moitié en commençant par la base. Frotter au citron la partie pelée pour qu'elle ne noircisse pas. Placer les pommes dans une étuveuse et les parsemer de miel.

Dans une casserole assez grande pour contenir l'étuveuse, mélanger les épluchures, le jus de pomme, le bâton de cannelle, le zeste de citron, la vanille, le jus de citron qui reste et porter à ébullition.

Baisser le feu, mettre l'étuveuse dans la casserole. Couvrir hermétiquement et étuver jusqu'à ce que les pommes soient tendres, environ 20 minutes. Éviter l'excès de cuisson. Retirer l'étuveuse de la casserole et disposer les pommes sur le plat de service.

Faire réduire le liquide jusqu'à formation d'un sirop. Le passer et le verser sur les pommes. Servir accompagné des framboises.

Donne 4 portions.

Compote de fruits

Voici une compote facile à faire où les fruits secs apportent leur richesse en fibres, et la compote de pommes la pectine. La servir tiède ou froide comme dessert. Accompagnée de crème onctueuse (voir page 273) c'est un régal, ou comme accompagnement des viandes.

250	ml	(1 tasse) de compote de pommes ou de Délices de pommes au citron (voir page 250)
250	ml	(1 tasse) de jus de pomme ou d'eau
30	ml	(2 c. à soupe) de miel
1		citron, jus et zeste râpé
15	ml	(1 c. à soupe) d'extrait de vanille (voir page 274)
3	ml	(½ c. à thé) de poudre de cannelle
2	ml	(¼ c. à thé) de poudre de gingembre
2	ml	(¼ c. à thé) de muscade râpée
125	ml	(½ tasse) d'abricots secs
125	ml	(½ tasse) de pruneaux secs, sans noyaux
5		figues sèches, coupées en deux
60	ml	(¼ tasse) de raisins de Corinthe
60	ml	(¼ tasse) de raisins secs dorés
1		poire coupée en fines tranches

Dans une casserole de 2 l (8 tasses), mélanger la compote ou le Délice de pommes au citron, le jus de pomme ou l'eau, le jus et le zeste de citron, le miel, la vanille, la cannelle, le gingembre et la muscade.

Incorporer les abricots, les pruneaux, les figues, les raisins de Corinthe, les raisins secs et la poire.

Couvrir. Laisser 1½ heure au four chauffé à 150°C (300°F). Servir tiède ou froid.

Donne 4 portions.

Pudding crémeux aux pommes

Voici un dessert original à moitié chemin entre la compote et une crème anglaise épaisse. Il doit son velouté à une lente cuisson au bain-marie.

250	ml	(1 tasse) de compote de pommes
3		oeufs
125	ml	(½ tasse) de crème à 15%
30	ml	(2 c. à soupe) de miel
½		citron, jus et zeste râpé
15	ml	(1 c. à soupe) d'extrait de vanille (voir page 274)
2	ml	(¼ c. à thé) de muscade râpée
60	ml	(¼ tasse) de chapelure de blé entier
30	ml	(2 c. à coupe) de raisins de Corinthe ou de raisins secs

Battre ensemble la compote, les oeufs, la crème à 15%, le miel, le jus de citron et le zeste, la vanille, la muscade, la chapelure, les raisins de Corinthe ou les raisins secs.

Verser la préparation dans un moule beurré de 1½ l (6 tasses) et le mettre dans un plat à four peu profond. Y verser de l'eau chaude pour qu'elle arrive jusqu'à la moitié du moule.

Mettre dans le four à 180°C (350°F). Laisser 50 minutes ou jusqu'à ce qu'une lame plongée au centre en ressorte nette.

Réfrigérer avant de servir.

Donne 4 portions.

Fricassée de pommes

C'est dans un voyage en Virginie que j'ai goûté pour la première fois ce plat délicieux servi pour compléter le petit déjeuner. Pour ne rien perdre des fibres ni de la pectine, ne pas peler les pommes.

3		pommes à cuire au four, Granny Smith par exemple
30	ml	(2 c. à soupe) de beurre
30	ml	(2 c. à soupe) de miel
5	ml	(1 c. à thé) de jus de citron
5	ml	(1 c. à thé) d'extrait de vanille (voir page 274)
3	ml	(½ c. à thé) de poudre de cannelle
1		soupçon de muscade
30	ml	(2 c. à soupe) d'eau

Peler les pommes (facultatif), les évider et les couper en fines tranches de 0,6 cm (⅜ po).

Faire fondre le beurre dans une grande poêle, ajouter le miel, le jus de citron, la vanille, la cannelle et la muscade et bien mélanger.

Mettre les pommes dans la poêle et cuire à feu moyen en brassant souvent jusqu'à ce qu'elles soient tendres sans avoir perdu leur forme, environ 10 minutes.

Baisser le feu, ajouter l'eau, couvrir et continuer la cuisson 5 minutes.

Donne 4 portions.

Délices de pommes au citron

3	pommes à cuire, McIntosh par exemple
3	pommes à cuire au four, Granny Smith par exemple
5 ml	(1 c. à thé) de miel
5 ml	(1 c. à thé) d'extrait de vanille (voir page 274)
30 ml	(2 c. à soupe) de raisins secs
3 ml	(½ c. à thé) de cannelle en poudre
1 ml	(⅛ c. à thé) de graines de cardamome pilée
30 ml	(2 c. à soupe) d'eau
30 ml	(2 c. à soupe) de jus de citron
1	zeste de citron râpé
60 ml	(¼ tasse) d'eau
15 ml	(1 c. à soupe) de fécule

Peler les pommes (facultatif). Les couper en quatre, enlever les pépins et les diviser en tranches. Dans une grande sauteuse, mélanger les pommes, le miel, la vanille, les raisins secs, la cannelle, la cardamome, 30 ml (2 c. à soupe) d'eau, le jus de citron et le zeste.

Couvrir et cuire jusqu'à ce que les pommes à cuire soient défaites et les pommes à cuire au four molles. Éviter l'excès de cuisson, les pommes à cuire au four doivent garder de la consistance.

Dans un petit récipient, mélanger 60 ml (¼ tasse) d'eau et la fécule, verser sur les pommes et incorporer le mélange. Cuire à feu doux une minute ou deux pour épaissir la sauce.

Se sert tiède ou froid.

Donne 4 portions.

Bananes aux pacanes

Cette merveille de simplicité servie comme dessert ou en accompagnement de poisson renferme en abondance des fibres, du potassium et de la pectine et même un peu de protéine. Ne pas laisser les bananes trop longtemps au four, elles s'effondreraient de façon désastreuse.

30 ml	(2 c. à soupe) de beurre
2 ml	(¼ c. à thé) de poudre de cardamome
1 ml	(⅛ c. à thé) de poudre de gingembre
30 ml	(2 c. à soupe) de miel
125 ml	(½ tasse) de jus d'orange
4	petites bananes fermes
60 ml	(¼ tasse) de pacanes concassées

Faire fondre le beurre dans une petite casserole. Incorporer la cardamome et le gingembre. Ajouter le miel et le jus d'orange.

Peler les bananes, les couper en deux dans le sens de la longueur. Les disposer, partie coupée sur le fond, et les parsemer avec les pacanes. Verser la préparation de jus d'orange par-dessus.

Mettre au four chauffé à 190° C (375° F). Laisser 10 minutes ou jusqu'à ce que les bananes soient amollies et complètement chaudes.

Donne 4 portions.

Pêches simples et bonnes

Voilà un titre qui en dit long. Servir ces pêches faciles à faire autant qu'exquises pour couronner votre génoise préférée ou sur du pain français grillé.

30	ml	(2 c. à soupe) de beurre
15	ml	(1 c. à soupe) de miel
3	ml	(½ c. à thé) de jus de citron
4		grosses pêches coupées en fines tranches
1	ml	(⅛ c. à thé) de muscade râpée

Dans une grande poêle, faire chauffer le beurre jusqu'à ce qu'il mousse. Incorporer le miel et le jus de citron. Ajouter les pêches et la muscade. Faire revenir à feu moyen plusieurs minutes ou jusqu'à ce que les pêches amollies soient légèrement glacées.

Donne 4 portions.

Le souci

Sans doute est-ce pour la couleur orange vif de ses fleurs que l'on croyait le souci voué au soleil. Les anciens herbiers lui attribuent le pouvoir de fortifier le coeur et les nerfs. Actuellement, il est surtout employé en usage externe pour soulager les contusions, les douleurs musculaires, les ulcérations et les piqûres d'insectes. Incorporés à une crème servant de base, ses pétales sont sensés adoucir la peau.

Crème aux poires

Les poires sont pauvres en sodium et riches en fibres. La garniture de noix apporte une riche saveur onctueuse ainsi que des protéines, des vitamines et des sels minéraux. Le sirop d'érable la rend meilleure encore.

Les poires

2		grosses poires
15	ml	(1 c. à soupe) de beurre
15	ml	(1 c. à soupe) de miel
2	ml	(¼ c. à thé) de poudre de cannelle
2	ml	(¼ c. à thé) de muscade râpée
30	ml	(2 c. à soupe) d'eau

La crème

3		oeufs
30	ml	(2 c. à soupe) de miel
10	ml	(2 c. à thé) d'extrait de vanille (voir page 274)
500	ml	(2 tasses) de lait

La garniture

125	ml	(½ tasse) de pacanes concassées
30	ml	(2 c. à soupe) de beurre fondu
30	ml	(2 c. à soupe) de sirop d'érable ou de miel
45	ml	(3 c. à soupe) de lait ou de crème

Préparation des poires

Couper les poires dans le sens de la longueur, les épépiner et les couper en tranches de 1 cm (½ po). Dans une grande sauteuse, mélanger les poires, le beurre, le miel, la cannelle, la muscade et l'eau. Couvrir. Cuire à feu moyen jusqu'à ce que les poires soient souples sans être défaites, environ 5 minutes. Découvrir et en brassant souvent poursuivre la cuisson juste quelques minutes encore jusqu'à ce que le liquide soit évaporé et que les poires commencent à caraméliser dans le beurre et le miel.

Préparation de la crème

Au mélangeur ou au fouet, incorporer les oeufs, le miel, la vanille et le lait jusqu'à obtention d'un mélange homogène.

Disposer les poires dans 4 ou 8 coupes de 180 ml (¾ tasse) et verser la crème dessus.

Placer les coupes dans un plat à four peu profond et le mettre au four chauffé à 180° C (350° F). Y verser de l'eau chaude jusqu'à la moitié des coupes.

Laisser cuire 30 minutes ou jusqu'à ce qu'une lame plongée au milieu en ressorte nette.

Retirer les coupes de l'eau. Les laisser refroidir sur une grille. Les placer ensuite au réfrigérateur.

Préparation de la garniture

Parsemer les coupes réfrigérées avec les pacanes.

Dans un petit récipient, mélanger le beurre fondu, le sirop d'érable ou le miel et le lait ou la crème et les verser sur les coupes.

Placer à 15 cm (6 po) sous le gril. Laisser 15 minutes jusqu'à ce que le dessus bouillonne.

Veiller à ce qu'il ne brûle pas. Servir sans délai.

Donne 4 à 8 portions.

Mincemeat *

Malgré son nom (meat désignant la vian-de), il n'y a pas de viande dans ce mélange de fruits. Le servir seul ou pour accompagner les viandes, ou en faire des tartes. C'est une gar-niture délicieuse pour le gâteau roulé au gin-gembre présenté à la page 259-260.

625	ml	(2½ tasses) de pommes coupées fin
125	ml	(½ tasse) de groseilles
60	ml	(¼ tasse) de raisins secs dorés
60	ml	(¼ tasse) de miel
60	ml	(¼ tasse) de pacanes concassées
		zeste râpé de 1 citron
		jus et zeste râpé de 1 orange
125	ml	(½ tasse) de cidre ou de jus de pomme
3	ml	(½ c. à thé) de poudre de cannelle
3	ml	(½ c. à thé) de muscade râpée
1	ml	(⅛ c. à thé) de poudre de girofle
1		pincée de poudre de toute-épice
1		pincée de poudre de macis

Dans une casserole, mélanger les pom-mes, les groseilles, les raisins secs, le miel, les pacanes, le zeste de citron, le jus et le zeste d'orange, le cidre ou le jus de pomme, la can-nelle, la muscade, le girofle, la toute-épice et le macis. Porter ces ingrédients à ébullition à feu moyen. Baisser le feu et laisser mijoter 20 minutes ou jusqu'à épaississement. Brasser souvent pour que la préparation n'attache pas.

Donne 500 ml (2 tasses).

---

* Note du traducteur. Ne cherchons pas de traduction d'autant que l'imagination favorise l'appréciation des saveurs exotiques ou régionales.

Le tilleul

Dans les cafés en Europe, on sert fréquemment du tilleul. C'est une infusion délicieuse et calmante. Les répertoires des herboristes vantent ses propriétés légèrement sédatives qui détendent les nerfs, facilitent la digestion, calment les tremblements et les manifestations hystériques, de même que les symptômes du rhume et de la grippe. Une infusion de ses fleurs versée dans l'eau du bain est réputée raffermir et adoucir la peau.

Poires farcies

4		grosses poires fermes
180	ml	(¾ tasse) de jus de pomme ou de poire
5	ml	(1 c. à thé) de miel
5	ml	(1 c. à thé) d'extrait de vanille (voir page 274)
1		bâton de cannelle
		plusieurs morceaux de zeste de citron
45	ml	(3 c. à soupe) de pacanes broyées
30	ml	(2 c. à soupe) de groseilles
3	ml	(½ c. à thé) de zeste de citron râpé crème onctueuse (voir page 273)

Avec une cuillère tire-boules pour melon, évider et épépiner chaque poire par le fond.

Dans une casserole juste assez grande pour tenir les poires debout, mélanger le jus, le miel, la vanille, la cannelle, le zeste de citron en lanières. Disposer les poires.

Couvrir. Laisser mijoter jusqu'à ce qu'une lame pénètre sans effort dans les poires, environ 30 à 40 minutes selon la grosseur et le degré de maturité. Éviter l'excès de cuisson.

Dans un petit récipient, mélanger les pacanes, les groseilles et le zeste râpé de citron. Ajouter 15 à 30 ml (1 ou 2 c. à soupe) du liquide de cuisson pour humecter la préparation. En farcir les poires.

Peut se servir avec la crème onctueuse.

Donne 4 portions.

Plum-pudding

Ne vous demandez pas où sont passées les prunes (plum). Il s'agit du nom générique de toute espèce de pudding cuit à la vapeur et renfermant des fruits secs ou des fruits confits que selon la tradition on sert durant les fêtes de l'Action de Grâces ou de Noël. Ce qui va résolument contre la tradition dans cette recette, c'est l'emploi du miel et de la farine de blé entier. Ils remplacent la graisse de boeuf et les fruits confits qui conduisent d'ordinaire les amateurs de plum-pudding sur le chemin des calories et des graisses excédentaires.

Si vous souhaitez accroître sa teneur en fer, les fruits secs apportent déjà leur contribution, ajouter de la mélasse.

CONSEIL: *Vous pouvez préparer le plum-pudding à l'avance et le conserver au réfrigérateur après l'avoir bien enveloppé. Pour le servir, le remettre dans le plat de cuisson, le couvrir soigneusement avec une feuille d'aluminium et le laisser étuver pendant une heure.*

180	ml	(¾ tasse) de farine pâtissière de blé entier
3	ml	(½ c. à thé) de bicarbonate de soude
3	ml	(½ c. à thé) de poudre de cannelle
2	ml	(¼ c. à thé) de muscade râpée
90	ml	(6 c. à soupe) de beurre froid
180	ml	(¾ tasse) de chapelure de blé entier
125	ml	(½ tasse) de raisins secs dorés
125	ml	(½ tasse) de raisins de Corinthe
125	ml	(½ tasse) de noix concassées
		zeste râpé de 1 citron
		zeste râpé de 1 orange
2		oeufs
30	ml	(2 c. à soupe) de miel
30	ml	(2 c. à soupe) de mélasse
85	ml	(⅓ tasse) de lait
		sauce sans alcool (voir page 272)

Dans un grand récipient, tamiser ensemble la farine, le bicarbonate, la cannelle et la muscade. À l'aide de 2 couteaux ou d'un pétrisseur, couper le beurre en morceaux de la grosseur d'un petit pois. Puis incorporer la chapelure, les raisins secs, les raisins de Corinthe, les noix, les zestes d'orange et de citron.

Dans un petit récipient, bien mélanger les oeufs, le miel, la mélasse et le lait.

Verser ces ingrédients liquides dans les ingrédients secs et bien mélanger.

Beurrer ou graisser avec un mélange à parties égales d'huile et de lécithine liquide un plat à four ou un moule à plum-pudding. Le foncer avec du papier ciré préalablement bien graissé.

Verser la pâte dans le moule, mettre le couvercle ou couvrir avec une feuille d'aluminium en l'attachant autour du moule avec une ficelle pour assurer une fermeture hermétique.

Dans une marmite assez grande pour contenir le moule, placer un petit trépied en métal. Y verser 5 cm (2 po) d'eau et l'amener à ébullition. Poser le pudding sur le trépied, couvrir, baisser le feu.

Laisser mijoter 1 heure et demie.

Pour démouler, passer un couteau autour des bords, retourner sur une assiette. Retirer avec soin le papier de fond.

Servir tiède accompagné de sauce sans alcool.

Donne 8 portions.

Figue fantaisie

Ce sont les graines d'anis qui apportent « le p'tit grain de fantaisie ».

450	g	(1 livre) de figues sèches
375	ml	(1½ tasse) d'eau
30	ml	(2 c. à soupe) de miel
4	ml	(¾ c. à soupe) de grains d'anis pilés
5	ml	(1 c. à thé) d'extrait de vanille (voir page 274)

Dans une casserole de 2 l (8 tasses), mélanger les figues, l'eau, le miel, l'anis et la vanille. Couvrir. Laisser mijoter à feu doux 45 minutes.

Servir tiède ou froid.

Donne 4 portions.

Gâteau suédois aux épices

Ce dessert d'apparence sombre est d'une surprenante légèreté, surtout s'il est servi au sortir du four. La mélasse est riche en calcium, en fer et en potassium.

Le gâteau

375	ml	(1½ tasse) de farine pâtissière de blé entier, tamisée
5	ml	(1 c. à thé) de levure (voir Index)
3	ml	(½ c. à thé) de bicarbonate de soude
8	ml	(1½ c. à thé) de poudre de cannelle
8	ml	(1½ c. à thé) de poudre de gingembre
3	ml	(½ c. à thé) de poudre de girofle
2	ml	(¼ c. à thé) de graines de cardamome pilées
60	ml	(¼ tasse) de beurre fondu
60	ml	(¼ tasse) de miel
60	ml	(¼ tasse) de mélasse
2		oeufs
125	ml	(½ tasse) de crème sure ou de crème cottage (voir Index)
85	ml	(⅓ tasse) de lait
60	ml	(¼ tasse) de germe de blé ou de chapelure de blé entier

Le glaçage

60	ml	(¼ tasse) d'eau
30	ml	(2 c. à soupe) de jus d'orange
15	ml	(1 c. à soupe) de miel
5	ml	(1 c. à thé) de beurre

Préparation du gâteau

Beurrer généreusement un moule à cheminée (moule kugelhof) de 2 à 3 litres (8 à 12 tasses) ou le graisser avec un mélange à parties égales d'huile et de lécithine liquide. Parsemer de germe de blé ou de chapelure de blé entier et laisser en attente.

Tamiser à nouveau la farine avec la levure, le bicarbonate, la cannelle, le gingembre, le girofle et la cardamome.

Dans un grand récipient, mélanger le beurre, le miel, la mélasse, les oeufs, la crème sure ou la crème cottage. Battre jusqu'à obtention d'un mélange homogène.

Incorporer à la pâte le lait et la farine par petites quantités en les alternant pour que la préparation ne soit pas trop sèche. Commencer et terminer par la farine.

Verser la pâte dans le moule préparé. Lisser le dessus à la spatule.

Mettre au four chauffé à 180° C (350° F). Laisser de 30 à 40 minutes ou jusqu'à ce que le gâteau décolle des bords du moule et qu'une lame plongée au milieu en ressorte nette.

Renverser sur une grille pour refroidir.

Préparation du glaçage

Dans une petite casserole, faire bouillir l'eau, le jus d'orange, le miel et le beurre. Laisser mijoter 5 minutes. Verser sur le gâteau tiède.

Donne 1 gâteau.

Gâteau au son et à la compote de pommes

Un super gâteau qui renferme les fibres d'une pleine tasse de son (250 ml), le potassium de la compote de pommes et la vitamine C des raisins de Corinthe.

625	ml	(2½ tasses) de farine pâtissière de blé entier
5	ml	(1 c. à thé) de levure (voir Index)
5	ml	(1 c. à thé) de bicarbonate de soude
10	ml	(2 c. à thé) de poudre de cannelle
3	ml	(½ c. à thé) de muscade râpée
2	ml	(¼ c. à thé) de poudre de girofle
250	ml	(1 tasse) de son
310	ml	(1¼ tasse) de compote de pommes
125	ml	(½ tasse) d'huile
125	ml	(½ tasse) de miel
165	ml	(⅔ tasse) de lait
2		oeufs
250	ml	(1 tasse) de raisins de Corinthe

Beurrer un moule à cheminée (moule kugelhof) de 3 litres (12 tasses) ou le graisser avec un mélange à parties égales d'huile et de lécithine liquide.

Tamiser la farine, la levure, le bicarbonate, la cannelle, la muscade et le girofle dans un grand récipient. Incorporer le son.

Dans un autre, mélanger la compote, l'huile, le miel, le lait et les oeufs.

Puis incorporer les éléments liquides dans les ingrédients secs et ajouter les raisins.

Verser cette pâte dans le moule en attente. Mettre au four chauffé à 100° C (325° F). Laisser environ 40 minutes ou jusqu'à ce qu'une brochette plongée au milieu en ressorte nette.

Donne 1 gâteau.

Gâteau aux pommes et aux graines de tournesol

Parfait l'après-midi avec une tasse d'infusion aux herbes.

Le gâteau

500	ml	(2 tasses) de farine pâtissière de blé entier, tamisée
10	ml	(2 c. à thé) de levure (voir Index)
3	ml	(½ c. à thé) de bicarbonate de soude
5	ml	(1 c. à thé) de poudre de cannelle
4	ml	(¾ c. à thé) de poudre de cardamome
3		oeufs
60	ml	(¼ tasse) d'huile
125	ml	(½ tasse) de miel
60	ml	(¼ tasse) de lait
50	ml	(1 c. à thé) d'extrait de vanille (voir page 274)
500	ml	(2 tasses) de pommes coupées fin
125	ml	(½ tasse) de graines de tournesol
60	ml	(¼ tasse) de germe de blé ou de chapelure de blé entier

Le glaçage

60	ml	(¼ tasse) d'eau
15	ml	(1 c. à soupe) de miel
15	ml	(1 c. à soupe) de beurre
5	ml	(1 c. à thé) d'extrait de vanille (voir page 274)

Préparation du gâteau

Beurrer généreusement un moule à cheminée (moule kugelhof) de 3 l (12 tasses) ou le graisser avec un mélange à parties égales d'huile et de lécithine liquide. Le parsemer de germe de blé ou de chapelure de blé entier et laisser en attente.

Dans un grand récipient, tamiser à nouveau la farine avec la levure, le bicarbonate de soude, la cannelle et la cardamome et mélanger les ingrédients.

Dans un récipient moyen, battre les oeufs, l'huile, le miel, le lait et la vanille jusqu'à obtention d'un mélange homogène. Verser dans le mélange de farine et mélanger. Incorporer les pommes et les graines de tournesol.

Verser la pâte dans le moule en attente.

Mettre au four chauffé à (160° C (325° F). Laisser 45 minutes ou jusqu'à ce qu'une brochette plantée au milieu en ressorte nette.

Laisser le gâteau refroidir dans le moule pendant 15 minutes. Le renverser sur une grille pour achever de refroidir.

Préparation du glaçage

Dans une petite casserole, mélanger l'eau, le miel et le beurre. Porter à ébullition et laisser bouillir 2 minutes. Ajouter la vanille.

Poser le gâteau et la grille sur un plat et répartir lentement le glaçage dessus en le laissant s'imprégner.

Pour servir, le présenter sur un plat propre.

Donne 1 gâteau.

La toute-épice

La phytothérapie prescrit l'huile ou la sève de la toute-épice pour calmer les maux d'estomac et les flatuosités. Mélangée à des airelles et à du jus de citron, elle est sensée être antidiarrhéique. On évoque aussi ses propriétés anesthésiques. Ajoutée en infusion à l'eau du bain, elle ferait disparaître les courbatures et les douleurs et, appliquée en compresse, soulagerait les rhumatismes.

Gâteau à la mélasse

500	ml	(2 tasses) de farine pâtissière de blé entier, tamisée
5	ml	(1 c. à thé) de bicarbonate de soude
5	ml	(1 c. à thé) de poudre de cannelle
2	ml	(¼ c. à thé) de poudre de girofle
1		oeuf
125	ml	(½ tasse) de mélasse
30	ml	(2 c. à soupe) d'huile
250	ml	(1 tasse) de babeurre crème onctueuse (voir page 273) bleuets, pêches en tranches ou fraises en moitiés

Beurrer un moule à four de 20 cm (8 po) ou le graisser avec un mélange en parties égales de lécithine liquide et d'huile.

Dans un grand récipient, tamiser à nouveau la farine et le bicarbonate, la cannelle et le girofle.

Dans un petit bol, battre l'oeuf, la mélasse, l'huile et le babeurre jusqu'à obtention d'un mélange homogène.

Verser les ingrédients liquides dans les éléments secs et battre au fouet environ 15 secondes pour bien les mélanger.

Verser la pâte dans le moule beurré. Mettre au four chauffé à 180° C (350° F). Laisser 30 minutes ou jusqu'à ce qu'un cure-dent piqué au milieu en ressorte net.

Laisser refroidir le gâteau dans le moule. Puis le découper en pavés et le servir avec la crème et les bleuets, les pêches en tranches ou les fraises.

Donne 9 à 12 portions.

Gâteau aux pommes et à l'ananas

Le gâteau

375	ml	(1½ tasse) de farine pâtissière de blé entier
5	ml	(1 c. à thé) de bicarbonate de soude
5	ml	(1 c. à thé) de poudre de cannelle
4	ml	(¾ c. à thé) de muscade râpée
60	ml	(¼ tasse) de germe de blé
60	ml	(¼ tasse) de beurre ramolli
125	ml	(½ tasse) de miel
2		oeufs
10	ml	(2 c. à thé) d'extrait de vanille (voir page 274)
225	g	(8 oz) d'ananas pilé, non égoutté
250	ml	(1 tasse) de pommes coupées fin
125	ml	(½ tasse) de raisins secs dorés

Le glaçage

170	g	(6 oz) de fromage à la crème ramolli
60	ml	(¼ tasse) de miel
5	ml	(1 c. à thé) d'extrait de vanille (voir page 274)

Préparation du gâteau

Beurrer un plat à four de 17 cm sur 27 (7 po sur 11) ou le graisser avec un mélange en parties égales d'huile et de lécithine liquide.

Dans un grand bol, tamiser ensemble la farine, le bicarbonate, la cannelle et la muscade puis incorporer le germe de blé.

Dans un petit bol, battre le beurre, le miel, les oeufs et la vanille jusqu'à ce qu'ils soient bien mélangés. Incorporer l'ananas avec son jus.

Incorporer cette préparation dans la farine sans battre beaucoup. Mélanger les pommes et les raisins secs.

Verser la pâte dans le plat préparé. Mettre au four chauffé à 180° C (350° F) et laisser 30 minutes ou jusqu'à ce qu'une lame plantée au milieu en ressorte nette.

Refroidir sur une grille avant de glacer.

Préparation du glaçage

Dans un petit bol, battre le fromage à la crème avec le miel et la vanille pour bien les mélanger. Étaler sur le gâteau.

Donne 12 à 15 portions.

Gâteau roulé au gingembre

Pour réussir ce gâteau, il faut battre les oeufs à température ambiante. Si vous ne les avez pas sortis d'avance du frigidaire, les laisser 10 minutes dans une casserole d'eau tiède pour les réchauffer.

Ne pas oublier de beurrer le papier qui fonce le plat et de le fariner avant de verser la pâte, cela empêchera le gâteau de coller. Enlever avec précaution le papier du gâteau chaud et pour qu'il ne se fendille pas, enlever les bords secs et le rouler sans délai.

Le gâteau

180	ml	(¾ tasse) de farine pâtissière de blé entier
5	ml	(1 c. à thé) de poudre de gingembre
4	ml	(¾ c. à thé) de poudre de cannelle
3	ml	(½ c. à thé) de muscade râpée
5		blancs d'oeufs
5		jaunes d'oeufs
85	ml	(⅓ tasse) de miel
5	ml	(1 c. à thé) d'extrait de vanille (voir page 274)

La farce

5	ml	(1 c. à thé) de gélatine non parfumée
125	ml	(½ tasse) de lait
30	ml	(2 c. à soupe) de fécule
60	ml	(¼ tasse) de lait
30	ml	(2 c. à soupe) de miel
2		jaunes d'oeufs
5	ml	(1 c. à thé) d'extrait de vanille (voir page 274)
125	ml	(½ tasse) de crème à fouetter

La garniture

Fricassée de pommes ou mincemeat (voir pages 249 et 253)

Préparation du gâteau

Huiler un moule de 25 cm sur 38 (10 po sur 15), le foncer avec du papier ciré. Beurrer le papier généreusement. Le fariner et le laisser en attente.

Tamiser ensemble la farine, le gingembre, la cannelle et la muscade. Laisser en attente.

Dans un grand bol, avec des batteurs propres, battre les blancs d'oeufs en neige très ferme. Laisser en attente.

Dans un autre bol battre ensemble les jaunes, le miel et la vanille jusqu'à ce que le mélange devienne très épais et jaune citron.

Avec précaution, incorporer ⅓ des blancs dans les jaunes. Puis tamiser ⅓ de la farine et mélanger doucement. Refaire deux fois la même opération avec le reste du blanc d'oeuf et de la farine. Éviter de battre à l'excès. Il est préférable de laisser des traînées de blanc plutôt que de faire tomber les blancs en battant trop.

Étaler uniformément le mélange dans le moule préparé. Mettre au four chauffé à 190° C (375° F). Laisser 12 à 15 minutes ou jusqu'à ce que le gâteau soit gonflé et doré.

Sortir du four. Couvrir aussitôt le gâteau avec une feuille de papier brun ordinaire ou deux feuilles de papier ciré. Couvrir le tout avec une tôle à gâteaux, retourner le moule de façon à ce que le gâteau soit posé à l'envers sur la tôle. Puis, enlever le moule et enlever le papier ciré avec précaution.

En commençant par le côté de 25 cm (10 po), en s'aidant du papier qui est dessous, enrouler le gâteau sur lui-même. Mettre le rouleau à refroidir sur une grille.

Préparation de la farce

Verser la gélatine dans 125 ml (½ tasse) de lait. La laisser s'amollir pendant 2 minutes.

Dans une casserole de 1 l (4 tasses) mélanger la fécule dans 60 ml (¼ tasse) de lait jusqu'à obtention d'un mélange homogène. Incorporer la gélatine et le miel. Cuire à feu moyen sans cesser de tourner avec une cuillère en bois jusqu'à ce que le mélange soit assez épais pour napper le dos de la cuillère. Retirer du feu.

Dans une petite tasse, battre les jaunes d'oeufs et peu à peu incorporer 15 ml (1 c. à soupe) de sauce chaude pour tiédir les oeufs. Puis verser les jaunes dans la casserole et bien mélanger.

Remettre sur le feu et cuire sans arrêter de tourner (c'est essentiel) pendant 1 minute. De nouveau, retirer du feu et incorporer la vanille.

Fouetter la crème.

Placer la casserole dans un grand récipient contenant des cubes de glace et de l'eau froide. Brasser la sauce constamment jusqu'à ce qu'elle soit froide au toucher. Ne pas la laisser prendre. Incorporer alors la crème fouettée.

Dérouler le gâteau refroidi en veillant à ne pas le briser. Étaler la farce dessus et le rouler à nouveau.

Le découper en tranches et les servir couronnées de fricassée de pommes ou de mincemeat.

Donne 6 à 8 portions.

Rouleau aux noix de grand-maman

À part la farine de blé entier, c'est exactement le rouleau aux noix que ma grand-mère fait à Noël. Il arrive parfois que le dessus s'ouvre à la cuisson mais son goût délicieux n'en souffre pas. Il faut manier cette pâte délicate avec soin. La rouler entre deux feuilles de papier ciré et la poser avec délicatesse sur la tôle. Au sortir du four, traiter le rouleau avec tous les égards. Refroidi il sera moins fragile. Le couper avec un couteau dentelé et faire chauffer les tranches avant de servir pour en exalter l'arôme.

Le gâteau

125	ml	(½ tasse) de lait
15	ml	(1 c. à soupe) de levure sèche
90	ml	(6 c. à soupe) de beurre fondu
15	ml	(1 c. à soupe) de miel
1		jaune d'oeuf
3	ml	(½ c. à thé) d'extrait de vanille (voir page 274)

375 à 500	ml	(1½ à 2 tasses) de farine pâtissière de blé entier

La garniture

225	g	(½ livre) de noix moulues
125	ml	(½ tasse) de poudre de cannelle
2	ml	(¼ c. à thé) de muscade râpée
60	ml	(¼ tasse) de miel
60	ml	(¼ tasse) de lait
3	ml	(½ c. à thé) d'extrait de vanille (voir page 274)
		zeste râpé de 2 oranges
1		jaune d'oeuf battu avec 5 ml (1 c. à thé) de lait (pour glacer)

Préparation du gâteau

Faire tiédir le lait et le mélanger dans un bol avec la levure et le miel. Laisser de côté en attendant que la levure agisse.

Incorporer le beurre, le jaune d'oeuf et la vanille. Puis ajouter la farine, 125 ml (½ tasse) à la fois, et battre pour obtenir une pâte molle prête à pétrir. Mettre la pâte sur une surface légèrement farinée et la pétrir jusqu'à ce qu'elle soit lisse. N'ajouter que la farine suffisante pour l'empêcher de coller.

Déposer la pâte dans un bol huilé et la tourner pour l'enduire partout. Couvrir. Laisser lever dans un endroit jusqu'à ce qu'elle ait doublé de volume, de 30 à 60 minutes environ.

Rompre la pâte et la diviser en deux. Sur une surface légèrement farinée, étaler chaque moitié au rouleau pour obtenir un rectangle de 20 cm sur 25 (8 po sur 10).

Préparation de la garniture

Mélanger les noix, la cannelle, la muscade, le miel, le lait, la vanille et le zeste d'orange. Étaler la moitié de cette préparation sur chaque morceau de pâte en laissant tout autour une lisière de 1 cm (½ po).

Rouler la pâte sur elle-même dans le sens de la longueur et en les pinçant sceller les bords du bout et des côtés. Placer le rouleau avec précaution sur une tôle, la partie scellée vers le bas. Couvrir légèrement. Laisser lever environ 30 minutes, jusqu'à ce que le volume ait doublé.

Quand la pâte est levée, la badigeonner de glaçage à l'oeuf et mettre au four chauffé à 180° C (350° F). Laisser 30 à 35 minutes ou jusqu'à ce que le dessus soit doré.

Servir tiède.

Donne 2 rouleaux.

Linzertorte

C'est un dessert classique des fêtes, avec sa riche croûte aux amandes. Vous pouvez faire sa garniture au temps des cerises et la congeler pour plus tard. Laisser cuire les cerises jusqu'à ce qu'elles épaississent sans brûler toutefois.

La croûte de cette tarte est faite d'une pâte fragile qu'il faut traiter avec précaution. Si le beurre devient trop mou, la pâte n'est pas maniable. Dans ce cas, passer la pâte au réfrigérateur pour que le beurre reprenne de la consistance. Si les croisillons qui forment la croûte se brisent quand vous les faites, cela n'a pas d'importance. Les recoller en appuyant dessus.

On obtient le sucre de datte simplement en moulant des dattes sèches. On le trouve dans les boutiques de produits naturels. Il a l'avantage d'apporter un goût sucré sans ajouter d'humidité comme le fait le miel. Et il produit une pâtisserie plus légère.

La garniture

1,25	l	(5 tasses) de cerises Bing dénoyautées grossièrement hachées
85	ml	(⅓ tasse) de miel
30	ml	(2 c. à soupe) d'eau
15	ml	(1 c. à soupe) de jus de citron

La croûte

325	ml	(1⅓ tasse) de farine pâtissière de blé entier
5	ml	(1 c. à thé) de cannelle moulue
2	ml	(¼ c. à thé) de poudre de girofle
250	ml	(1 tasse) de pacanes moulues
85	ml	(⅓ tasse) de sucre de datte
10	ml	(2 c. à thé) de zeste de citron râpé
125	ml	(½ tasse) de beurre froid
2		jaunes d'oeufs
15	ml	(1 c. à soupe) d'extrait de vanille (voir page 274)
1		jaune d'oeuf ou 1 blanc battu avec 5 ml (1 c. à thé) d'eau (pour glacer)

Préparation de la garniture

Dans une casserole de 3 l (12 tasses), mélanger les cerises, le miel, l'eau et le jus de citron. Porter à ébullition à feu assez vif et laisser cuire en brassant souvent jusqu'à réduction de moitié.

Mettre à feu moyen et continuer la cuisson en tournant sans cesse jusqu'à ce que la préparation soit réduite à 375 ml (1½ tasse) presque tout le liquide étant évaporé. Refroidir.

Préparation de la croûte

Dans un grand récipient, mélanger la farine, la cannelle, le girofle, les pacanes, le sucre de datte et le zeste de citron. À l'aide de deux couteaux ou d'un mélangeur à pâte, couper le beurre pour former une pâte grossière.

Dans un petit bol, battre les jaunes d'oeufs et la vanille assez pour les mélanger. Répartir sur les ingrédients secs. Continuer à travailler la pâte avec les couteaux ou le mélangeur pour incorporer les éléments et obtenir une pâte assez humide pour former une boule.

Étaler ⅔ de la pâte de façon uniforme sur les bords et le fond d'un moule à tarte de 22 cm (9 po) sur 2,5 cm (1 po) à fond amovible. Répartir la garniture dessus. Mettre au réfrigérateur.

Avec le reste de la pâte, faire un rectangle approximatif d'environ 1 cm (½ po) d'épaisseur. Le fariner légèrement et le placer dans une enveloppe de plastique ou du papier ciré et le faire raffermir au réfrigérateur environ 30 minutes.

Rouler la pâte refroidie entre deux feuilles de papier ciré pour obtenir un rectangle d'environ 22 cm (9 po) et 0,5 cm (¼ po) d'épaisseur. Le découper ou bien en motifs décoratifs au couteau ou avec des formes à petits gâteaux secs, ou bien en bandes d'environ 0,6 cm (⅜ po) sur 22 cm de long (9 po).

S'il s'agit de motifs, les disposer sur la garniture.

S'il s'agit de bandes, les mettre 30 minutes environ au réfrigérateur. Quand la pâte est tout à fait refroidie, enlever avec précaution une bande à la fois de sur le papier à l'aide d'une longue spatule de métal et disposer des croisillons en diagonale sur la tarte, en respectant le dessin classique de la linzertorte.

Badigeonner la pâte de glaçage.

Poser sur une tôle et mettre au four chauffé à 180° C (350° F). Laisser environ 30 minutes en veillant à ce que le dessus ne brûle pas.

Pour détacher les côtés amovibles, poser le moule sur une grande boîte de café, par exemple et faire descendre avec soin les côtés en dégageant le fond. Ne pas essayer d'enlever le fond, cette tarte étant fragile.

Servir tiède.

Donne 1 tarte.

Pain d'épice et sauce au citron

Le pain

560	ml	(2¼ tasses) de farine pâtissière de blé entier
8	ml	(1½ c. à thé) de bicarbonate de soude
5	ml	(1 c. à thé) de poudre de cannelle
5	ml	(1 c. à thé) de poudre de gingembre
125	ml	(½ tasse) de beurre fondu
1		oeuf
60	ml	(¼ tasse) de mélasse
60	ml	(¼ tasse) de miel
250	ml	(1 tasse) d'eau

La sauce

45	ml	(3 c. à soupe) de miel
45	ml	(3 c. à soupe) de jus de citron
30	ml	(2 c. à soupe) de fécule
250	ml	(1 tasse) d'eau froide
1		jaune d'oeuf
15	ml	(1 c. à soupe) de beurre
5	ml	(1 c. à thé) de zeste de citron râpé

Préparation du pain

Beurrer un plat à four carré de 20 cm (8 po) ou le huiler avec un mélange à parties égales d'huile et de lécithine liquide.

Dans un grand récipient, tamiser ensemble la farine, le bicarbonate, la cannelle et le gingembre.

Dans un petit récipient, battre le beurre, l'oeuf, la mélasse, le miel et l'eau pour obtenir un mélange homogène.

Verser les ingrédients liquides dans les éléments secs et battre au fouet 15 secondes pour obtenir un mélange homogène.

Verser la pâte dans le moule préparé. Placer au four chauffé à 180° C (350° F). Laisser environ 30 minutes ou jusqu'à ce qu'une lame plongée au centre en ressorte nette.

Refroidir le pain dans son moule.

Préparation de la sauce

Dans une petite casserole, mélanger le miel et le jus de citron.

Dans un bol, mélanger la fécule avec 60 ml (¼ tasse) d'eau pour obtenir un mélange lisse et verser dans la casserole en ajoutant le reste d'eau.

Cuire la sauce à feu moyen en la battant sans cesse au fouet jusqu'à ce qu'elle devienne claire et épaisse. Retirer du feu.

Dans un petit bol, battre le jaune d'oeuf et y incorporer peu à peu quelques cuillères à soupe de sauce chaude pour tiédir le jaune.

Verser cette préparation dans la casserole.

Remettre au feu. Laisser cuire environ 1 minute en brassant sans arrêt.

Incorporer le beurre et le zeste de citron dans la sauce.

La servir tiède ou froide sur le gâteau.

Donne 9 à 12 portions.

Strudel feuilleté aux pommes

La pâte

375	ml	(1½ tasse) de farine pâtissière de blé entier, tamisée
90	ml	(6 c. à soupe) de beurre froid
1		jaune d'oeuf
15	ml	(1 c. à soupe) de miel
30	ml	(2 c. à soupe) de lait froid
3	ml	(½ c. à thé) d'extrait de vanille (voir page 274)

La garniture

325	ml	(1⅓ tasse) de pommes à tarte finement coupées
30	ml	(2 c. à soupe) de pacanes concassées
30	ml	(2 c. à soupe) de raisins secs
30	ml	(2 c. à soupe) de miel
15	ml	(1 c. à soupe) de jus de citron
3	ml	(½ c. à thé) de poudre de cannelle
1		blanc d'oeuf battu avec 5 ml (1 c. à thé) d'eau (pour glacer)

Préparation de la pâte

Mettre la farine dans un grand bol. Couper le beurre à l'aide de deux couteaux ou d'un mélangeur à pâte jusqu'à obtention d'une pâte grossière.

Dans un récipient, mélanger le jaune d'oeuf, le miel, le lait et la vanille. Distribuer le liquide sur la farine 5 ml (1 c. à thé) à la fois et la remuer à l'aide de deux fourchettes pour l'humecter. Quand tout le liquide est incorporé, faire une boule avec la pâte en ajoutant, si nécessaire, quelques gouttes de lait pour l'humidifier.

Envelopper la pâte dans du plastique. Laisser au moins 30 minutes au réfrigérateur.

Préparation de la garniture

Mélanger les pommes, les pacanes, les raisins secs, le miel, le jus de citron et la cannelle. Laisser en attente.

Montage

Verser la pâte sur un linge à pâtisserie bien fariné ou la placer entre deux feuilles de papier ciré. La rouler pour obtenir un rectangle de 27 cm (11 po) sur 38 cm (15 po). Rogner les bords et garder les restes pour décorer.

Répartir la garniture sur la pâte en laissant une lisière de 2,5 cm (1 po) sur les côtés et le fond et une lisière de 5 cm (2 po) le long d'un des côtés de 38 cm (15 po).

Rouler la pâte en suivant la lisière de 5 cm (2 po) et fermer les bords des côtés. Placer le rouleau sur une tôle bien beurrée, la partie fermée vers le bas.

Badigeonner de glaçage à l'oeuf. Garnir avec les restes de pâte et remettre du glaçage dessus.

Mettre au four chauffé à 180°C (350°F) environ 45 minutes ou jusqu'à ce que le dessus soit doré.

Servir tiède.

Donne 1 strudel.

Tarte au myrrhis odorant

Le myrrhis odorant est un aromate qui ressemble à un cerfeuil géant. Il en a la saveur anisée et ses graines ont un goût marqué de réglisse. Pour essayer cette recette, il faudra le cultiver vous-même car on le trouve rarement sur le marché. C'est une plante persistante qui chaque année produira une touffe vigoureuse de feuilles plumeuses. À défaut, vous pouvez employer de la menthe, mais le résultat ne sera pas le même. Vous pouvez encore renoncer tout à fait aux herbes et faire une farce avec de l'ananas et des amandes.

La pâte est très fragile et doit être maniée avec précaution. La faire cuire dans un moule à tarte peu profond muni d'un fond amovible pour la démouler sans peine.

La croûte

375	ml	(1½ tasse) de farine de blé entier
8	ml	(1½ c. à thé) de levure (voir Index)
90	ml	(6 c. à soupe) de beurre froid
75	à	
90	ml	(5 à 6 c. à soupe) de lait froid

La couche d'ananas

224	g	(8 oz) d'ananas pilé, non égoutté

La couche d'amandes

125	ml	(½ tasse) d'amandes
30	ml	(2 c. à soupe) de miel
30	ml	(2 c. à soupe) de jus d'ananas réservé
2	ml	(¼ c. à thé) d'extrait d'amandes

Le montage

1		jaune d'oeuf battu avec 5 ml (1 c. à thé) de lait (pour glacer)
60	ml	(¼ tasse) de feuilles de myrrhis odorant haché

Préparation de la croûte

Dans un grand bol, tamiser la farine et la levure et à l'aide de deux couteaux ou d'un mélangeur à pâtisserie, couper le beurre pour obtenir une pâte grossière.

Faire un creux au milieu de la farine et y verser 75 ml (5 c. à soupe) de lait. Mélanger à la fourchette pour humecter toute la farine. Ajouter quelques gouttes de lait si nécessaire.

Sur une surface légèrement farinée, en faire une boule et la pétrir environ 10 fois ou jusqu'à obtention d'une pâte lisse. Ne pas trop la travailler et si elle colle, la saupoudrer de farine.

Diviser la pâte de manière à faire une boule avec le tiers de la pâte et une autre avec les deux tiers. Les aplatir, les fariner légèrement, les envelopper de plastique et les réfrigérer 15 minutes ou davantage si la cuisine est chaude.

Préparation de la couche d'ananas

Verser l'ananas dans une passoire posée au-dessus d'un récipient et exprimer tout le jus en pressant la pulpe avec le dos d'une cuillère. Laisser le jus en attente.

Préparation de la couche d'amandes

Passer au mélangeur les amandes, le miel, 30 ml (2 c. à soupe) de jus d'ananas réservé et l'extrait d'amandes jusqu'à formation d'une pâte.

Le montage

Entre deux feuilles de papier ciré, rouler le gros morceau de pâte pour obtenir un cercle d'environ 25 cm (10 po) ou 28 cm (11 po) de diamètre et de 0,3 cm (⅛ po) d'épaisseur. Décoller le papier avec précaution. Si le beurre est ramolli et si la pâte colle au papier, glisser une tôle sous l'ensemble et réfrigérer 10 minutes pour raffermir le beurre. Le papier se détachera facilement.

Disposer la pâte dans un moule à tarte de 20 cm (8 po) avec fond amovible. Couper ce qui dépasse en laissant un volant de 2,5 cm (1 po). Replier le volant à l'intérieur pour consolider les côtés et réfrigérer.

Ajouter les restes au petit morceau. Le rouler entre 2 feuilles de papier ciré pour obtenir un cercle de 21 cm (8½ po) environ de diamètre et de 0,3 cm (⅛ po) d'épaisseur.

Badigeonner de glaçage l'intérieur et les côtés de la croûte à tarte et y étaler la pâte d'amandes en une couche uniforme. Parsemer de feuilles de myrrhis et y ajouter la pulpe d'ananas.

Disposer le petit cercle de pâte sur le moule, enlever ce qui dépasse et mettre le glaçage au pinceau. Avec un couteau, ouvrir deux ou trois trous pour que la vapeur s'échappe.

Mettre au four chauffé à 180° C (350° F). Laisser 30 à 35 minutes ou jusqu'à ce que le dessus soit doré.

Enlever délicatement la paroi du moule. Servir tiède.

Donner 4 portions.

Biscuits épicés à la mélasse

Le sucre de datte et la farine pâtissière assurent la légèreté de ces petits biscuits.

300	ml	(1¼ tasse) de farine pâtissière
5	ml	(1 c. à thé) de bicarbonate de soude
3	ml	(½ c. à thé) de poudre de cannelle
3	ml	(½ c. à thé) de poudre de gingembre
3	ml	(½ c. à thé) de poudre de girofle
90	ml	(6 c. à soupe) de beurre ramolli
1		oeuf
30	ml	(2 c. à soupe) de mélasse
15	ml	(1 c. à soupe) d'extrait de vanille (voir page 274)
125	ml	(½ tasse) de sucre de datte
60	ml	(¼ tasse) de raisins de Corinthe

Dans un grand bol tamiser ensemble la farine, le bicarbonate, la cannelle, le gingembre et la poudre de girofle.

Dans un autre grand récipient, mélanger parfaitement le beurre, l'oeuf, la mélasse, la vanille et le sucre de datte. Ajouter les raisins et amalgamer le mélange de farine pour que tous les ingrédients soient bien mélangés.

Se fariner les mains et former avec la pâte des boules d'environ 2,5 cm (1 po) de diamètre. Les disposer à 2,5 cm (1 po) les unes des autres sur des plaques à gâteaux.

Les mettre au four chauffé à 190° C (375° F). Les laisser environ 12 minutes ou jusqu'à ce que les gâteaux soient gonflés et s'ouvrent au milieu.

Refroidir sur une grille.

Donne de 28 à 36 biscuits.

Gâteau de riz à la marocaine

J'interprète ainsi un dessert marocain classique que j'ai vu présenter à New York aux cours de Paula Wolfert. J'ai remplacé la pâte à la farine blanche par des crêpes à la farine de blé entier et le riz blanc a fait place au riz brun. Les amandes et le yaourt qui entrent dans ce dessert original sont d'appréciables atouts pour la santé.

Le riz

60	ml	(¼ tasse) d'amandes
250	ml	(1 tasse) d'eau chaude
250	ml	(1 tasse) de riz brun à grain long, non cuit
500	ml	(2 tasses) de lait
15	ml	(1 c. à soupe) de beurre
1		bâton de cannelle
30	ml	(2. c. à soupe) de miel
2	ml	(¼ c. à thé) d'extrait d'amandes
250	ml	(1 tasse) de lait

La couche d'amandes

125	ml	(½ tasse) d'amandes
30	ml	(2 c. à soupe) de jus d'orange
3	ml	(½ c. à thé) de poudre de cannelle
15	ml	(1 c. à soupe) de miel

Le montage

12		crêpes de 20 cm (8 po) faite à la farine de blé entier (voir Index)
45	ml	(3 c. à soupe) de beurre fondu
1		oeuf battu avec 1 ml (⅛ c. à thé) de poudre de cannelle (pour glacer)
500	ml	(2 tasses) de yaourt
30	ml	(2 c. à soupe) de miel

Préparation du riz

Dans un mélangeur, mettre les amandes et 125 ml (½ tasse) d'eau chaude. Laisser l'appareil tourner jusqu'à ce que les amandes soient moulues. Verser le mélange dans une passoire placée au-dessus d'un récipient. En pressant bien avec le dos d'une cuillère, exprimer tout le jus. Laisser le liquide en attente.

Remettre la pulpe dans le mélangeur avec 125 ml (½ tasse) d'eau chaude et refaire la même opération. Passer et cette fois jeter la pulpe.

Dans une casserole moyenne à fond épais, mélanger le jus d'amandes, le riz brun, 500 ml (2 tasses) de lait, le beurre, le bâton de cannelle, le miel et l'extrait d'amandes. Couvrir. À feu très doux, laisser cuire jusqu'à absorption totale du liquide, environ une heure, en brassant parfois pour éviter d'attacher.

Laisser la casserole sur le feu pour incorporer 85 ml (⅓ tasse) de lait et battre avec énergie. Laisser cuire à découvert pendant quelques minutes ou jusqu'à ce que tout le liquide soit absorbé. Répéter deux fois cette opération avec le lait qui reste pour obtenir un mélange épais et crémeux.

Enlever le bâton de cannelle. Laisser refroidir.

Préparation de la couche d'amandes

Hacher finement au mixer 125 ml (½ tasse) d'amandes. Incorporer le jus d'orange, la cannelle et le miel.

Montage

Beurrer un moule à gâteaux rond de 22 cm (9 po) le foncer avec du papier ciré. Beurrer le papier.

Badigeonner de beurre fondu sur la partie marbrée de chaque crêpe.

Mettre une crêpe au milieu du moule, côté marbré vers le haut. Prendre cinq crêpes et en tapisser les parois en mettant le côté marbré vers le haut. Les crêpes vont dépasser. Prendre encore cinq crêpes et les disposer aux intersections de celles de la première couche.

Distribuer le riz à la cuillère dans le moule. Y ajouter la préparation aux amandes. Replier sur la couche d'amandes le bord des crêpes qui dépasse et badigeonner de beurre à mesure que les crêpes sont repliées. Mettre par-dessus la dernière crêpe et la beurrer.

Passer tout l'ensemble au beurre.

Mettre 10 minutes au four chauffé à 220° C (425° F) et retirer du four. Placer un moule à pizza ou un moule de 25 cm (10 po) sur le moule où est le gâteau chaud. Renverser de façon à ce que le gâteau soit posé sur le moule froid. Enlever le moule chaud et le papier ciré.

Remettre au four. Laisser cuire 10 minutes.

Pour servir, renverser de nouveau sur un plat de service. Mélanger le yaourt et le miel et servir avec le gâteau tiède.

Donne 6 à 8 portions.

Riz royal aux fraises

C'est un pudding au riz qui a je ne sais quoi de français. En vérité, j'ai tort de parler de pudding alors que les blancs d'oeufs battus lui donnent la légèreté aérienne d'une mousse.

Je vous recommande de cuire le riz à feu très doux dans une lourde marmite pour qu'il n'attache pas, sans oublier de le remuer souvent.

60 ml	(¼ tasse) de riz brun à grain long, non cuit
300 ml	(1¼ tasse) de lait
1	bâton de cannelle
15 ml	(1 c. à soupe) de beurre
4	jaunes d'oeufs
15 ml	(1 c. à soupe) de gélatine non parfumée
45 ml	(3 c. à soupe) de miel
250 ml	(1 tasse) de lait
2	oranges navel
1 l	(4 tasses) de fraises
15 ml	(1 c. à soupe) d'extrait de vanille (voir page 274)
4	blancs d'oeufs

Dans une casserole à fond épais, mélanger le riz, 300 ml (1¼ tasse) de lait, le bâton de cannelle et le beurre et amener doucement à ébullition. Couvrir. Cuire à petit feu jusqu'à ce que tout le liquide soit absorbé et que le riz soit à point, environ 1½ heure. Brasser souvent pour qu'il ne colle pas.

Pendant que le riz cuit, mélanger les jaunes d'oeufs, la gélatine et le miel dans une casserole moyenne. Puis verser lentement 250 ml (1 tasse) de lait et battre au fouet pour bien mélanger. Laisser cuire à feu doux en brassant sans arrêt jusqu'à ce que la sauce soit assez épaisse pour napper la cuillère en bois.

Peler les oranges, les diviser en tranches en enlevant avec soin les peaux qui les entourent. Les essuyer. Couper les fraises en deux dans le sens de la longueur.

Quand le riz est cuit, incorporer la sauce puis la vanille. Placer la casserole dans un grand récipient contenant des cubes de glace et de l'eau pour refroidir le mélange et faire prendre la gélatine. Tourner parfois jusqu'à ce que le mélange commence à être plus consistant quand on le fait tomber de la cuillère. Enlever de la glace.

Tapisser le fond d'un moule en couronne de 1,5 l (6 tasses) avec les tranches d'oranges et les fraises.

Couper grossièrement les fruits qui restent et les mélanger au riz.

Dans un bol propre en utilisant des batteurs propres, battre les oeufs en neige ferme et les incorporer au riz. Verser le mélange dans la couronne et laisser au frigidaire jusqu'à ce que l'ensemble soit pris.

Donne 6 à 8 portions.

Gâteau au fromage au potiron

Le potiron et le ricotta rendent ce gâteau au fromage plus riche en vitamine A et en fibres et plus pauvre en graisse et en calories que la plupart de ses frères. Vous pouvez si vous voulez remplacer le potiron par du courgeron ou des patates douces en purée.

La croûte

165	ml	(⅔ tasse) de germe de blé
85	ml	(⅓ tasse) de noix moulues
30	ml	(2 c. à soupe) de beurre fondu
15	ml	(1 c. à soupe) de miel

Le gâteau

4		oeufs
250	ml	(1 tasse) de ricotta
225	g	(8 oz) de fromage à la crème ramolli
45	ml	(3 c. à soupe) de farine de blé entier
5	ml	(1 c. à thé) de poudre de cannelle
3	ml	(½ c. à thé) de muscade râpée
2	ml	(¼ c. à thé) de poudre de gingembre
125	ml	(½ tasse) de miel
250	ml	(1 tasse) de yaourt
375	ml	(1½ tasse) de potiron cuit, en purée
1	l	(4 tasses) de fraises (pour garnir)

Préparation de la croûte

Mélanger le germe de blé, les noix, le beurre et le miel et tapisser un moule de 22 cm (9 po) de ce mélange. Laisser en attente.

Préparation du gâteau

Passer au mélangeur les oeufs et le ricotta jusqu'à obtention d'un mélange homogène. Couper le fromage à la crème en cubes de 1 cm (½ po) et les ajouter pendant que l'appareil est en marche pour obtenir un mélange homogène. Ajouter la farine, la cannelle, la muscade, le gingembre et le miel et faire tourner jusqu'à ce que le mélange soit homogène.

Verser la pâte dans un grand récipient et à l'aide d'un batteur électrique ou d'un fouet à main, mélanger parfaitement le yaourt et le potiron. Verser dans le moule.

Mettre au four chauffé à 160°C (325°F) pendant 1 heure. Éteindre le four mais laisser le gâteau au fromage pendant 1 heure dedans.

Le sortir du four et le faire refroidir sur une grille. Enfin le mettre au réfrigérateur jusqu'à ce qu'il soit très frais.

Couper les fraises en deux dans le sens de la longueur et les disposer sur le dessus du gâteau.

Donne 12 portions.

Pavés au fromage et aux pêches

La croûte

165	ml	(⅔ tasse) de farine pâtissière de blé entier
85	ml	(⅓ tasse) de pacanes ou d'amandes en poudre
85	ml	(⅓ tasse) de sucre de datte
30	ml	(2 c. à soupe) de germe de blé
3	ml	(½ c. à thé) de poudre de cannelle
60	ml	(4 c. à soupe) de beurre

La farce

2		oeufs
45	ml	(3 c. à soupe) de miel
30	ml	(2 c. à soupe) de lait
30	ml	(2 c. à soupe) de jus de citron
5	ml	(1 c. à thé) d'extrait de vanille (voir page 274)
500	ml	(2 tasses) de pêches coupées en morceaux
225	g	(8 oz) de fromage à la crème ramolli

La garniture

15	ml	(1 c. à soupe) de beurre fondu
30	ml	(2 c. à soupe) de germe de blé
30	ml	(2 c. à soupe) de pacanes ou d'amandes moulues
30	ml	(2 c. à soupe) de sucre de datte
		tranches de pêches et feuilles de menthe (pour garnir)

Préparation de la croûte

Dans un grand récipient, mélanger la farine, les pacanes (ou amandes), le sucre de datte, le germe de blé et la cannelle. À l'aide de deux couteaux ou d'un malaxeur à pâtisserie introduire le beurre jusqu'à formation d'une pâte grossière. Tapisser avec la pâte un moule carré de 20 cm (8 po).

Laisser 10 minutes au four chauffé à 180°C (350°F).

Préparation de la farce

Mettre dans le mélangeur les oeufs, le miel, le lait, le jus de citron, la vanille, les pêches, le fromage à la crème. Faire tourner l'appareil 15 à 20 secondes à grande vitesse.

Préparation de la garniture

Dans un petit récipient battre à la fourchette pour les mélanger parfaitement le beurre, le germe de blé, les amandes ou les pacanes, le sucre de datte.

Verser la farce dans la croûte cuite et parsemer avec la garniture.

Mettre au four chauffé à 180°C (350°F). Laisser 50 minutes.

Laisser refroidir tout à fait. Réfrigérer jusqu'à ce que le gâteau soit très frais. Le couper en morceaux et disposer dessus les tranches de pêches et les feuilles de menthe.

Donne 9 à 12 portions.

Le thym

Les Romains utilisaient le thym pour purifier et parfumer l'air. Ils lui attribuaient aussi le pouvoir de susciter le courage grâce à ses propriétés toniques. La phytothérapie actuelle y voit un antiseptique efficace pour traiter les ulcérations des muqueuses et de la bouche, les blessures et les déficiences du cuir chevelu. Elle le prescrit contre les rhumes, les bronchites et les troubles de digestion.

Muffins quatre-saisons

Cette recette type de muffins s'adapte à toutes les saisons et à tous leurs fruits puisque les ingrédients interchangeables sont les bananes, les bleuets et les graines de tournesol. Vous n'avez pas de bananes, prendre des zucchini hachés, ou des carottes ou encore des pommes. Si la saison des bleuets est passée, utiliser des pommes, des fraises, des pêches ou des dattes coupées en morceaux. Essayer encore des fruits entiers, des canneberges, des groseilles et des raisins secs. Vous pouvez ne pas mettre de graines de tournesol ou les remplacer par de la noix de coco râpée ou des noix concassées.

Quel que soit votre choix, ces muffins regorgent de fibres, de vitamines et de sels minéraux.

CONSEIL: *Il se peut que les moules en papier collent aux muffins si vous essayez de les enlever ou sortir du four. Mais si vous laissez les muffins refroidir, ils se détacheront aisément.*

250 ml	(1 tasse) de farine pâtissière de blé entier
5 ml	(1 c. à thé) de bicarbonate de soude
2 ml	(¼ c. à thé) de levure (voir Index)
5 ml	(1 c. à thé) de poudre de cannelle
30 ml	(2 c. à soupe) de germe de blé
30 ml	(2 c. à soupe) de son
60 ml	(¼ tasse) d'huile
60 ml	(¼ tasse) de miel
1	oeuf
125 ml	(½ tasse) de babeurre
5 ml	(1 c. à thé) d'extrait de vanille (voir page 274)
250 ml	(1 tasse) de bananes écrasées
125 ml	(½ tasse) de bleuets
60 ml	(¼ tasse) de graines de tournesol

Mettre des moules de papier à l'intérieur des moules à muffins ou alors beurrer ou huiler avec un mélange à parties égales d'huile et de lécithine liquide.

Dans un grand récipient, tamiser ensemble la farine, le bicarbonate, la levure et la cannelle. Incorporer le germe de blé et le son.

Dans un petit bol, mélanger parfaitement l'huile, le miel, l'oeuf, le babeurre et la vanille.

Verser les ingrédients liquides dans les ingrédients secs. Mélanger en évitant de trop insister.

Incorporer les bananes, les bleuets et les graines de tournesol.

Répartir la pâte à la cuillère dans les moules en attente. Ne les remplir qu'aux trois quarts. Mettre au four chauffé à 160°C (325°F) ou jusqu'à ce qu'une lame plantée au milieu en ressorte nette.

Donne 16 muffins.

Muffins au potiron

300 ml	(1¼ tasse) de farine pâtissière de blé entier
60 ml	(¼ tasse) de son
60 ml	(¼ tasse) de germe de blé
5 ml	(1 c. à thé) de bicarbonate de soude
3 ml	(½ c. à thé) de poudre de cannelle
2 ml	(¼ c. à thé) de muscade râpée
250 ml	(1 tasse) de potiron cuit en purée
60 ml	(¼ tasse) de beurre fondu
60 ml	(¼ tasse) de miel
30 ml	(2 c. à soupe) de mélasse
1	oeuf
60 ml	(¼ tasse) de jus d'orange
60 ml	(¼ tasse) de pacanes concassées

Beurrer 18 moules à muffins ou les graisser avec un mélange en parties égales d'huile et de lécithine liquide. Laisser en attente.

Dans un grand récipient, mélanger la farine, le son, le germe de blé, le bicarbonate, la cannelle et la muscade.

Dans un autre, mélanger parfaitement le potiron, le beurre, le miel, la mélasse, l'oeuf et le jus d'orange.

Ajouter les ingrédients liquides aux ingrédients secs et les mélanger sans excès. Incorporer les pacanes légèrement.

Répartir la pâte à la cuillère dans les moules en attente. Ne les remplir qu'aux trois quarts.

Mettre au four chauffé à 190°C (375°F). Laisser 20 minutes. Servir tiède.

Donne 18 muffins.

Tarte au potiron et au miel

Pour le jour d'Action de Grâces, voici une tarte au potiron faite avec de la farine de blé entier. Elle regorge de vitamines A.

CONSEIL : *Ne pas trop remplir la croûte de votre tarte car elle déborderait dans le four. S'il vous reste de la garniture, la mettre au four dans des ramequins. Pour obtenir une texture onctueuse, les disposer dans une grande marmite d'eau chaude et les laisser cuire au four jusqu'à ce qu'une lame plongée au centre en ressorte nette.*

2	oeufs
1	croûte à tarte de 22 cm (9 po) à la farine de blé entier, précuite (voir Index)
375 ml	(1½ tasse) de purée de potiron, cuite
375 ml	(1½ tasse) de crème à 15% ou de crème légère
85 ml	(⅓ tasse) de miel
30 ml	(2 c. à soupe) de farine pâtissière de blé entier
4 ml	(¾ c. à thé) de poudre de cannelle
3 ml	(½ c. à thé) de poudre de gingembre
1 ml	(⅛ c. à thé) de girofle en poudre
5 ml	(1 c. à thé) d'extrait de vanille (voir page 274)
	crème fouettée (facultatif)

Battre légèrement un blanc d'oeuf à la fourchette jusqu'à ce qu'il mousse et en badigeonner délicatement l'intérieur de la croûte.

Dans un grand récipient, verser ce qui reste de blanc et ajouter le jaune et l'autre oeuf entier. Puis incorporer le potiron, la crème épaisse ou légère, le miel, la farine, la can-

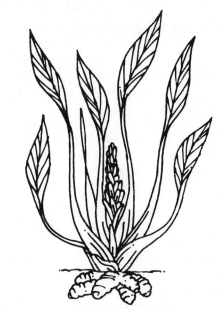

Le turméric
(curcuma)

Le turméric (curcuma) s'apparente au gingembre et entre surtout dans la composition du curry à cause de sa belle couleur et de la richesse épicée de son arôme. La médecine douce ne l'emploie guère si ce n'est comme digestif léger.

nelle, le gingembre, les clous de girofle et la vanille pour obtenir un mélange homogène.

Verser la préparation dans la croûte, en ayant soin de ne pas trop la remplir. Laisser plus de 0,5 cm (¼ po) d'espace entre la garniture et le haut de la croûte.

Mettre au four chauffé à 190°C (375°F) pendant 50 à 70 minutes ou jusqu'à ce qu'une lame plongée au centre en ressorte nette.

Refroidir sur une grille.

Peut se servir couronnée de crème fouettée.

Donne 6 portions.

Sauce sans alcool

Voici une version sans alcool de la traditionnelle sauce alcoolisée qui accompagne le plum-pudding. Elle convient à tous les pains sucrés.

CONSEILS : *Pour assouplir rapidement le beurre, le passer à la moulinette à légumes munie d'une grille à gros trous.*

Si vous n'avez pas de poche à douilles, distribuer à la cuillère de petits tas de sauce sur le papier ciré.

60	ml	(¼ tasse) de beurre ramolli
60	ml	(¼ tasse) de miel
3	ml	(½ c. à thé) d'extrait de vanille (voir page 274)
5	ml	(1 c. à thé) de zeste d'orange râpé
1		soupçon de noix de muscade
15	ml	(1 c. à soupe) d'eau bouillante, si nécessaire

Passer au mélangeur le beurre, le miel, la vanille, le zeste et la muscade jusqu'à obtention d'un mélange homogène. Si le mélange caille, ajouter un peu d'eau bouillante.

Remplir une poche à douilles munie d'une douille cannelée et déposer des rosettes sur du papier ciré ou du papier brun ordinaire. Les mettre au réfrigérateur pour qu'elles durcissent. Quand elles sont bien refroidies, les décoller avec précaution du papier et les remettre au réfrigérateur dans un récipient hermétiquement clos.

Donne 125 ml (½ tasse).

Crème onctueuse

Une merveille sur des compotes de fruits aromatisées ou une génoise.

30	ml	(2 c. à soupe) de fécule
375	ml	(1½ tasse) de lait
30	ml	(2 c. à soupe) de miel
2		jaunes d'oeufs
15	ml	(1 c. à soupe) d'extrait de vanille (voir page 274)
125	ml	(½ tasse) de crème épaisse

Dissoudre la fécule dans un peu de lait et verser dans une casserole de 0,5 l (2 tasses). Ajouter le reste du lait et le miel.

Cuire la sauce à feu moyen en tournant sans arrêt avec une cuillère en bois jusqu'à ce qu'elle soit assez consistante pour napper la cuillère. Retirer du feu.

Dans un petit récipient, battre les jaunes d'oeufs et incorporer peu à peu quelques cuillerées de la sauce chaude pour tiédir les oeufs. Puis verser cette préparation dans la sauce et mélanger.

Remettre au feu et cuire pendant 1 minute sans arrêter de tourner, c'est indispensable. Retirer du feu pour incorporer la vanille et passer la sauce dans le plat de service.

Pour éviter la formation d'une peau, poser une feuille de papier ciré directement sur la surface de la crème. Réfrigérer.

Dans un petit récipient, battre la crème en neige bien ferme et l'incorporer à la crème réfrigérée.

Donne environ 0,5 l (2 tasses).

La violette

La violette est connue, à travers l'histoire, pour son délicieux parfum et sa teinte profonde autant que pour ses vertus sédatives. Les guérisseurs y voient un remède à l'anxiété, aux troubles respiratoires et à une constipation légère et prétendent qu'une tisane de ses feuilles soulage les migraines.

Extrait de vanille

Si vous préférez ne pas utiliser l'extrait vendu dans le commerce qui contient de l'alcool, vous pouvez le faire vous-même. On trouve des gousses de vanille dans les épiceries fines et au rayon des épices dans les supermarchés.

1		gousse de vanille
60	ml	(¼ tasse) d'eau bouillante
15	ml	(1 c. à soupe) de miel
15	ml	(1 c. à soupe) d'huile
5	ml	(1 c. à thé) de lécithine liquide

Couper la gousse en petits morceaux, la mettre dans un petit récipient et la couvrir d'eau bouillante. Fermer le récipient et laisser infuser toute une nuit.

Le lendemain passer le mélange au mixer à moyenne vitesse jusqu'à pulvérisation des morceaux de vanille. Passer sur un coton à fromage et remettre dans le mixer.

Ajouter le miel, l'huile et la lécithine. Faire travailler l'appareil à moyenne vitesse jusqu'à obtention d'un mélange homogène. Verser dans une petite bouteille, fermer hermétiquement et conserver au réfrigérateur.

Donne 60 ml (¼ tasse).

Index

Les chiffres en **caractères gras** désignent les produits dont il est fait référence dans les tables.

La composition de ce volume
a été réalisée par
les Ateliers de La Presse, Ltée

Achevé   Imprimerie
d'imprimer Gagné Ltée
au Canada Louiseville